捎往
美国的粽子

凌耀芳 著

文汇出版社

自序

我的小说集《捎往美国的粽子》凡四百多页。轻松明快的笔调,充满韧性度和张力的语言,饱含意蕴的潜沉叙事是我心目中的文学。文学的本质是想象,文学是作者告诉你人类还有这样的人和故事存在。文如其人,独特的作者创造唯一的文本,作者从不"规范"自己的灵与肉,而是让自己的生命在作品中燃烧,开花,结果。作者要找到自己,令读者在作品里看到作者无可替代的存在。

我按照文学应有的样子修炼文学,已经三十年。我于2015年加入上海市作家协会,并于2021年加入中国作家协会。

我相信我笔下的故事生动有趣,喻理于情,凄婉又不失幽默。打开《捎往美国的粽子》这本厚厚的书,宛如心灵充溢着一波波来自旷野的呼吸,娱乐之余,尽可治愈,疗伤。

《时间的尽头》发表在2020年第1期《福建文学》。该小说通过两位女性不同人生轨迹的交织,演绎了一组富裕起来的中国与西方的对话。丹吉嫁了一个加入美籍的中国老男人任晋,而任晋又曾经暗恋一个同龄女子谭楠。谭楠出国后嫁给加拿大人皮埃尔,还用她的收入养活皮埃尔。丹吉与谭楠,不同的人生价值取向导致截然不同的命运和归宿。孰是孰非,皆由读者判定。小说的另一条线索对比任晋和皮埃尔各自不同的人生观,前者为责任使命、社会地位、金钱权力劳碌一生,后者则是做自己喜欢做的事情,师法自然地获得一份清静和闲适。孰是孰非,也由读者下结论。

《大红深蓝》发表在2012年第11期《上海文学》。在这篇小说里，女主人公没有名字，只有一个指示代词"她"。"她"是谁？"她"在哪里？这些问题有待读者通过阅读进行再创作并认定。"她"是一个典型环境里的典型人物，"她"存在于任何地方，"她"出身于上海小弄堂，因为身份焦虑，为出人头地，她学英语，做外企，做不成功，也要在国人眼里显摆一把，虽然在洋人眼里"她"无足轻重。与"她"相对应的是一个自尊有定力的九十六岁的邻居老阿娘。老阿娘坚守本土文化，谦和慈祥，富于中华传统美德。在小说中，作者用隽永细腻的笔触详细记录了包扎"小脚粽子"的过程，这堪为非物质遗产的精细工艺清香扑鼻，唤起读者对逝水流年的温情追忆。作品充满老上海弄堂风情，是一篇上海味道十足的短篇小说。

短篇小说《穗吟》发表在 2014 年第 5 期《山花》。《穗吟》是用潜沉叙事的艺术手法创作的一篇警世小说。海归单身女子穗吟爱上了一个不该爱的已婚男子刘念，然而刘念没有给穗吟期待中的幸福。痛定思痛的穗吟毅然斩断情丝，开始新生活。

《山寨守夜人》发表在 2018 年第 4 期《西北文学》，是一篇切中时弊的小说，从一个青年农民工的视角讲述了上海人去周边小城市买房做墓地的故事。上海房价高企带动墓地价格飞涨，以至于上海一块墓地的价格超过江浙小城市一套商品房的价格。于是，某些精于算计的上海人打起了外地商品房的主意，他们买进一套或几套房子，在房里供奉祖先。小说主人公李春勇在上海上班，买不起上海房子，只得在距离上海几十公里的海湾买一套房，而他的对门邻居、楼上邻居却都是鬼魂！不久，鬼魂来串门，睡梦中的李春勇先是惊恐万分，后来，随着与鬼魂攀谈的深入，李春勇竟然与鬼魂惺惺相惜，建立了某种微妙的情谊。小说通过叙述，激发读者忧愤、惊悚、叹惋、痛恨等各式各样的情绪。小说构思精妙，结构完整，语言诙谐幽默，令读者洒泪之余捧腹大笑。

《捎往美国的粽子》以粽子为载体，叙述了上海女子舒荇向美国同事杰夫介绍中国传统文化的故事，虽然受挫，舒苈毫不气馁，她坚持中国的文化自信，力求与美国人平视对话，维护着一份精神价值的尊严。粽子承载着中国五千年深厚的文化积淀。美国两百多年的历史是踩在巨人肩膀上的伟大成就。当中美交汇在二十一世纪，中国进入深入改革开放的时代，舒苈尊重美国的圣诞糖糕，而杰夫却没有尊重中国的粽子，这在舒苈看来是不可接受的，她为此进行了抗争并赢得了尊严。小说语言精湛优美，人物形象生动鲜活，具有很高的文学欣赏价值，令读者获得高尚的审美体验。

短篇小说《肉汤，舔一口》是一篇世情小说。男主人公来发是一个典型的上海老男人，蜗居在一套小单元里，与一只金毛狗（来福）相依为命。来发是一个生活的失败者，他的生活很平凡庸常，可他却拥有自己的光荣梦想与有悖于现实的尊严，他甚至还幻想着爱情！然而生活却跟他开了一个又一个滑稽的玩笑。小说构思精巧，结尾的设计超乎读者想象，把一个不甘心被生活打败、自视甚高、到处碰壁的黑色幽默意味的"老实人"刻画得入木三分。

中篇小说《谷欣的家事》发表在 2017 年第 7 期《山花》。这部小说用一个大故事套一个小故事，而小故事诠释了大故事。小说提出了一个严肃的问题："都市人用真诚和善良对待来自乡村的人，却遭到了恶报。以后怎么办？"都市人的好日子不是从天上掉下来的，而是经历二十多年寒窗苦读、辛勤工作、吃尽苦头赚来的。在小说那个被嵌入的小故事里，通过上海人谷欣真诚帮助来自乡村的翠妹，而翠妹丝毫不感恩，一心贪慕虚荣和金钱，完全脱离农家女应有的朴素安分。拿到谷欣的钱后，翠妹把浪费粮食、文假眉毛、说话装腔作势当作融入都市生活的标配，以为这样让人看得起。而谷欣则恰恰相反，谷欣尊重农民、勤奋工作、乐善好施，一心疏导翠妹做一个体面的劳动者。翠妹对谷欣的恩将仇报深深地伤害了谷欣。这个被嵌入大故事的小故事写在小说的下半段。而小说一开始是写大故事的。大故事的叙述集中在另一个乡村女子小辣身上。假如谷欣没有被翠妹伤害的过往，以谷欣的善良和真诚，她会成全小辣。但是，翠妹是谷欣人生的"老师"，翠妹已经教会谷欣并让谷欣品尝什么是人性之恶，有了被翠妹伤害的痛苦经历，小辣得不到她所要的东西。作者相信，多数来自农村的人通过正当途径和出色的劳动立足上海，而小说里的翠妹和小辣偏偏是不走正路的人，她们没有正确的价值观，而是把都市生活想邪了，想偏了。她们以为走入都市是当公主当太太享福的。翠妹在脱离谷欣的庇护后，走上了自食其力的道路，严酷的现实终于教育她并让她认识到自己曾经是那样身在福中不知福。小辣企图用色相迷住浩成，以换取惬意的都市生活。遭到谷欣的拒绝后，小辣黯然离去。小辣是不是应该怨恨那个翠妹？虽然小辣从来不认识翠妹，但是，翠妹存在过并存在着，假如没有翠妹在几年前给谷欣上了那堂深刻的"人生"课，谷欣不会对小辣设防，而小辣必定会一步步达到她的人生目标。穷达、地域差别和善良毫无关系。正确的价值观才是识人的金钥匙。

中篇小说《谷欣的家事》构思奇特，语言精妙精湛，达到很高的艺术水准。在全国优秀省级纯文学杂志《山花》发表一部中篇小说是很难的！因为每期杂志只有一部中篇小说的篇幅，《谷欣的家事》喜获登载，是由于小说质量上乘，受到编辑老师的肯定。

小说《被参保的故事》发表在2015年10月19日《贵州都市报》。这是一篇聪明人欺负老实人的故事，岂料山外有山楼外有楼，珠很快被一个更加聪明的算计了。该小说展示的是不动声色的力量，这力量来源于人性，扎根于世情。

小说《出局》发表在2015年6月19日《贵州都市报》，道出失嫁女子不可言说的人生况味。小说构思奇特，世相与女人心态，在小说中展现淋漓，幽微之处，洞见人心。

小说《太监开会》把父母亲操心儿女婚事，亲自出马开相亲会形容为"皇帝不急急太监"。在一个物欲横流的社会里，道尽众生百态，读来令人捧腹。

微小说《六六大顺》发表在 2007 年 4 月 28 日《新民晚报·夜光杯》，通过砖头、小树这些参照物，折射出驾校考试的种种世态，读来莞尔。

《买春的女人》发表在 2015 年第 8 期《山花》。小说揭示了单身迟暮女子凄凉尴尬的生活状态。在明知不可能获得爱情而又渴望被爱的矛盾心理驱使下，女人把金钱上的付出当作麻醉剂给自己营造一个虚假的爱巢。小说通过两个闺蜜不同生活的对比展开叙述，不愿意养活男人的叶箐在一个孤苦寂寞的情人节里反思自己的价值取向，不自觉地羡慕起闺蜜清歌的人生选择。清歌用辛苦工作的收入养活一个老男人老涞，而老涞只是利用清歌而已。清歌自以为获得了爱情和幸福，为此，清歌付出了健康的代价。然而，叶箐不愿意抄袭清歌的生活。在小说结尾，叶箐貌似走入一条人生的错误的岔道，叶箐有没有可能沦为"某先生"单调生活的调味品，还是毅然坚守自己的主张，挣脱无谓的情感烦恼，活出一番超然的人生？

《日脚·木头信箱／老虎天窗》发表在 2013 年第 5 期《野草》杂志。作为非物质文化遗产的老上海风物、风情、风味正在我们的视野里渐行渐远，作者以一个老上海人的热情、活力及敏锐洞察力，用饱含深情的细腻笔触向读者展现了一幅温馨美好、充满魅力的上海旧日生活画面。聪明精致的上海人有能耐把曾经贫穷的日子过得滋润、超然、恬静、开心。小说的叙事跨度大，长达三十多年，回忆与当下的抒写凸显了改革开放给人民生活带来的巨大变迁，住进高楼大厦、别墅后的上海人回到曾经度过童年、少年时代的老城区，感慨之余，睹物发幽思，回味富有情致，难以割舍的过往，体味千楼一面的现代化建筑所缺失的那份感觉和趣味，给读者，尤其是老上海读者带来可亲的温馨回忆。叙事语言具有诗意的扩张感，纵横捭阖，时空、人物叙述游刃有余，转瞬之间把读者的视野扩展到过去、现在，老上海人、新上海人、国际友人种种肤色和面孔，以及他们的音容笑貌、衣食住行、工作事业，一一鲜活地呈现在读者面前。

长篇小说《凤竹》叙述了女主人公静汝在成长过程中与几个男子的情感故事，通过人物的人生体验折射中国自二十世纪八十年代以来的社会变迁。

上海女子静汝是中国千年传统的沉淀物，她心里有光，自学英语，渴望阅读莎士比亚原著。静汝大专毕业后，暗恋同事英语教师尹厉。尹厉出身普通工人家庭，上升通道被堵塞，而一顿食堂里的平价中午饭彻底改变了他的命运，使之沦为一个人生的失败者和沉沦者。

静汝在远赴欧洲留学期间遇到同学布莱恩，是一名欧盟官员。他用一生等待静汝发现他的爱情，但是静汝没有发现。

正在离婚中的喻译的出现，把四十九岁的静汝带入一个正常的成人世界。喻译不读书，没文化，他的思维逻辑就是官场规则。静汝和喻译的情爱故事，是反讽、错位，也是无情现实对个人命运轨迹的投射。

小说采用非线性、打破时空秩序的叙事手法，时间跨度大，简练的写实背后充满深沉的意涵。

感谢上海文汇出版社资深编辑朱耀华老师、徐曙蕾老师的支持，我的三十万字小说集《捎往美国的粽子》得以出版。

回顾近三十年的文学生涯，我跋涉在我的文学创作道路上，凭借着对文学的信仰，没有人脉，每写完稿子，不知投到哪里。我便去了位于南京西路的上海图书馆报刊阅览室，找到心仪的杂志，抄录编辑部地址，照着地址，寄去稿件打印稿。我想象邮车把含有我梦想的稿件连同其他来稿一起装进麻袋，扛进编辑部。幸运的是，两个月后，我的稿件没有像其他自由来稿那样被塞进另一个麻袋，从编辑部里拖出，装上开往纸品回收站的大板车。用这个方式投稿，我荣幸地在

《山花》《上海文学》《上海诗人》《北京文学》《湖南文学》《福建文学》《厦门文学》《野草》《西北文学》等刊，以及《新民晚报》《新安晚报》《合肥晚报》《工人日报》《贵州都市报》等媒体发表小说、散文、诗歌。感谢诸位编辑老师唯文是举，真诚，善良，发现我，并给予我宝贵的批评和指导。

凌耀芳

2023年3月18日

目　录

中短篇小说

003　时间的尽头
025　大红深蓝
044　穗吟
064　山寨守夜人
082　捎往美国的粽子
100　肉汤，舔一口
126　谷欣的家事
160　被参保的故事
163　出局
166　太监开会
171　六六大顺
173　买春的女人
184　日脚·木头信箱/老虎天窗

长篇小说

203　风竹

中短篇小说

时间的尽头

人变得木起来，耳朵短暂失聪……

才几秒钟的工夫，电梯越过十楼、二十楼……直达四十楼……任晋上了年纪，忍住嗡嗡作响的耳鸣，挺直了背脊。这电梯，比坐飞机遭罪。坐飞机，任晋每次头等舱，和睡在家里差不多。上班，就得当好一名打工者，虽然在一整个楼面上，他是老大。任晋想看看自己面色苍白不苍白，朝轿厢的镜子转过脸去，右脸腮帮上一条寸把长的伤疤消失了，激光做掉了。他变了脸，变得年轻好看了。那道伤疤，是任晋到美国后洗碗、送外卖那个岁月留给他的纪念。有一次，他从餐馆下了班，骑自行车送外卖，走得急，撞了汽车，从自行车上摔下来，不巧被路旁一块碎玻璃划伤了脸。那一次，撞得不巧一点，他就没命了。任晋今天的一切，都是拿命换来的。

任晋顶着一颗大脑袋，一张团团的娃娃脸，两只小眼睛下面一个肉嘟嘟的鼻子，肉鼻尖上架一副银丝边眼镜。他个子不高，镜子下面的扶手正好横在他的腰间。

两秒钟后，电梯停在第五十九层。双门开启，一个戴着微型耳麦、涂了一层薄薄口红的小嘴巴前弯过个小话筒、穿淡紫色窄袖西装、短裙的女孩子朝任晋深深鞠躬。任晋微微点点头，快步走过足足有十多米长的气派的前台，一片超大的背景幕墙上大大地用中英文写着任晋公司的名称，闪着霓虹灯，刺痛了任晋的右眼角，他蹙起了眉头。任晋走过一扇扇玻璃门，里面隐约看到一个个格子间，露出半个黑脑袋或黄脑袋打电话的工作人员。看来，今天公司里一切照常。任晋的公司，什么都做，从金融、贸易，到移民。走廊里灯光昏暗，像电影院里通向放映间的过道。任晋正走着，迎面被一只拖把拦住去路，戴一副袖套、穿平底布鞋的保洁阿姨赶紧拉起拖把，脸上挂着笑，垂手让到一边。任晋面无表情，他今天心里装着事情。

阿姨打开一扇三角形的角门，走了进去，也把拖把塞进门去。

就在距离拖把间两米的地方，任晋停下脚步，抬起一只鼓鼓的大肉手，往门上的智能锁输入密码，机器人女声发音"验证通过"，任晋推开玻璃门。里面是一间超大的椭圆形办公室。

他的山寨版椭圆形办公室和保洁阿姨的休息室共用一个空间，是把一间长方形的大间切割后装潢而成的，边角料的空间用作存放清洁工具，且供阿姨休息的小三角房间。

双开的玻璃门里面，是一间足有一百平方米大，像电影棚一样的时髦办公室，几道弧形的装饰线从办公室深处的玻璃幕墙那里放射出来，宛如沙滩上从海里游到最前哨的一波海浪。在这道弧线的后面，追随着另外两道弯曲程度更深的圆弧，一个硕大的椭圆形灯管镶嵌在天花板上，任晋的头上，仿佛倒挂了一座游泳池。与极简装饰不协调的是任晋那张像当铺柜台那样超大的写字台，那样大的办公桌，采用巴洛克繁复雕刻装饰，不过，每一朵镂花都擦拭得异常洁净。

任晋朝写字桌疾速大跨步走去，今天，空旷的办公室令他生厌，大有走不完的负担。他抢上几步，把公文包丢在桌面，来不及坐稳办公椅，已经掏出手机，高椅背的转椅轮子滑，差点把任晋掀翻在地，他只得一半臀部坐在椅子里，一半由地面那只脚支撑着，左肘抵住写字台，以免再次滑倒，眼睛死死地盯住手机屏幕，在微信页面的通讯录里转了两圈，最后锁定在"谭楠"那个名字。

任晋咳嗽一声。

随着轻轻的两下唧唧的叩门声，接待秘书推门进来，端来一只大托盘，先在任晋面前放下一个骨瓷咖啡杯，卡布奇诺的奶沫高出杯口，泛起一股奶香。在咖啡杯旁边，秘书又放下一套茶盏，杯子里头漂浮着从针叶化开的茶叶，回归它鲜活时挂在枝头的俏模样，用它的青绿陪衬瓷杯上描画的粉色佳人。

任晋闻到丝丝的奶香和茶香，头却不抬起来，眼睛盯着谭楠的微信名片，打开。谭楠的微信头像，一个黑头发、大眼睛的东方女人和大脸庞西方男人的合影，两颗脑袋紧贴在一起，好像一对连体婴儿。就在几分钟前，任晋听到北美同学会传来消息，谭楠的丈夫、法裔加拿大人皮埃尔死了。

"这么大的事情，谭楠竟然没有告诉我！"一个不快的念头飘浮在任晋的脑海。

卡布奇诺喝完，任晋习惯在喝空的杯子里注上水。

在一边细细擦拭黑檀木雕花的阿姨放下抹布，往围裙上擦擦手，说："任总，我给您倒水。"

任晋笑了笑。

阿姨的手僵住。

接待秘书轻轻叩门，进来，倒了水。

阿姨隔空投来复杂的目光。

任晋低首，敛起笑容。这里也是分干粗活、干细活的呀。

这里，他只讲英语，对阿姨，含糊几句普通话，恩赐似的，况且现在连一句普通话都不必要说。

接待秘书是一个三十来岁的纤瘦女子，她穿着合身的西装和短裙，像是代购的海淘货。她端着托盘，倒退着走出办公室。

谭楠是单身了。可是，任晋不可能去找谭楠。况且，任晋为获得现在的婚姻，出了大价钱。

谭楠，一个高鼻梁、大眼睛、穿花布娃娃衫的女孩，穿墙而入，朝任晋总经理袅袅地走来，任晋伸手去抓，手指却触到一汪滚烫的茶水，细瓷茶盏打翻在桌面，描画的桃花霓裳仕女歪斜在一边，任晋倏然惊醒。听见屋里的响动，接待秘书进来，在一边擦拭雕花的阿姨抢先一步，微笑着用雪白的干毛巾擦拭着桌面，现在，是她尽职责的时机。

　　任、谭两家的父亲是圣约翰大学经济系的同学。任父站错队，进了打虎队，谭父参加地下党。在帮着父亲通阴沟，受弄堂里顽童白眼整整三年后，任晋的父亲化身为墙上的一张照片。任晋十五岁那年，母亲把他送到谭家补习高中功课，任晋已经是一个智慧而老到的少年。在谭家，任晋吃到平生第一块巧克力，是和谭楠分吃的一块。他低着头，一任巧克力在手心里一点一点地融化。拿别人家的东西吃，他很难为情，他涨红了脸。距离他几步远的谭楠，早已把巧克力当成弹子糖一样平常的零食那样咀嚼享用，粉嫩如糯米团子的小脸颊现出品尝可可豆的满足感。谭楠没有看他任晋一眼。在谭家小客厅的一角，请来的老裁缝转动缝纫机，正在给谭楠预备下一个季节穿的新衣裳。在任晋听课的时间里，上海人家的惬意和笑声，在任晋身边形成一个温柔的气场，洁净的散发着蜂花檀香皂气味的正常家庭里女性的气场，连七只小猫也被收拾干净，茸茸的毛蓬蓬松，带有上海药皂特有的香。任晋在谭家很开心。有谭楠在，他的思维敏捷，进步很快，像海绵吸水一般，短时间内学会了一般学生两个学期的课程。谭家位于一条干净齐整的弄堂的深处，二楼外墙饰有雕花。在一个又一个的黄昏，任晋坐在铺有拼花地板的小客厅的沙发里，透过高高的玻璃格子钢窗，目光随着太阳的影子漫过一排电线的瓷瓶，看秋日的下午阳光在那里碰撞出一朵朵礼花。小客厅通向落地窗，外接一个小阳台，黑色的铁制栏杆弯成几道竖起的波浪。距离沙发三步远，一张藤圈椅里坐着谭楠的父亲，瘦削高个，长脸上戴一副眼镜，陷入他的沉思。

有时候，谭伯父站起身，踱几步，走到写字台前，抓起钢笔，写下几行字，写字台上亮着一盏台灯。谭伯父回到藤椅里，接着沉思，再次起身，唰唰地书写，他在思索英文句子。当枝形吊灯和壁灯亮起来的时候，谭楠的母亲走进房来，微笑着招呼任晋吃晚饭。

谭伯父教他英语、语文，谭伯母教他数理化。"谭伯父、伯母很喜欢我的。"任晋想。不幸的是，女孩子对爱情抱有不切实际的幻想，谭楠的身体里面住着一个男人，可他，不是我。听说谭楠在上海谈过男朋友，不过，她出国后肯定找老外的。

任晋去美国的时间，和谭楠去加拿大的时间差不多。在他而言，出国无疑是第二次投胎。手头没钱，研究生课程才两年，连第一年学费都没着落的他，只听说靠在餐馆洗碗跑堂拿小费，足够生计。凭借父亲传给他的运动员般敦实的体魄，他找到一份在中餐馆的计时工作。在切配间帮工的日子里，他还练就一副单手敲打生鸡蛋的功夫。每天在中餐馆干六小时，吃了饭，下了班，任晋蹬上一辆自行车，从两个街区外的点心店接到单，送外卖。一个做大事的人，累活脏活都干得乐乐呵呵，讨人喜欢。大陆留学生群体里是等级森严的。虽然都穷，有官方背景的公派生仗着一份最低生活保障，藐视流血汗打工的、为吃到一只面包也要付出半天苦力的自费留学生。他们遇到同胞，变着法儿避免接触，在他们眼里，任晋比空气还不如。他们在欧美、日本学生面前，那脸色就大不一样了。这一切，任晋都忍了。虽然知道自己这么做很势利，可他还是坚持参加大使馆学生联谊会，这个决定，以及随之采取的行动，大有绝地反击的架势。任晋前脚放下餐馆的重活，拍干净身上的面粉，后脚奔跑着跳上一辆公交车，前往活动地点。功夫不负有心人，在一次国庆晚会上，缩在角落里的他审时度势，结识了一位北京来的客人，这个机缘，给任晋的命运带来转机。许多年以后，任晋回首以往，确信了，相比较同时期和他一起出国、加入美国国籍的中国学生而言，任晋目下的身价、地位仰仗他的这个特殊关系。

孤身一人,举目无亲,除了打工就是上课,一个人快被撕裂的日子里,谭楠永远是任晋心中的女神。谭楠的天真,正是吸引任晋的地方。在世故老到的任晋看来,谭楠停留在少女心理层面的言谈举止纯洁而有趣。其时,谭楠已经到了魁北克市。任晋一直和她通信。他教谭楠怎样获得移民资格。

任晋离家十几年后,拿了外籍身份,获得一份在大中华地区当总裁的工作,被派回上海,觉得和妻子过不下去了。婚姻也没多大问题,和一般中年男子的婚姻状况差不多,那是一种和配偶除了子女没有任何其他话题的婚姻关系。虽然少了兴味,彼此也没到陌路的地步。若是换了别人,无疑会把婚姻进行到底。可是,任晋追求婚姻质量,他需要激情。在一个艺术节上,他遇到一个外地来的年轻的舞蹈领队,小他三十岁,他做出了决定。他提出,把妻子、女儿接到美国,移民,还把美国的房子送给她们,如此,换得自己净身出户。任晋的女儿一句话也听不进去,拍桌子摔板凳,连连放出狠话:"爸爸和妈妈离婚,我就自杀!"

为摆脱婚姻,任晋出了大价钱。除美国的房子之外,上海的三套房子也归妻子和女儿。他对女儿说,给他自由,就有这些好处。大学毕业后当中学老师的女儿动心了,觉得值,毕竟上海房子比美国房子值钱呀!况且她的父亲即便不离婚,到头来传给她的,也就是那些家当。更何况,她若不同意父母离婚,她就去不了美国。你看,这是不是宿命?到美国以后的第三年,任晋的女儿看中的美国男人也比她大二十多快三十岁了,男人也因为她离了婚。任晋的女儿总算明白了,粗暴干涉父母婚姻多么不得体呀!

一架半圆形的书橱,围在任晋的黑檀木雕花办公桌后面,他的全家福挂在书橱旁边墙上,尤其扎眼。

按照常理,私人照片通常会嵌在精致的小相框里,摆在桌上的。

可任晋呢？两幅全家福的照片，镶入大相框挂在墙上，在上下左右公司集体照的陪衬下，尤其夺人眼球。那两帧照片，用像素很高的相机拍成，那个清晰度，配上镂花描金的相框，简直让人相信墙上被挖了两个洞，六个人头分别从洞里探进来，朝着会客区的人们挤眉弄眼。

上面一点的一个相框，婴儿旁边一个微笑着，两只眼睛朝下弯成弓形的年轻母亲，父亲像外公，母亲则像外公的一个小女儿。

往下错开那张照片，是一个镶银丝边斜插一朵郁金香的相框，这张照片上，婴儿长成了小女孩，外公变年轻了，年轻的母亲从外公的小女儿换成大女儿模样。全家福的下面，是两个大镜框，一个是任晋的公司向聋哑学校捐赠一百万元的证书，旁边一个镜框里，是向养老院捐赠图书、家具的荣誉证书。

傍晚的时候，任晋回到小河、绿茵、高大茂密乔木、黄杨树篱环绕的家。司机把奔驰6停进车库，步行回马路对面的公寓楼，任晋公司给他房贴让他买的。任晋对司机说普通话，要他明早七点来，路线是先送丹吉去私立医院，再送他去公司。

家门口的防水夜灯已经亮起来，他在脚垫上蹭蹭鞋，按了门铃。

丹吉趿着一双棉拖鞋，出来迎接他，她一手接过任晋的公文包，一手把坐在她手臂上的小女儿递给任晋。任晋亲了小女孩一口，跟她说起了英语。

轻飘的睡衣裤穿在丹吉软绵绵的身上，身子显得更加软和了。丹吉是四川妹，一张网红脸，高额头，尖下巴，很会做家务。一个不算漂亮的女人，因为长了一对月牙般朝下弯弯的眼睛，笑起来甜，发怒的时候，也露出微笑的模样，如此面相，安慰了任晋那一颗百孔千疮的心。她用理性和智慧、甜甜的微笑留住一个富有、忠厚、多情的男性长者。

任晋对丹吉说普通话。当然，还有一个人，家里用的照顾小女儿的安徽阿姨,任晋很少跟她说话,逼不得已的时候,也是普通话。我什么时候能说上海话?有的时候,任晋也想过,可是,他的身份已经不允许他说上海方言了。

任晋用普通话对丹吉说,谭楠的丈夫皮埃尔去世了。说完这话,他表情平静地走向浴室,脱下一件带领子的深蓝色长袖鳄鱼牌T恤衫,拉开浴室门之前,他转过身,又补了一句:"在外国人当中,皮埃尔不算是最坏的。"说着这话,任晋的嘴角边撇出一丝浅笑,表情有点高深莫测。

丹吉赔着笑。事关谭楠家的事情,她不做评论。

"哗哗……"花洒喷水的声音响起。

走出浴室的任晋披着浴袍,对丹吉望着,目光里含着笑意,一种比他这个年龄的人欢快得多的光芒闪亮在他的两个小小的眼眸里。丹吉看到了他的裸眼。平时,任晋在眼镜后面思考着。藏在他的镜片后面的是一个任晋,藏在一对小眼珠后面的,还有一个任晋。他给人的感觉是冷的,刚刚提到谭楠名字的时候,那种冷就像遇到火,擦出几点火星。

丹吉哦了一声,没有多说一个字。她深知任晋对谭家的感情,在任晋和谭楠面前,她几乎是一个局外人。任晋避开她的目光,转向公文包,拿出一份医疗养老保险单子,递给丹吉:"我给你加了保险。"

"我不上班还享受四金啊?"丹吉笑着说。

任晋听出丹吉话里带刺,他不再说话。丹吉也不说话,她走到育儿室,向小女儿使了个眼色,三岁的小姑娘会意,光着小脚丫朝老父亲跑来,说地砖冷,要抱。任晋呵呵笑着弯下腰去,把小小的身体抱在手里,往脸蛋上亲一下,一只厚厚的肉手掌同时捏住小孩的两只脚丫子。

丹吉远远地望着,把一双眼睛笑成两弯朝下的月牙儿。她中专学历,从小读书,数学忒好,三年前,她决定用试管里收藏的任晋的遗传因子造一个小人，这真是明智的决定呀！刚才，她对任晋使过性子，心里也是惴惴的，她知道，任晋敏感，早已看出了她的不快。任晋公司出钱替她付四金，都四年了，从来没听她说一句不好意思的话。

"联系好了。你去医院体检，院长会在明天早上八点钟准时陪同。"

"哦……"丹吉的脸上又泛起笑容。有的时候，她颇感到堆出太多笑容，脸部肌肉出现了疲劳感。

晚饭吃过后，任晋一不留神说了英语，马上又转成普通话："大女儿回来了，我明天夜里去机场接，三个人，坐头等舱。"

"哦……"丹吉愣了一下，眼珠子一转，马上回过神，"好好，带小外孙女一起来？"

"是呀！小洋娃娃。"任晋笑了，笑纹遍布他的面孔，一张脸顿时显得苍老，这满脸的笑暴露了他的年龄，那是一个快乐的外公的笑。

任晋，商场上的人，就是有着不同于普通人的自制力啊！

丹吉掂量出任晋这话的分量。她微笑着，抱起小女儿，把她递给换了一身缎子睡衣的任晋。

这个，是她的法宝。任晋的遗传细胞，加上自己的子宫，赢得九套房子，上海七套，四川两套。假如当时一念之差，抱养一个，局面大不同也。

沉默了一会儿。

"我下个月去魁北克市参加一个国际会议，顺便看看谭楠。"说这话的时候，任晋感到一阵困乏，他把被子掀开一个角，钻进去，蜷缩在一处，沉沉地睡去。

几天后的早晨，丹吉开宝马送小女儿去了双语幼儿园，回到家，她打开电脑,输入密码,进入任晋的邮箱,看到中信银行对账单,突然发现任晋手机里的支付信息。什么?今天半夜零点起飞的飞机,他不是说下个月去加拿大吗?怎么今天就出发?都不对我说一声。按说任晋可以公费支出买飞机票,可他怎么突然一根筋,自己掏腰包了!丹吉沉不住气了。

我也要去加拿大,带上小女儿……

她打开同城App,看准同一家航空公司同一个航班给自己补了票,出了比平时多一倍的价钱。傍晚,她把女儿从幼儿园接出后,开着车,直奔浦东国际机场。进入机场大厅,她一手抱着小女儿,一手拉着拉杆箱,快步穿过人群,远远望见,在美国联合航空公司的柜台前,长长的队伍里排着几十个人,丹吉一眼认出人流中那个披着风衣,垂下头的任晋。"还好,"她对自己说,"好歹赶上把一家人的座位凑在一起了。"她快速走到他的面前,笑吟吟地把手里的小女儿递过去。

看见她,任晋一愣,不过,他马上恢复了自制,朝她一笑,放下手机,接过小女儿,话音里赔着小心:"我正要打电话告诉你呢……"

丹吉也笑着说:"我也想出去散散心,到北美走走,碰巧小爱丽丝幼儿园里有小朋友感冒了,不如避一避,接她一块儿去。"说这话的时候,丹吉惊讶于自己说谎编谎的脑筋急转弯,这时候,队伍往前行一个人的距离,丹吉赶忙低下头,从任晋的行李箱上面捡起手机,放入任晋风衣的口袋,自己的两只手不空着,左手拉起任晋的拉杆箱,右手拉自己的拉杆箱,一边跟随着队伍前移,一边时不时地扭转头来,对着任晋微笑,逗小爱丽丝玩。可是,当她扭转头去,把脸对着签发登机牌的柜台方向,她却用上排门牙咬住下嘴唇,一脸愠怒。

为了让谭楠觉得自然,任晋一家三口在谭楠家里住下。

四辆豪车,凯迪拉克、捷豹、奔驰、宝马……皮埃尔生前轮换开两辆,剩下两辆生了锈。任晋拿了一只电吹风、一把榔头、一把旋凿,去修捷豹,预备卖掉后,给谭楠换几个月的生活费。

丹吉像一个老妈子,往腰间扎一件毛衣当围裙,在厨房忙活,预备三个大人一个小孩的晚餐。她去华人开的超市买来许多高庄馒头、速冻水饺,塞满了冰箱。她边忙活边笑着说:"等到下大雪了,吃光了我们买的速冻水饺,谭楠恐怕要冻死饿死了哦。"

谭楠什么也没说,她在流泪,一条毛巾湿得快要滴水。

浸泡在悲伤中,比丹吉年长二十岁,嫁了西方男人的上海女人谭楠,年轻,骨感而美丽,受皮埃尔爱的滋养,她的面孔比同龄人年轻很多。她不觉得自己老,仿佛岁月是一台永动机,能走,也能原地踏步。她爱睡觉,一个睡美人,她的年轻也是睡出来的。谭楠比眼前那个就年龄而言年轻了两个年代,跟了一个老男人,最近身体发了福的女人丹吉,要多出好几倍魅力。

"你和皮埃尔是怎么认识的?"丹吉笑着问。她一笑,两只向下弯成月牙儿的眼眸里满是探寻和猎奇的神色。女人的好奇心驱使她掏出谭楠的隐私。在她很年轻的时候,也曾经幻想嫁一个外国男人。只是后来,命运落在她头上的是财运,当然,嫁了任晋也不吃亏。

"在天上……"谭楠面无表情,答非所问。

丹吉对自己碰了个软钉子一笑置之,不再发问。她转过身,拉起坐在厨房门口肮脏地板上的小爱丽丝,她正咿咿呀呀地唱着只有她自己听得懂的歌。

关于谭楠和皮埃尔的故事,丹吉早已耳熟能详。他们在同一家公司上班,谭楠做程序工程师,皮埃尔做销售,临时工。当时,谭楠正达到挣钱能力的峰值。皮埃尔大她十二岁,两个人都属老虎。一开始,谭楠也倒是想嫁个有钱人的,皮埃尔请她吃饭泡吧,花过小钱,还吹嘘自己有公司。结婚后,男人露出马脚,靠她养。女人嘛,只要陷入爱情的漩涡,就越陷越深,不能自拔。

仿佛看透了丹吉的心思，谭楠止住悲声，抬起头，摆出一副勇敢的姿态："说到钱，我赚的是北美人的钱。"言下之意是纵然任晋那么富有，他只有从中国同胞口袋里掏钱的本事，而她谭楠，却是靠竞争拔得世界级头筹，拿到跨国大公司的年薪！

谭楠骄傲地说："皮埃尔不贪钱，我几次要嫁他，他不肯娶我。"

丹吉差点笑出声来，急忙用手掩住嘴巴。她的手上沾了口红，连忙到处寻找纸巾擦，谭楠的家里没有一包纸巾，就像厨房里没有围裙一样。

二十七年了。那个时候，他每天来看我，来我租住的小屋。秋天的魁北克，大地一片金黄嫣红。我俩吃完晚饭，他送我回家，月色撩人，沿途一片片枫树叶的清香在肺腑里甜丝丝地流连。走在皮埃尔身边，多了他身上特有的音乐感和烟草味，特别好闻。我俩没有手拉手，不过，已经挨得够近，他的衣袖轻拂着我的鬓发，我闻到了他灰色风衣上男人的气味。我俩转过一个街角的时候，路上一辆山地摩托车飞驰而来，头戴钢盔的骑手屁股离开坐垫，两只脚站直在踏板上，身子朝我们这边倾斜，一阵旋风差点把我刮倒，我呀的一声惊叫，皮埃尔一把揽住我的腰，弯过他的魁伟的身子保护我，这个爱的语言，书写了我和皮埃尔共同生活的第一页，我趁势就像一棵被砍断的小树一样，倒在皮埃尔的怀里，他且抱且行地和我一起往前走，到了我的家门口，我请他进去喝一杯茶，他说好。那一天，我穿了一条六片缝制起来，开了六道衩的花呢裙子。我为他沏上从家里带来的茉莉花茶，对着他坐着的时候，我故意让穿着黑色天鹅绒连裤袜的小腿从其中一条开衩的下面露出来。我的小屋不分客厅、卧室，房东在我的小床前拦上一扇屏风，屏风里的部分就算卧室了。我从屏风后面出来的时候，已经换上一件镶花边的粉色睡衣。皮埃尔用惊异的眼神看着我，我羞愧难当。按照西方礼仪，在客人面前穿睡衣，及把睡衣穿到客厅里去，是极失礼的行为。外国哪里像上海？洗澡后的女人穿一身花衣花裤，趿一双塑料拖鞋满弄堂地走，买菜，逛街，随地吐香瓜子壳……接下来的事情，不是他要求，而是我要的。小姑娘留住男人，出于本能，会做出这样的决定，这也是给自己的感情寻找一条出路啊！爱情的蓓蕾悄无声息地开出第一朵花瓣，紧接着，她以迅雷不及掩耳之势豁然绽放……其时，我已经买了公寓房，160多平方米，实际使用面积哦！新大楼，正等着交房。交房那天，忙完入户手续，站在面朝大海的落地窗前，他从我身后环过双臂抱住我，低下他那颗漂亮的脑袋，下巴抵住我的头发，一股男人的体味弥漫了我的周身，我呼吸急促，爱的狂风在呼啸，我仿佛回到海滨浴场，一阵阵的海浪裹挟着我，把我的身体托举到无限的高度，海神张开大口，把我千刀万剐，一口口吞噬掉……我把他的双手紧紧地捂在我的胸前，默默地闭上眼睛，皮埃尔是一团火，我的身体是一块在炉中烧红的炭，我的热血鼓荡起欢歌，汗腺奏起和弦，我在甜蜜的晕眩中失重……皮埃尔的手臂毛茸茸的，我的手压着他的手，就像抚摸小动物的鬃毛，痒刺刺的，好刺激啊！论体量，我才是他揽在怀里的一只小猫呢！我等待着……我等待他向我求婚，等啊等，直到他把脖子低得酸了，放开我，我还是没听到他向我求婚，唯一得到的是从我的嘴巴里拉出一根软软的黄头发，那是皮埃尔的，皮埃尔的头发呈浅褐色。我忍不住，转身面向着他，张开双臂，勾住他的脖子，眼睛直视着他的一双蓝色的大眼，他目光炯炯，眸子里燃起爱的火焰，眼睫毛是金黄色的，跟一匹马那样的眼睛差不多，他垂下眼帘，长长的睫毛盖住眸子，像遮阳篷似的。我羞涩而探询地问他，想不想娶我做妻子？听了我的问话，他默默地笑笑，吻了一下我的前额，淡淡地回答，说他不娶我，他不贪财。我依偎在他的怀里，抽泣起来，他笑着轻轻地拍着我的背，他抚摸着我的背，顺着脊椎骨一寸一寸地往下移，轻轻地揉捏着，我好舒服，浑身直颤……他对着我耳语，说了几十遍 Ma Cherie（傻妞），直到我的耳朵热得痒痒，不得不偏过头去。接下来，他帮我搬家,从小屋搬出来,住进新大楼。他还是每天来看我,带花给我。我一个人住进大房子,比在小屋里愈加寂寞了。一天夜里,当我俩从虚脱的幸福境界回到现实,我厚着脸皮,再一次要他娶我,可他还是那句话,拒绝我了。虽然伤心,我也理解,毕竟那个时候,皮埃尔刚离婚不久,他和我上床,只是疗伤,未必真的想步入婚姻殿堂。所以,此后的一个多月时间,我不再提结婚的事情,一切顺其自然。直到两个月后,皮埃尔生日那天,恰逢圣诞前夕,我特意从魁北克市中心买来黄油树根蛋糕,两根并排的树根,犹似一株并蒂莲。皮埃尔看了喜欢,当天晚上,皮埃尔才答应娶我。举行婚礼,我们没有进教堂,只是在我买的新房子的大楼前草坪上摆两排塑料椅子,请朋友们喝香槟,皮埃尔弹奏电吉他,为此,他苦练了两个星期,弹的是鲍勃·迪伦的《滚石》,虽然错了几个音,在我听来,吉他弹奏的妙音,替代了婚礼的钟声。一曲终了,也是婚礼的一个仪式,皮埃尔拥着我接吻,他在我的舌尖留下的百合花气味,经久不散,历久弥新。皮埃尔有着一种不食人间烟火的魅力。皮埃尔无瑕,除了皮埃尔之外的一切都俗气。现在,你们左一句我养男人,右一句皮埃尔吃软饭,你们须知道当时,人家完全经济独立,没有追着要我这张饭票呀!就算皮埃尔要找个女人花钱在他身上,凭他的相貌、才干、风度,不愁没有魁北克的单身女人要他。所以,他对我是真心喜爱。我和皮埃尔结婚的时候,我刚买房,没有钱买戒指给皮埃尔,我只买给皮埃尔一套西装,他喜爱时髦的阿玛尼新款,就那件,他来上海探亲时也穿的。皮埃尔没钱买给我戒指,他买给我鲜花。有鲜花足够了,因为钻石也做成鲜花的形状,不是吗?皮埃尔会一辈子买鲜花给我,鲜花五彩缤纷,四季出新,而黄金、钻石色泽单调,枯索乏味,鲜花哪里是黄金钻石能比的?我们之间没有贵金属,有的是鲜花和悄悄话。我倒要问,女人的一生应该怎样度过?

有了皮埃尔,我不再孤单。他给了我可倚靠的坚实的肩膀。他就是为了等我的。我就是为了遇见他，才去加拿大的。我的生命中有他。在他那里，我没有悲伤，只有阳光。我得到了一个旅居他乡的人所需要的一切，一个女人所需要的一切。

遇到皮埃尔之前，别人笑话我单身，没有男人爱。我不敢旅游，怕被人看不起，单身女人被人看不起的。自打有了皮埃尔，我笑话她们，足足笑了二十七年呐！皮埃尔很拿得出手，他是我的陪伴、依傍和装饰。现在，皮埃尔没了，又轮到她们笑话我了。遇见皮埃尔之前，什么事情都要我自己料理。有了他，我一样也不必做了。他会买菜，烧饭，计划旅游。

你们现在来了，也看到了，我连烤箱都不会用，因为之前都是皮埃尔烘好面包，伺候我吃的。有了皮埃尔，我享福了，不出差的日子里，我一觉睡到上午十一点，皮埃尔先起床，煮咖啡，烘面包片，用一个托盘，把烤吐司、黄油、果酱、咖啡端给我，让我在床上吃。这是我们的早餐，到了傍晚，我们会出门用一份正餐，我们一天两餐的。我虽有驾照，却不会开车，因为有皮埃尔在，我什么也不需要做啊！这些，足以羡慕煞了没有男人，什么事情都要自己操劳、自己做的男人婆。

"谭楠五十五岁的人，情商却是十五岁的。"丹吉在心底里发出一声叹息。

谭楠浑然不觉，接着说："我怎么向你形容那样的欢喜？洋人身上的一切，都好玩，我会一连好几个小时捧着皮埃尔那肉板厚厚的大手抚摩，指甲窝里那个红太阳，汗毛孔里钻出雄性激素……还有，皮埃尔有着像马眼那样的褐色的长睫毛，大江鸡一样的手脚……就像玩一只洋公鸡……假如我不出国，留在国内，我会像你们所有人那样，找一个上海老公，买几套上海房子，至少闹个两千多万的身价。可我的一生会随着漫漫的日常流淌，和千人一面的蚂蚁那样。你知道什么是人生的选择，什么是超越，什么是往有限的庸常里注入无限的精彩？一切的一切，来源于一个人，在我，这个人就是皮埃尔。我所走过的二十七年，就像一场美丽的梦，现在，梦醒了，我回到原点，回到认识皮埃尔之前的状态。那个时候，我没有钱，年轻，浑身充满勇气和力量。可是，我是一个女人，我需要被爱。你们哪里懂得，永远不懂身处异国他乡的那种寂寞、孤苦、无助。暗淡和凄迷笼罩着天和地，我就像一个溺水之人随便抓着一根稻草求生……你做噩梦的感觉，还记得吗？在无边的绝望中，人在梦里却也希望那只是一个梦，不是现实。无数个周末的黄昏，我刚刚结束在西餐厅的跑堂，走在魁北克市，路上阒无一人，多数商店关门度假，道路两旁的公寓窗子里，灯一盏接着一盏亮起来，我猜那里有烛光，也有电灯光，洋溢着爱情、亲情、友情的灯光啊！偶尔驶过一辆汽车，却是情侣相拥欢笑叫闹着开往郊外野餐的。快乐，都不是我的。我搜肠刮肚想出所有可能成为我丈夫的名字，呼喊那个名字来爱我，丈夫爱我，可是，没有人爱我……我，孤身一人，心里还惦记着今晚的膳食和明天学院的功课。我眼睁睁地看着别人手挽着手，成双成对地出入。而我，又能去拉谁的手？我真想大声呼喊，或者只要抓着随便什么，都要抱一下，哪怕抱一抱街道两旁的行道树也好哇！那个时候，世界于我根本不存在，我自己也是一个不存在的存在，我像疯子一样反复吟唱儿时的一首歌给自己听，强迫自己相信我还活着。这样的日子，我足足过了五年，直到有一天，皮埃尔出现了。自从有了他，我才知道晴天有太阳，雨天有浪漫，雪天里有温暖，我才感到自己是一个活着的生物。皮埃尔很有气场，走路的每一步态里都饱含音乐的节拍。他说一口温柔的法语，细腻而多情，眼眸里闪烁着令人过目不忘的火焰。女人看过他一眼，忍不住再看一眼，又不得不抑制自己看他的欲望，因为自卑，因为那么漂亮的男人，想也别去想，想不到的。还是有点自知之明为好。我万万没想到，如此一个万人迷，竟然垂青于我，他的目光竟然落到我的身上！

"我的资金全力支持皮埃尔。我破产了,可那又怎么样?皮埃尔抵押我的房产做项目,他是对的。无论他做什么,我都相信他没错。我相信皮埃尔的智慧,他已经接近成功了,只是运气不好,出师未捷身先死。中国人信奉胜者为王败者寇,而我则相信只要假以时日,皮埃尔一定会成功。前一阵子,咱俩还去看过魁北克市的新建住宅呢!

"爱迪生发明电灯,不也是经历数千次失败而后大功告成?你们只知道打工,不懂得创新。照你们的逻辑,应该点一万年煤油灯,因为中国没有爱迪生。房产又怎样呢?我有了房产,才有皮埃尔,没有了皮埃尔,这房子也就失去存在的意义了。所以,房子被皮埃尔抵押了,卖了,挥霍了,正体现了这房子存在的意义和价值。我赔上房子,我愿意。我赔自己的财产,这与别人又有什么关系呢?我虽不乐见自己破产,但因为这产破在皮埃尔手里,也是值得的。皮埃尔知道,一旦他的项目失败,我和他都要流落街头。他承受了所有的压力,性感的嘴角起了两道忧伤的皱纹,可他总是安慰我,说一切都会好起来。他压力大了,吃得很多,肥腻也吃得多,谁料想,那竟然酿成他生命终结的祸根。而今,那个驱动温暖躯体的引擎,皮埃尔的心脏,不再搏动,那个温暖如太阳的庇护所永远消亡。供我取暖的那一炉火,早已焚烧了皮埃尔的骸骨,灰撒了,留给我的,连一抔灰都没有啊!皮埃尔走了,我从生界堕入死亡之界。现在的谭楠,是死了的。相反,皮埃尔不死,无论他到哪里,哪里都有太阳、鲜花,有生的乐趣。在皮埃尔身上,承载了我的全部的生存的希望,皮埃尔是我的生命之本、是非的标杆、价值的准则。除了皮埃尔,这个世界对我而言毫无意义。

"早上一杯咖啡到现在,也不觉得饿,可我好累呀!简直虚脱了。我只想对你说一句:要学会为自己的生命活,不为别人的看法活,对得起自己的生命才是最大的尽孝,才对得起父母养育一场。

"皮埃尔担保过我的父母。他很好的。可是,我的父母来这里住以后，总是嫌他懒惰不出去上班，他们要他出去打份工。皮埃尔受不了，他看不惯中国人卖女儿。就说，要么他和我离婚，要么我的父母搬出去住。妈妈也生气了，她竟然对我说：'你烧成灰也是一个中国人！'"

丹吉早就听说这个故事，谭楠是一个赚钱的人，她说了算。谭楠站队皮埃尔，把父母赶出门了。丹吉听任晋说过，谭伯父、谭伯母每天烧饭烧菜给皮埃尔、谭楠吃，他们希望皮埃尔找一份职业，也减轻谭楠一个人工作养家的负担。最好让皮埃尔和谭楠生个混血孩子，他们帮着带。

谭楠依然在絮絮叨叨："西式教育跟中国不一样，西人结婚是两个人之间的事，而在中国，却是跟一个家族结婚。女儿出嫁是为了女儿快乐，而不是指望女儿的婚姻带给你们家族什么东西。女儿不是父母的财产，父母不能指望女儿让你们过上你们想要的体面生活作为回报。说实话，我每个月为父母付300加元房租，我还给他们的老年公寓买空调，中国产的，海尔牌，我已经很好了。父母亲住老年公寓，不是对他们不好，而是为了他们生活得更好。父母觉得不够，住老年公寓不够光鲜，他们要我回报更多。好像女儿女婿买别墅让你们过好日子，招来国内人羡慕的目光满足你们的虚荣心是唯一的选项。可是，你们想没想过你们女儿的幸福？你们为啥不让女儿快乐？你们就知道嚷嚷着叫女儿休了皮埃尔？假如你们快乐了，而女儿不快乐，你们还快乐得起来吗？你们要知道，换一个男人，虽然满足你们物质上的要求，却是毁掉我一生的。"

谭楠还说，她在加拿大，父母有事情，她都去照顾的。遇上父母住院，她出差挣钱，医院找不到她，就找皮埃尔去照管她的父母。

除了皮埃尔，又有谁来填补她的空虚？父母是来了，可是，父母却带来了新的虚空。

丹吉心里暗想："在爱情的旗帜下，我获得一份投资婚姻，谭楠则得到了消费婚姻。"

"皮埃尔毫无条件地爱我,他懂得曲尽其妙,让我享受到一个女人所能得到的无上的幸福。皮埃尔给了我一个逝去的梦。现在,梦会回来,每夜都来。梦里是真,醒来才是幻觉。"谭楠边哭边嘀咕,说她被空虚所环绕,她看不到人生的阳光,呼吸不到人世间的空气,她把死后的世界想象成和人世间一样的了。

听到这里,丹吉暗暗骂了一声"狗屎!",不过,命运捉弄人,不然的话,我拿到的九套房子,都是谭楠的,或者谭楠父母的。

任晋修好了车,走进客厅,打断了两个女人的谈话。丹吉笑着对任晋说,她和谭楠很投缘,说了很多话,把做饭的工夫耽误了。任晋说,出去吃晚饭,他请客。

"你们去吧,我不去。"谭楠说着,眼泪又落了下来。周围的饭店,都是她和皮埃尔一同去过的。现在,剩下她一个人了,她再也没有踏进其中任何一家饭店。

丹吉笑吟吟地拉起谭楠沾满眼泪的小手,说:"我们刚到,我们也要吃饭呀!你就算是陪陪我们。"说着,她飞快地递一个眼色给任晋。

谭楠穿上外套。

丹吉认得。这是几年前,谭楠出差来上海,丹吉送给她一件滑雪衫,她现在还在穿,脚上的雪地靴,三十块钱一双的,丹吉也认得。

丹吉收住目光,不说话。

皮埃尔欠了债,欠银行的,还有私人的……

晚饭后,任晋教给谭楠很多赖账的办法,怎样不签任何文件,一旦落笔,这些文件都具备法律效力,都会导致谭楠破产。谭楠心不在焉地听着,心里嫌任晋啰嗦,只盼他快快结束这番指导。

夜已深，任晋辗转反侧。丹吉没有倒过时差，也睡不着，就把下午和谭楠之间的对话摘要给任晋听。任晋说，这次来，他想看看魁北克市的房子，买一套。

"什么？你疯……""疯了"二字没说出口，她咽了下去。她一向尊重任晋，说话从来没有这么重过。

任晋说："六十万加元而已，一套三居室。"

丹吉忽地坐起身，挺直腰杆，她的身体变得僵硬，她说她和任晋都不会说法语，买在魁北克市干吗？任晋有钱买房，买哪里不行，偏偏买在魁北克市？况且，在加拿大买房可不比在中国，不赚什么钱，且每年要交几万加币房产税，再说他们家不住在加拿大，多数时间在美国。任晋说："买房是为了让小爱丽丝长大后，来魁北克市读书，将来说一口纯正的法语。"

丹吉无话可说，她皱起眉头，噘起小嘴巴。

买房的事情，几天后就搞定了。

谭楠的房子已经挂牌。

一个星期天，任晋和丹吉帮谭楠把衣箱、生活日用品搬去他们的新房子。与谭楠独处的时候，丹吉说："任晋已经退休，就算担个顾问的虚职，收入大不如以前。"

任晋买的新房子，丹吉有名字，房子却是给谭楠住的。

一个月后，任晋开完国际会议，走下讲坛，回到魁北克市希尔顿酒店行政套间，脱下企业高管的西装，换上一身旧运动服，这是他今天穿的工装。客房的门口放着一桶室内乳胶漆、一把长柄刷子，这是任晋提前请酒店代购预备下的。为了把谭楠的房子卖出好价格偿债，任晋今天去粉刷谭楠家的墙壁。他拿起早已不再属于他的劳动工具，精神为之一振，久在樊笼的感觉一扫而光。今天，他要做一回自己，付出体力和汗水，让时光倒退三十多年，走进在美国打工的那个身无分文，有青春、有奔头的年代。他已经苍老，他穿上工装的时候，竭力回忆起年轻时打工的情形，他希望自己的手臂还是有力量的。虽然在变得富裕后，他用曼秀雷敦护肤霜勤加保养，早年辛苦劳作留下的双手长出了嫩皮，然骨节依旧粗大，青筋暴突，活脱脱一双蓝领工人的手。他回望自己的人生，两段婚姻，两任妻子，两个女儿……他早已开创出一番天地，如今，金钱在他只是符号。光鲜外表下的任晋，也确乎疲乏了。许多个休息日的早晨，一觉睡到自然醒的美好时刻，他希望正在享受的闲适继续下去，而象征生命终结的死亡将赐予他永久的悠闲和安宁。在日复一日的庸常里，任晋生出了厌倦，他被无可名状的羡慕之情所困扰，他羡慕皮埃尔生前的精神享受，也羡慕皮埃尔此刻灵魂的安宁。人在开心的时候怕死，因为生活给予人大于零的正数。人一旦滑落到零以下，就觉着死亡的诱惑了，感觉死带来的轻松感很享受。当一个人看不到人生的意义，或者，对人生了解得太过透彻，强令自己活下去，需要比赴死更大的勇气。在任晋而言，若非他的铁肩担负着的责任和义务，对母亲，对妻子女儿，还有对远近朋友们的道义，他是难以抵御死亡的诱惑的。最后，在现实面前，他改变了想法，他幻想将来的一个时间点，自己年老体弱、病重不起的那天，他将无惧，并会表现得极其淡定和自然。因为天年即将谢幕，他会快乐地无负担地赴死，因为那个时候，他有了不活的理由。

谭楠的房门咫尺之遥，任晋仿佛又回到青少年时代在谭家补习功课的日子。岁月在倾听任晋的心跳。

他到了电梯间，左手拎油漆桶，右手执一把长柄刷子。他，不遗余力地呵护着谭楠，几乎好得过了头，像父亲，像长兄，潜意识里，还是一个恋人。

他的眼前一片迷惘。

他去敲谭楠的门，没有回应。几十次拨打谭楠的固定电话和手机，没有接听，一种不祥之感袭上任晋的心头。

一个小时以后，任晋随警察破门而入，发现谭楠穿一身睡衣，躺在皮埃尔的电吉他上面，一根弦勒住了她的顾长如天鹅般的脖子，弦上散发着光泽，从来没断过，将来也不会断。带着这把电吉他，谭楠找到皮埃尔，在她自己才能体味的孤独的幸福中，谭楠飞到天上，跟着皮埃尔身后那一缕阳光和气味，抵达另一个境界，比人类曾经去过的任何国度都美丽。在时间的尽头，皮埃尔弹奏的音乐，只有谭楠听得懂。

大红深蓝

一条小马路。

上街沿的外侧，牵拉着几棵稀稀落落的梧桐树。靠房子那边的树冠只剩下些秃枝丫杈。一竿竿晾衣服的竹竿，从黑瓦片房子的二楼阳台、假三层老虎天窗里伸出来，架在梧桐树灰白斑驳的枝杈间。竹竿像刀刃，长年累月削下来，竟把手掌大小、扇子一般的梧桐绿叶悉数剔除了个干净。

上街沿的天空里，男人的阿罗裤、牛仔裤，女人的睡衣、睡裤，被单、枕套，被竹竿穿成的一条条彩带，舞荡着……

她挽住丈夫的臂弯，走得很慢。有时候，还侧身让过迎面走来的行人。她的身体已经明显发福，只得披一件黑色长袖化纤针织衫来紧缩路人的视觉。黑色针织衫里面，却是一件鲜红色的背心，顽强地在胸前招摇着她钟爱的颜色。这便宜又过时的打扮却不风凉，黄梅天蒸出她满头满脸的汗，只消轻轻吹口气，鼻尖的汗珠便四溅开来，雨点一般洒在丈夫的左臂。在突如其来的汗雨中，丈夫的脚步僵了一下，又假装什么都没有发生似的随着她趋步向前。丈夫那唯恐被察觉的退缩通过左胳膊上的经络传到她右手腕的神经，她不免在心里咯噔了一下，却依旧挽着丈夫的臂弯，不依不饶地。

装水产的红色塑料腰子形脚盆侵占了大半个上街沿，她没办法和丈夫并排行进了，不得不撒手，松开丈夫的胳膊。丈夫犹如一只出笼的鸟儿，做操似的甩着一双手，身手轻捷地跑到她前面去了。两人一前一后地走，丈夫的个头高高的，她平视的双眼只看得到丈夫的后背。她看见丈夫穿一件新的短袖格子衬衫,两只袖子边的格子没有对齐,看上去有些滑稽,粗糙的棉麻在肩膀和袖子的接缝处露出一根线头。"哎哟,摊头上淘来的便宜货,将就着穿吧。"她对自己说。

突然,丈夫像一只淋到水的母鸡那样哆嗦一下,抬起手去摸摸毛发不多的头顶,又用放下来的手甩掉水,他还以为下了太阳雨,猛一抬头,天空虽然不是瓦蓝瓦蓝的,却有阳光透过灰蓝的面纱,徘徊在白云和他的面孔之间。可他看见头顶上的湿漉漉的阿罗裤了。她待要朝空中发作又忍住,她害怕老街坊的人。丈夫始终没有发声音。"他不是从这个地方出去的人,也骂不出什么样的话来。"她这么想着,不知不觉地笑出一声。

她索性走上宽阔一点的车道,再次挽住丈夫的胳膊。小马路不画机动车、非机动车道线,汽车、自行车、行人一齐抢道,汽车尾气间杂着人身上的肉夹气发散出异样的气味。

马路的两旁黑水横流,敲晕黑鱼头开膛破肚的,宰杀活鸡褪毛的,劈开西瓜取瓤,剜削菠萝装袋的,随处可见。摊主们的名字虽叫不出,看着却面熟,都是街坊邻居。这个地方的人,出去做事不容易,待在这里又自在,许多人就在家门口摆起了摊。

距离自家的小弄堂只有三四步路远了,她本能地屏住了呼吸。

迎接她的,是一只绿头苍蝇,从右往左掠过她的面颊。这苍蝇吃得饱饱的,刚刚从弄堂口那间白瓷砖小屋里飞出,不知要落脚到哪一户人家的红瓤西瓜上面去消消暑,攫取些个维生素。这间白色方块瓷砖砌成的小屋是社区的一项惠民工程,小屋里面,一根凹槽安置了一条弄堂人的大便。

她重新放开呼吸的时候,气有些急。她怀疑自己是不是心脏出了毛病。

眼前的一切令她难以想象这里是她出生长大的地方。可心里觉得这弄堂很舒坦,她真切地感觉自己全身心地属于这里。

倒粪站旁边，开着一家弄堂理发店，没有红、白、蓝三色转筒，也没有招牌。一扇用白铁管焊接而成的铁门虚掩着，小屋里氤氲的热气正往外蒸发，乍一看，还以为时光倒转，回到了老虎灶时代。她路过的时候，刚巧老板娘端着一脸盆水往外泼，她急忙一闪身，差点折断了两只高跟凉鞋的细跟。老板娘也不觉得，更不朝她被打湿的、趾甲涂得红红的脚趾头看，只一味盯着她的脸，啊哟一声："你看上去嘎年轻！跟当年在我店里做面孔时没多大差异。"说这话的时候，老板娘一张粉脸笑嘻嘻的，挤出的笑纹跟两道画出来的黑眉毛打起架来，额头上面用发胶粘牢的圈圈像小鸟儿那样一跳一跳的。

她受了恭维，勉强一笑，说："侬腾（取笑）我。"

她不能说出来，其实她已经出三万块拉过一次皮，脸上的皮已经有点僵了，每个月还注射进口肉毒素……

稍稍敷衍了几句，她笃笃笃地快步走到小弄堂的中间地带，心里一阵懊恼，虽然不敢低头看自己的两只脚，她感觉得到，自己走过的地方，想必是一长溜湿湿的鞋印了。

到了自家楼下，一阵哗哗哗的流水声接续着她对湿脚的想象。灶披间旁边，一只用砖头砌起来的水泥水斗的上面，自来水大龙头开了直冲，似乎代替着人的一双手，洗一只木脚盆里浸满的箬叶，噢，又裹粽子了。在她依稀的记忆里，往年的端午节前，她的母亲总是包许多粽子，换两部公交车，送给她的婆家之余，还叫她拿到单位送给领导。有一回，她的母亲拿粽子敲开她领导办公室的门，双手呈上粽子，连声恳求领导多多关照她。

自己裹粽子，花同样的钱，可以多吃几只。粽叶便宜，糯米也没几个钱，身怀裹粽子绝技的女人们，打点打点粽叶、糯米，文火煮上四个小时，不费多少钱，就整成一件上门礼物了。这里人过日子的算盘打得真精啊！

水门汀上铺着一块木板，上面堆起洗好的粽叶。她一眼认出，这是楼下老阿娘家的木板。小时候,每到夜里,各家各户拿出一块来铺在弄堂的水泥地上,端出饭菜碗来吃的。吃得不好,拳脚相加,第二天就没事了。她家孤儿寡母的,打架打不过人家,所以她养成了卑微的外表。谦卑是生活教会她的。

这条小弄堂被淹没在周围林立的高楼当中了,许多老邻居还住在这里。从这里走出去似乎非常难。就是那份难让母亲央求她的领导照顾她的。

又往前几步,她有些迷糊,好久没来了,她几乎找不到自家后门似的。这时候,忽听一个轻微的声音在唤她的小名,她循声望去,就在哗哗哗的水斗旁边,一张眼珠灰白的老脸在冲着她笑呢。

"我老早看见侬进弄堂来了。"楼下老阿娘坐在一把竹椅子里,傍着灶披间的门,背靠木门的铰链,脸朝着弄堂口的方向,宛如来自异域的一个弄堂精灵。老阿娘的瞳孔泛起灰白色,精神依旧矍铄,微驼的背让她的身体有点前倾。她穿一件老式的棉布方领头衬衫,浅蓝色小碎花,扣上了头颈下面第一粒扣子,肩膀两边和胸部两侧各打了一个褶。她也许已经忘记自己多少岁数了,岁月增寿,只有让她活下去的意思。她的两只手骨节粗大,长长的手指,干净的手腕伸出衬衣的两只袖子,手上的皮肤照样有弹性。

"哦,对不起,我没看见你,我看看前面有什么,去轧轧闹猛。"她急忙掩饰,既不让老阿娘觉得她失礼,又不让老阿娘觉得她迷了路。

"弄堂里哪里来的闹猛。"老阿娘的语气,好像在纠正一个小孙辈。

老阿娘静静地坐着,晒着弄堂里的太阳。阳光穿过晾衣竹竿上衣裳的缝隙,疏疏朗朗地洒下来,落到老阿娘的眼前。石库门两边高墙顶上长出的些许墙头野草,是她唯一看得到的绿。她的两只脚探出一条灰布中式裤的裤管,伸进一双圆口布鞋里,她有一双天足。

她在老阿娘身边的一只小矮凳上落了座,赤了两只肉脚,搁在高跟凉鞋的鞋尖上面,伸得长长的,趁机舒展舒展穿高跟凉鞋的疲累。她把涂得红红的十只脚趾甲竖起来,正好让老阿娘看得见。老阿娘的两只眼睛照样望着弄堂口,似乎根本没有注意到她裸脚上的十点红趾甲。

老太太不在意她的漂亮,她倒也没有觉得太大的委屈。好久不见了,她对这个弄堂的活古董好奇起来,趁着寒暄,她问了一句:"阿娘今年高寿啊?"

老阿娘微微一笑:"我不记得了。"

"阿娘今年九十六岁了。"水斗边转出老阿娘的媳妇,胖胖的,穿一件蓝色横条子的短袖汗衫,有点包。她答着话,头也不抬起来看女邻居,只顾把一双肉肉的手探进木脚盆,给浸在水里的箬叶翻了个身。

"哇!高寿呀。"

老阿娘听着这话,就跟没听见那样,脸上依旧带着先前的微笑。

面对一个高龄妇女,她流露出小女孩一般的娇憨。她用食指和拇指捻起头颈里戴的一串带个鸡心坠子的镀银项链,对老太说:"阿娘,我这条项链从泰国买来的,花了六千块人民币呢!"

"哟,嘎好看。"老阿娘这下子才收回目光,柔和的眼神转向她的颈项,瞥了一眼,照样带着微笑说。

老阿娘戴的那串廉价的小珍珠项链当然不在她的眼里。尼龙细线穿起来的,很小又不规则的珍珠。二十年前,刚刚时兴珍珠时,她也有过几串,现在给洋娃娃戴都不值。

老阿娘似乎不觉得自己的小珍珠项链和女人的泰国项链有什么差异,她依旧开心,还略有些得意。

"你的姆妈好吗?"老阿娘开口问,语气客气异常。非常的客气也许冲着她的丈夫。当年,她嫁入一家有着打蜡地板、落地钢窗的人家,弄堂里人一直讲了好几个月呢。虽然从来不知道她家的落地钢窗位于上海的哪一只角,在弄堂里人的心目中,用金条押来住的钢窗蜡地板房子总给人一种神秘感、敬畏感。

"好额,伊在养老院里。"

"哦。"老太太微微蹙眉,皱纹堆里的眼珠子里面闪过一丝不易察觉的怪异。她很快又换上一副笑容:"叫她来住,跟我说说话。"

"养老院蛮好的,还有老人说说话。"她是个要面子的人,没有错过老阿娘的诡异表情。

"我说,到此地来,跟我说话。"老阿娘的语气近乎执拗。

"我家住得高,不方便呢。"她总算找到一个不来的理由。

老阿娘抬起头,朝石库门上面木板厢房的格子窗,还有那个晒台小屋望一眼:"是啊,我住楼下,为了进出方便。"老阿娘说了这话,摆出一副如释重负的表情,好像她一心要对人说这话,只是没有逮着机会,这下子,正好,说出这句话,也挣回了面子。她甚至因此有了优越感。

老阿娘的媳妇是个闷葫芦,头发烫过,直了一半,倒是乌黑的。

她把目光掉向老阿娘的媳妇,说:"咦,侬头发真好。"

言下之意想听听媳妇说头发是染黑的,就跟她自己那样。可是,媳妇只微微一笑,没有说出她想听的话。

她抬头望见破败的石库门房子雕花的门楣,恍如置身于某一个旅游景点,不觉暗暗欣赏起来。她自认为对艺术有某种感觉。从小到大都忙于生存的那点事情,竟然没有注意身边的文物了。

电线上挂满了睡衣、睡裤,男人的汗衫马甲,女人的三角裤,胸罩多用海绵的,也有几只古今牌子的布罩混迹其间,暗暗炫示着主人长得不瘪。洗好的夏天衣服在脚盆里,放在地上,老太的媳妇昂起头,举起长长的丫杈头,把一只只衣架挂上电线。

刚刚挂好最后一条洗干净的湿短裤。

电线旁边那个方格子窗下的阳台上，木板鸽子笼的油毛毡门突然打开，扑棱棱飞出一群鸽子，原本狭窄的天空突然灰暗下来，无数的灰纷纷而下，扑得眼睛也睁不开，她慌忙退进灶披间，连连咳了几声。

媳妇好像什么都不觉得，似乎也习惯了。她收起丫杈头，回到灶披间，啪地一下，泼光脚盆里的水，坐进一只电饭煲的内胆，里面满满的，尽是湿漉漉的淘洗过的糯米。

台式煤气灶有两个灶头，左边那只上炖着高压锅，煮着一锅粽子。右边那眼灶头上，铁锅刚炒出一盘蕹菜，锅底向空中散出油烟气。黑色油腻的木头盖子翻过来放在充当灶台的破旧写字桌上。

自来水大龙头冲的那些箬叶也已收拢在脚盆里了。媳妇在糯米面前叉开腿坐定，拿三张绿色长条的箬叶错开叠成一张宽叶子，照着自己小肚子的方向卷成一个空心圆锥体，左手握着，右手拿一个瓷调羹往电饭煲里舀米，一调羹、两调羹、三调羹……眼看白米装满了左手虎口里的那个绿叶锥体，媳妇放下调羹，伸出右手的四根手指，轻轻拍打着，一经拍打，高出锥口的白米一点点地沉下去，和锥口齐平。说时迟那时快，媳妇撩起圆锥口剩余的箬叶兜头盖过去，紧接着，左手像捏泥人似的摊平食指、中指架起这只未成形的粽子，与此同时，拇指、无名指加小指相向地把粽子挤压扁了，让手里的粽子由一个正圆锥体变成一个直角三角形椭圆锥体。这时候，刚刚被兜过来的粽叶缓缓地从右侧绕过椭圆锥体的锥心，再从左侧绕上来，经过正前方的斜面绕到贴近媳妇肚子的位置，压在左手大拇指底下。紧接着，媳妇用右手拿起第四张箬叶，从锥心出发来个大抄底，第一折在三角的直角位置，第二折经三角的锐角向左前方绕过三角椭圆锥体的锥角，翻上三角椭圆锥体的斜面，逆时针绕一圈，给三角粽子竖起的直角边打一道"箍"之后，绕到粽子的右侧。随后，媳妇拈起一枚打包针，就像古代美人梳起云鬓之后横插一根簪那样，从右往左刺进粽叶，穿过里面饱饱的米,再从左侧的粽叶里穿出。之后,拿起"打箍"剩下的粽叶的梢梢头,像做针线那样,穿进打包针的针眼,把打包针从右往左一拉,打包针稳稳地把粽叶的梢梢头引到粽子的左侧。

"啊哟,多么玲珑的一只小脚粽啊。"老阿娘看着粽子的成形,很是受用,坐在她的竹椅子里面啧啧有声。

诚如老阿娘赞叹的那样,一只结结实实、形似三寸金莲的粽子,不用一根绳子,单凭那道用箬叶梢梢头打的"箍"就成形了。

"我看它还像一个古装女子用簪子梳成的发髻。"媳妇把玩着手里的小脚粽,若有所思地说。

老阿娘的脸上漾起笑意,她微微抬起青筋暴突的手掌,在膝盖上轻轻地打出了越剧唱腔的拍子。

箬叶不够了。媳妇站起身,拉开旧冰箱油漆斑驳的门,取出一捆变花了的箬叶。

"霉了。"女邻居说。

"没办法,小菜场粽叶三块五毛钱一斤,水里浸烂了。开水烫不起,又不好包。"媳妇说着,掼一张烂叶进垃圾畚箕。这让住惯公寓的女邻居不习惯。敞开的垃圾畚箕,不是故意引苍蝇、蟑螂、老鼠吗?

油腻破败的灶披间,古董似的碗橱架在圆桌上面。她的领导喜欢古董,可她不方便问,免得人家起了疑心,以为她要大赚一把似的。老房子的人贪,不好惹,兔子不吃窝边草,我省了这份心吧。她对自己说。虽这么说,她朝古董碗柜一连看了几眼。她害怕这地段的人,又有心为领导获取这古董橱架,心里七上八下的。

属于她家的八仙桌上堆满了老阿娘家的什物。"不好意思……"老阿娘媳妇绷紧的脸上这才挤出一丝微笑。她假装没有听到。她家的煤气灶蒙上一层灰尘。老阿娘家的煤气灶是台式的,不像她家公寓楼里面是嵌入式的,有点令她不屑。她想:"这个地方,这个厨房和煤气灶不太相宜，应该用乡下人的大灶头才合适些。"她模糊地记得自己曾在这个灶披间烧泡饭的，可那已经消退成遥远的记忆了。

她坐在一把竹椅子里，矮矮的那种，小时候叫小椅子。丈夫背靠八仙桌坐在长凳上。他们一路乘地铁再换两部公交车来的，也该歇会儿了。

陋巷周围林立着高楼。这里是都市内的一个村落。

"快动迁了？"之类的话，她没有问。都已经说得太乏了。口水说干了，耳朵磨起了茧子。不过，刚才看到自来水龙头直冲粽叶，这用水不花钱的架势，看来可能真的要动迁了。

她虽没说，沉默寡言的媳妇这会儿倒是先开了口："我就等动迁了。孙子的户口已经落到这里。一动迁，两个儿子就有房子了。不过，是郊区的。"企盼的声音里多了些许遗憾。

媳妇给老阿娘半只小脚肉粽当了午饭。媳妇请婆婆吃饭时说的话，是带宁波口音的上海话。婆婆坐在门口的椅子里吃着，说："年纪大了，吃不多了。"

"你们汰浴怎么办？"她俨然一个来自成套公寓的人，语气里有点居高临下了。

媳妇一努嘴："喏，那里的灶披间。"

"这里是灶披间。"她有些要纠正的意思。

"不是的，这里是厨房间。"媳妇的语气显得不容置疑。

眼看不能再说下去，再说下去就要吵相骂了。她识趣地站起身，准备上楼去她家的那间晒台小屋。她知道，媳妇要把她们所在的这个地方说得高档一点。照媳妇的概念，从墙头披出来的小窝才是灶披间呢。有些人家的厨房是披出来的，就像披一件大衣，所以有把厨房间唤作灶披间的说法。可媳妇家的厨房，是正儿八经的房子，不能被叫作灶披间。

媳妇叫他们吃个小脚粽，她的丈夫连声说不饿，早饭吃得晚，推掉没有吃。她只笑笑,没有多说一个字。她知道,她的丈夫嫌这里腻腥,吃不下去。

她的丈夫在前,她依然跟随着那件格子衬衫,走进一条比身后的厨房更加阴暗的甬道。他们经过左首边一扇敞开着的狭窄的木门,大白的晴天里,里面还亮着灯,她好奇地朝里瞥一眼,紧挨着木门,放着一张小床,上面铺着被褥,床脚固定着一台老式的台式电视机。小床的旁边开着一扇小窗,从小窗望出去,正好是灶披间老式冰箱的背脊,散热的部位。"这就是后客堂了。一间两三平方米的后客堂。"她想着,微微摇了摇头,马上掩鼻,不吸进后客堂里散出的霉味:"老阿娘睡在里面,夜里跟灶披间的老鼠、蟑螂做伴,和旧冰箱的背脊骨通气。"想到这里,她油然生起一种悲哀。老阿娘当了一辈子理家务巧手,没有劳保。她育有子女六人,都有房有车的。他们每个月来看她一次,给她一点钱,媳妇照顾老阿娘了,就不给钱。她不明白的是,为啥直到现在,老阿娘还睡在这么一个连狗都不愿意住的后客堂里?好像老阿娘是一样家什,老也老了,就让她自生自灭吧。这些,家长里短的,他们都知道。哟,人家的事情,去想它做什么?

直陡又黑暗的楼梯就在后客堂的后面,她走惯了的。走在前面的丈夫磕磕碰碰,她伸出两只手,扶着丈夫日益肥大的臀部,还不时地指点着,这里一格,上面还有一格楼梯,再上面,左转弯上了前楼的平台。

一道木珠帘,线绳穿起一挂淡黄与咖啡色相间的木珠。木珠帘里面,是前楼,南北通的,整幢房子当中最好的房间。老阿娘的儿子结婚前,这里是老阿娘的卧房。

"来啦!"木帘子的缝隙里闪过一个赤膊男人穿阿罗裤的影子,传出一个沙哑的男人的声音。

"嗳。"丈夫应了一声,有些勉强。在他听来,这貌似的大声有点小,小在哪里,他说不上。小地方出来的人嘛。他不是出生在这里的人。

透过木珠帘，看得见吃饭用的方桌子已经摆出，两双筷子，两只饭碗。儿子、媳妇正准备吃午饭。底下传来媳妇上楼的脚步声，伴随着木盘子和楼梯扶手的磕碰声，还有霉干菜烧肉的香味，炒蕹菜、米苋混杂着蒜泥特有的香……

她听到丈夫的肚子里咕咕咕响了几下，便含笑说道："我们今天时间不很长的，之后去吃新雅大包。"

前楼房门旁边有一架狭窄的楼梯，被纸板箱、畚箕、塑料面盆、废报纸等杂物占去一半的空间。他俩扁着身体，抓着扶手，吃力地一格格往上登。他们好像行进在山洞里，每登上去一步，就更接近洞口似的。天渐渐亮了起来。待走完楼梯，一步跨出去，他们到了晒台上，再向前一步，就对着那扇红漆斑驳的，从晒台上搭出来的，低矮的，比小窝棚多了层黑瓦片的小房子了。

这间小屋是她出生、长大，和母亲相依为命的家；这间在公房租用凭证上被列作"晒台搭建"的小房子有七个平方米，占据了晒台三分之二的空间。

两只羊眼上下合起来，当中穿一把挂锁。丈夫打开锁，低下脑袋，钻进门框后，也没有站直身子，好像他已经习惯猫着腰那样。他的秃脑袋几乎碰着小屋斜披的石灰天花板。

破旧木门的左边，一只生锈的铁盆架上坐着一只搪瓷面盆，面盆的口上现出犬牙状的黑色基底，面盆当中有一圈黄，她伸手去摸，毛糙糙的，不知是最后半盆洗脸水干涸后的痕迹，还是常年使用落下的水垢。脸盆架的上方，从左到右相距半米长的墙上钉着两只生锈的铁钉，当中穿一根废电线，上面挂着条旧毛巾，硬硬的快要折断的样子。在盆架的旁边，紧靠着墙，是一张塌了一半的四尺宽木床，木床的长度占据了整个墙面，床上堆满了一个个打起来的包袱，床底下横躺着一只高脚痰盂罐。木床的旁边，相对于脸盆架的位置，开着一扇小北窗,只有四个方格子,下面两格子被掏空后,嵌进一只窗式空调,三洋牌的。空调机底下的角落里,一只纸板箱上面铺一块三夹板,旁边一只小矮凳,这是她放学后做功课的"书桌"。"书桌"边一只方凳。没有桌子,只有一块搁板,从墙上放下来,吃饭用的,吃完饭,再放回墙上。

"房子不错,也是坐北朝南的了。"丈夫打趣说。

她朝丈夫一瞪眼,没有说话。

她走到木床边,打开包袱的时候,扬起来的灰尘眯了她的眼,她连声咳嗽着,嘴里好像塞进了一团烂棉絮。她蹙紧眉头,往喉咙里咽下一口唾沫,把包袱的四只角都解开,摊平,破烂堆里滚出一卷碎布,蓝底小白花,还是用布票买来,她的母亲裁剪,套裁成三四条平脚短裤,她去江西插队时穿的。一看到这些裁剪下的碎布料,她心里一堵,突然问起自己,今天早晨有没有大便呀?在乡下的时候,蹲旱厕,闻臭气,眼见得土坑里那许多粪蛆,她是不敢大便的。为了能大便,为了不让大便憋死,她本性中的卑微是一剂疏通剂。总算熬到上调她回上海了。虽说离开了村里的旱坑,她还是没办法恢复大便。

回城之后一时吃闲饭。窗子外面是黑黑的瓦片,她无数次地坐在小矮凳上面遐思,都一样的人,为什么她没有别人所有的?落地钢窗、打蜡地板,她也要有啊!她要出人头地,这里简陋,太阳照不到她位于北晒台的家。后来,她找到光亮了,就在婆家。

包袱的底部露出另一捆边角衣料,红色小圆圈外,不对称地重合着深蓝色的小三角,这是她曾经的睏裤。

上只角。一条建于上世纪三十年代,足以让两辆奔驰车交会而过的宽弄堂里,一栋连体二层带花园洋房的底层,打蜡地板,主卧室带凸出的钢窗,天花板很高。毗邻餐厅的一扇门里藏着一个不带浴室的小卫生间,马桶上面的斜面,是楼上人家的楼梯。出门右侧那扇门,通独用的大卫生间。客厅里,有壁炉可生火。曾几何时,房子里多了一个叽里喳啦的、整天穿着睡裤满弄堂跑的小女人。那一天,她穿睡裤去买菜,正好给婆婆撞见,婆婆斜着眼睛瞧着她,用带着官气的普通话说:"你怎么穿成这个样子上街去?"

她满不在乎地笑着答:"萝卜青菜各有所爱。"

婆婆怔住了,脸色铁青。

当天晚上,丈夫下班回家,当着婆婆的面,丝毫不理会她摆了一桌子的好饭好菜,叉开五根手指头,左右开弓劈手扇了她两记大手耳光。

抚摸着火辣辣发烫的面颊,噙着两行酸泪,没有办法,也不好赌气不吃饭。饭后,又不得不擦桌子,洗碗,擦干净灶头。收拾完厨房,她才找回属于自己的时光。她悄悄地推开灶头边的门,门外是一个一平方米的天井,头顶上有星星,时不时一架闪亮着红、绿信号灯的民航班机从头顶飞过……她要飞,要飞,要飞得很高,她发誓要做一个比丈夫、婆婆更高级的人。怎么做呢?就跟天上的飞机那样做。飞机里有外国人。她呢,在娘家晒台小屋的家里,趴在那个纸板箱上面的三夹板上,学过英语。第二天下班后,她不回家做饭,而是坐上26路电车,上夜校补英文去了。几个月后,她进了美国公司的商社,在弄堂的小姐妹面前,感觉和外国人在一起很高档的样子。跟商社老板、老板娘一起出去的时候,西方白人面孔很受人尊敬,她也崇拜起西方白人了。可是,她老过不了试用期,常常三个月换一次商社。打字、英文通不过,她回到娘家的晒台小屋,哭了。又过了几个月,她用有限的英语吃上了公家饭。但凡卑微听话,在公家那里捧到一个不错的饭碗也不是一件太难的事情。

她朝丈夫瞥了一眼,丈夫什么都没觉着,兀自摇晃着快要跌落的房门,内侧是纸板做的,不知是要扯掉它,还是寻思着换一扇新的。

"这个,借出去之前,要弄一弄。"他说。

男人催她赶快把晒台小屋出租了,现在物价高,每个月刨进千把块钱也好。

她说:"不急。我忙。我要弹钢琴、练声乐呢。"

退休前,她跟同事们出去为公家办事,总要进最好的茶楼品最香的茶,之后吃饭、唱歌,她争强要面子,总要拿出一副好嗓子。她进了社区业余大学的声乐班……

"你不租?"丈夫有点急。

"我要去欧洲了。等回来再租出去吧。"她淡然地回答。

男人不说话了。

"这可是你最后一次公费旅游。"憋了好一会儿,男人扔掉烟头,这才找到这句话。丈夫的声调有点酸涩。

她拿起一件白色西装,做商社那会儿穿的,那是一件年轻时也不算苗条姑娘穿的西装。那时候的日子不错,光换兑换券也够吃香喝辣的。英语的节奏感让她觉得很洋气,外国人受她崇拜。就算后来回到公家那里,她也干得不赖。除了写好听的话给领导看,她还管单位里女同事的各项事务。有些事情,还非得她去才搞得定。女人们给她面子,因为她谦卑,总不抢别人的风头。她生得不是太好看,也不难看,女人们总能从她身上找出若干缺点来突出自己的长处,所以和她相处还算不太委屈了自己。她办事有条理,又乖巧听话,这样的人,最适合领导调度的。她貌似没什么心眼,没心没肺的样子,却很知道得捧人,知道说人好话,别人才接纳她。她模仿婆家大弄堂里说话做事的样子。她要被人看得起,要变得高档。

拿起第三块紫绛红的布了,丈夫认出那块布,笑着说:"当年你妈妈给我家打扫卫生,用的这个颜色的揩布。"她听着这话,两颊一阵热。做揩布的是穿旧的方领衫,眼前的是裁剪下的边角料。

她淡淡地唔了一声。心想就算当年高攀了你家,谁知道三十年河东三十年河西,风水轮转不由人。丈夫不活络。随着公爹的离世,丈夫的贵胄身份慢慢掉了价。家里头,光靠她拿来的兑换券换人民币的差价也够开销了。余钱攒起来,买热水器、添置电器,慢慢地,原来的弄堂房子结构虽好,却害白蚂蚁,他们卖掉使用权房买进产权房。换上高楼电梯房,把母亲接来一起住了。

她的今天,都是自己挣来的。

几年后,她的母亲做不动家务了,被他们塞进养老院。

她娘家的晒台小屋还没有动迁。现在,丈夫还惦记着她家的动迁款。

丈夫突然想起什么,有点讪讪地:"你妈在养老院打饭,跌一跤,屁股里打进一只钢钉。倒不如让她来这里住,跟老阿娘做伴。"

她轻声哼了一下。

这户人家与兵营有很深的关系。先时是阿公。后来,阿公离休,又死得早。她的儿子进了兵营似的大学住读。等儿子大学一毕业,在他们夫妻买的另一套高层公寓里结了婚,她的母亲随即住进了兵营似的养老院,跟大学生一样每天自己去食堂打饭吃。

她坐在波音767的翅膀上了,她坐经济舱靠前面一点的座位。

机舱的三分之一座位被她的单位包掉的。

飞行高度一万两千米的时候,多数人睡得稀里哗啦了,她有点晕。松掉安全带站起身的时候,两只脚还飘飘的。她穿过后舱,到尾部的乘务室,用上海话要了一杯水,见有咸花生,没好意思说给全团,只说一个小组有十二个人,拿了十二袋。回来的时候,见领导大睁着双眼出神,趁机给了他两袋,把剩下的十袋揣在包里。

在贯通意大利的欧洲之星火车上,她拿出过春节后剩下的肉枣、山芋干、瓜子、长生果,满满地堆了一小桌。领导走来了,打趣地说:"侬有本事把瓜子壳吐一地板。"众人大笑。她识趣地收起瓜子。领导又说:"别别,大家吃。"他带头抓一把瓜子嗑。她这才放下心来。车厢里顿时弥漫着酱油瓜仁的香味,大家把手指头吃得又甜又咸的直往衣襟上擦。

"出来两个星期,我旷课了。钢琴、声乐课都旷。"她隐约感到刚才自己出了一次小丑,连忙引出一个高雅的话题,好让自己在别人面前抬得起头来。她最爱唱电影《渴望》的插曲,"有过多少往事,仿佛就在昨天……谁能与我同醉,相知年年岁岁",可是,这里似乎没有发挥的机会。小她十岁的领导爱唱"亲爱的,你慢慢飞",她暗暗地练好了这首歌,却从来没有机会和领导对唱过。领导老是单唱的。

她跟着众人转了一圈米兰杜莫主教堂,接着,拐进教堂边那个呈十字形有玻璃圆顶的埃曼纽尔二世十字走廊商业广场,在一家餐馆的门外落了座。团里有些陌生面孔。她对铁板的陌生面孔笑,说人家长得精神,期待从人家回答的话语里面探知人家的底细。被问的人面部没有反应,就像根本没有听到她说话那样。她被同事在桌子底下拉了拉衣襟,叫她住口,她也就住口了。吃饭的时候,消化有点问题,大家都看领导脸色。而领导看陌生人的脸色。从领导和陌生人对话时恳求的语气中,她知道那些人是领导需要仰仗的机关人。

旅行团跑到一个多数人不懂英语的国家。她站在那个著名的广场上,茫然四顾,哟,那里有一幢中世纪大楼在维修啊,脚手架外面罩上了一圈画,画上是那栋建筑原来的样子,不小心看,还真能乱真呢!人家讲究美,哪里像我们这边似的,把难看的脚手架晾在外面。除了建筑好看,人也好看。她喜爱极了小孩子的金发碧眼。她正这么想着,只见右前方走来两个小孩,矮个的小手被一个中年女人牵在手里。她欣喜地一步上前,张开嘴,才说出久已生疏的几个英文字,谁料想那个中年外国女人把头一昂,胳膊肘照着她一甩,拉着两个孩子就走,就像甩掉一个讨饭的吉卜赛人那样。她退了下来,眼睛朝周围睃着,唯恐被举着相机、三三两两落在各处的同事们看见。

她不气馁,心里在想,若能让领导和这些黄头发、高鼻子、蓝眼睛的外国小孩子合影,那该多好啊!她用目光搜寻着,呀!有了,前方教堂的石柱底下,三个没有大人带着的,约莫十来岁的一个金发男孩，两个梳着马尾辫、咧开缺门牙嘴傻笑的女孩！她情急生智，从包里取出三小袋飞机上拿的花生米，面带可人的微笑，朝那三个孩子晃了晃，走近他们的同时，她笑着举起手，唤来了领导，同时，麻利地把自己的手机递给一个在近旁的同事。咔嚓一下，她手机的彩屏上出现了一张灿烂微笑的照片，她、领导，站在他们前面的三个小孩歪着头傻笑着，每个小孩手里一包黄颜色纸包装的航空公司咸干花生米。

尝到这一次甜头，她欲罢不能了，不失时机，挖空心思找不认识的外国人合影，也不管对方是谁。可是她的手机突然失去了颜色，急得她双脚跳。她还是小有收获，预备把跟外国人的合影照片放大，配上镜框，挂在客厅里，压死丈夫。

旅行团游到了皇宫，一座金碧辉煌的大殿里。放眼望去，镶着镜子的镏金浮雕纹饰前站着演员装扮的女皇和她的伯爵情夫。女皇头戴银色假发卷，亭亭玉立，神情庄重，雍容华贵，一袭带裙箍的墨绿色长裙曳地，裙箍直到膝盖才渐次撑开，垂及精致的拼花胡桃木地板，宛如挂在枝头的一枚美艳的无花果。女皇顾长项下一件杏黄色霞帔，一只柔荑妙手的腕部露出一段宝蓝色的花边袖口。伯爵一身红、白装扮，金线绣成的骑士装外面套一件十八世纪贵族红色披风，右手执一杆精致的雕花文明杖。他的假发上面，红色的拿破仑二角帽上泛起一层白绒。

领导对大家说："看见吗？女皇和伯爵等着跟大家合影呢。来，大家排个队，一个个上去，公家全买单。"

轮到她了。她上身一件血血红的衬衫，脖颈一个中式葡萄纽，下着一条深蓝深蓝的中裤，胸前一条瓦蓝的丝巾，在胸前反打一个结，只看到一团纠结。看到她迎面走来，两只脚套上了塑料鞋套，伯爵像迎接宫廷贵妇那样，微笑着把左臂弯递给她，她迟疑了一下，好像挽住的臂弯只能是老公的，而不能是除老公之外的其他男人。于是，她在贵族面前一下子忘记了平时苦练的矜持模样，直往空中张开两只手,眼神空洞而卑微,却好像一个跳舞的孩童做一个天真的"嘿、巴扎嘿"的姿势。伯爵的脸部抽了一下筋,以为老太太要摔倒,赶忙抬起拿文明杖的右手,握着文明杖,扶起她的右手。照片上,女皇从左边扶着她,伯爵在右。伯爵把眼神掉向一边,尴尬、僵硬地笑着把目光掉向地面。

对着洋摄影师,领导恭恭敬敬地说了声:"Thank you!"他从洋摄影师手里拿回他的莱卡相机,一张张翻看着。边说边摇头:"啊哟,侬哪能就是小弄堂样子?不挺起身来。"他朝莱卡相机低下头去,平顶头最接近额骨的头发还触着相机呢,近视眼镜耷拉在鼻尖。

她赔着笑说:"当然要不一样的啦,领导的风度就是好。"她这么说,大家一致附和着说是呀是呀。领导的脸上漾起笑意,却故意岔开话题:"今天夜里大家不睡觉,看看陀思妥耶夫斯基的白夜究竟是个啥样子。"

唉,好好好!她不知道领导说的是谁,反正斯拉夫人的名字都叫什么"司机"什么"车夫"的。不过,领导说出那一长串"司机、车夫"的名字,有学问,很受她敬畏。

明天,有个烧盒饭的外地人要承租她的晒台小屋。她回到了弄堂。

天正下雨。老阿娘坐在灶披间里,眼睛望着纷纷而下的雨帘,打起了瞌睡,直到看到她打着一顶伞,风风火火地进得门来,收起雨伞,使劲地朝门外甩,几滴雨把老阿娘甩醒了。

"来啦。"老阿娘看她打湿的半条深蓝色的中裤,笑着说。

她拿出全部和外国人拍的照片,和三个小孩的,和女皇、伯爵的,和别的不认识的外国女人的照片给老阿娘看。还把飞机上拿的一袋咸干花生米递给老阿娘,含着神秘的笑意说:"是外国花生米。"

老阿娘连说:"花生米我不吃,咬不动。哦,出国好,好。有出息。哦,都是外国人呀。外国人,我晓得的。我年轻的时候,隔壁弄堂里住了个高鼻头白俄老太,每天拎只破草包,穿过好几条马路去买长棍吃。"

老阿娘九十六岁的年纪,耳不聋,眼不花,从容地朝第一张照片看去,也看到小孩手里花生米的黄颜色包装,她随即低头看了看手里的这袋花生米,会意地笑起来。

"啊哟,小囡好白相咪,侬的外国亲眷?阿是?"

说着这话,老阿娘笑起来,皱纹里凸起两道犀利的目光看着她,笑得身体发颤。

她没有觉得脸红耳热,却也跟着笑了。

穗吟

上

穗吟盘腿坐在主卧室的铁梨木地板上。地板是没上过油漆的素板，干干净净，一尘不染，还时不时地浮上一层木质特有的光泽。一大片米黄色的高支棉床单蓬松在她的脚边，麦浪一般起伏在穗吟饱满的大腿周围，她俯身向着这一片包藏着一条厚实双人羊毛被的床单，一手探入被底，一手按在床单的表面，穿针引线，把包裹着羊毛被的上下两层床单缝起来，不时地，费力地拉过一个被角。每拉一次角，牵一发而动全身，她只得小心地绕过蓬蓬松的大床单到了另一头，把被子整个地推移几寸，生怕经这一拉，羊毛分布不均匀了，又极小心地把被子捋捋平。她做着几十年前新娘子的必修课：钉被头，所不同的是，她不是新娘。此刻，她钉的也不是棉花被头，而是花大价钱买来的名牌羊毛被。

她近来有点说不清是老花还是散光，引线穿过去，针孔变成双"门"。好在她用的是不纯正的掺锦纶的纱线，质地比纯棉线硬，鼓捣几次后还是能进得一扇单"门"，让线穿进它该去的针孔。她不愿去验光配老花眼镜，好像这样自己就能显得年轻似的。

她拿两条大床单缝制一个临时大被套，针脚是稀疏的跑马针。所谓临时，因为床单毕竟是床单，不是被套，等来了被套，两条床单才回归它们的本来面目：床单。因为没有第二只双人被的被套，她只得动手做一个。她不想买第二只双人被套。眼下她已经有了一只双人大被套，由一条双人蚕丝被占着。眼前一大条羊毛被，已经是累赘了，再购进一只双人大被套，还有必要吗？

穗吟无儿无女，多余的生活用品对她没有意义，因为没有人去传承。再说，从小到大，单人被子盖得好好的，夜里入睡前，把肩膀两边掖掖紧，把一条单人被变成一只被头洞，形状像襁褓，被上海人称作蜡烛包的那种，自己也就像婴儿那样酣眠了。

她有着婴儿般的肌肤，稚童的心念。

实在想要第二个双人床单四件套，也不是难事，拿信用卡积分兑换就行了。按照现在的消费进度，等到明年春天，信用卡的积分就到兑换一个上乘的六尺床的四件套了。那时，就有被套。之前的积分，换了炒菜的不锈钢锅，换了好几只手提式吸尘器，每天把地板打理得跟桌面似的。她从来也没有想兑换双人大被套！双人蚕丝被、羊毛被在以前都是无用之物啊！

穗吟早年去澳大利亚留学，手中的两块大床单购自墨尔本，是中国生产的出口级产品，也是国内见不到的高支棉极品，光滑，厚实。一块是用橡皮筋镶边的套子，正好裹住一个六英尺大的席梦思床垫，那块平整的床单，下摆缀荷叶边的，是包裹毯子后，盖在身上用的。

穗吟拿这两块床单做成三明治的上下层，中间塞进新买的羊毛被子，上下两层床单交叠，缝上针线。

娇小文弱的身子，拖不住被子，倒随时会有被卷走的架势，有点像神话里那样，被子变成一条魔毯，她坐上去，魔毯载着她乘风而行。

也就是两星期前，天还没有凉下来，浴后的刘念腰缠一条白色大浴巾，午后的阳光透过落地窗的镂花窗帘，从露台上洒进来，把刘念的身体折射成一根汉白玉柱子。他摘掉近视眼镜，摸索着走到穗吟的大床边，寻找大蚊帐的拉链头，帐子里的穗吟无声地一笑，拉开帐门,迎进刘念。刘念就在穗吟身边躺下来,盖上半湿的白色浴巾。穗吟忙说:"别别,要感冒的。"她朝自己的方向翻转刘念的身子,抽出早就预备下的米黄色高支棉床单,盖在刘念的裸体上,刘念白嫩的肌肤顿感冰凉爽滑,一迭连声说很舒服。刘念朝穗吟伸出右臂,让穗吟枕着,穗吟挨近刘念,按刘念喜欢的姿势,右手搭在刘念的左肩,身子朝刘念送上去一截,头埋进刘念的肩膀和脖子之间,撒娇地说:"中国产,出口级,国内买不到,裹毯子用的,和床单同样面料和颜色,所以你没看出来。"

刘念中等身材,宽广的前额下架一副银丝边眼镜。粗看看,面相蛮年轻,细细观察,鬓角夹杂着银丝。摘掉眼镜仰卧着的刘念的脑袋尖尖的,显得有点滑稽。

穗吟的身体宛若处女,她的紧致鲜嫩,他的急不可待,她的舍己承欢,他满足后没有感激,还有一搭没一搭地抱怨……

穗吟钉被头累了,坐在地板上歇息。

两条床单接缝的地方要直接和自己的下巴接触,有道缝总不自在,得找条毛巾,缝一块被横头,这是老底子上海人家常用的办法,拿一条毛巾兜住被子接触梦中人口鼻的地方,以针线贴着被夹里缝住,即便针脚缝进部分棉花胎也无妨。当时,上海人家没有浴室,不能每天洗澡,恐怕弄脏被头,这才缝上被横头。现在,穗吟每天洗澡,不会弄脏被子,缝上被横头,只为了避免口鼻下巴接触两条床单的接缝。

为了这条双人羊毛被,穗吟得找一条大浴巾来当被横头。她走到四门的酸枝木大橱前,拉开右边一扇门,在码得整整齐齐的替换衣服上面,刘念专用的那条白色大浴巾,叠得四四方方的,顶在衣服堆的最上面。这是一条精致的双面轧花白色浴巾,一面毛,用来吸干身上的水;一面光,用来摩挲浴后的身体。浴巾的边沿镶以蓝色的丝绸,机绣了 Enjoy life（享受生活）的字样。同样的款式，因为喜欢，穗吟买了三条。一条洗爱车用了，爱车如爱人，自己舍不得用的浴巾，也要先让爱车受用。一条给刘念用。第三条，收在酸枝木大橱压底，留给自己，崭新的，还舍不得用。

刘念用过的那条白色轧花浴巾，因为舍不得扔掉，穗吟花费过量的洗衣粉洗过，两次暴晒在太阳底下，直到浴巾本身的温度让手感觉暖烘烘的。

初次看见刘念裸体的模样，那双脚，白白的，脚底却蜕皮，吓了她一跳！她怀疑刘念有真菌，马上叫他去买来达克宁。被单下面，四只脚交叉，她的双腿缠绕着刘念白白、多毛的大腿，她小心地绕过刘念的脚，怕染上真菌。她的一双脚，干干净净，没有半个灰指甲，没蜕过一丝皮。美丽的裸脚，是她的骄傲。

她给浴后的刘念配一块脚布，所以，这条浴巾没有擦过刘念的脚。

她依然不禁自问，既然这条浴巾没有擦过刘念的脚，为什么她没有把它归到自己那叠大浴巾里，而是把它分开放置了？对此，她自己也说不清。

既然这条浴巾就在手边，就用它做被横头吧。

至于刘念身子下面垫的，身上盖的两条米黄色床单，她仔仔细细地洗过，晒过两次太阳。虽然刘念的脚还是沾过床单的。拿这两条床单来包裹羊毛被芯，她倒是没有犹豫过。

若非有了刘念，她绝对不会买进两床又大又厚的双人被，蚕丝被，春秋用的，还有手边的羊毛被。当初，为了一年四季和刘念长相厮守，才买来的。很重。

趁着国庆长假商场打折促销，她一个人去徐家汇拖来蚕丝被、羊毛被，走到停车场，两只手都拎断了，连方向盘都捉不住。商场里，选购床上用品的男男女女勾肩搭背，就她形单影只。之后，她说给刘念听,他说,把两条厚重的双人被拎到停车场,是男人干的活,以后他会陪穗吟逛街的。当然,从来没有这样的机会,因为刘念有家,要上班,安排了作为一个男人所有重要的事情,满足了妻子、儿子之后,自然没有时间陪穗吟喝茶了,何况逛街呢?

中秋和国庆长假期间,她最难熬。刚刚过去的中秋节、国庆长假,刘念都等到陪伴家人,直到家人厌弃,不要他在面前晃的时候,才到穗吟这里来,而此时,穗吟已经从殷切期待转而怨,继而恨,直到毫无感觉的境地。就像一个小孩吵着要一样玩具,因为不可得,她渐渐把注意力引向别处,不是太想要那件玩具了。假如大人记性好,回头想到那样玩具,为她找了来,她眼神迷惑地呆在那里,几乎想不起来曾经吵着要过那个玩意儿。

她对刘念说,能找到像武侠小说里的假死药吗?尤其在假期,看不见他的日子里,给她服下假死药,倒也省得牵肠挂肚地难受了。"你什么都有。而我,什么也没有。"她说。

扯开话题,刘念半开玩笑地说:"你家蓝色万年青窗帘的图案,缀有绿色花蕾的,我曾买过,第一次来看见了,当时没有说。这是我们的缘分哪!"他又讲,他和穗吟的名字里都有一个"念"字,看来他俩今生有缘。他要和穗吟做彼此的最可信赖的爱人。他知道这很难,不过,他会努力的。

穗吟没有说话。她这个爱人,就是刘念生活中的边角料啊!

穗吟从一开始就不肯进入这样一个苟且的角色,刘念对她说,艺术家,比如毕加索,对自己的老婆好,对情人也好,无妨。

刘念急吼吼。穗吟还没觉着,刘念早已一泻千里。

回到餐厅,穗吟给他端来一只紫砂小气锅,滚滚烫,揭开盖子,一条冬虫夏草,汤的表面漂浮着一层油。穗吟衬着隔热手套,朝刘念屈下双膝,双手把盛有冬虫夏草的紫砂小气锅举过头顶,说:"这是举案齐眉啊。"

刘念说:"你自己吃吧。"

穗吟:"我明天还好吃的。"

刘念:"侬良心蛮好的。"

随着小气锅的倾倒,一条虫鱼似的游进刘念的茶杯,茶杯的表面泛起一层油。看着这微黄透明的液体,刘念很受用,说:"我也买的,比你那个便宜,磨成粉,加上些别的东西,像黄芪。"刘念含笑脉脉地看着她,过了许久,才微微垂下目光,神情黯然了。

穗吟尽量不去看他,她知道,他不容易,内心也纠结。

"侬的面色很好。"刘念又找来一句话。

穗吟知道自己的面色一般。可是,在刘念眼里,已经白皙润泽,容光焕发了。这也难怪,穗吟知道,自己一般的脸色在刘念的眼里变得莹润可爱,因为刘念每天面对的是一个宫冷、性冷淡、面黄肌瘦的老女人。

此时的刘念,再也不会提起他们初次做爱的情形。刘念的可怜相,蹙紧眉头,仿佛到了世界的末日:"已经多年没有做了。"他怎么也雄壮不起来。穗吟真的可怜他。今非昔比,现在,穗吟已经把刘念调理得很正常了。

当然,刘念也窥见这不是她的初夜。

"我……开过刀。"穗吟说,这好像是她早已准备好的话。

"为了开刀,就?"刘念试探地问。

"你干吗?"她抢白他,很凶。

自打记事起,她用全部的心神保护自己的身体。长成姑娘后,只知道憧憬爱情,为了理想中的爱情,她坚守。直到三十六岁的年纪,她把初夜献给了纯洁的爱情,才从姑娘变为女人。可是,爱情却没有能够转化成婚姻。当然,也为了开刀。要知道,处女也会做妇科手术的。

那是十年前的事了。那个拿走她初夜的男人,消失在流年的碎影里。穗吟不是没有恨,只是所有的情绪早已随岁月消散了。二十六岁的芳龄,初夜的落红能换来一个丈夫。可是,守身如玉直到三十六岁,却是什么也得不到了。

那天的生涩,刘念久旷之后的不举,穗吟心里想配合,然肢体却在不由自主地抵抗。两相抵消,满意度说不上,但是,两个人的内心十分欢悦。

刘念在家里佯装没有激情的样子,以免引起怀疑。刘念万分小心,夜半才回穗吟的邮件。穗吟猜想,想必那时候,刘妻怕冷,早早熟睡了。刘家的儿子已经独立,家成了空巢。刘念说,大部分时间,他睡在儿子的房间里。那里有一台电脑。刘念打来电话,都是下班回家后,把车子停在小区里,熄火,人坐在车子里打来的。刘念说,想起穗吟,他的内心才感到充实和温暖。穗吟记住这句话,凭着这句话,她知道刘念是爱她的,尽管这爱里头激情的部分占了多数?

他会说:"我饿了,连晚饭还没吃呢。"

为此,穗吟买了一包苏打饼干给刘念,说:"我没法日日照顾你,只好买包饼干,这样,你在车里打电话给我时,不至于饿着。"

刘念这个男友算是不错的,没让穗吟多嫉妒。

亲密接触之后,穗吟陷入深深的失落……她想刘念了,却不敢打电话,生怕他不方便接听;待读到刘念的微信,要等到夜半以后。她感到周身疲累。

穗吟的身体里面好像夹着样什么东西。看过医生,因为害怕检查,没有垫上一张一次性的纸躺上那张带有两个搁脚板的检查床,只配了些药回家吃了,还有那种外用的消炎栓。医生说,内膜嫩,摩擦受损,可能细菌侵入所致。她开始吃药,妇科千金片、妇平片,还有外用的……她想到了刘念,持久地进行难免有身体的付出,自己还得饱尝药味的酸苦,除却金钱及跑医院就诊的精力耗费。因为坚守,因为贞操,因为德行,她这辈子没做过女人。直到现在,什么都已经迟了。

假如刘念是单身,那么,刘念会是她穗吟理想的丈夫。所以,若真能长相厮守,穗吟不怕结婚的。哪一个落单女子不想有一个丈夫?有丈夫的日子,哪怕让穗吟过上一天,也心满意足,此生无憾了。到那时候,身体上的不便也不尽然会是一个障碍。可眼下,他能给我什么呢?况且,她清楚地记得,假如不是她开口要求,外出就餐时,刘念不会主动买单……

不过,刘念也有表现上海男人大气概的时候。他说,他的工资够他一家开销的,他妻子的退休金、儿子的工资,他一分钱都不要。他一人养家绰绰有余。

所以,我穗吟又是什么呢?她的脑海里浮现一行字:"我,不是首都,是陪都;不是盐,是味精;不是主食,是副食……"

想到这里,穗吟心头堵了起来。

没钱,没关注,没耳鬓厮磨,没保障。她要的是保障,总不能爱到头来一场空。两情相悦原是奔欢娱而来,若是真的高兴,和他处下去倒也未必是一桩坏事。可是,眼下非但无欢,还背上药罐子……她的初衷,她期待她的生理拯救她的寂寞,而她的生理却偏偏在关键时刻背叛了她,出了岔子。

然而这事情,不能告诉刘念。她不愿意示弱,尤其是身体的弱。

永远不告诉刘念真相,让刘念去遗憾吧,这样,方显出我穗吟的魅力。她的脑际反反复复出现一行字:"我是一个女人,我有魅力!"

从急切的愿望,忍着瞌睡直到夜半以后看手机查刘念的来信,到现在的寡淡,皆因穗吟跟刘念说过一句话:"我们结婚吧。"

刘念吓傻了。

她窃喜。她又哭了。她用这么一个办法赶走刘念,也是一柄双刃剑啊!

临走前,他温和地说:"以后如有合适的单身男人,我会介绍给你。暂时没有,我来陪你。"

"把我转让掉啊?"她暗想。

婚姻是体制,刘念他,是一个体制中人。一个不能尽义务的妻子无法让刘念脱离体制。虽然刘念他和自己有了情愫,这情愫也无法让刘念像对待家人一样地待她穗吟。都是因为年轻时,没有为自己找好一个丈夫,才有了今天的一切的一切……

穗吟为刘念办了本小区停车卡,卡里有刘念的车牌号码。上星期小区物业通知统一换卡。

她向刘念提出,要他带她喝一回茶,这么做,她也是厚着脸皮的,因为带女人出去坐坐,是男人的本分,哪有女人提出来的?穗吟是忍无可忍,才豁出去这么干一次。两星期后,刘念请她吃饭了。刘念来接她,出小区时,保安拦住了车,刘念从外套的内袋里掏出停车卡,朝保安亮了亮,保安的脸上油然起了敬意,二话没说,放行。

穗吟看呆了!

之前,刘念说,停车卡就放在车上。看来远不是这么回事。刘念怕不安全,怕卡入了家人的眼,才把卡严密收藏得跟信用卡一样了。他保护家庭到了极致。

穗吟咋舌。

刘念:"哦,你要这卡片。"

停车卡又回到穗吟坤包的外夹层。

穗吟打扮得齐整。以前刘念看到的,都是她的家居装束。今天,她穿了黑色职业装,紧身无袖风衣,这次吃饭的机会难得。

饭店里,他俩不是紧挨着坐,而是面对面坐。刘念也没有用自己吃过的筷子揼鱼肉,喂给她。

她对刘念说:"换好新卡,待下个月你生日那天,我请你吃午饭,我拿新卡给你。"刘念说："好的。"原本下面这句话不必说出来，但是，为了活跃气氛，穗吟觉得特别有必要说出来："有了这张卡，你就是业主，谁敢拦你？"

刘念不自然地笑了笑，把茶壶举过桌子，斟满穗吟的茶杯。

第二天，穗吟去物业办卡，因为忘了刘念的车号，她当即打电话问刘念。她的潜意识里在想："刘念，你这下放心了吧。"

两张磁卡，一张是穗吟自己的车号，一张是刘念的，有效期到明年六月份。

那也就是说，即便我和刘念处下去，一过明年六月份，他这张卡也要作废，进入小区，就得付停车费。穗吟这么想着，略微放下一点心。虽则如此，她依旧认真而郑重地询问办卡人员："假如把卡遗失了，怎么办？"当她被告知，遗失无妨，交二十块钱补办一张卡就行，她更安心了一点。"那么，换车号呢？"她又问。"一样的。"这是回答。

她和刘念合用的那间浴室的镜灯，是一组水晶波浪，左右各缀着一个麻将牌大小的有机玻璃，内嵌一粒小灯珠。穗吟和刘念爱意浓浓，缠绵缱绻的那会儿，左边的灯珠瞎了，只剩右边的灯珠亮着，内嵌的灯珠很难换，穗吟懒得去动，有照明即可，浴室暗一点无妨，因为浴房里有的是照明、电话、收音机。穗吟把刘念赶跑的当天，右边的灯珠也瞎了。无奈之下，穗吟只得手电筒、镊子、纸巾一起上，这本是男人干的活，穗吟没办法，只好自己干，费了九牛二虎之力，苦干半小时给两只灯头换上新灯珠。谁知道才亮了没几天，右边的灯珠又瞎了，镜灯重新回到单灯时代，只是左移了一个位置。沐浴的时候，因为照射角度不同于前，淋浴房白色的地板上闪现一绺绺漂亮的水幕，是独眼龙小灯珠透过钢花玻璃门折射而来的，这就是她每天晚上看到的美景了。

她从未抚摸过刘念的头发，因为他不肯在她家洗头。枕套怕是脏了。好在穗吟每天洗头发的。"我就用我干净的头发中和刘念的头皮屑吧。"穗吟把刘念常睡的那只枕套洗过，换上一只新的。至于靠垫，刘念的头发也沾过，穗吟没有太神经过敏，好像她的本意不是嫌刘念脏似的，或者说，出于和刘念的感情，她不嫌刘念脏。

谁料想一次缠绵之后，自己竟然病了这么久。这个真相，不能告诉他。她的骄傲，她的相对于刘念而言的年轻，她的年轻的外表所造成的假象，允许她把这台戏演下去……

感冒了。昨夜一人盖的蚕丝被冷了。毕竟是十一月底。所以，今天早上，穗吟用洗净的两条床单做被套了。

入夜，她一个人盖着温暖的羊毛被，默默地和刘念道别。被横头是刘念擦过身子的浴巾，透过浴巾，她似乎闻到了刘念的肌肤。

两人共享的被子，她一人独揽了，有说不出的感觉。倒并非空守闺阁的寂寞，穗吟早已习惯寂寞了。她只是嫌被子超大，掖不成蜡烛包了，浪费。她使劲把被子往上拉，露出一双美脚，只是十个脚趾头上的红色指甲油零落了，恰似晚春开败的山茶花。只有从趾甲根里长出肉色的、洁净的新趾甲给了她些许安慰。

她又钻入羊毛被底下。

结了婚的闺蜜曾告诉她，盖羊毛被子不要忒舒服哦！

此刻，她体验不到舒服，虽然她的被子是上好的澳毛。她不缺热量，她缺的，是枕边人的体温。

似睡非睡中，她默默地念叨：念，我爱你……爱你的……她戴上两个指套，把消炎栓慢慢地朝腔体推进，深入穹隆处，一阵战栗攫住了她……这无意间的新发现提振了她的信心，不要妄自菲薄，岁月没有完全废了我……

她想到那张储存着刘念车号的停车卡，刘念要这张卡，所以，他会回来的。给他卡的那天，恰逢刘念生日，去哪里为他庆寿呢？穗吟曾经想去哪一家昂贵的老洋房餐厅，现在看来，还是免了吧。她开车带他去闹市区一家经济西餐厅就是。至于蛋糕，反正刘念不喜欢甜食，买一块巴掌大的圆形蛋糕，花个十来块钱，两人分吃了事。

此刻，失恋的苦楚还轮不到占据她的脑际，她觉得空虚，这空虚，有一句话、一行字可以填补，她默诵着那一行字："我……是一个女人。我魅力无限！"

梦魇中的情形，穗吟醒来后还清楚地记得：少年的她，站在一条弄堂口，远远望见对马路肉店卸下了排门板，肉案上侧身躺着一个中年女人，眼珠子会动，嘴巴会说话，她似乎在向屠夫询问一件事情的进程，女人黑色的齐肩短发散落在肉案上，表情很安详。女人裸着身子，肩膀以下的部位尽被斩除，斜着下刀的，就像切年糕那样……

穗吟惊醒，落地窗外已铺满鱼肚色的晨曦。梦中的情形，让她很讨厌死鱼眼睛，于是，又把羊毛被蒙住自己的脸，面孔的皮肤一接触到被横头，那条刘念用过的白色浴巾，泪水哗哗地淌下来，浴巾很吸水，饱饱地喝下穗吟的泪，没有脏了名牌羊毛被。

下

晚饭过后，穗吟匆匆忙忙洗了自己的碗筷，刷了炒菜锅。透过敞开式厨房的玻璃移门，她看见妈妈还在有滋有味地用小蟹爪的尖儿挑大螯里的肉吃。穗吟刚刚那顿晚餐里，没有蟹味，她没心思。她擦干净手，直上二楼。进入书房后，拿起贵妃沙发椅上那本文学双月刊，翻到刘念小说所在的页数，读了起来。

跟今天一早搬出家门的一大包书相比，杂志的分量太轻了。包里的十本书，是刘念以前出版，没有再版，做清仓处理，让穗吟以半折价网购来，用红袋子装着，趁着今天是刘念生日，穗吟请刘念吃午饭，把那包书带给刘念。拿这包书做生日礼物，刘念也高兴。红袋子里还有一瓶柚子茶，是昨天穗吟特意做好，装进一个吃空的钙片瓶子里，套上一只保鲜袋，裹上三根橡皮筋，以免柚子茶溢出脏了书。

我为他做的事，让他记得我的好。类似的想法或企盼，在穗吟的心里根本沾不上边。她不再有这类想法，她不指望刘念因记得她的好而对她好。自己对刘念怎样，都已成了过眼烟云。刘念对她怎样，但愿也变成逝去流年的斑斑碎影。

刘念和她穗吟都是好人，目前的局面，不是任何人的错。

书桌上的电脑屏幕闪着光亮，页面是穗吟和刘念共用的"荤素对搭"邮箱，穗吟就像一个车间里的工人，命令自己快速读完刘念这篇小说，再往邮箱里灌些个溢美之词。她读小说，有任务，履行着一项义务，就是要从字里行间挑出那几行值得赞美的字句。刘念的小说里有好人和坏人，有英雄和狗熊，可是，人性在哪里呢？穗吟曾经中肯地告诫过刘念，可刘念总以为自己最好。

电脑屏幕悠悠地、静悄悄地等着穗吟前去操作。穗吟凭印象写下几句好话，发出邮件，就关闭邮箱，长长地吁了一口气。她是无论如何不喜欢那篇小说，噱头蛮好，空洞无物。总觉得精神矮了一截。刘念八十年代的小说蛮好，那个时候，估计刘念经常读书，对文学有感觉，也就是那些小说打动了穗吟，令穗吟迷醉。那天她和刘念初次见面，送她出办公室时，他故意让胳膊肘碰了一下她的长袖连衣裙腰身，压低嗓音问："你谈过恋爱吗？"她略为思忖，回答："我要想一想再告诉你。"

整本杂志也没什么可圈可点的，索性放进书橱，上面压了一件刘念的旧汗衫背心，洗旧发白的三枪牌，75厘米。在穗吟这里，汗背心曾为激情所汗湿，才留了下来。穗吟把汗背心洗净，晒过一个太阳日。刘念最后来的那天，穗吟叫他拿回去，刘念说不用，等到明年夏天,他再来穿。

这就是刘念留给穗吟的唯一念想,虽然穗吟不常去想。

这几天,穗吟不感冒,就陪妈妈在主卧室睡。临睡前,妈妈也有人说说话。

穗吟舒坦地坐进真皮软沙发,双脚搁在脚凳上,淡然地说:"妈妈,我们家,刘念不会再来了。"

"哦,伊会难过的吧。"

"和他在一起,有百害无一益。"

熄灯睡下后,脑子忒清醒,于是,白天经历的一幕幕又浮现在眼前:在港汇广场的咖吧用下午茶时,穗吟要了一份红茶、栗子蛋糕,刘念要了一份西式菠菜浓汤,汤的表面浮着一块脆面包。昏暗的灯光下,刘念呼噜噜地喝汤,就跟小辰光吃酱油汤淘饭那样。穗吟懒得纠正他,刘念会不会标准的西餐 table manner,又与她何干呢?刘念自诩是一个海派懂经人物,还常常去乡下头的西餐厅写作。可是,他连抿汤匙无声地喝汤都不会,**还海派呢?海派个毬**!几汤匙下肚,刘念玩起了暧昧,邀请穗吟就着他喝过的汤匙,尝尝他的汤,还问汤怎么做?加汤料吧。穗吟说:"我们留学时没时间做饭,去超市买来汤料自己用热水泡了之后再搅拌。"

穗吟看着手中的红茶杯,黯然问道:"我得到什么了?"

刘念:"你要什么?"

穗吟:"关注,爱。"

刘念:"你没得到性?"

穗吟无语。

刘念还就着穗吟的红茶杯喝茶,专拣穗吟双唇沾过的杯沿,凑上嘴唇,好像这杯子是他俩接吻的媒介似的。两个人就这样从一只杯子里喝茶,一来一往,谈话的气氛渐浓起来。红茶壶加了好多次水,直到茶淡了。穗吟心头一热，说，刘念你可以再来。虽然他原来用的白色浴巾成了被横头，她还可以给他一条新浴巾用。刘念找下午的上班时间来穗吟家里做爱，下班准时回家。他也够克己奉公的了。

话已经说出去了，怎么反悔呢？

假如真的跟他好下去，岂不是饮鸩止渴？

本来想趁着刘念过生日，穗吟为他做生日了，由此换取明年春自己过生日时不再孤单，有刘念请自己吃顿中午饭。经过今天的事情，穗吟回家后想了又想，觉得明年自己过生日，最好不要见到刘念，即便是平常的日子，也不要见到刘念。从今往后和刘念老死不相往来最好了。和刘念在一起，她痛苦，是话不投机半句多的那种痛苦。明明是她高兴了，要和刘念分享，谁料想刘念兜头浇下一桶冷水，把她弄得莫名其妙。

啊呀！此刻的穗吟怪自己在咖吧里太过冲动了。怎么办？从现在起，我保证不主动联系他就是了。假如他问起我为什么这样淡定，我就回答说，恐怕我的短信邮件搅扰他写作，破坏他的写作状态了，不就结啦？刘念说过，中秋、国庆长假那会儿，因为他没有来陪我，我叫他买假死药，他头大得很，对我的爱意也减弱了，现在正好，我不烦他，岂不皆大欢喜？不过，他有我家小区的停车卡，隔三岔五来找我，我又该怎么办呢？

黑暗中，头脑特别清醒的穗吟想起她驱车从刘念的单位出发前往凯司令西餐厅的途中，她开车，他絮絮叨叨，怨气冲天，她慌了神，开车昏了，黄灯不过，卡在直行车辆禁止线内，后面大巴穷摁喇叭。

"侬这条道，是直行道还是转弯道？要是……"埋怨复埋怨，这个刘念。

穗吟："我晓得的。是直行道。我熟悉这里的路，要不是你吵，把我吵乱了心，我早就过去了。"穗吟真想用一句英文 shut up！（闭嘴！）刘念不懂英文，说了也白说。再说，刘念从来没有去过凯司令，根本不晓得道路。

刘念，男人？从此再也不让他坐我的车！

还好她忍得住，定力足，才一路安全地穿越徐家汇。进入衡山路了，她对刘念说："看看两边美丽的梧桐树吧。"谁料想刘念冒出来一句新的埋怨话："你为啥跟你妈说我是单身？现在怎么办？"

想起这个细节，失眠中的穗吟眼睛一亮："好啊！那句话原本是我编出来骗你刘念的，现在，正好被我派了用场。"

将计就计——假如某个下午接到刘念的电话，说来，我就说，我们去茶室吧，要和你说说话。可是，说什么呢？

假如见面，这是唯一的可能。

在茶室里，我说："妈妈现在知道你的情况，不让你来我家后，上到二楼去。"

这样的话，也忒幼稚。长期下去终究不行，他不怕伤了自尊心？他老是说自己自尊心强，可是，今天下午，他不是鬼鬼祟祟地讲，来我家，在客厅坐后，还能上楼吗？所以，他的自尊心强是假的。因为我不要他了，他下不了台阶而已。他还说，他的妻子不和他做，因为他自尊心强，就一连几年不做。看来他们不爱。他在我这里自尊心不强，看来他是爱我的。

要不，跟他处下去？我心里是爱他的。但是，处下去没有结果，宁可不要。

睡不着！翻来覆去脑袋也疼。是什么令她睡不着？因为想着自己和刘念的事？不晓得。可是，总有一股力量剥夺了自己的睡眠。

身边小床上的妈妈发出均匀的鼾声。穗吟脑袋清醒得如明月流泻的光华。她翻过几个身，越睡越难受，白天的电影又接着回放……

从华山路由北往南，再去徐家汇港汇，前面是地道，穗吟怕一走进地道，就没得去徐家汇了，刘念说了一声下地道，穗吟没听他的，走了右边的岔道，右前方好几个路口没有左转弯道可供掉头。

"侬刚刚不听我说,现在浪费时间。"刘念大怒。

穗吟不作声。她要保持内心的平静,开车不能出岔子。她在心里又想,刘念对她毫无敬意。即便是穗吟没听你的话走错了路,你也犯不着发那样大的火,尤其在穗吟面前泄愤。刘念并非不懂得穗吟在文章上面的才华,也知道穗吟在学历上远胜过他刘念好几筹,刘念是把自己当作一个高于穗吟的生命来看待,没有平等,才有了优越,这个优越的来由是什么,恐怕连他自己也搞不清楚,而他自以为高超了,可以俯视另一个生命,可以随心所欲地发脾气骂人了。

在港汇咖吧一条街,穗吟挽起刘念的臂弯,刘念说:"这才像个女人。"

穗吟:"我要小鸟依人,可惜无所依啊!"

在咖吧坐下后,刘念问:"杂志在吗?"

穗吟:"在车上呢。"

此刻看不到杂志上刘念那篇小说,唯恐刘念又要发脾气,从上一次两人在一起,直到今天,刚好一个月,这一个月里,穗吟赶跑刘念了,刘念没处泄火,难怪不乐意。为活跃气氛,穗吟说,刘念的小说好。刘念说,既然好,穗吟就写写评论文章,为他吹嘘吧。穗吟说不会写评论。她的确不会按照评论的范式写文章,再说,刘念的新作也没啥好评的。

这时候,穗吟要的红茶、栗子蛋糕来了,刘念要的西式菠菜浓汤也上了桌,才有了穗吟在黑夜中回忆的第一幕。

刘念对侍者客客气气的,这是他的习惯,对陌生人客气,内心的郁闷要发泄,就找亲近的人去发泄。因为亲近的人不会伤害他,此所谓洞里老虎吃自家人。穗吟是个爽快人,对谁都一样,都认一个理,刘念就会看人头说话做事了。

刘念说:"我们再次在一起吧。等有了更合适的,我就离开你。"

听了这话,穗吟哭笑不得。她微微一笑,心想,这好吗,很好!

摧毁女人的意志，诋毁她，把她说得一无是处，为了她能俯首帖耳。

是因为他不懂我最优秀的地方，还是他没有这个水准来认识我、欣赏我？

穗吟给过刘念两柄新牙刷，一柄在穗吟那套位于中环的三居室公寓，第一次幽会，不入妈妈的眼，没有来别墅。刘念给公寓起名小爱巢。穗吟问刘念，为什么一点也不赞美我的房子？刘念回答，说明我一点不贪你财，我不能坐享其成。所以没有说你的房子好，也没说把穗吟的家当作他自己的家。

当初，穗吟相信这话，把刘念当作了好人。

因为小爱巢不住人，穗吟就把刘念，连同牙刷带回了别墅。

刘念淋浴只会用单淋头，不会用天花板的大洒嘴，也不用横向的按摩喷水孔。一天傍晚，刘念走后，穗吟还发现淋浴房地上一柄牙刷，原来刘念不在洗漱盆里刷牙！刘念在淋浴房里刷牙！穗吟随手丢掉了这把牙刷。

天蒙蒙亮的时候，穗吟打了一个盹儿，蒙眬间，忽有感悟：为什么我和正经念过大学中文系的编辑老师谈得那样开心，还用英文谈？刘念也喜欢在作品里夹几句不伦不类的错误英文，穗吟干脆说：以后我当你的英文编辑。刘念不作声，以为自己做的都对。穗吟想，我学英文几十年，讲得跟母语一样好。可惜，刘念没有因此为穗吟加分。不是说英文本身怎么样，我只是说，走近英文，我走近了世界。穗吟去国外开阔过心胸，吃过苦，受过洋罪。因为刘念不懂我身上的长处，就把我和没文化的人一样看待。原来刘念无法进入高层次的情感认知，因为他也就停留在他所在的那个层次。我和他是两个阶级、两种精神。我和他的精神之间，没有桥梁或道路可以贯通。

一次缠绵后，穗吟在刘念的耳畔说："你做我的奥特莱斯，垃圾桶。"

"什么？"刘念暴怒。

穗吟无话可说。奥特莱斯在穗吟的专业里，只是心灵倾诉的出口。刘念不懂。接下来的几天里，任凭穗吟怎样解释，刘念都不懂。

都是被文学迷惑的。刘念的精神只能生成他现在这样的小说，我读过就扔掉，过目即忘，没有回味，四大皆空的。

穗吟陡然明白了这些，感到很释然。明年自己过生日，就独自一人去西班牙旅游吧。不要刘念请她吃饭，没好收场的。以后如若再见到刘念，只有一种情形，他来我家求欢，我不肯，对他说就去咖吧，了解一下我的精神。我知道这种努力是徒劳的，可是，几次下来，他自然知趣，以后就不来烦我了。

天亮了。自己一夜未合眼，待会儿妈妈问起来，我该说什么呢？失眠的始作俑者，究竟是什么呢？她迷糊了一会儿，忽然明白过来，是红茶！这么想着，觉得能对妈有个交代，掩饰自己为刘念烦恼的真心情。

"你昨天喝过咖啡了？"身边的妈妈果然问起了话，"你翻了一夜天，现在看你起来了，我才敢问。"

"红茶！"穗吟心头释了重负，轻松地说。

"红茶比咖啡更加厉害！老枪吃的。"妈妈说。

穗吟起床后做的第一件事，是丢掉刘念用过的红色尼龙浴擦。铅笔筒里插着刘念的第二把牙刷，穗吟用面纸裹着，也丢进垃圾桶。

以前寂寞了，穗吟会发信给刘念。现在，穗吟再也不要刘念来安慰她的寂寞了。毕竟，她明白，刘念不认识自己。刘念和自己相处也是权宜之计。刘念真正需要的并不是自己。

倘若刘念来拜年，怎么办？估计脸皮没那么厚吧。

她需要克制自己的情欲,一旦纵欲,会犯错误。

她渴盼刘念从她生活中消失。当然,为应付刘念的来访请求,她得先想好招架的话。

山寨守夜人

整整一夜，一天，李春勇躺在简单装修过的一套三居室单元里，一身快散架的筋骨压在床垫上，床垫再压着一根根形如人类肋骨的杉木横档，薄薄的楼板里扎的钢筋会传递重量，让他家的分量压住他房子底下的十一层楼，想到有这么多人和物事为他垫底，他渐渐地放下负重，肌肉间的，心头的。

他不去想压在他头顶还有好几层楼，那些床、柜、人的、宠物的体重。

周围一片死寂。夜里安静，容易解释，可是，清晨四点钟他醒来，一个人鼓捣装修后清理的杂事，拖桌拽椅，扫地擦洗，厨房、浴室来回跑，硬壳拖鞋砸在木地板上，滴沥笃落地弄出响声，没个消停。周围若住了人，受了骚扰，总会有反应，哪怕是几声表示警告的咳嗽，或是传来一声带梦呓的叹息……可是，什么也没有。李春勇盼望有谁出头跟他吵架，却不能如愿，他听不到一丁点儿动静。

难道上下左右的邻居不上班？不上学？

买下周围单元的，究竟是些什么人？

窗幔的顶端还没有嵌入轨道，残阳张开血盆大口咬住飘窗的双层玻璃，一个眩目的红晕，宛如张挂了一盏大红灯笼。李春勇抬起手来，遮挡了光线，目光越过主卧室宽大的转角窗台，落在小区外面，矗立在不远处的一座高压线铁塔，铁塔的后面，是一片金黄灿灿的田野，油菜花田纵横阡陌的尽头，隐隐约约一片泛泥浆的水，在落日底下闪着粼粼的光，碎银似的。李春勇愣了一下，身体不自觉地离开床头那一堆枕头和靠垫，直起身来，为了让身子高一点，他索性跪在床上，伸长脖子，眺望着远方那一片向晚中的水，那耀眼的波光，在他的眼里，怎么竟有新折叠的锡箔散发的气息？他一阵悚然，晚霞的美感荡然无存。

他用眼睛看得到的那一片水，便是海湾。他在这一头。上海，他上班拿工资和提成的公司，在海湾的另一头。

说是来做新上海人的，可还是被高房价赶出了上海，只能住在一个被希望中的高铁承载着才到得了上海的地方。高铁，就是把火车提速，在短时间内抵达很远的地方。奔驰的列车，越过数不清的广袤的土地，间或出现一个村落，粉墙黛瓦，屋脊的两端各顶着一个翘起的蝎子尾，屋前有一小块耕田，一群母鸡由公鸡引领着巡视它们捉虫子的领地……高铁再往前疾驶，经过一座县城老旧的商场……新征土地上突兀的楼宇，加上一片海，这里的房价是上海郊区的四分之一。

夜色渐浓。

为了壮壮自己的胆气，李春勇拧亮所有的灯，嵌入过道天花板里面，如星星一样闪亮的筒灯、客厅的吊灯、卧室的吸顶灯，连厨房的油烟机都开起来，给整套房子营造几分烟火气。他还开了浴室里的灯暖。他恨不能把自己变成一条狗，汪汪汪地吠几声，给房间加一把热，添几口阳气。

透过窗户，他看见前后几栋楼，黑咕隆咚的，难得几扇窗户有照明，即便亮，也是亮几个方格子，随即又熄灭了。

李春勇烧开一壶水，把昨天打包来的冷饭泡泡开，扒拉了几口，就睡下了。

才迷糊了一会儿，闹钟点燃了新一天的亢奋，李春勇猛然坐起，还没走出梦境的他，迷失在持续的、一阵紧过一阵的丁零零的声响里，不知道自己是接着睡呢，还是起床，去上海，上班……

待缓过神，闹钟已经指向凌晨四点十分。

"来不及了!"李春勇咕哝了一声,翻身下床,咚咚咚直往卫生间赶。

乘电梯下楼,没有遇上一个人。到了楼下大堂,为了让自己感觉得好,获得类似于住进豪宅的优越感,李春勇总要仰起头来,欣赏那块正对大门,挑空高达六七米,气宇轩昂的水波纹背景墙。此时,他猛一抬头,咦,背景墙的正中部位掉了一块,被扒掉的地方用土黄色的笔画上了几道诡异的符号。奇怪,他昨日白天来时,没有这些东西呀!

小区里很静。

李春勇没有碰见人,连看大门的人都没有。

黑黢黢的街道上,只他一个人急急地往长途汽车站赶。清晨的第一阵风拂过他潦草洗过的面颊,给他混沌的头脑输入一股活性氧,眼前出现了买房那天的盛况,通宵排队后,售楼处里里外外挤满了人,火爆的喧闹声中,摇号、抢房……究竟什么人买下的?看不出,因为大家见面,说的都是普通话。好像,买家中有上海人,一开始,他们之间也互相说着带腔调的普通话,当一方捕捉到口音里的蛛丝马迹,便试探地抛出一句上海话,等对方反应,没料到对方竟立马接茬儿,"哦,侬阿是上海宁啊!"彼此对上号,矜持地互相点点头,虽然没有老乡遇老乡,两眼泪汪汪的激动,却也就此开启了上海方言模式。

奇怪!那么急吼吼地抢占一套套房后,房主人都不见了踪影,折腾啥呢?

高铁还没通,李春勇辗转三个多小时才到了公司。坐前台的小菊一看见他灰着一张脸,吓一跳。他说,清扫新房子,懒得做饭,吃了两天饼干,营养跟不上。呵呵!

中午饭时,他加了一块红烧大排。小菊眯起一双丹凤眼,笑着朝他说,外地房子便宜,上海人买来做墓地的。因为外地一套房子的价格,还抵不够上海一小块墓地。

他吓出一身冷汗:"不会!不会!!不会是我的上下左右邻居,我没那么倒霉!"

虽这么安慰自己,他还是疑神疑鬼起来。

午饭后,他推说人不舒服,提早下了班,坐上长途汽车,往家的方向赶。一进小区大门,就冲着售楼处跑。房子一抢而光,售楼处早关闭了,原来充当售楼处的地方,小区正中那栋装饰艺术风格大楼的裙楼部分,米色的外墙饰有古希腊爱奥尼克柱子的,成了物业办公室。一个姑娘坐在接待台后面,歪着脑袋咬指甲。他推门进去,报上自己家的房号,问,左右上下住着什么人?姑娘拿出一个本子,翻了半天,说,你楼上的,不知道,手机号留了好几次,每次都不一样,好像都是他们一家的。

啊?!一套七十平方米的房子,才四十来万,那么多产权人?既然那么多人,怎么不见一个人影儿?

姑娘嗅一下鼻子,又努努嘴。

"我的对门呢?"

姑娘重新翻了一会儿:"也留了三个号……"

这个,越发蹊跷了。

李春勇离开物业,踏上一条蜿蜒的小径。一只瘦弱的流浪猫,黑白毛色,挡在他的面前,睁着一对玻璃珠子般的眼睛,盯着李春勇看。李春勇的两只冒汗的手掌摩挲着两边的裤袋,瘪瘪的,找不出一根火腿肠来喂猫,只好抱歉地朝猫儿摊摊手,求猫儿放他过去。可那猫儿不怕人,兀自不动。李春勇叹了口气,离开小径,绕过猫儿,脚踩着杂草和碎石,跑出小区。

前方是一字排开的崭新的农民别墅,主人都是征地后变得富裕的当地农人。一栋三层楼别墅门口挂了一张牌子:"居委会"。

主任的办公室里好热闹。主任是一个长着一头天然卷发,红脸膛的汉子,他的两道目光越过好几排肩膀,落在李春勇脸上,李春勇感觉被电击了一下:"你要租房子?我们有,多层的,高层电梯房,还有别墅……"

这里人说的普通话带有浓重的当地口音,李春勇好不容易听明白了。他站在屋子的中央,不知所措。这时候,有人朝他的脚下吐香瓜子壳,有几颗还射到他的脚背上,他这才把目光掉向地面。

看来这里去年秋天,葵花籽丰收了。

村民们分到好多动迁房,忙着租出去。

"我是业主!"他这么说着,第一次拥有了一种莫名的自豪感。

"你有什么事情?"主任眼睛里的电光暗淡下去了。

"听说这里的商品房被当作墓地,居委会管也不管?"

"哪家呀?"

"……"李春勇一时语塞。

主任瞥了李春勇一眼,不再追问,掉头忙别的事情去了。

李春勇退了出来,抬起袖子,擦去额头的热汗,一阵凉风吹过他的背脊。

楼下大堂的背景墙上,又多出些莫名其妙的符号,黄中带黑的一道道划痕,接近山坡边泥土的颜色。

夜晚又来了。卧室外面,客厅和餐厅之间的三盏过道灯都亮着,李春勇不放心,掩上卧室门之前,还特意探出身子朝过道张望一下,看有没有家具投向地板的影子,他明明知道嵌入天花板的冷光灯如同手术室的无影灯,是投不下影子的。这时候,孤寂和忧惧的利爪扼住了李春勇的喉咙,他一阵憋闷,连忙关上房门,还把门锁拧上。转过身,面对着那扇宽大的转角窗台,他才有了安全感,心里头还兀自嘲笑自己像一只把头埋进沙里的鸵鸟。

李春勇把绷紧的背脊、酸痛的腰身埋在床垫里,白天过度劳顿了,夜里反而睡不着,睡意飘然而至的时候,他的眼前出现了一双带点吊梢的大眼睛,明眸里面秋波流转,还含着笑意,笑眼下面,还藏着两只浅浅的酒窝……可是,自从今天看到我灰头土脸的样子,小菊和我说话的样子变了,目光不再往我的脸上流连。

他寻寻觅觅一个替代,迷迷糊糊的眼帘里,又映出家乡隔壁小杏扎的两根油汪汪的长辫子……

蓝色天鹅绒般的梦的世界里,他在家和公司之间来回奔波,累得像狗,忙得像陀螺。下班回家的长途汽车开得极慢,好容易进了门,得先对付一身臭汗,他进入浴室,才刚拧开莲蓬头,眼角瞥见玻璃移门外面站着一个类似人影的东西,比有血肉的人干瘦,轻飘,穿一身像电影里日本鬼子那样的黄呢军服,不知道那影子是怎样破门入户后,咚咚咚跳进浴室,直直地抵达他的眼前。

梦里的李春勇惊得如从万丈悬崖上坠落,急得撕心裂肺地大喊大叫,却一点声音都发不出来。

李春勇伸出两只像鸡爪一般的手拉拢浴帘,裹住身子,蜷缩在墙角,瑟瑟发抖。

玻璃房内蒸汽在升腾,透过流动的水幕,李春勇看见那个泥土黄的影子变幻着形状,成了上小下大的一堆,活像新垒起的一座坟。

黄泥影子咳嗽了一声,说话了,他是鬼魂,骨灰盒放在李春勇对门那套房子里。他见来了邻居,观察了一段时间后,过来串串门。

"啊!你……你……"李春勇勉强从包裹着身体的浴帘里伸出一只筛糠似的手,指着外面,做出要鬼魂出去的动作,嘴巴里却吐不出一个字。

鬼魂笑了,影子纹丝不动。

李春勇把花洒开足水,可热水突然中断了。

透过迷离的水雾,玻璃门外面的影子依然不散。

诡异的是,没有热水的莲蓬头没有让他哆嗦,他的身体奇迹般地温暖起来。

既来之则安之，反正隔着玻璃门，他不会拿我怎么样。

"你……买房做墓地？"李春勇听到自己颤抖的声音。

"是啊……"鬼魂说着，羞愧地低下头，"子孙说，上海的墓地太贵，比这里一套房子贵得多，一个女儿、两个儿子凑钱买下这套房子，做墓地。将来房子升值，他们还有钱赚。买这套房子，他们每家拿出点零花钱就够了。"

哦，用零花钱买房子？想必是一户有钱人家了。

"你大概留给子孙很多钱吧？"

"是呀，我房子多，挑的都是好地段，市值加起来，都上亿了……"说到这里，鬼魂得意了，不过马上觉得这样的表情在贫寒的邻居眼里显得不得体，连忙打住，变幻了脸色，把得意调整为嗫嚅，又降级到一副谦逊的面孔，"可是，他们办移民到加拿大，去买豪宅，说那里空气好。移民中介收钱很多，刀磨得飞快。还有孙子的留学……为了做成那些事情，就得省下钱来，省下，为我买墓地的钱。"

"投资房产的办法，是我教给他们的。低价投资一个盘，待项目周边交通完善，配套成熟，升值了，抛掉，再投资一个成长潜力大的新盘，钱就赚到了。记住，房子的钱是这么倒出来的，不能吊死在一棵树上，除非自住。"

听着这话，李春勇心头咯噔一下，对鬼魂的炒房行为，他恨。面对老鬼饱含亲情的指点，又充满了感激。

"你楼上住着一个开发商的经理，是我的领导，也是肺癌，他吸烟，值。我不吸烟，陪着送命。"

"你吸二手烟。"

"单位开会，会议室里烟雾腾腾，又不开窗。"

"我的儿女和他的儿女都认识，买房子做墓地，就一起买了。我的子孙想得周到，怕我死了再遭他欺负，不给我买他楼下，怕他恶作剧夜里敲楼板不让我睡觉，就买在你的对面。错开你楼上的人。"

"周围买房做墓地的，还有哪家？"

"有啊！小区里，有的是像我们这样的鬼魂。"老鬼说到这里，打住话头，狡黠地偷觑了李春勇一眼。

他不肯说。李春勇暗忖。

"等到清明，儿孙带来麻将牌，找一家有两只骨灰箱的，我这里，就我一个单身狗，加上你楼上的，我们四个就可以搓麻将了。还好没有三缺一。"说到最后一句，鬼魂不怀好意地对着李春勇笑。

一串冷汗淌过李春勇的脊背。

"六十年前，我和你一样，从农村出来。现在，我们做了邻居。我呢，是儿孙省钱不买墓地。你呢，在上海买不起房子。"

"你们虽然苦，可是，你们现在比我们那会儿，轻松多了，吃的也好了。那时，学徒工进厂第一年拿17元84，我进厂报到，是1967年5月17日，还可以拿当月半个月的工资8元92，这是人生的第一笔经济收入，终生难忘。那时候，8元92算是一笔钱。第二年19元84，三年满师才拿36元，我们叫作36块万岁。"

"哦……"

这个，李春勇还从来没听说过。

"进厂第七年，经过群众评比，领导批准，月工资加到43元，拿43元的人是佼佼者，我就是啊！那个钱，全靠拼命干重体力活、脏活苦活抢在头里。夏天，在600度高温的热处理炉子旁，滚烫气浪逼人，烟灰腾腾，挥汗如雨。那份苦，你们现在的小青年哪里吃得了？"

"到了九十年代，我看准机会，买原始股，发了，几十万的商品房，买了好多套。"

"房子、土地都被你们炒起来，现在你死无葬身之地了吧！"李春勇想这么说，又把话头咽回去，窃笑了一下，又害怕鬼魂察觉，屏住了，面孔上的表情却是一副不由自主的幸灾乐祸。

鬼魂早已看出李春勇的心思，低下了稀疏的白头。

为避免尴尬，老鬼转换了话题："这里是假的坟，山寨版的墓地，是活人住的地方。"说着这话，鬼魂叹了口气。

一阵阴惨的臭味渗入玻璃门，李春勇急忙用浴帘捂住鼻子。

老鬼知趣地往后退一步，接着说："入土为安，躺在正儿八经的墓园里多好啊！我哪里来那样的福气？春天来了，半夜里钻出墓穴，清风拂面，去看篱墙外边农民种的油菜花……"

"你在这里也看得到油菜花……"

"这里紧闭房门，房子又是毛坯，窗子外面的田野，那么远……我住在这里，一个见不得人的去处，密不透风，闷也闷死了。我心脏一向不好，二十年前，还装过心脏起搏器。"

"我们需要一块洁净地。而这里，有管道通上下楼，输送着人间独有的，而我们不喜欢的东西。唉！"

鬼魂又说："十年前死的人，几万块就买到一个大面积的墓穴，大理石墓碑的四周站着石头狮子。晚死的人，加一只零，也只能在地上占一块巴掌大的地方。做什么都要趁早，动手晚了，什么事情都不成。"

李春勇安慰他说："管他呢！活着就是啦。"

老鬼怏怏地回答："活的时候都这样想，待死后，想法就不同了。"

李春勇点点头。

李春勇睡醒的时候，阳光早已涌进他那没有装窗帘的宽大飘窗，原来他是自然醒，一看手机，啊呀！都七点钟了！还赶得上上班？

奇怪！设定在四点钟响的闹钟，居然不响！或者是响过，李春勇居然听不到！

他一下子从床上蹿起，拖鞋也来不及趿，拎起包，蹬蹬蹬，赤脚往入户门跑。到了门口,低头一看身上穿着睡衣,赶忙跑回卧室,三下五除二地拽下睡衣裤,手里捏了一把汗湿,这套睡衣裤,重重的,足足绞得出三公斤汗水。

一眨眼工夫,就是清明节了。

放假那天,李春勇没地方去,他把这庄严宁静的节日时光付与枕头、被褥、席梦思,柔软摩挲着他日复一日的奔波劳碌。

"咯噔……"门外传来电梯上楼的声音。

李春勇习惯了寂静,这突如其来的声响搅扰了他的神经。

他溜下床,怕弄出动静,连拖鞋也不敢趿,光脚踩着木地板,做贼似的一溜烟地跑到防盗门那里,掀开猫眼的小圆盖,往门外张望。

一女三男四个中年人,大包小包地拎着,还有鲜花!都是矮个儿,唉,那女的,烫过的发梢扎个马尾辫,她弯腰放下东西,往背包里掏钥匙的当儿,面孔正对着李春勇的猫眼,呀!倒挂眉和大鼻子长得真像梦里遇见的老鬼魂!再一看,两个男人长得也像她,那第三个男人,没准就是她的男人,老鬼魂的女婿喽!

四个人说着上海话,断断续续的,李春勇听不清楚话里的意思。猫眼又把这伙人缩小成矮手矮脚的全身照,李春勇使劲眨眨眼睛,又吐出舌尖,卡在上下两排门牙间,一咬,哎呀痛死了,看来,自己没有在做梦啊!

对面的门开了,这伙人一个个走进门去,最后走进门的是一个穿半旧细密格子夹克衫的背影,像一个西瓜似的,李春勇猜想那个便是老鬼的女婿,砰的一声,门关上了。

李春勇睡不住了,他一屁股坐在防盗门后面的过道上,不知道饿,也不觉得渴,从太阳穴一路往下,一串串冷汗洇湿了背脊。

到中午十一点多光景,一股烟味钻进李春勇的防盗门,李春勇趴上猫眼看,外面什么都没有。

"他们莫非在烧锡箔?"

下午一点多光景,防盗门外面悠悠地响起了佛教音乐,乐声袅袅,钟磬铍音和木鱼的击打声交响,和着几十条和尚喉咙的沙粒似的伴唱。

声音在下午三点钟后沉寂了。

到了夜里,又代之以翻麻将牌的哗啦啦声音。

李春勇想起前几天夜里做的梦,吓得缩成一团,瘫软在地板上。

一连三天,门外的走廊里脚步杂沓。

清明小长假后,一切复归寂静。楼道里,连只苍蝇都没有。

李春勇把心提到嗓子眼,每天只开两次防盗门,出门上班一次,下班进门一次。他把门拉开窄窄的一道缝,快速地将自己瘦小的身体填进那道缝,一闪身到了门的那一边,随手快速关上门。在开关门的几秒钟内,眼睛紧盯着对门那扇瓦蓝颜色的防盗门,唯恐稍有闪失,那门里头就冒出个什么东西……

这样的日子过了约莫三个星期,平安无事。

就在李春勇渐渐松下一口气,缓缓入梦的那个夜里,老鬼站在了李春勇家的防盗门外面。

鬼魂怕吓着李春勇,很规矩,隔着大门和李春勇说话。

"前一阵子,我的吃食、喝的酒很多。"

"您知道吗?您的儿女赚钱了。这里限购了。"

"调控?好呀!"鬼魂高兴了,"如此,我的儿子女儿就不会把房子出售了。"

"你不是不喜欢这里吗?"

"可是,除了这边,我又能去哪里呢?"

"倒也是。"

老鬼唠唠叨叨，又回到那句不离口的话："我就是做梦，也想钻进泥土，做一条蚯蚓……"说着这话，两眼突然睁开，还放出光来。李春勇头一回看到死人灰暗的眸子，那束光转瞬即逝，老鬼的眼睛又闭上了。

"您住在这里，继续着生。"李春勇说句话安慰老鬼，虽然心里害怕，隔着一道严严实实的双层不锈铁防盗门，他还是有勇气用这个法子搞好邻里关系的。

老鬼凄然一笑，显然不相信的样子。他没有反驳李春勇，好像不愿意让李春勇尴尬，更不愿意看到李春勇难过。

"你跑居委会了？"矜持良久，老鬼憋不住问了一直想问的话。

"没没……没……"李春勇慌了。

"揭发邻居买房做墓地，你没有证据的。"老鬼成竹在胸，笑着说。

糟啦！他什么都知道！这个通灵大仙！李春勇顿时感到自己成了一件用透明玻璃打造的工艺品。隔着一道大铁门，他抖抖索索地瘫坐下去，双膝才跪到一半，一只无形的大手从半空中拽住他的衣领，把他提起来，又把他的眼睛对到和猫眼平齐的位置。

"他们清明节带来的酒食，我吃完了。你供我喝酒吃肉，我保佑你业绩好。"老鬼说明了来意。

李春勇答应了。

"我要一盆油爆苔条花生米，里面没有霉花生的。霉花生里面，黄曲霉素多，致癌物，我不喜欢，关注健康很重要。"

李春勇点点头，记下了。

"还有，新开元的蒜蓉粉丝蒸扇贝，南新雅的茄汁焗明虾，王家沙的虾仁两面黄……"

在这些听都没听到过的名店名吃面前，李春勇为难了："这些，我都搞不到……"

"哦,看我老糊涂的,难为你,那就随便弄条鱼,清蒸。"

"酱油蒸,行不?"

"随你。呃,不放辣。"

"哎。"

李春勇——照办。

接下来的几天里,如有神助,李春勇的订单不断,赚的钱比往日翻了好几倍。

几天之后的一个梦里,隔着防盗门,透过猫眼,又看到老鬼站在楼道里。

"老爷爷,我的业绩上去了。"

听了这话,老鬼白纸一样的脸泛起一层油亮,扬扬得意起来:"我活着的时候,给开发商干活。我对房产有影响力的。听着,再过几个月,你会当店长。"

"真的?!"

鬼魂的脸保养得很好,除了灰黑,除了紧闭的双目,还真的以为是一个活人在说话。老鬼为李春勇做了事情,他要的回报也不含糊:"给我来一份南京路绿杨村的红烧狮子头。"

"好好好!明天我休息,我一定进一趟上海市区,去买来。"

鬼魂的面部流露出感激的表情,又很不好意思,嗫嚅了一声:"你真是一个好孩子。"接下来的话,李春勇听不懂。好像是说,他的孙子,鳏居的他带大的,都没有给他吃过那么好的东西,而他已经死了三年了。

李春勇缩了一下鼻子,他想起了自己的爷爷。

这段时间里,赚的钱真多,李春勇很是感激老鬼。照这样下去,再过几个月,李春勇又能买进一套房子了。本小区的房价已经被炒高,可是,沿着规划中的高铁延伸线,还是找得到价格洼地的。他用的是老鬼教他的法子去投资房产。他供奉不断,鬼魂感动了。李春勇说，没事的，在家里，我也这样给爷爷奶奶上坟的。老鬼说，我没有你爷爷奶奶那样命好，他们都入土为安了。

老鬼又说，年轻人的梦想被高房价击碎，我们这一辈是欠你们的，我们透支了你们的未来呀！老鬼说到这里，低下头，灰暗的面影上闪过一抹微弱的亮光，李春勇猜那会不会是泪呀？

好景不长，一个星期后，业绩突然断崖。李春勇满腹狐疑，开始怀疑老鬼魂的法力。更令他感到蹊跷的是，怪事情不可解，昨天刚放在对门口的酒食，第二天一早就没了！李春勇纳闷，老鬼既然这么会吃，咋不多保佑他挣钱？

那天，趁着午休，李春勇买了一只鸡腿，鸡腿刚出烤箱，香喷喷、油滋滋的。下班回家的路上，在长途汽车站的便利店，他又花十块钱，买了一小瓶假茅台。

出了电梯，李春勇在对门口蹲下，鸡腿装进一只小纸盒子，一滴油顺着腿骨滴下来，落到门前的地砖上。他又拧开酒瓶子，倒进一只一次性塑料杯子里，耳朵里听着醇香的酒液泼入塑料杯底发出的扑扑声，嘴里喃喃低语："老爷爷，俺今天给您添了酒，您慢慢用，保佑俺……"

门往里开了。

一阵阴风刮出来。

看到往里开的门在地上画出一道弧线，李春勇哇地大叫一声，魂飞魄散，他一个后仰翻倒在地，连滚带爬地往楼道里退。

门口出现一个理平头、黑脸膛的壮小伙，他看一眼地上的香烛、酒食，操起门边一把扫帚冲出门外，对着李春勇没头没脑地打。嘴里骂出一连串李春勇听不懂，但确信是最脏最难听的字眼。那大抵的意思是：你把我当死人！整天价在我门口点香烛，放供品，我前脚清理掉，后脚你又来，你咒我，找死呀你！今天总算被我逮住了！哼！看老子我不揍扁了你!

屁滚尿流的李春勇双手护着头,像一只狗那样退到楼道的墙角,嘴里只哇哇地号叫,一句话也说不出来。

直到打累了,李春勇求饶求得嗓子眼也干了,两个小伙子才平下心来说话。

李春勇把之前在梦里遇到鬼魂,鬼魂答应供酒食吃就关照他业绩的事情说了,听得小伙脸唰地白了。"不!这……这不可能!"小伙说着,连连倒退几步。

"我问你,你的上家是不是上海人?"

小伙点点头。

"他们的房产证上有三个产权人不是?"

小伙子手掌一拍脑门:"唉,倒也真是,过户那天,那边来了三个人……"

"这就对喽。"李春勇咧开一张阔嘴巴,笑了。

小伙子手里的扫帚啪的一声掉地下,嘴巴张得老大,半天合不拢。一张疏于刮胡子的黑脸青一块红一块。

"上……上海人,撤了!"

"好在从今往后,咱们对门的邻居都是活人了。"

"唉。"小伙觉得很不好意思,他伸出手,从地上拉起李春勇,连声说对不住。

李春勇伸出右手,那个小伙也伸出右手,两个年轻的巴掌拍了一下,合在一起。

他俩都笑了,笑得淌出了眼泪。

小伙来自四川,他的叔叔在上海郊区开了一间不锈钢作坊。他离开家乡,帮叔叔打下手,好几年了,攒了笔钱,买不起上海房子,就买进这个小区了。

"你买进这房子,每平方米多少钱?"顾不上一身的疼痛和瘀青,李春勇最关心的是房价。

"一万七千多。"

"真的?!"李春勇兴奋了。

当夜,李春勇翻来覆去睡不着。他索性想起了心思,照着老鬼教的法子,李春勇把新赚来的钱投资一个到两个低价盘,估计首付够了,接下来,等三个楼盘都涨了价,抛掉,手边有个三四百万了,立马去!他要娶小菊。"小菊……"李春勇默默念叨着,想到为了生存,自己吃过的一茬茬苦,今天,总算,回报来了,他高兴了,给自己来点娱乐,一只手胡乱摩挲起自己的身子,小菊……一想到小菊,他的动作轻柔起来,把自己这只按电话键、手机键、电脑键的粗手想象成小菊的细嫩柔荑的女性的美手。小菊身上哪里都生得好看,可他,李春勇,只心里头转着念头,从来没有摸过小菊柔嫩得像新蒸馒头那样的小小肉手。他不敢。有一次,老板的儿子开着法拉利,穿一件黄颜色的名牌T恤衫从浙江来,咖啡色的条子在T恤衫上打横,把个油头粉面的尖脑袋小子装扮成一只采花蜜蜂。那小子进公司后,绕到小菊的身后,双手抓住小菊坐的那把带轮子的办公椅的后背,把小菊前前后后地推拉,小菊吓一跳,抬头一看是老板的衙内,不便发作,只得不失尊重地笑着,那天,小菊的双唇涂了嫣红的唇膏。李春勇刚好到门口的接待处复印,一见那一幕,心里一阵痛。他恨不能一步冲上前去,把衙内的爪子从小菊的椅背上拉开,可他不敢。他想象自己是老板竞争对手的儿子,一定要施展法力打败老板,夺回小菊,让小菊坐在他李家父子公司的接待桌子边上班。老板的生意,不就是鼓捣鼓捣商场、铺子、办公楼啥的吗,有啥稀奇?可他,李春勇的父亲,只承包了村里的一个鱼塘,兼种三亩地,一年下来的收入,才五千来块。李春勇在上海打工,还买了楼房,在他爸的眼里,他是家里最出息的儿子,爸爸总是叮嘱他好好干,要本分,勤苦,对得起这份工作。李春勇可不愿意认命,那天下班后,他一个人去了大排档,干掉三大瓶啤酒,一大盆烤鱿鱼……为什么?这是为什么?微醺中的李春勇大睁着一双红眼珠子,在内心捶胸顿足……

他,李春勇,是一个想得开的人,在任何时候都展望着未来。事情过后,李春勇不傻,还是把自己的命算个八九不离十,假如……自己的条件够不上小菊,他娶小杏也成,那个和他一起长大的,顾长的颈项后面挂着一条油汪汪粗黑长辫子的邻家姑娘,他和小杏生俩孩子,一家四口在上海过……人就这样,什么样的坎都能过的……我,李春勇,我就是一个农民的儿子,在我的家乡,春天,地上繁花似锦,小鸟抓住柔韧的柳枝迎风荡起秋千,噗的一声,缀满嫩芽的柳梢划过水面,又随风昂起湿漉漉的枝头,朝水里的生物发出轻声的召唤……这时候,头戴蓑笠的父亲割来大把大把的青草,撒入鱼塘,泛起涟漪的水面上冒出一个个圆圆的鱼吻,它们吃着草,唱着水族特有的生命之歌。父亲是一个讲良心的人,宁可少卖钱,也不给鱼喂杂七杂八的东西,他只喂给鱼吃草。有这样的父亲,李春勇不再幻想做老板竞争对手的儿子了。这时候,李春勇长长地舒了一口气,疲劳悄悄侵入了他的中枢神经,把他送入一个迷幻的梦乡,在那里,他的嘴角还挂着一丝笑意。

房门被推开了。

一个陌生的鬼影,潜进入户门,一瘸一拐地朝李春勇的卧室摸进来,很快,到了他的床边。

"啊呀!"李春勇跳将起来,浑身哆嗦抽筋。这时候,他听见空中响起洪钟一般的说话声:"你……给我买一小瓶贴茅台标签的酒,以前你经常给对门老头买,他孝敬我喝的。"

陌生鬼魂说着,上下嘴唇一抿,伸出舌尖舔了舔。

李春勇看得出,那鬼酒瘾上来了。可是,他来找我干吗呀?

"您是……"

"住你楼上的。"

"你是说……"

"你弄酒菜给我吃。"

"哦……"李春勇想谈条件,要鬼魂吃了酒食,帮他提升业绩。因为害怕,没敢提。李春勇等鬼魂自己说出保佑他挣钱的话,鬼魂也没说。

"原先住在你对面的那只鬼,离开前,打了我一顿,打折了我的腿。说这是我囤地囤积房源,推高房价的报应。弄得我和他都死无葬身之地。"

李春勇憋住不笑。又显出一副关切的模样:"您老好点吗?"

陌生鬼魂不答应,兀自说下去:"反正他要离开了,以后相忘于江湖,他再也不怕我了。他这个坏种!几十年了,在我的面前像一条狗,一旦用不着我,就不怕我了,就暴打我致残。人心险恶呀!其实,我也是一个打工的,他打我,莫名其妙,我又打谁去呢?"

"他去哪里了?"李春勇恋恋不舍,鼻子酸酸地问。

"不晓得。"

捎往美国的粽子

舒荇发动引擎,换挡,双手搭上方向盘后,轻盈的身子由汽车载着,才驶出几十米,咦,怎么方向盘变成了一只吸盘,把两只粉嫩的手牢牢地衔住,哪里来的吸力呀?舒荇停下车,拿下手来,审视着。

指尖晃动在阳光里,纤细而柔弱无骨,蜡做似的,皮肤这么好,好像白面上面,又敷上一层绵白糖,这手跟平时相比,没有丝毫的异样。

她的一双柔荑妙手,像水磨糯米粉那般水滑鲜嫩……哦,对了,今天早饭的时候,她的这双手剥过粽子,莫非有糯米粘在上面?不会,剥过粽子后,早已把手洗得干净……可是,糯米包的粽子,舒荇从小吃到大,糯米的膏腴早已渗入血液,糯米的黏性久已侵入肌肤,洗是洗不掉的。难怪这手竟然粘住了方向盘……

舒荇把车停在路边,摇下驾驶室的玻璃窗,熄了火。

梧桐树叶是闪亮在蓝天下的绿色小星星,一根根银色的枝杈拔地而起,挑出一颗颗星星,擎着它们,直达蓝天。从上往下看,杈枒一一汇入树身,扎根在柏油路面之下。一缕阳光从梧桐树叶间筛下来,透过宽大的前挡风玻璃,落在舒荇光洁的额头上,仿佛给白皙的素面敷上一层脂粉。拉开梳妆镜,她看到自己的上半张脸。烫过,又剪成新潮式样的秀发,衬出青春的痕迹,即使有阳光的直射,皮肤并没有泄露多少岁月的秘密。舒荇略微一低眉,一双大眼睛忽闪了一下,阳光停驻在她的双眼皮上,那层紫罗兰色的眼影,在闪亮的眸子上方一闪,恰似两弯初升的明月;她微微仰起脸,从汽车的后视镜里，她又看见自己精致小巧的鼻子下面，两片灵动的嘴唇，似合似翕，不说话的时候，也蕴含着某种语义。她往右侧鬓角那簇卷发里，探进三根手指，蓬蓬松，随着她手指的撩拨，柔软的发丝，挑染成金黄又带点红，螺旋形地垂下几绺，宛如被整成一挂流泻舞蹈的紫藤花。

从右侧的反光镜里，她看见生着鹰钩鼻的山姆卷起报纸，插入衣袋。栗色头发的杰夫从桌边站起身，西装的下摆里，面包屑纷纷而下。舒荇微微一笑，她的目光追随着掉下的面包屑，很想看到一只觅食的鸽子，像只放养的鸡，慢条斯理地踱过来，去啄这面包屑吃。可是，没有。面包屑在杰夫的大头皮鞋前飘然而下，像一朵朵小雪花，之后，便寂寞地躺在地上。衡山路什么都像西方，唯独不像欧洲广场上那样，散落着鸡一般在人脚前脚后踱步的鸽子。

山姆和杰夫朝舒荇的车走来。风把他俩的领带甩到脖子后面。杰夫系的那条红色条纹的领带在飞翔，啪啦啪啦地扑打着他的西装领子，笔挺的西装被风鼓起来，一扇一摆，朝两边豁开，衬衫里面，束不住的啤酒肚，探出皮带，凸了出来。他俩的裤管也被甩到身后，两条交替迈动着的腿，好像裹着灰色毛料哔叽的活动柱子，套上大头皮鞋的大脚笨拙地踩踏着大理石路面。

她发动了汽车，按了按阻遏废气进入车厢的键钮。帕萨特·领驭车随着涡轮的微微颤动，送出一丝儿凉风，茉莉香似有似无地氤氲在车厢里。

舒荇的目光落在汽车右侧的反光镜，右侧后门被拉开，山姆弯下腰，伸长脖子弓起背，电脑包揽在怀里，吃力地拱起背，像只虾一样钻进车里，一屁股坐进座椅，打夯似的，舒荇感到汽车忽地朝下一沉。山姆打了一个饱嗝，坐定了，偌大一个美国胖子，只占了后车座一半不到的空间。领驭车的空间真够大的。舒荇凝望着后视镜，专等杰夫随山姆一起跨入后车厢。

谁知砰的一声,杰夫拉开副驾驶座的门。

"哦,原来他要坐在我旁边。"舒荇忙从副驾驶座上拎起坤包,丢在后座山姆的身旁。

"谢谢。"好听的男中音,是美国西部中产阶级那种柔软、标准的英语。杰夫坐进副驾驶座,整了整上衣,朝舒荇递来一只麻将牌大小的粽子,问:"这是什么?"

"粽子,我们吃的点心呀。"舒荇笑了。

"喏,侍应生给的,送给你。"杰夫说。

"谢谢。不过……你留着吧。我有粽子,放在后座,给你们当午饭的。"舒荇说。

顺着舒荇的话声,山姆朝他身边那堆棱角分明的食物瞥了一眼。杰夫把小粽子放在挡风玻璃前的储物箱上面,俨然一件装饰品。

汽车缓缓驶上车道。

冷不防右后方闪过一道黑影,一辆助动车,载着上下好几箱粽子,猛然从一条岔道直冲出来。助动车司机的头盔,几乎是贴着右反光镜。

一个急刹车。杰夫的脑袋差点儿撞上前挡风玻璃。

舒荇好像头顶炸了一颗雷,脸吓白了。她急速拉开车门,跳下车去看,还没弯到右首车头,就看见助动车人一只脚跐在地上,另一只脚踩在踏板上,正要开溜。

"侬……侬穿红灯!"舒荇对他喊。

"侬自嘎穿红灯!"助动车司机猛然转过头来,头盔歪到一边,露出额头一道伤疤,怪狰狞的。一张像被焦炭涂过的瘦黑脸满是疙瘩,从他的小眼珠里,两道诡异的目光射向舒荇的脸。

舒荇朝交通灯一瞥。自己行驶方向的绿灯还亮着。她哼了一声,待要理论,一看后面的车辆纷纷绕过他们,走了个干净,也没有警察的影子。她憋足了一口气没有出声,心疼地查看一会儿车头右侧,转身上了车。

送粽子人朝他们回过头来，头盔下面露出一张苦瓜般的脸，怒气里夹杂着杀气，哑巴着嘴巴，一张一合的，肯定不是什么好听的话。

舒荇慢慢驶离现场。

就差嘀嗒一秒钟。杰夫和山姆发出一阵唏嘘。

前方的绿灯还亮着，舒荇缓缓地随车流往前驶去。

"绿……绿灯也这样啊！"杰夫说。

"越是绿灯，越要当心。别以为前方的绿灯是为你开的。"说着这话，舒荇的声音也在颤抖，"哼！明明自己穿红灯，还赖我，说我闯红灯。"

杰夫不吱声。他拉过保险带，给自己戴上。

山姆在后座上，唧唧咕咕地不知念起什么经。

似乎为了安慰自己，舒荇只得移情粽子："你们饿了吧？吃粽子。我和姆妈包的。"

"哦，这东西叫粽子啊？啊哈！怎么这样？四个角，一个立体的正锥体。"杰夫看了一眼食品袋，凑趣似的说。舒荇听出来，杰夫的话音里含敷衍的意思。她可不管这些，讲到她喜欢的东西，按捺不住要人家听。

"粽叶还能做成乐器，当哨子吹呢。"

"嗯哈。"

"小时候，每逢端午节，姆妈坐在晒台上裹粽子，我蹲在旁边捣蛋，挑出一枚粽叶，折一个小哨子吹，声音传播得很远，吹得满口箬叶香哦。我才吹出十几声，忽听得乒乒乓乓开窗的声音，晒台底下，亭子间的屋头顶推开木格子窗，歪过脑袋，仰起小脸，拖着两道鼻涕，边做鬼脸边把他做的哨子吹给我听。吹得响，耳朵都震聋啦！我们两个小孩直把一条弄堂吹成一个芦苇荡，一直吹到满脸通红，馋唾水嗒嗒滴，上气不接下气的。末了肚子饿了，妈妈们也把粽子煮熟了。于是站在晒台上，小孩子们挤眉弄眼，比赛吃粽子。那天下午，屋头顶吃得太多，胀了一夜的气。第二天早上，他的娘还没有生旺煤球炉子呢，屋头顶已经在剥冷粽子了。气得他娘一火钳扫将过去，只听噗的一声，火钳的口子，刚好撕开屋头顶额骨头上的皮，好长一道血口，屋头顶惨叫一声，捂额骨头的手指间都是血。他的娘二话没说，给面粉兑上水，快速地和面，捏出一只面饼，照着屋头顶的额头一贴。屋头顶说脸变丑了，见不得人了，自那天起，耍泼赖学。此后，每到放学的时候，小孩子们便堵住屋头顶家亭子间的木板门，拍手跳脚唱起自编的儿歌：'赖学精，赖学精，书包掼上屋头顶。'屋头顶由此得名。"

"哦，粽子这么好吃……"杰夫咂巴一下嘴，馋劲儿被吊了出来，"那么，我尝一个？"

"好啊！"舒荇说着，脸上笑意盈盈。

"山姆，你要吃一个吗？"杰夫掉过头来问。

山姆笑着摇摇头，拎起身边的粽子袋，递给杰夫。

"有豆沙的，肉的，红枣的……"舒荇提醒。

"我的感觉好，"杰夫说，"我挑的这个，肯定是肉粽。"

副驾驶位子上，传来窸窸窣窣的声音，一股箬叶的清香散了开来。

"线，能吃？"杰夫问。

"不行，要松开线。"舒荇用眼角的余光瞥了一眼杰夫，嘴角漾起一丝笑纹，知道杰夫在说笑话。

杰夫揭开储物箱，取出一张纸巾，小心地摊在手心里，装粽子的食品袋放在纸巾上面。

"壳，能吃吗？"

"不，剥开粽叶壳，咬里面的糯米吃。"舒荇回答。原来杰夫真的不知道怎么吃粽子。

"嗯！米都绿的……"杰夫还在做功课。

舒荇包肉粽，不往糯米里掺酱油。剥开粽叶后，只看到让粽叶染绿的，膏脂般的香糯米。

杰夫剥开粽子，拿在手里把玩："哟，一个漂亮的海狮秀球动作。"

"那是我的手势了。没办法，我包的粽子，四个角当中，一个角特大特尖，像海狮昂头表演顶球。"舒荇说。

杰夫往唇间喂了一点糯米，仔细地咂着："还好，不像我说的碱水味，还可以。"

"假如吃不惯，请不要坚持。"舒荇说。

山姆在后座上嘿嘿地坏笑。

"嗨！我的感觉准吧！我吃到肉啦！嗯……那肉真香，真的！"杰夫说。

透过后视镜，舒荇看到山姆的喉结上下滑动了一下，他在咽口水。

"山姆，很遗憾……"舒荇耸了耸肩，半开玩笑地说着，让车拐过一个弯。

山姆放下二郎腿，弓起两条蜻蜓似的长腿，仿佛在汽车的后座边搭起一个晾衣架。

"山姆，你要来一个？"杰夫嘴里塞满粽子，扭过头，话音有点含混不清。

"不。"山姆摇摇头，又笑着摆摆手。

汽车驶上了高速公路的下匝道，收费站前排起了长龙，舒荇的车成了个尾巴梢。等待付费的时候，舒荇想起了雪莉。

雪莉在美国，是杰夫的秘书。雪莉跟舒荇没见过面，却蛮要好，邮件往来，把照片发过来，递过去，说说女人间的悄悄话。去年过端午节，又是中国的节假日，雪莉问，你们端午节做什么？舒荇这才说出粽子的故事,并答应,等杰夫来上海了,让杰夫带粽子给雪莉吃。

"现在,杰夫就坐在我身边,难道说,要我兑现承诺,买些粽子来,让杰夫带去给雪莉吃?啊呀,我怎么昨天没有想到?我若是昨天就买好,今天交给杰夫,跟杰夫拜拜之后,就什么事情都没有了。我得明天去买。可是,今天这么累……"舒荇心中老大不情愿。在她的脑子里头,闪现的第一个念头是装傻。反正雪莉不在车里,没听到我们的对话,再说,也许雪莉早就忘记去年我说过的话了。

汽车上了地面公路。舒荇超过一辆集卡,又把一辆金杯面包车甩在后面,刚才那个决定让她的心隐约不安:"雪莉也算是我的朋友了,对朋友失信,我算个什么人呢?"

面对方向盘,舒荇似乎已经深思熟虑,这才对杰夫说:"我忘记了曾答应雪莉让你带粽子给她吃。"

杰夫早已吃完肉粽子,说话的时候,口气里带着粽叶的余香:"雪莉常向我念叨,要我带她来上海,为了见到你。"

舒荇会心地一笑。过了一会儿,她又试探地问杰夫:"去美国,能带食品,对吗?"

"没问题。"杰夫说,"我就把那几个吃剩下的粽子带回家去。"

"不用。这粽子是家里包的,要冷藏,摆不起。你什么时候离开上海?"

"后天一早。"杰夫说,"我带山姆去宜兴。"

前方拥堵起来,舒荇踩住刹车,说:"明天,我去买放得起的粽子,给雪莉一包,你一包,山姆一包,另外一包,放在美国办公室,让每个人都尝尝。"

"行啊,假如你有时间的话。"

舒荇觉得,虽然山姆不喜欢粽子,可是,既然送礼,也不能不给他。倘若山姆真的不要粽子,他自然会把所得的那份送给杰夫,那么,杰夫的孩子们就吃到双份的粽子了。这是他们之间的事情。

"我把粽子送到你的酒店，请把你的房号写上。"她拿出画了路线图的那张纸，让杰夫写上房号。舒荇是个路盲，开车出门，走哪条路，在哪里拐弯，若不事先一一写上，画好，就没了方向。

舒荇照着 GPS 的指引，辗转把两个美国男人送回他们的宾馆，留意宾馆旁有个地铁站，她又在 GPS 的指令下，找到家所在的小区。她的车子驶过香樟树夹峙的车道，绕过后花园的竹篁棕榈树，打个弯儿，停进了自家车库。

舒荇下了车，拉开车门，清理掉杰夫、山姆喝空的水瓶子。在副驾驶座的脚垫上，有一只揉皱的保鲜袋，舒荇捡起打开，里面一团粽叶里，露出一个线头。舒荇捡出那根线，放在手心里，小心地捋过，又从纸巾盒里抽出一张纸巾，仔细地包起来，放入坤包。这是三十年前，爸爸买回家的鞋底线，专门用来包扎粽子的。如今，没有人纳鞋底、做布鞋了，在市场上，鞋底线已无处寻觅。那鞋底线，两大股结结实实地旋成一条，纯棉的，包了三十年的粽子。每次用过，洗净晾干后，来年包下一轮粽子。小时候，姆妈裹粽子，舒荇在一边整理线头。鞋底线本身也似乎忘记被包过多少次，也未曾想到在今天，有一个美国人解开它，头一回尝到中国粽子的味道。

"回来啦。"姆妈给舒荇开了门。姆妈个子不高，春节时烫过的头发，白发里夹着黑丝，刚刚剪过，发梢还翘翘的。除了在冬天用点"资生堂"，纯净水就是姆妈一年三季的美容护肤品。姆妈皮肤白皙细致，虽然已有近八十岁的年纪，富有弹性的脸颊把那几道皱纹驱赶到脸部最不显眼的地方，配上矍铄的精神、琅琅的说话声，不得不令人惊叹鹤发童颜的魅力。

舒荇上楼洗了澡，换上一条淡黄色、胸前缀花边的真丝家居裙，又下到餐室。妈妈已经在她对面的椅子里坐好，新熨过的棉布餐巾铺在餐垫和妈妈胸前的位置。

"粽子好吃吗？"妈妈看了一眼那包剩下的粽子。

"好！杰夫吃了一只肉粽，山姆没有吃。山姆第一次来中国，还不习惯。"舒荇说。

"杰夫老上海了。"妈妈笑了。

晚饭后，舒荇拿出一套白瓷釉面的紫砂盖碗茶茶具，沏了乌龙茶，香气氤氲中，舒荇仿佛忘记了白天发生的事情。这套茶具，是杰夫送给她的"礼物"。有一回，舒荇带杰夫去宜兴，客户拿出他们当地的土产紫砂盖碗茶具送给杰夫。杰夫不懂这是个啥玩意，一离开客户的公司，就把它送给了舒荇。

朦胧中，舒荇看见敞开一道缝的落地窗。露台外的天笼罩在一个偌大的穹隆里。中央空调的冷风悠悠地钻出落地窗的那道缝，这点冷风吹不散天空那个大锅盖，对流进来的热空气让室内的空间变得黏湿难耐。这一幕情景，方才让舒荇记起她是在次卧室里，黄梅天一个透不过气的早晨。

舒荇爬出席梦思床垫，好像一只乌龟脱了层壳，卸下十三块背负的硬甲，仿佛一整夜里，她都是俯卧着，背上压着那张六英尺宽的席梦思床垫睡觉的。她转过身，再一看，不对，我分明是仰卧的，瞧，软床垫里那个被我自己身子压着敲下的图章，像在沙滩上睡过似的，不是我是谁呀？颀长的颈项连接着匀称的头部和身体，腰间曲线分明，修长的小腿弄皱了床单，夜间分明侧睡过，又在睡梦中改成仰卧的姿势……舒荇下了床，分不清是皮肤粘上了吊带睡衣，还是真丝钻进了皮肤，浑身黏糊糊的一片。黏糊糊的身体蹭上黏格格的空气，梦游人一般，她在面糊般的空气里游泳。

洒嘴的水喷涌而出……水，按摩着舒荇的冰清玉洁……上善若水，水，最好最贴心的朋友，亲亲地流过舒荇的脖颈，在她的胸口绕过弯，画着圈圈，才找到顺流而下的沟壑……一阵孤独感攫住了舒荇。

她走出浴室,换上一袭旗袍式样的吊带裙,下楼吃了饭后,便拉着一辆小行李车,往地铁站走去。

小车子是爸爸留下的,也是爸爸亲手做的。爸爸退休后,给家里买菜,要穿过三条横马路,拎不动,就拖一辆小车子。爸爸先是从烟纸店买来一辆小行李车,嫌车子的轮盘不好,又乘18路公交车去北京路买来质量最好的轮子。爸爸是个胖子,大热天坐在晒台上,赤膊,胸部松弛,上半身缀满密密麻麻的汗珠,好像万吨轮船体上的铆钉一般,出的是虚汗。爸爸给小车子重新装了两只结实的大轮盘,用反翘螺丝加固得紧紧的。小车子只是一个空架子。爸爸用一块老房子小木窗厚厚的窗帘布,在缝纫机上踩成一个有底的兜兜。看上去很土,却早已看不出窗帘布的模样。小车子两边拉杆的中间是空的,爸爸用红颜色的尼龙绳绷上一个网状的平面,尼龙绳不太牢的地方,用两条鞋带加固着,那是舒苈读高中时穿的一双跑鞋的带子。拉着小车子滑行的时候,窗帘布做的兜兜就由这个平面托着。小车子的轮子很滑很听话,会跟人走,要它上楼梯,它乖乖地上,要它下楼梯,它嗵的一声下了一级,包里面的东西就随之震动一下。随着小车子的那一声"嗵",下来了。

这辆小推车很好用,样子丑了点,又土了点,但舒苈不肯丢弃。留着它,就好像爸爸还在。

那一年的端午节,妈妈和舒苈忙着料理爸爸的病,根本没有包粽子。那一天下午,舒苈给爸爸送吃的,进了病房。爸爸原本肥壮的胳膊只剩下一根大肱骨。癌痛让他的脸看上去像死去了似的。爸爸忍着痛,不肯吃药,实在熬不住了,才抖抖索索地伸出一只手,从舒苈手里接过一粒美施康定麻醉药,最高剂量的红药片,吞了下去。少顷癌痛缓解了些,爸爸冒了一头汗。突然,他吃力地,似乎用尽全身力气,说:"我想吃粽子。"说罢这话,他那双黯淡的眼睛马上放出光来。舒苈跑遍南京路,大食品店里,粽子都卖完了,她拐进一条小马路,在一爿门面不大的沿街食品店里,买到一只冷硬的豆沙粽。爸爸喜欢豆沙。医院里没有蒸笼,爸爸吃的是冷粽子。他很虔诚地咀嚼着,费劲地一小口一小口咽了下去。吃过粽子,又过了几个月,爸的病势沉重了,再也咽不下,连口水都咽不下。舒苓哭着大叫:"爸爸,咽,咽呀!"可爸爸再也咽不下一口水。

谁也没有料到这会是爸爸最后一次吃粽子,疏忽了。爸爸带着吃不到热软粽子的遗憾离开了人世。他就这样用一只冷硬粽子度过了生命中最后一个端午节。

超市里,堆成山的粽子!真空包装的,枣泥的两只一袋、豆沙的两只一袋、白米的两只一袋。舒苓仔细地翻检没有肉馅或蛋黄的粽子,她知道,含肉或蛋的食品不能进入美国。像开山挖煤一样,不知花了多少时间,舒苓只为了找到最新日期的粽子,累得她香汗淋漓。一场鏖战下来,总算告捷,购物车里,都是五月份生产的新鲜粽子,三袋,共六只粽子,成一份。送给三个人加一份给美国办公室全体同仁品尝的,一共买二十四只粽子。这些礼物,菲薄了一点,可是,杰夫要带上飞机,也怪不容易的,只能意思意思。舒苓想,杰夫带上一半,另一半,让山姆带,这不结啦!两个大男人,还弄不过来二十四只粽子?

在收银台,舒苓特意把粽子袋拎起来,在手里掂了掂,还好,不太重,她悬着的心,又放下了。

"我替侬送粽子。"耳畔传来一个男人低沉的说话声,难闻的香烟味混着口腔的臭气热辣辣地灼着她的脸,舒苓吓得跳起来,扭头一看,吓!怎么还是这个人?昨天在衡山路上遭遇的助动车男人?

男人咧开一张阔嘴,龇出几只缺门的黄牙,对着她笑。

真是活见鬼了!

舒苓一句话也不说,拖起小推车,躲灾星一样地逃离收银台。

她的背心一阵凉,最害怕那个助动车男人尾随自己。快进地铁站时,舒荇紧张地扭头回望,助动车男人早已不知去向。

地铁车厢里,舒荇一颗忐忑的心快跳出喉咙口,她时不时地仓皇四顾,引得周边的乘客诧异起来,他们的目光也跟着舒荇左顾右盼的。

舒荇拉着小车子,出地铁站,伫立片刻,眺望着对马路那座新装饰主义风格的瓦蓝色流线型水晶门,足有二层楼高,这就是杰夫、山姆下榻的宾馆大门。

大堂里矗立着几棵高高的棕榈树,是真的树,乱头发般的树冠直达挑空的二楼顶层。大堂的天花板是三角钢架子,配着玻璃,透过干净的玻璃,望得见蓝天。在天上,一架波音747越过一片摇晃着的蒲扇叶子,缓缓驶向角落里那把绿色的芭蕉扇……舒荇扬起头,看得心旷神怡,只想着那架飞机里藏着她的粽子,几乎忘记自己在哪里了。

"您好,小姐。"

舒荇听到一个声音,这才从高空梦里惊醒,把目光调为平视。

尖头顶、戴眼镜的行李员送完粽子回来,双脚并拢,彬彬有礼地说:"已经送到房间了。"

舒荇朝行李员鞠躬致谢。

舒荇呷一口酽酽的普洱茶,坐在电脑前,开始写道:

杰夫和雪莉,嗨!

雪莉,还记得去年的今天,我们说起粽子的事?端午节又来了。现在,端午节放假,让家人团聚。今天一早,我买五月份的新鲜粽子,能放上六个月呢。虽则如此,建议收到之后,马上把粽子整个放在锅里煮了吃。

塑料包装袋上有个咖啡色心的白粽子,是枣泥粽。枣泥里应是无核的,可是,你们喂枣泥粽给小孩子吃的时候,还是小心检视一下,看枣泥里面,有没有混进枣核的碎片。

一包粽子里含三种口味总共六只粽子。我为啥给你六只粽子呢?因为在上海方言里头,六是幸福快乐的意思……

舒荇的想象力在飞驰:照着她传授的吃法,在某一天的中午饭时间,雪莉在办公室的厨房里,拿一只锅,放进六只粽子煮热了,剥开粽叶,用刀切成一小块一小块,刀的两边沾满了黏糊糊的糯米,噢!我忘记告诉雪莉,得放一盆水在砧板边,切过一刀,往水里蘸一下,这才能切下一刀。忘记了也好,留点悬念,才有意思。

舒荇的眼前,像在放电影:雪莉微笑着托出一大盘粽子,每一小块粽子上面,插一根牙签,盘子放在餐桌上的刹那间,满桌爆出一阵哇嗷哇嗷的惊呼声,于是乎,女人们环佩叮当,男人们伸过毛茸茸的手来抢,粽子的黏乎劲儿中和了三明治、美国热狗的干涩,一个个都吃得喜笑颜开。后来的人,还为吃不到流口水呢。

晚上,舒荇率先收到雪莉的邮件:"我真的兴奋,巴不得立马收到粽子,真太谢谢你!我的孩子们会乐得蹦起来。"

舒荇回了邮件:"我也很高兴,总算兑现了去年说的话。雪莉,你好聪明的,把我给你的粽子拆开,就弄明白粽子是怎么裹起来的啦!在美国,卖中国油盐酱醋的店里,想必有干粽叶卖,你再买些生糯米来,也许你还会自己动手包粽子吃呢。请你把粽子切成小块儿,吃的时候,给你的小女儿桌上放杯水,糯米很黏,小心不要噎着。"

写完后,舒荇又把这封邮件抄送给杰夫,因为杰夫家里也有小孩子。

舒荇意犹未尽,接着写:"雪莉,我跟你说呀,杰夫在车里吃过一只肉粽了,他说好吃!真的!"

一直没有杰夫的消息。舒荇不放心粽子,打了个电话去。杰夫没有用中国手机，他人虽在中国，为找到他，非打美国手机不可，舒荇要出国际长途费，杰夫呢，还要花国际漫游费，两相加起来，再加上杰夫在中国的通信费，买个高端新手机也绰绰有余了。美国人浪费出了名，也难怪杰夫的做派了。

"嗨。"杰夫的声音。

"嗨，你拿到粽子了吗？"

"还没看见。我刚刚到宾馆……"

舒荇挂了电话，差不多一个小时后，又拨了电话过去。

"我看到了。这么多，我拿不了，手提箱里又不能放。"杰夫回答。

舒荇没有说话。

"再说，这个，是食品，有叶子包着的食品，美国海关不让进的。"杰夫突然想起了什么，补了一句。

"叶子不要紧的，粽子里面没有肉馅，又是真空包装的熟食，可以通关的。"舒荇说。

杰夫沉默着。

舒荇来了个脑筋急转弯："你要是带不了全部，就带上你自己一份，再给雪莉捎上一份！"

"我试试看。"杰夫总算说话了。

舒荇又说："你不要的那些粽子，我明天下班，到你宾馆拿回去。"

"好的。"杰夫的声音很凝重。

放下电话，舒荇给雪莉写信，语调颇黯然："我跟杰夫通过话了。他说，不能带粽子，他的手提箱装不下。他又说，带粽叶的食品过不了美国海关。他最后说，可能带一部分。我让他把给你的那份捎上。"

雪莉马上回信："啊呀！他这是找借口，想把我们的粽子都独吞了。哈哈，谢谢你想得周到。"

舒荇在发呆。

她站起身，推开落地窗，走到露台上，凭栏仰望夜幕下的蓝天。天边只露出半个月亮，左边那半只缺着，夜气带点奶油味儿，是露台底下那丛篁竹，和着白天的花香，让蜜蜂给酿制成的。她回到书房，为跑超市受的那些累懊恼起来。有人轻视了她的粽子，她哪里肯？她忍不住又给杰夫去了一信："杰夫，嗨！我晓得由于海关的缘故，你不能拿回去所有的粽子。我一共给你四袋，你把能带的带走，带不走的，请放在宾馆的总台，我明天上午来取走。我不想浪费，我要拿回它们，自己吃。"

对！拿回来，供给爸爸吃。我要把粽子煮软煮热了，点上香烛，供给爸爸吃。我们也能吃。我看过多少包保质期，我精心挑选的粽子，不是让你丢掉的，你既然不要，不带去美国，我就要回这些粽子。

那一夜，不知怎么过的，好像没有梦，天地间黑乎乎的，像贴了一张黑膏药。

第二天一早，打开电脑，收到杰夫的信："谢谢你想得周到。可惜我没法把粽子带回家。这些粽子值得你花时间跑过来取吗？也许丢在宾馆里算啦？你尽可以做自己的事。你说呢？"

我说？我又能说什么呢？舒荇想，非要我说，只有打电话了。舒荇拨过去电话："你究竟要如何处置粽子？"

杰夫问："我……我要付给你粽子钱吗？"

舒荇冲出来一句话："不用。因为粽子太昂贵了，你付不起！"

杰夫蒙了。

舒荇让脑子静了静，语气缓和了一点，又说："假如圣诞节我在美国，你给我一只圣诞糖糕，我也不能给你钱，因为我也付不起啊！"

舒荇挂断了电话，趴在桌上无声地啜泣。她觉得上了当。昨天，杰夫说要粽子，她花大半天时间精心挑选的粽子，都是新鲜，五月份出品的粽子，杰夫就这么丢掉啦！雪莉怎么办？杰夫还说要给我钱，这话，亏他说得出口……啜泣渐为嘤嘤的哭，她的泪影里，有自己茕茕的身影，跟小行李车的形影相吊，她哭一个上半天花去的时间，哭她的汗，哭她的爸爸……不知哭了多久，电脑，写字桌，自己的衣襟上湿了一大片……唯恐让妈撞见，她渐渐收住了泪，也可惜起自己的眼泪来，总不要让泪流成一条汨罗江……

舒荇去了一趟卫生间。

回到书房，她从自己的率性里获得快感。我冒犯你了。冒犯就冒犯吧。我这就去办公室收拾东西走人。中午的时候，舒荇守在办公室，也没吃饭。她一点也不饿。

快下班的时候，她收到杰夫的来信："谢谢你的理解。"理解什么？舒荇不好说，她的脑子里一片空白。这时候，电脑又跳出一封邮件，杰夫说："舒，这回见到你，非常好。"

舒荇没有回信。她想，杰夫正是意识到了"不好"，才来信说"很好"的。

出了办公楼，舒荇走在路上，没了方向。好在今天没有开车，她是自由的，想去哪儿，就去哪儿。她听凭两只脚的挪移，不知不觉，竟走到了自家老房子的弄堂口。

弄堂的大铁门敞开着，里面阒静无人。进门往里，原本凹凸不平的地面，那个酷似骑扫帚杆子巫婆脸型的窟窿，不见了。看来，但凡走过繁华大街的人望得见的那段弄堂的路面都整平了，舒荇穿着高跟鞋，地上窨井盖子拎手的铁环，踩在脚下，顶着前脚底，也不太硌脚。往里拐个弯，弄堂的原生态尽收眼底。路灯，还在那个倾斜的、油漆剥落的、倒挂着的搪瓷灯罩下亮着。在过街楼前拐个弯，有扇一半埋入地下的铁栏杆窗朝里敞开着，里面亮着灯，墙砖、地砖瓷白透亮。一块写着"粽子，酒酿圆子汤兼盒饭"的牌子搁在一边。一个头发浓密的男人，猴子屁股，背对着窗，坐在一只塑料凳子上，他的肩膀和胳膊肘一抽一动的。他的身边，是一只大大的塑料脚盆，里面盛着水，浸着一盆粽叶。脚盆边是一堆花花绿绿的粽子品牌的贴片……

在这老式里弄房子里，贴瓷砖的厨房是个新生事物，舒荇禁不住好奇，停下脚步，不自觉地站在窗边的阴影里，朝里边张望。

窗外的高跟皮鞋声音戛然而止，男人感觉到了什么，挪开塑料脚盆，站起，转身。

"又是他……"舒荇惊异得瞪大眼睛，头皮一阵发麻。

"舒荇，嘎巧，又见到你了。"男人说话，"前天我穿红灯，差点撞上你，是我不好。给侬打招呼。"说着这话，男人微微向窗外的舒荇欠了欠身。

更加看不懂了。舒荇像根木头似的戳在弄堂的水门汀上，她脸色发灰，人好像堕入了梦里："他知道我的名字？他是什么人？"

"实在对不住。前天早上，在衡山路，我就认出你了。你一点没变，你的眼睛，就跟上小学的时候一样。"

"你是……"

"我是屋头顶。嘿嘿……"说着，屋头顶微微低了低头，披下一角额发，故意遮住额头那道长长的伤疤。

"哦……"舒荇倒吸了一口冷气，如梦初醒，"我，认不出来……"

"我读书没你好，为了吃口饭，做推板的生活，人老得快。"屋头顶说着，微微眯起眼睛，突然想起了什么，"我现在也好了。我开店，侬看！我雇了人，包粽子，也给超市送货。"说这话的时候，屋头顶突然有了底气，顷刻间，好像换了一个人。

乍听得"粽子"二字，舒荇悲从中来，眼里噙满了泪水。

"侬——"屋头顶一时间找不到话说，好像在搭讪，"侬看看，阿拉店包出来的粽子好吃，生意也做出来了。"他凑近窗口："侬阿是在做粽子生意啊？"

舒苧的眼泪掉下来了，连连摇头。

"我昨天看见侬的，在超市里。后来嘛……"屋头顶越发来了劲，"阿拉裹粽子，侬做外销，阿拉把粽子做出去。"他拍拍胸脯，几乎慷慨激昂起来。

舒苧的眼前，仿佛出现了送到杰夫宾馆的粽子，四大包，每包六小袋……她鼻子一酸，拉开坤包，掏出纸巾，又觉得在屋头顶面前擦泪不合适，但愿隔着玻璃窗，还有铁栅栏，自己又身处弄堂灯火阑珊处，屋头顶看不清楚自己面颊上滚动的泪珠。四周很静，她屏住呼吸，不让屋头顶听到自己哪怕最轻微的抽泣声。

她埋下头，对着屋头顶的方向使劲点一下头，顾不上为高跟鞋找一处平坦的下脚地，几乎一路小跑，慌不择路地拐出了支弄堂。

舒苧走着走着，好像脑袋被剁去，成了一具无头的走尸。她的脸，她的手，冰冰凉。她下意识地抬起头，朝两边张望，弄堂两边人家的晒台上有人在浇花。这时候，脸上有一串水侵入嘴巴，咸乎乎的。她才明白过来，自己的这张脸，早已不知被泪水洗过多少遍了。

站在淮海路上，闪烁的霓虹灯给夜蒙上一层魅影；此刻的舒苧，仿佛舒爽多了，心中说不清是忧是喜，柔弱肩膀上的那颗脑袋，似乎也回转到了项上。她就那么，玉树临风地、久久地伫立在马路边，初夏夜间的风轻柔地抚摸着她的旗袍裙。

身背后飘来煮熟的粽子的香味。她回过头去，看见一只脸盆大的电饭煲冒着热气，大半锅汤，像沙滩上的鹅卵石，露出一只只粽子的尖角，尖角周围澎湃着海浪；海平面上，泛起些绿色，平抑着舒苧头脑里怪异的冲动。

身背后飘来的粽子香，是热的。

肉汤，舔一口

又到年底了。

来发拨打电信局的热线电话，把积分兑换成话费。

一室户的房子没有客厅、卧室那样的讲究，入户门直通天井，中间没有一道墙，屋里的全部空间就是黑洞洞的一条过道，如手电筒的筒身一般，电话里的声音，成了手电照出的光亮，如一串珍珠随急湍的水流叮咚跳跃，从墙的这边弹到那一边，再聚成一只钢球，冲上低矮的天花板，又弹回来发的耳朵里："积分兑换好了，抵扣30元电话费。"

也好，这30元也是福利呀！来发是一个失业多年后，从街道退休的人，没有退休证，只有一张绿色封面的养老金证，每月的养老金就两千六百多，用了最便宜的套餐，每月90元，覆盖宽带，还有少许微信流量。

两星期后的一天中午，来发打开信箱，拿到当月电话费账单，依然90元，全价！咦，怎么没有扣掉30元钱？

他一手拿账单，一手握手机，接通电信热线的投诉电话。

"我们查过，上个月，我们只收到60元，您账单的剩余30元已经用积分抵扣了。"

"不对呀！上个月，我明明付给你们90元话费！"

"您付到哪里的？"

"我们新村的烟纸店。水电煤都付在那里，几十年了。"

"您什么时候付的？"

"一拿到账单就付了，月半的时候。"

"我们没收到。给您兑换积分，是上个月的30号，您的代收点付钱给我们，是31号。在兑换积分的当天，因为您的话费没到账，系统默认您没付钱，话费就在当月账单里扣除了。"

"那就是你们的错了！你为什么不在下一个月的账单里扣除？我历年兑换积分，都在下一个月的账单里抵扣的。你们的付款截止日是31号，用户不可能在最后一天付款，肯定在这之前付款，且付给代收点的。我的钱既然已经付出去，我和你们电信的权利义务就完成了。这是常识！你从当月账单里抵扣积分，就是你的错误。"说到这里，来发停顿片刻，又清了一下嗓子。他的嘴里迸出"权利、义务"字眼了，他有品位，有文化，他不是一个普通人呐！

"你交费的那个店叫什么名字？"

"你稍等……"来发说着，伸手到饭桌上那一堆旧报纸里挖……在两份《良友》的夹缝里，没有，他又推倒一摞《证券报》，两份《参考消息》，一份刚买来，还没有来得及看的《现代家庭》……杂志和报纸掉落了，露出一只宴会酱油瓶，电话费单子就压在瓶底。

来发报给话务员收款章上刻的字。

"这个代收点不是我们授权的。"

"这怎么可能？既然代收点是非法的，你怎么收到那60元钱的？你收钱的时候，代收点是合法的，要问它讨钱了，它就是非法的了？我问你，假如你不是收到部分钱，而是上个月一分钱话费都没收到，你会叫我传真给你代收小店的收款凭证，你就不会问我要钱了，你会去讨，直接问代收点要钱。这事情经常发生，这说明你完全可以从这家小店讨钱。现在的问题是，由于你的错误，你才少收30元钱，但是，因为积分抵扣，你已经把账做平，你的钱收到了，损失的是我，你就不管了。你错把我的钱送给代收点，你就不管了！有你这样对待客户的吗？"

"……"

"代收点不知道我有折扣。你也不知道我付在他们那里。我拿到的你的账单有上下联，我拿着90元现金，拿了账单，去代收点付钱，代收点撕给我加盖公章的下联，他们拿上联。接着，代收点，就算你说那个小店，或是直接，或是通过它的上线和你结算，它把收到的上联一张张加起来，得和收到的现金数一致，这才交给你，据此拿回代收账单的劳务费。他们按照凭条交钱，本来你就应该收足90元，可是，由于你系统里出了错误，你主动少收30元，责任在你。代收点刨进30元，充其量是贪小便宜而已。"

"我们没错。"

"还说没错？你说只收到60元就行了。你有没有给过我一张60元话费的账单？既然没有账单，你怎么能断定收到60元是对的，只付给你60元就是事实呢？我凭账单付费，这也是常识。"

对方不回答。就是不承认错。

来发没有办法，放下电话，发了半日呆，大有被摸掉皮夹子的感觉。虽然损失的不是肉里钱，可这30元，是他的权利呀！事关权利，马虎不得，维权就是维护尊严。他来发是一个有颜面的人，不能让人不明不白地侵权了呀！念及此，来发不怕麻烦，又拨通电信的客服电话。

换了一个接线员，来发只得炒冷饭，把刚刚说的话重复一遍。这个接线员，经不住来发泡蘑菇，叫他把付费单传过去。来发为人一向忠信可靠，他说的事情，绝不会假，他马上照办了，用手机给付掉90元电信费的单子拍了照，还特意给烟纸店敲章的地方拍了特写，输入电脑，传了。

第二天，电信来电，丢来一句话，叫来发自己去代收点讨钱。

"这家代收点不是我们授权的，我们无法前去追回30元钱。"

来发蒙了："那完完全全是你们的错！怎么叫我去承担你们错误

的后果?"说着这话,来发额头白中加黑的头发竖立起来,正义在他的一边。

电信重复了一遍,叫来发自己去代收点讨回30元钱。

"叫我去代收点讨钱,我师出无名啊!你们不能把你们应该承担的责任强加到我的头上。当我拿着你给的账单,还有90块钱,去代收点交完电话费,拿到加盖代收点收款章的回执,我和电信的权利义务就结束了!接下来的事情,因为你们的错误主动从代收点少收30元话费,你应该自己去讨回来给我。我们都是有行为能力的成年人,不能像小孩子那样耍赖!"说这话的时候,来发想象自己穿着一袭法官黑色长袍那样神气。

"我们没有错。"

"你们完全没有商业道德!你们完全没有法律常识!你说,我无凭无据,凭什么问代收点讨回30元钱?我不能去小店讨钱,人家要轰我出来的。我们都是成年人,不是小孩子,不能做没道理的事情。我付钱给你们,我和电信局的权利义务关系已经结束了。"说着这话,来发对自己又不满意起来,既然道理在自己这边,为啥词穷,为啥重复刚才说过的话?

"你打电信热线,就是证据。"

"你没有最基本的法律常识!法律上能证明因果关系的才是证据,好吗?打电话给你们,充其量说明一个结果,就是你们所谓的没有收到30元钱,但是,证据,必须证明代收点没有交给你这30元钱,这个只有查你们和代收点的账务往来记录哩。你连这个都不懂!"

说到这里,来发激愤了。他失业的数年里,曾在朋友的公司做账务,换回每个月2000元的生活费。朋友的公司总共三个人,那时候,他也有名片,上面印着"副总"的头衔,冲着这头衔,他也好像当过一回官似的。

电信的接线员回答不上来。来发愈加来了劲:"你们和代收点的账务往来记录！知道吧！你们内部控制的资料岂能落到外人手里？笑话！"因为甩出审计的专业术语，来发简直得意忘形，话音末尾还拖了一段笑腔。

"你自己去代收点拿钱。"电话对面只有这么一句话。

"你这么没水平！你的领导要你扮演这个角色，是你的领导不厚道！"虽然只是为了区区 30 块钱这么较劲，但来发感觉很亢奋，在谈话中，他运用到了自己的知识，找到了自己存在的价值。

电信局的话务员还是这句话：我们没错，你付在非授权的小店，我们不为你讨钱，你自己去讨回 30 元钱。

"你蛮不讲理！"

"你的这种事情多了。我们都叫用户自己去付钱的地方讨钱的。你以后别付在那种小店里，正规的代收点，像邮局啦，两三天就到账了。这种小店，哼……非拖到每月最后一天不可。他们去银行收收利息也好哇！"

"你又忽悠我了。人家那是便民服务。假如真如你所说的那样不正规，工商为啥不取缔他们？"

"工商的事情，我哪里管得了！"

"我不跟你耍嘴皮子了。反正你们犯错没有成本！"来发说话有分寸，他咽下去的一句话是这样的，"你们可以一直坏下去！烂下去！你胡说！你偷！偷！你偷走我的钱！"

啪，他扔掉电信热线的电话。

丢下手机，他气咻咻地喘了一通气，头脑也发涨了，连忙拿起桌上的一瓶"络活喜"，倒出一片来，攥在手心，也不急着找送服降压药的水，只一个人怔怔地面对着涂料斑驳的墙，脑子里反复念叨着下面的句子：真不讲理！电信的钱到手了，电信把我的钱弄丢了，电信不管我了。我是一个平头百姓，电信局不怕我。就因为我是一个老百姓，我不是当官的？我要是一个当官的，你们敢这样对我？我要是一个当官的，那有多好！无须费口舌，你们早就还给我扣下的积分钱！也许我根本不晓得积分这回事，公款报销我的电话费呢！

　　来发是一个插兄。他一辈子想当官，他爱那份当官后的荣耀显达，也只是想了一辈子，毕竟没有当成。四十年前，他高中毕业那年，在被叫作"一片红"的务农呼声里，一家人乘上一部叮叮当当的有轨电车，到了老北火车站，满眼红横幅、红标语、红旗遮天蔽日，满耳朵听得锣鼓声，抬眼望不见想找的人，视线被一个个不洗头、落满头皮屑的后脑勺挡住……低头找不到自己脚上的布鞋……那个热闹劲赛过元宵看花灯。来发虽没戴上大红花，却也意气风发，精神气十足。早上吃的一碗泡饭一副大饼油条还满满地撑在他的胃里，大有把这种幸福感长久体味之势……面对即将驶离站台的绿皮硬座车，母亲哭了。来发却说："哭什么哭？我干革命去了。"可是，就是这个革命者，到得一片蛮荒的盐碱地，拍来一张瘦骨嶙峋的照片，父母的心都碎了。从此，家里定期寄咸肉、咸鱼、香肠、巧克力给他，他收到包裹后，又把吃不完的副食品挂上绳子，到了夜里，做了老鼠的点心。他把务农岁月过得跟过年似的，十年下来，家里变穷了。爸爸为了让他回城，呕心沥血。他回来后没几年，父亲便离世了。现在，母亲和妹妹过。一念及此，来发心里难过。他常常想，自己是儿子，竟然没有为父母做过什么事情。回城后，来发进的是集体所有制单位，都是因为单位不好，没名气，老婆跟着进国企的插兄跑掉了，来发就单身了，一夜之间，来发的牙齿全部脱落了。妻子还带走了儿子。现在，那个插兄当上老总，房子好几套。来发痛得咬牙切齿，可他嘴里一颗牙也没有了。他知道，自己赤脚也赶不上在国企升了官儿的插兄。可他来发，一无权，二无钱，他又有什么办法可想呢？

　　来发愣在那里，一动不动，这时候，他鬓角一缕白头发滑到面颊，他伸手去掠，手心飞出一粒什么东西，掉在地上。趴在门口，一直注视着来发打电话的金毛狗殷勤地跑过来，比来发先一步够到络活喜药片,用嘴巴拱了两下。

"哎呀!你别……"

说着,来发从地上捡起药片,站起身,走入小厨房,丢进垃圾桶。

来发爱干净,他和宠物接触有底线,从来不接触狗嘴巴和唾液,虽然他的金毛狗每年打疫苗。

来发走进小卫生间洗过手,在毛巾上揩干,回到床边,坐进椅子,从桌上拿起药瓶,又倒出一片络活喜,左右一看没有送服药片的水,就干脆把药片含在嘴里,借一口涎唾水,把药片吞下肚去。

"真真作孽,白白浪费我一粒降压药。配药老贵的,我一个月,两千多块养老金,吃药、吃饭,人吃饭,狗吃饭,紧巴巴的,股票还老是跌……"来发咕哝着,无奈地发出一声叹息。

来发又走进小厨房,靠近水斗的地方往公共过道里开了一扇小窗,电插装在窗子下面,他拧开龙头,往电水壶里注入自来水,搁在通了电的底座上,按下烧水按钮,小小厨房里顿时响起吱吱的烧水声,冲着这一股热气,他再一次想起了心思:我怎么办呢?电信的接线员听不懂我的话。我说的都是道理,这些道理,只有法官和律师听得懂。要维权,只有上法院了。不对,这么简单的道理,电信听得懂,他们懂了装作不懂。他们明明知道,客户不会为了区区 30 元上法院。诉讼成本早就超过 30 元了。还有没有讲道理的地方啊?

来发低下头,想了又想,一声接一声地叹着气。

噗脱一声,按钮自动跳上来,水烧开了。来发提着热水壶,返回窗边,他朝着天井走,却望见靠天井的玻璃门窗上糊糊的一片,像是下雨,咦!青天白日的,哪来的雨?他在桌上放下电水壶,两步跨到天井门口,趴在玻璃门上往外看,天哪!外面下起棉花雨,二楼拍棉花胎!太阳光的投影里,还清清楚楚地看到胖女人手握一只皮拍,拼命地拍打晒在外面的破棉花胎。

来发的嘴里喷涌出一串粗话，真想一把拉开玻璃门，冲到天井口里，大声咒骂二楼女人缺德，转念一想，又咽了回去。他是一个体面人，粗话，他骂不出口。

况且，他和电信的那个30元钱的事情，还没有着落呢！

他站在筒子一般的一室户的中央，憋了很久，终于觉得，用光明正大的办法处理危机最为妥帖。

我投诉你！

对！找市长热线投诉电信局！

电话拨通。

市长热线问他叫什么名字。

"张来发。"

听到"来发"这个名字，卧在卫生间门口的金毛狗两只前爪踞地，支起身子，嘚嘚地朝主人跑来，伸过一只湿漉漉、热烘烘的狗鼻子，嗅来发的手。来发拍拍来福的头，轻声说："不叫你，叫的是我。"

他空出的一只手抚摸起金毛狗头顶部硬硬的鬃毛。

狗儿放低长条形的棕色毛身，伏在来发的脚边。

金毛狗取名来福。来发打电话，报出自己名字"来发"，被狗听见，以为主人在唤自己的名字来福，待它跑到主人身边，才反应过来，主人此刻关心的是30元钱的福利，而不是它。来发的名字，求的是钱，发嘛，当然要赚钱喽；来福，境界高一点，要在精神的层面获得些个慰藉。当主人祈求福分的时候，才会想到它来福。发和福，发福，多么动人的隐喻呀！一想到自己有着一份取名字的天赋，来发很是得意。

来发和金毛狗的名字才一字之差，狗儿成了人的影子和替身。

电话那头的人说，请稍等。话筒里传来了乐声。趁着这个间隙，来发轻轻地对来福说："狗呀狗，你有一个揩兄主人，狗不嫌家贫，真好。狗比人好。"

来福听懂来发的话，自在得很，抬起一条后腿，挠了挠头颈里的痒痒。

来发的嘴巴对着听筒说话，腾出的一只手，习惯性地落到来福头颈边温软的细毛，来发温存地让五根手指交替抚弄着金毛的后颈和下巴，来回地爱抚，狗儿感觉舒服，摇摇尾巴，把尾巴卷成一朵花，朝来发贴近了身子。一股温柔的电流漫过来发的手指间，他产生了幻觉。他的左手，通过手机，状告电信局忽视他，不拿他当人看，右手的手指分明传递另一种情愫，很情愿自己不是一个人，尤其不是一个男人，而是一条狗，还是一条公狗。来福是一条母狗，给来福取这个名字，来发寄希望这条母狗带给他一个女人，一个填补他妻子空位的女人。十几年过去了，来福什么也没有带给他，于是，在和来福相处的日日夜夜里，来发冷不丁地萌生了想当一条公狗的念头。当上公狗，他就有妻子了。十多年前，毫无征兆的一个晚上，连公房户口簿上的记录都没有变更，妻子跳了槽。妻子仁义，把一室户留给了来发。既然把离开来发的原因归结为他不是一个男人，待远离他，到了新的住房，她能享受做真正女人的尊严和幸福，这么一个理由下，让来发在物质方面不要吃亏更多，他日后找新的妻子，也有本钱。来发不是一个冲动的人，他保持着自己的品位。不过，他对妻子说的诸如他不是一个男人的话，他不愿苟同。他家的一室户，在底层，站在天井里，目光越过小区道路，看得见靠路边的一个二楼阳台，那个阳台没有封，预制板阳台，砖头砌起的护栏形成一个扑克牌里黑桃的花形，传递着某种开放的意味。那里，每隔一星期，总有一批白色的女人三角裤晒出来，来发牵着来福，装作不经意地路过，却有心有意地暗暗数过，有时候，12条，更多的时候，14、16、18条，都呈双数，白花花的一片，有着美玉的莹洁，大理石的光泽和质感，在阳光下闪着花耀……那是三枪牌的，来发估计得出。以前，妻子也买这样的全棉罗纹三角裤。每当这个时候,来发的身体不是无动于衷,尤其当女人走上阳台收裤子的时候,那个黑桃皇后,四十多岁的年纪,头发往头顶心挽一个松松的发髻,越发衬出光洁的额头,微翘,小巧的鼻子和嘴巴……这才是真要命的事情……

来发贪看的黑桃皇后的风景,时时变换,灵动得像一匹昼伏夜出的猫儿,尤其在太阳底下,连三角裤边角脱掉的线脚、松掉的橡皮筋来发都不放过。

偷窥人家晾晒的内衣,想象人家的胴体,难以摆脱的这份对黑桃皇后及她的内衣的眷念让来发平静的心灵之水频起波澜……回到家,来发哭了。这样下作的事情,插队的时候,决计不干。非但不干,同伴笑话他胆小,他还护花。可眼下,他自己成了这样一个下作胚。我是一个体面的人,怎么也做这样下三烂的事情,偷看人家的短裤乳罩、三角裤?回到家后,不止一次地,来发跪下来,抱住来福绵软绒绒的肚子,哭了,他哭自己的孑然一身,哭命运的不眷顾,哭他的怀才不遇……来发哭哑了嗓子,只剩下悲号。来福抬头望望天花板,剥落的涂料,却是干燥的,可为啥自己一半的身体遭了雨淋?它打了个喷嚏,使劲抖一下毛,大幅度哆嗦的结果,把来发的泪水溅回到来发的嘴巴里,咸涩,微苦,夹带着金毛狗的体味,地板上一摊湿,一大摊泪水让来发陷入深深的绝望,一阵揪心的痛苦……

我们的来发是一名君子。有好几次,来发在交公用事业费的小店里看见黑桃皇后,他都装出视而不见的样子,他克制着,保持着体面和风度。

来发的左手左耳朵,嘴巴在对付市长热线的同时,他的右手指尖滑过来福松软的头颈毛,指尖的神经末梢像是装上了头脑,闪过了上面的一幕幕……

市长热线很客气,说会告诉电信局的管理部门。

每天早晚两次，来发遛来福。来发的路线是固定的，绕过黑桃皇后晒内衣的阳台，来发总要停下来，来福完成"任务"，也在阳台下面的草丛里，来发随身带了报纸、垃圾袋，把来福的排泄物收拾得干干净净。他要做给黑桃皇后看，自己是一个多么文明负责的宠物主人。他的想象里，皇后必定也在他将要出现的时间，躲在阳台后面的窗帷里，打量，注视着他来发，为此，来发很在意自己稀疏的头顶，每次出门前，他都要仔细地梳头，把额头上面一缕头发留留长，盖住头顶，这个时候，来发最害怕风，一听到树叶簌簌作响，他就神经质地腾出一只不牵狗绳的手，一边盖住头顶，一边像一只麻雀那样，歪过半边脸来，向阳台张望。

这金毛狗还真有灵性。每当这个时候，好像为照顾来发的感情，来福眼睛不看来发，总会低头嗅闻地上一摊业已干涸的狗尿，从中追寻某种爱情的蛛丝马迹。

几天过去了。黑桃皇后的三角裤又晾出一茬，除了朴素的全棉三枪牌，还有黑色T字形，裤身简约得就剩下一根吊带，还镶黑色蕾丝边的，跟定型的文胸是一套，来发上品，看得明白，是一套，很耐看。这是皇后头一回晾晒带钢丝圈的文胸，多数情况下，皇后晒出十来个布罩，多穿布罩，显然她拥有一份了不起的女性的骄傲，且对自己极有信心。在来发的想象里，布罩都撑得起的乳房，加上昂贵豪华的钢丝文胸衬托，不知怎样地摄魂夺魄呢！那个黑桃皇后，做没做过双乳多普勒B超，还有钼靶？每隔多久做一次？也许根本不用做？不过，健康也要关注的，她有单位吗？

来发待在楼下散落着垃圾的道路边，一动不动，直到黑桃皇后的内衣收获了阳光，收进房里，砰的一声关了门。

来发牵着来福，悻悻地回到自家的一室户。他放下来福，脱光了身子，把自己关进浴帘，也不开热水器，只拧开莲蓬头，听凭冷水对着自己猛冲。阳春三月，都是穿羊绒衫、薄羽绒衣的日子，哪里禁得起冰冷彻骨的冻水？没过一会儿，来发就浑身瑟缩，喷嚏连连，把蹲在卫生间门口的来福急得团团转，一个劲地用爪子挠门，嘴里呜呜呜一通乱叫。

三天过去了，来发等待的市长热线没有回访。

来发感到奇怪，往常，市长热线会回访，可这次，没有。

来发再打电话给电信，电信这回没好气了，老实不客气地警告来发，说：你告呀！我们就是按照市长热线的指示，叫你自己去代售点讨钱的。

"呸！"

市长热线不管，现在，只剩下上法院了。谁会为了30元钱上法院？电信局乐得耍流氓了。

事情没解决，为了区区30块钱，为了维权，这几天打电话投诉，来发花掉的电话费也差不多10块钱了！真倒霉！来发低下头，双手反复揉搓着脸和头部，直达谢了顶的头顶心，上上下下地来回了几次，像猫洗脸似的。他感觉两手发麻，停下动作，两眼放光，灵魂又附回他的身体。冒火的两眼露出的凶光熄灭，换上一种戏谑的恶作剧的狞笑。

第三天，来发穿一身洗得干干净净的旧衣服。来发是一个有品位的男人，没有领头的衣裳不穿出去。夏天，不穿圆领汗衫，冬天，也只穿有领子的羊毛衫。旧羊毛衫起球了，他用剪鼻毛的弯头小剪刀仔细修剪掉，一只只，足足忙了两个钟头。外套足足穿了十年，显得陈旧，可里面的羊毛衫，有衣领。为表现身价，来发还在棉毛衫外面穿一只假领头，假领下面，打一根10块钱买来的领带。他把领结打得高高的，直到喉咙即将窒息。一件衬衫没多少钱，可来发更喜欢假领头。假领是父亲留下的，代表那个时代绅士的体面和精神。来发拿不出一件像样的西装，干脆，就把每天遛狗时穿的一件米黄色夹克衫套在外面。

把磨光后跟的皮鞋擦得锃亮,用梳子蘸了清水梳一只奶油包头,就这么山青水绿地出了门。

来发手执一个红轴,这是一面锦旗,讨价还价,付了180元。

走进电信局办公楼的大堂,多么豪华,平时街角看到的营业厅已经够气派了,这里,简直是图片上看到的迪拜用黄金装饰的大厦!都用我们的钱造的!我可怜的30块积分兑换的钱!

我要羞辱他们一番!

一个斜挎着大红绶带的接待女子踩着高跟鞋,一步一扭地在前面引路,去往办公室的方向,来发握着锦旗红轴跟在她的后面,在他的周遭,坐满了拿了号以后等候叫号的人群。在他们的注目中,来发的步态盛满了光荣感,心里却冉冉而升一种莫名的不自在,他下意识地低下头,看看自己的假领头、领带、鸡心领羊毛衫、夹克外套都在,他才放下一半的心,他害怕自己是穿着新衣的那个皇帝,在众人眼里赤身露体,他是做不出来的。

到了办公室,绶带小姐向里面的人说明了来发的来意。

各式各样的笑容朝他迎来,来发都招架不住。

一个把一小撮头发堆到脑门上面、戴眼镜的矮小男人把红轴揽在怀里,慢慢展开,一个个烫金的字露了出来:积分功德,福利惠民。

"好……好好……"尖头男人点着头说,眼镜掉下来,到嘴巴那里,他也没顾上去推一下。

来发呆在那里,准备好的一肚子骂辞又说不出口。

小尖头递给他一张名片,说,以后有事可以找他。

来发手里捏着名片,掉头跑开了。

回到家,来发心里好难过。他生自己的气,又是跺脚,又是叹气,又是摇头。来福趴在卫生间门口,睁圆一对惊诧的眼睛,不知怎么办才好。来发好像牵着一根无形的绳子,他去小厨房烧水,身影在来福眼前晃,来福的一只狗头,跟着来发转。来发往床的方向走,来福把头扭向左,来发去小厨房,来福把头扭向右边……来福来来回回地转着一双玻璃球一般的狗眼,求来发的示下,来发都看在眼里了。来发嘴里不响,心里很是受用,来发有了追随者,哪怕是豢养的一条狗,他也尝到过一大把官瘾的满足感、幸福感。

当天傍晚,来发赖在家,一动不动,他好像忘记了该遛来福这件大事。他不吃不喝,只顾独自难过。来福没得遛,就离开卫生间门边,蹲到入户门口,嘴巴里衔着遛狗绳,拿眼睛觑来发,它呜呜地叫着,似乎在提醒主人,它憋不住了,又不敢拉在主人用的卫生间里,虽然这间不到两平方米的卫生间的功用,它早已了然。不过,它知道,人狗有别,它只是一条狗,而已……而已。

来福知道,它的厕所不在这扇小门里,而在大门外,某一棵树根下,墙角边。来福想念楼外那片堆满垃圾的光秃泥地,长着一丛丛野草,还有前面的狗留下的干硬的粪便。来福到了那里,对着一只丢弃的纸板箱,翘起一条后腿,撒泡尿,在一棵枯死的柳树根下拉巴巴……别的狗主人,会带着狗沿着停车线,专找一辆漂亮的车,故意对着车轮胎,把牵狗绳松一松,狗会意,照着主人的意思把尿撒到轮胎上。来福好想留下自己的尿味争夺地盘,也期待来这么一招,可它的主人来发不干,来发把来福看得紧,从来不允许来福往人家车轮胎上撒尿,更不会怂恿来福去这么干事。这样的好事,来福一次也没捞到。呜……一想到这里,来福好委屈,哼唧得更响了。

来发终于牵着来福出门了,可他没心思走远,只把来福牵到晒内衣的黑桃皇后家阳台下面,待来福出完恭,就回家。唉,来福觉得自己好倒霉,碰上这么一个主人,家里,连一个女主人也从未见着。这样想着,来福往水泥地里放下四根腿子,完全趴下,肚皮贴着水泥地,它完完全全成了一条癞皮狗。

这是一个不眠夜,来发的心里翻江倒海,比死还难受。发了一夜呆,这情形,就跟他的妻子刚刚离开他,他一夜之间掉光牙齿,一样的感觉。

天刚破晓,来发突然来了精神,他扫起了地。扫把扫到门口,见来福的右后腿压着一张纸片样的东西,来发把纸片捡起来,第一次去看,是小尖头给的名片,姓李,电信的客服主管。

烧好泡饭,过乳腐吃下,感觉胃里暖烘烘的,舒服起来,来发的魂灵又回来了。他缓过神来,感觉受了优待,来发得意起来,在他的幻想里,送名片的那个人依旧记得他,不会忘记他,因为他来发很重要,是啊!毕竟,他也算有个场面上的朋友了,国企的。现在,好在自己也和国企电信局攀亲了。来发一辈子想当官没当成,可他也有今天了!想想自己做的事情,觉得值!

做锦旗的成本是180元。加上损失的30元,他来发净成本210元!这可是来福三个月的口粮呀!来发买不起狗粮,金毛狗体形大,吃得又多,咋办哩?来发买不到糠,就从新村门口外地人开的杂粮店里买散装的陈米,每天多烧一锅饭给来福吃,每个月,买上20斤陈米,加上剥下的老菜皮、西瓜皮、苹果皮、剩饭剩菜,这么对付下来,每个月的开销不超过100元的。至于肉,来发舍不得买,来福基本吃素。来发知道,因淀粉沉淀多,吃米饭的狗会发胖,所以,除米饭外,来福就只有靠素食来对付了。来发安慰自己,说让来福素食,避免得高血压、糖尿病,是为来福好。来发难得烧一顿红烧肉,来福就像过了年,有肉汤拌在米饭里吃。那个时候,来福很满足,会一个劲地摇尾巴。

不管怎样,花了这210元钱,以后,他会被看得起,因为他在电信局有朋友。街坊当中谁要是拿不到积分兑换的话费,找他就行。虽然损失210元,还好,他现在有了电信局的哥们儿,国企的!在来发的潜意识里,他感觉很痛快,毕竟,他现在和拐走妻子的男人扯平了,或者说,距离缩短了。那个男人,不就是顶个国企老总的头衔吗?

光荣感再一次笼罩着来发。

不过,人家还有好几套房子呢!一想到这里,来发好生泄气……不过,来发有来发的排解法,他巴望明天起,房价大跌,腰斩再腰斩,那样的话,嘿嘿……

好心情下面,日子过得飞快,又一个月,新的一个月,匆匆闪过了。

那天早上,来发牵着来福出门前,打开楼下那个嵌在墙里的信箱,拿到电话费单子,90元!还是没扣掉!拿了我的锦旗,不为我办事!不过,现在的来发,心态极好,他已经习惯了。

没有就没有,狗吃的肉还是要买的。来发本指望电信局积分兑换的30元钱买肉吃的,可眼下……

来发带着来福去菜场。

半爿猪肉,死猪眼睁着灰色的眼珠子,不甘心的样子。

来福好几个星期没有尝到肉味,它抬头看看猪肉,又看看来发,赖在肉摊边不肯走。

卖肉的戴两只白袖套,扛上半扇猪,啪一下,摔在白色塑料案板上,把它劈开,说:"死猪,不过是谷物饲养的,多煮煮,吃了没事。"

来发听到是死猪,马上来了兴致。

"不是有蓝颜色的图章吗?"来发问。

"这个你也信?"卖肉的不屑地瞅了来发一眼,好像来发是多么一个没见过世面的人。

来发低下头,他害怕看见卖肉人脸上狰狞的笑,那张黑黑的毛脸笑一下,粗如猪皮的脸皮动一动,龇出一口黄黑的板牙,看一眼,来发夜里睡不着觉。

"图章?15块钱买一个。"卖肉的背转身去,自言自语,"咱做生意实诚,是啥说啥。赚的良心钱。"

来发依旧赖在摊位前不动。他觉得眼前这摊冷硬滞重的死猪肉,很能消解自己一个月来的郁闷,无形之中,他觉得这肉可爱而亲切,新鲜而美好,他几乎爱上了这肉,产生如此感情怪对不起来福的,内心冉冉升起一种感情背叛的愧疚和忧伤。

"贱卖了。你回家多烧烧,吃了没事。"屠夫在鼓励来发。

"把汤炖得热点。来,要哪段?排骨?里脊?"卖肉的拿大板刀在半扇猪上面比画着,满心想拿下来发的订单。

来发的眼睛突然放出光来,心里闪过一个念头:"死猪?好!电信局这个不怕烫的死猪,我吃了它!"

"来一块肉!"

"哪里?"

"腿……前腿那里……"来发平日里舍不得买腿肉,嫌贵,今天,冲着价格便宜,他也任性一把了。

黑脸大汉挥刀斩肉,左一劈,右一斩,变魔术似的,来发还没有看出个名堂,一块汤锅大小的带皮前腿肉就被远远地扔到来发面前:"7块2毛,算7块。"

来发付了钱,扯下一只马夹袋装了猪肉,一手牵着来福,也顾不上绕弯去看黑桃皇后晾晒的内衣内裤,一径往家的方向走。来福嗅着肉味,劲道十足,拖着主人只顾往前冲,来发头上冒了汗,气喘吁吁,跟着来福这个讨债鬼一路小跑回了家。

一进门,来福顾不上文雅,一个狼扑,张嘴咬住裹生肉的袋子,一对玻璃一般的小眼睛却朝着来发望着。来发喝住它,打一下来福的头:"你要死啊!吃死猪肉不怕生病啊!"

"来,爸爸用开水烫烫,来福再吃,喏,死猪不怕开水烫……"

来发一遍又一遍地用开水烫猪肉,你,死猪不怕开水烫,我就烫你烫你烫你!看你怕不怕!

烫熟的生肉变白了,纤维出来了,跟煮过的差不多。

"呵呵呵!"来发笑了。

那肉不用煮,已经烫熟了。

来发是一个精细的人,为吃得放心,他还是把猪腿肉旺火煮过,洗去粘在肉上的沫渣,焯水,谷物饲养的猪肉,油腻少,卖肉的靠谱,所言不虚。这时候,煤气灶上升腾起一股肉香,来发仿佛回到小时候过年的时节,凭肉票买来的猪肉也是那样香。当然,插队那会儿,平时尝不到肉味,逢年过节,新宰杀的猪羊,那个肥而不腻的味道……真的,跟做神仙差不多。

烧得热一些,我也尝尝……来发仔细地烹饪着,自从妻子离他而去,他把家里看得到的一切东西,睡觉用的床、被褥、桌椅板凳、厨房里的锅碗瓢盆,电饭煲、自来水龙头、煤气灶……一切看得到的东西都变成了他的伴侣。他练就了一套自创的厨艺。对着这块死猪腿肉,他白烧,加葱、姜、料酒、盐,出锅装盘,蘸宴会酱油,把工序进行到这里,来发的口水也下来了。

猪肉装盆,端出小厨房,来发脚底打滑,一个趔趄,一小摊肉汤溅到地上。

来福伏在地上,看到肉汤,赶忙掉头,舔了一口,烫得它摇头摆尾。

半个月又过去了。

来发遛来福,天天路过小店,却从来不进去问一次。这一天,来发心血来潮,尝试做一件从没有做过的事情,也许蛮刺激。不就是进去问问吗?横竖横我豁出去了!他们要是轰我,那就轰呗!

他把来福拴在小店外面的一棵歪脖子杨柳树上,迟疑了一下,两只脚不听使唤地朝前迈了几步,做贼似的跨进小店的门槛。收银机前,一个二十来岁的姑娘后脑勺扎一根马尾辫,手里握一把电子刷,扫着条形码，嘴不闲着，冲一个穿一身方格子绒布睡衣裤的男人说："成本低，所以人家不做了。"男人付了钱，提了两桶油，走出小店。来发听到他们的对话，来了兴致，他踅进店，到了柜台前，清了下嗓子，笑着对收银姑娘说："不是成本低，是成本高，利润低，人家才不做。"他的话，收银女孩好像没听见似的，连头也不抬，眼睛也不朝来发翻一翻。来发没了面子，不过，他不气馁，又进了一步，不失体面地试探地问她："我……12月份积分兑换的钱没拿到。你知道吗？"

"我不晓得。"

果然，小店不认。

"来……"从店堂里转出一个瘦小的年轻男人，对着来发，劈头盖脸地问了一句，"你骂他们了吗？"

骂……谁……刹那间的疑惑，很快消解在来发的脑筋急转弯里，曾经的"副总"直了直身子，昂首回答那个瘦小男人："骂！我骂！是呀！你们没……错。都是他们的错。"说出口这么一句话，来发觉得自己真不要脸，又感觉自己在骗自己什么，或是在隐瞒什么，难道小店没错吗？明明知道多收我的钱，为什么不主动上门退还给我？唉，他晓得自己在讨好小店老板，有点看自己不起。

"每年来这么搞一下。你把单子给我。"

"哦，单子在家里，我这就回去拿。"说这话的时候，来发走出小店的玻璃门，从柳树上解下来福，手里牵着，低头往家的方向赶。他心里装着事情，顾不上绕道前往黑桃皇后的阳台下面了，只顾抄近路回家，边走边想："这么说，小店会退？"

回家途中，来福很乖，也不去舔路边的屎尿了，它仿佛再一次嗅到死猪肉的味道，更多的死猪肉味道。

来发第二次踏进小店的门，手里攥着那张拍过照，传输给电信局的已付费电话单子。他环顾四周，没见着那个瘦小的年轻人，就问：

"老板呢？"

"在办公室呢。"刚才那个说"不晓得"的小姑娘说。

"办公室在哪儿？"问着这话，来发的脑海里出现了电信局那座富丽堂皇的行政大楼。

"喏，带这个人去找你的爸。"小姑娘招呼一个更小的约莫五六岁的小女孩。

来发牵着来福，跟着小女孩，穿过拥挤的货架缝隙，堆货的阁楼底下，一间约莫两平方米大，高度嘛，小老板矮个，直着腰走得进，他来发，一米八二的身量，就是弯了腰，也钻不进去呀！天花板用的是塑料吊顶，一张小桌上一台电脑，小个子男人在打电话。

来发在门外等。

男人打完电话，站起身，走出他的"办公室"。他从来发手里接过账单，又把皱巴巴的账单按在一摞堆得高高的，几乎碰着老板脖子的"农夫山泉"瓶装水上面，摊摊平，对来发说："喏，你在空白的地方写：收到30元抵扣。"

来发照做了。

小老板把写过字的账单重新摊平，拿手机拍了照，把账单还给来发后，从裤袋里掏出一张十块、一张二十块的纸币，递给来发。

看着钱票子，来发感觉头颈里的硬领子，就跟牵狗绳那样，勒他的喉咙，他脸红了："这钱……我不要。"

说着，来发对小店老板点头微笑，露出残缺的门牙间一只黑洞。他牵着来福走，来福不肯走，它见了钱，就好像钱上有肉味似的。

小老板甩了甩手里的两张票子，叫道："这是你的钱！"

来发只顾两只脚一前一后地往外走，心里在冷笑："我的钱？哼！你昧我钱的时候，想没想过这是我的钱？我的钱！呵呵，既然是我的钱，你咋不送来还给我？还等我来要？你看，单子上有我家地址呢！假如当事人忙，忘记了，不找你了，这钱你就刨进，私吞了不成？哼哼！钱？哈哈哈！"

讨回钱，是维权，小店主动给客户送钱，是他来发更大的权利！

虽然那30元是他来发的钱，是他应得的，假如他以这种方式从小店老板手里拿到钱，这简直是对他的侮辱！

"走！"来发拽起牵狗绳，用力拉了走，来发一拽牵狗绳，狗脖子被勒痛，呜了一声，只好跟着来发走，四只脚往前移，脖子还往后扭过去，两只狗眼珠子盯着钱。来福一边往前面蹿跳以便跟上来发的步速，一边伸出前爪去挠牵狗绳，前爪派了用场，剩下三条腿跑不快，急得来福左也不是，右也无着，只好一路呜呜呜地乱叫。

小老板瞪圆两只眼珠子，盯着来发远去，好像在看一个怪物。他噗地往地上吐一口唾沫，把两张钞票塞回裤袋，转回小店里去了。

来发蹬蹬蹬走得飞快，摆脱了令他无比痛苦的30元钱，来发痛快极了。

狗眼一看到钱，就把来发往菜市场的肉摊引，来福惦记着死猪肉呢！

来发跟着来福走，来福有方向，来发没有。一路上，来发的头脑里一片空白，看来，非法的讲道理，合法的不讲道理。来发还在纠结他的法律程序：小店老板凭什么给我30元钱？他有没对过电信局给他的对账单明细？奇怪！也许，老板相信居民不会无端找他，况且30元是小钱，谁要就给谁，电信那边是一笔糊涂账，不过，在电信局的眼里，来发是小虫子，小店是蚂蚁，电信局怎么会和小店对账？而老板的小店靠电信活命，也犯不上得罪电信。真的不懂，也许就是。

来发手里攥着狗绳，项圈套住来福的脖子，来福牵着来发走，只往菜市场的肉摊去，迎着戴白袖套的卖肉人走去。来发感觉手里的狗绳在动，他加把劲攥住皮带绳。来发讲道理，30元钱，是来福的福利，要亏，就亏自己，不能亏了毛孩子。

距离肉摊两米远,他冲着戴白袖套的卖肉人,大喊一声:"死猪肉还有吗?"

五六个人的背影齐刷刷地扭过头来,一张张面孔转向他,就像有好几盏灯,对准他照着。

一个颀长的颈项上盘一个优雅的发髻,由一圈圈的细小发卷簇拥着,宛如一颗长柄松茸,也慢慢转向来发,一双明眸朝来发射过来一束目光,如打出一梭子枪弹,咦,怎么散发出三枪牌和黑色蕾丝的味道?啊呀!不好,碰上了,狭路相逢,怎么这么巧?这可是头一回,中间毫无阻隔地,他和她对视。

来发的目光触电一样,脸唰地热了。

黑桃皇后的骨骼很小,一件窄窄的花上衣,罩在一件深蓝色的薄型羽绒衫下面,圆领上面露出一段雪白纤巧的脖子,脖子光洁,没有上年纪女人惯有的横线纹,这样的脖子,符合来发暗地里对她的想象。针织的花衣在女人胸前起伏,包裹着来发喜欢的部位,凸起的曲线,勾魂摄魄,很合来发的意。羽绒服在女人削下的双肩两旁垂下两个窄窄的袖子,引发了来发对她苗条身形的渴望。她的旁边,站着一个粗壮的年轻人,好像是女人的儿子,剃光了头,只留头顶上一撮黑发。戴一副黑边眼镜,这个男人,扭头看着来发,目光冰冷,凶悍。

看见来发,黑桃皇后羞红了脸。迟暮的女人,两腮的红晕是模糊的,好像岁月隐藏起对羞涩的反应似的。

来发一阵心虚,莫不是她发现我的偷窥?

这时候,年轻男人伸过一只手,揽住女人窄窄的腰身,暖冬的天气,他居然只穿一件高领毛线衣,袖子捋上臂弯,那条手臂上,赫然刺着一条青龙!

原来……他,不是她的儿子!

是……一块……鲜肉?来发恍然大悟。

我打不过他!来发自己对自己说,不知道为什么,一看到小伙子,来发就冲动,几乎萌生了决斗的念头。

随着小伙子的臂力,黑桃皇后掉回头去,依旧把注意力投到猪肉身上。来发瞥见她鬓角飘着一丝白发,这个,来发看清楚了,那白发,在他的眼里尤其好看,那不是白发,而是曾经照耀过她内裤的同一抹阳光,披在了她的鬓边,她是带着他来发心头的一线光明的。这时候,来发重新看到了她的背影,腿长长的,身材比例难得地好。难不成,她真的是一名曾经的舞蹈演员?

来发记得,刚才小鲜肉转过脸的时候,他的下巴上留了一排胡子。别装老了!来发在心里老大地不屑。

黑桃皇后看起来干瘦,那是不是因为年龄的缘故?也许,在她曾经有过的年华里,她是外形瘦小,内里有肉?来发替她捏了一把汗,她有三条内裤,黑色蕾丝的、白色的、红色的,脱了线头,不知道她留意没?可别在刺青小鲜肉面前丢丑啊!来发是一个精致男人,这个女人是来发喜欢偷窥的,她也必须精致。她的内衣脱了线头,让刺青鲜肉看了去,丢的可是他来发的面子呀!

现在,新村里的老公房也卖六万块一平方米了,没准那个小伙外地来落脚的,傍上她,省下租房的钱?唉,那个刺青小子,当她的小儿子差不多。

来发喟叹着,呆在那里,一张厚厚嘴巴裹着厚厚的嘴唇皮,张得大大的。

卖肉人只管对付那边站着的五六个顾客,来发叫买死猪肉的话,卖肉人就跟没听见似的,这让来发觉得好没趣,哼!势利!

来发牵着来福,转过身来,就要离开。

黑桃皇后好像觉察出什么,突然,转过身来,一脸凶样,朝来发走过来。

啊呀!不好!来发一见苗头不对,转过身,拉着来福,快步跑,头上汗水一串串淌下来。

来福摸不清啥事，边跑边扭头看后面，一看，转过惊骇的一张狗脸，像有鬼在追似的，跑得更快，这狗拉着来发奔起来……来发和来福，就像两列疾驶的火车，从车窗往外看，邮筒、送水站、保姆介绍所……飞快地掠过，转瞬间被抛到后面去了。

"你是几号几零几的吗？"黑桃皇后边追边喊，声音里带着呼呼的娇喘，她跑得也急。

好汉不吃眼前亏，来发跑得更快，心快要跳出嘴巴了，他赶紧把嘴巴闭拢，脑子里转着一个念头：跟我较劲，有完没完？我不就是偷看了你的三角裤、胸罩吗？怪你自己晾在外面，我又没做啥，你告我腐化，我反正没老婆，你拿我怎么样？况且，你没证据！不过，我……我，我可不能被你追上，没准，小鲜肉也在追我呢！我既不偷又不抢，凭什么追我？可万一被追上了，我哪能办呀？

远远地站着几个看闹猛的闲汉，有点往来发靠近的意思，来发张大嘴巴，欲向他们叫"救命"，又怕坍台，自己是一个要面子的人，犯得着吗？况且，我叫了，人家未必肯过来帮我。

我，六十三岁了，我有高血压，我……我可打不过你的小鲜肉……

来发的意念里刚刚冒出小鲜肉，黑桃皇后的小鲜肉就一个箭步冲到来发的面前，在距离来发三步远的地方站住，面对来发，张开双臂，像老鹰捉小鸡，把来发拦住，来发只得停了下来，就像刚刚结束百米快跑，呼呼地直喘粗气。

老少两个男人四目相对，眼神是复杂的，来发比小鲜肉高出半个头，这让来发油然生出某种优越感，可他明白，打架，不光凭个头，多数时候，高个子出手慢，吃亏多……可你，又能拿我怎样？打不过你，我……我放狗咬你！

黑桃皇后大口喘着气，好歹赶上，小鲜肉揽住她的腰，一双锐利的眼睛盯着来发看。

马路上的四个人分成两队，面面相觑。那里，一对人类情侣。这边，来发和他的母狗来福。

这时候，远观的人群在慢慢地，装作路过的样子，朝他们逼近，捞个白戏看看。

黑桃皇后抬起头，让目光够得着来发的面孔，笑着说："我是居委会的田老师……"

来发不说话，心里在想："啊？居委会抓我流氓呀！按法律程序，抓流氓，不归居委会管，归联防队管呀……"

"我本来要家访的，正好碰见你，就和你把事情说了。"

"……"

"您的前妻找到我们，说联系不上你。"

来发想起来，离婚后，自己把固定电话、手机号码都换了。

"您的前妻的户口在房子里吗？"

来发点点头。

"她是户主？"

"嗯。"

黑桃皇后也点点头："她再婚了，丈夫是外地人，要把她丈夫的户口迁进你们的房子。"

来发迷惑了："什么？她不跟那个国企老总……"怎么？她也下岗啦？看来前妻没有把握好机遇，这时候，来发非但没有幸灾乐祸，心里还觉得酸酸的，他和前妻十几年没有联系，不知道她这些年行走的轨迹，可是不管怎样，她的不幸，在他听来，满肚子里也是酸涩的苦味。在听到这消息的刹那间，他几乎为前妻打起了抱不平……

"吭没哦，外地男人来上海十几年了，比她大十岁呢！人很忠厚的。"

来发心里老大不愿意妻子的现任丈夫把户口迁进来，又不好说出口，只好打岔："哪……哪里的人？"

124

黑桃皇后："听侬的前妻说，是她的一位病人，在一家纺织品公司上班，当……副总……去年死了老婆，是肺癌。他现在租房子住的，人很忠厚，女儿在新西兰。"

"又是副总……啥玩意儿……"来发差点笑出声来，他在心里嗤了一声。

黑桃皇后的两片薄薄的嘴唇说起话来飞快："请您把手机号给我们，好吗？"

来发屏住呼吸，身子一动不动。

黑桃皇后催促道："麻烦你了。"

来发瞥见小鲜肉紧绷的脸，不敢再把女人耽搁下去，没有办法，只好一个数字、一个数字地把手机号从牙缝里挤出来，满心希望有个把数字是给错的。

听着他们的谈话，小鲜肉的脸皮也松动起来，他朝来发微笑着点点头，又转过脸去问黑桃皇后："他，"用下巴指指来发："干吗跑？"

来发听出他浓重的北方口音。

黑桃皇后娇嗔地用胳膊肘抵了一下小鲜肉结结实实的腰，飞快地丢给来发一个眼色，和小鲜肉耳语："几号几零几师傅早就晓得前妻在找他，也会通过居委会找，当然要避喽。"

那个说话声音，虽轻，却故意让来发听得清清楚楚。来发心里一块石头落了地。

两个人像少男少女一样背转身，头也不回地离去。

"唉……唉……"来发的嗓子眼好像被堵了一般，嘴里就像含了一枚拷扁橄榄。

他的一侧的小肚子紧紧的，热热的，不用低头，他知道是金毛狗来福后爪着地人立起来，抱住他的一条腿，还把头抵住他的腹股沟，来来回回地蹭……

谷欣的家事

"你打我、骂我好了！解开小辣的连裤袜，勒死我也行！"这句没说出口的话，牵出眼角一滴泪。谷欣伸出右手的无名指去揩，那滴泪水会跑，静静地顺着无名指淌到指缝底端连着中指的凹处，先是湿润，又干涸在那里了。

谷欣想象堂弟浩成就站在她的对面，默默地想象自己对浩成说着这样的话。眼下的浩成，不会出现在谷欣面前，他住在一座大花园内的一套三居室公寓里，面南一个大露台，大得足够放得下一张比赛用的标准乒乓球桌，靠落地窗的墙面装饰着高达二层的古希腊陶立克石柱。站在十二层高的露台鸟瞰花园，高低错落的乔木灌木，香樟树、油棕树、无花果树、洒金珊瑚……环绕着一个椭圆形的露天游泳池，池里铺着蓝色的马赛克，湛蓝的水里，浸透着白云，在阳光里闪亮着光点，若隐若现，变换着形状……那是会所的一部分。

谷欣第一次见到小辣，在海滩医院。

那个前半夜，谷欣睡得很恬静，静得没有一丝一缕的梦……当一阵急促的电话铃声破空响起，谷欣把惺忪沉重的眼皮睁开一道缝，心想那串铃声不过响在梦里而已，她闭上眼睛，轻松自在要把那个梦做下去。这时候，妈妈睡觉的主卧室里有了动静，哦，还真是有电话进来呀……谷欣才明白过来，这不是梦。可她还不愿动弹，只对妈妈喊了一声："别管它！坏电话！"谷欣的房间和妈妈的主卧室分别位于走廊的两端，她得亮起嗓门说话，声音才传得到妈妈的耳朵里。谷欣翻过一个身，又迷糊了过去，夜半时分偶尔响起的电话铃声无非是语音骚扰电话而已。

母亲的心通向儿女的根根毛细血管,宁可被骚扰电话忽悠一次,也不放过一丝子女的消息。谷欣听得妈妈房间里窸窸窣窣起来,又叮咛了一句:"侬慢点起来,不要太快!"

寂静的后半夜,连鸟雀都在酣眠。妈妈接听电话的声音很轻,凭说话的上下文,谷欣猜出,来电人是浩成!

谷欣从床上坐起来,快速趿上拖鞋,穿过走廊,到了妈妈的房间。

"他胃出血,急救到海滩医院了。这……怎么办呢……"

"什么?胃怎么会出血呢?"

平时,浩成的胃好好的,不知浩成做了什么事情,才屏破了哪根胃血管?

海滩医院?那是个什么地方啊?

得赶快去!压根没去过,哪里认得路了?谷欣呆在房门口,没了主意,心想姐姐谷鸽的方向感比自己强,还是让谷鸽带个路吧!谷欣三下五除二地套上一件淡青色的T恤衫,快步出了门。初秋的午夜,寒气一阵紧似一阵地砭入毛孔,谷欣也顾不得,她发动了汽车……小区里漫说人影,野猫都睡熟了,连香樟树叶子都说着梦话。谷欣咬咬牙,把车慢慢驶离小区,往谷鸽家的方向驶去……高架路封闭了,谷欣不认得路,辗转两个小时,才到了谷鸽家的附近,道路边,紧闭着卷帘门的面包店门口,一个瘦小的身影,是谷鸽站在灯火阑珊的上阶沿,朝谷欣招招手,这时候,差不多凌晨四点钟的光景。谷欣的汗毛竖起来,心想谷鸽胆子够大的,一个人在黑洞洞的路口站着等,也不知等了多久。唉!黑灯瞎火的,身为谷鸽男人的老阮不出门保护谷鸽,只顾一个人在家睡大觉!

谷欣闪了闪大灯,示意看见谷鸽了,接着,把车靠边停下,接了谷鸽,两人一起上了通往海滩医院的高架。不知开了多久,算来足有八十多公里了吧,直到曙色微明,才进了医院大门口,谷鸰先下车,谷欣去停车。

浩成在打点滴,他躺在一张带轮子的担架床上,颈部和肩膀的下面垫起几个枕头,贴身穿的一件灰色T恤衫的领口挂下一道血丝,已呈褐色。

担架床边,站着小辣,披一头长发。一圈新长出来的黑发堆在头顶,散在面孔、肩膀及胸口的头发染得黄黄的,短短的牛仔上衣下面,露出腰间的皮肤,一条青色的鳄鱼,比中指略长一点,刺在她那肥瘦刚好,没有赘肉的腰间,随着腰肢的摆动,牛仔短上衣一开一收,那条刺青的鳄鱼时隐时现……牛仔衣的前襟敞开着,露出一件紧身的尼龙抹胸,勾勒出细窄腰身的曲线,笔管似的。腰身的下面,绷着一条肉色蛇皮图案的紧身中裤,细细的两只脚踝各自踩着两只细高跟鞋,好像两座脚架子,那鞋跟,少说有七寸高。

从凌晨一点到现在,是小辣陪护。在此之前,浩成在海滩宾馆开了房间,再之前,他请小辣下馆子,点招牌菜葱焖大明虾、豆豉鲍鱼、牛仔骨……抽中华烟,喝青岛纯生……对着满桌的肴馔,浩成轻描淡写地说给小辣听,他去过好多国家,美国、加拿大、墨西哥、澳大利亚、法国、意大利、西班牙、希腊、俄罗斯、蒙古、肯尼亚、南非好望角……小辣手肘支着桌面,听着听着露出微笑,眼眸也闪亮起来……她不知道这些地方,可是,她知道去那里,得花很多钱。

浩成对小辣说:"你回去吧。堂姐姐都来了。"小辣看着浩成,两只脚好像被地面吸住,挪不动,粘了好一会儿,才从小背包里掏出一面小圆镜,仔细描了眉眼,翘上睫毛膏,刷了腮红,涂了口红。

小辣转身离去的时候,谷欣礼貌地谢了她。

当晚,谷欣留下来陪浩成。一间临时病房,固定八张病床,每张病床可摇起靠背,旁边一只夜壶箱。每一个家庭,两平方米的空间。头顶上倒挂着吊滴瓶子,数滴液,每三秒钟滴两滴。

夜壶箱上，放一只生命体征监护器。心电图的波状曲线如淙淙的流水，显示早搏的嘟嘟嘟声淹没在房间内的一片打鼾声里，乍一听，还以为是非人类发出的丛林嗥叫，集中了八个家庭算上病人加陪客至少十六个人啾啾不已。这些私密的卧室声音，因为患了同一科室的病，这才暴露在公共空间里。

晨曦伴随着第一声餐车轱辘的转动，悄然降临。

一夜间，谷欣坐在一张木头椅子里，只迷糊了几分钟。她一连熬了五个通宵，临到每个早上，谷鸽来替班。在每一个白天，谷欣开车来回几十公里到家洗个澡，换身干净衣服，没有一刻时间合眼，筋疲力尽，累得脚肿，腿都酸软了。

听谷鸽说，小辣很强势。那天下午，谷鸽在病房陪浩成，小辣开来一辆很旧的普桑，就是行驶在路上最寒碜的那种车，车是外地牌照，没顶灯，非营运车……

"她不是开出租的吗？"谷欣问。

"什么出租？黑车嘛，在海滩那个地方开。"

"哦……"

小辣拿来好多东西，一箱牛奶、许多鸭蛋、梨，一只大西瓜、锅碗瓢盆，一定要一下子拿上楼去，谷鸽和她两个人拿不了，谷鸽说分两次拿，小辣说什么也不肯。后来，地下车库的保安擅离职守，帮她们把东西提上楼，送进病房。

"小辣是一个做什么事情都由着她自己性子的人。"谷鸽说。

"这也难怪，她独立谋生，养成这样的性格。"谷欣倒是暗暗地赞许小辣。

好容易大包小包地上楼进了病房，小辣把吃的东西一股脑地塞在病床底下，床底下的地板都铺满了，也不嫌脏。谷鸽连连摇头，可又没办法去阻拦。小辣认准的事情，就这么着了，她要怎样就怎样。

急诊病房的病床底下放吃的东西？水果、面包、牛奶、砂锅……这样的事情，怎么也没法让一个上海人接受。

就是夜壶箱，也要垫上报纸，才能放上东西。病床底下，想象都想不到的细菌……哎呀呀！快别想，恶心煞忒啦！

浩成的胃舒服了，饭量大起来，身体也壮实了。他会独自出门吃饭，还步行一公里，上电影院看部好莱坞新片。医生说这叫康复。

一个中午，谷欣在医院门诊楼的自动扶梯上下来回穿梭，给自己拿来B超报告，肝上长了一个囊肿，已经两厘米大了，从前没有过。谷欣知道，照顾浩成，没日没夜地，累出来的。

手机铃声响。

是浩成打来的电话，谷欣心头一凛，莫非浩成又出血了？

浩成说："你看看微信。"

谷欣退到自动扶梯旁的一个角落，看到一条浩成发来的微信："小辣来照顾我，好吗？"

谷欣当即回信："不要。"

谷欣想了一想，又追加一条微信："好不容易上回被你赶跑了，说她半夜里看电视，不让你睡觉，你受不了，怎么又来？"

"假如我要她来照顾呢？她上回走了之后，每天打来电话给我的。她昨夜就来了，她……自己……跑来的。"

"只要你们能相处，我没意见。"

谷欣觉得奇怪，假如有事情，早上浩成为什么不在电话里说明？鬼鬼祟祟的干什么？今天一早，谷欣开着车，还用车载蓝牙打电话给浩成，问要不要带什么药，浩成说不用，谷欣说，那好，我从医院回家后带鲜榨橙汁给你吃。谷欣一早在家里榨六个新奇士橙，把一只农夫山泉瓶子里的水倒出，再把榨好的橙汁原汁原味地不掺一滴水，倒入清空的瓶子里，拧紧盖子，维生素就不会跑掉。自打浩成生病，谷欣已经榨了不下一百次橙汁了。

看样子，问题的焦点在小辣身上。

谷欣想了想，觉得不妥。又写去微信，说不要留小辣，断掉吧。你要么问问谷鸽。我听谷鸽说，小辣很强势，有后遗症的。

从医院的地下车库提了车，开往浩成公寓的路上，谷欣在想：小辣一个乡妹子，没工作，没医保，没养老，若留她下来，她不是一个机器人，而是一个大活人，要吃要穿要用要打扮，生了毛病要钱医治。我谷欣肩头多了一份负担。这么叫我养着，还不止她一个人，乡下来人，一窝窝地住着，吃喝拉撒都用我的钱。临到浩成和她处不下去了，或是她该走的时候，她不肯走，提条件，敲一笔……请神容易送神难呐！况且，听谷鸽说，小辣脾气很不好。

这一切，浩成全然不去想。浩成有人料理生活，原是好的。姑且不论他眼下能自理起居，不需要人，即使需要了，出保姆工资留下小辣，也是麻烦，小辣不是保姆，她要得更多：结婚、户口、医保、养老……说来照顾，这话就悬了，来照顾还是来受供养做太太？小辣要留下来，就得像个朋友那样和浩成在一起，做份工作，过有尊严的劳动生活，吃住在我们家，我们不收食宿、房租好了。小区里工作岗位多的是，绿化工、班车司机、超市收银员、清洁工、饭店洗碗、钟点工保姆、托儿所阿姨……小辣打份工，下班后，为浩成烧饭，洗衣，拖地板。小区里的阿姨们不都是每天上下班，业余时间照料家务的？

这只是我的如意算盘吗？谷欣自嘲地想，小区里无论什么岗位，都要吃苦受累，她可能去做吗？现在有套漂亮的公寓住下来，有人包养她，傍一个男人过上好日子，轻松享受富足的生活，还能出国旅游，这恐怕是一般女人的美梦吧！小辣来了，没准家乡来一帮人住着，也吃用我给浩成的生活费，浩成吃不到东西了。不仅如此，小辣每个月在菜金里起码揩油2000块！以这样生活十年计，临到末了，她索一笔钱作为劳务费，说到哪里，都是她有理。按当下的市价，全天候保姆4000块一个月，十年，48万，加上她每个月揩油所得，十年后净得 72 万……年份越长数额越大，还不记上通货膨胀后额外的支出，还有省不了的其他开销。虽然小辣拿了好处，她还会说，是我们耽误她出去赚大钱了。眼下她打工挣钱，暂时的，把挣来的钱花在穿着打扮上，直到勾上一个男人，从此坐享清福，让生命在花瓶里盛开。浩成不懂得世事艰难，人心险恶，不懂所身处所面对的现实世界是一个怎样的陷阱。

"人家进门，就为吃一口饭？可能吗？当然啦！小辣从小到大，没吃饱过肚子。可是现在，她的家乡可是中国的粮仓啊！"

在医院，小辣目睹谷欣花钱眼睛不眨一眨，还请来一位 24 小时保姆，每天 150 元包吃住。小辣对阿姨摆出女主人的架势，做起了脸子。小辣坐在床上，翘起一双细腿，浩成躺在床的另一头，一床被子盖住两个人腰部以下的身体，两个人的脚都没露出被子。小辣心想既然堂姐姐这么肯用钱，在家乡，堂弟弟的女人，堂弟弟女人的娘家人都能分享到好处呢！向往更好的生活，和喜爱的人在一起，这原本没错，可小辣就差一点，差了忘记把自己放进去。她忘记自己除了是一个让人看起来还好看的人，还是一个需要用劳动创造价值的人。要上一个男人，自己也要满足条件的。欠发达地区的女人在发达的异地扎根，要么特别能干，挣钱比男人多，于是结婚留下来；要么遇上一个很爱她的男人，养得起自己也养得起她，而她又是极聪明有手段，拿捏得住那个男人的。

小辣住进来，你钥匙要交给她么？她外出买东西什么的，钱要交给她么？哪天她走了，你还要换锁头、钥匙，也不怕麻烦。

车行十多公里，右首边闪亮着雪帆大酒店的灯箱招牌，黑色屏幕上打出一行行会自动行走的红字菜单……谷欣仿佛闻到了香酥鸭腴腴的油香……若在往日，谷欣总要走进去，打一个午饭包给浩成带去，红烧肉、酱蛋、酱鸭、咸菜黄鱼面、香菇菜心、荷兰豆，什么都有。可今天，她不愿意买饭了。买饭，买一份还是两份呢？小辣忒会吃！

小辣说过,她瘦,吃不胖的那种瘦,一顿能吃掉好几只鸭蛋呢!

况且,既然浩成有人照顾,那个照顾他的人,就得烧饭,我还买饭做什么?

大花园的黑色镂花铸铁大门紧闭,只开了一扇小边门,容一个行人出入。

谷欣在院门外找到一个车位,停下车,锁上车门,手里只剩下一个装着鲜榨橙汁的矿泉水瓶子,农夫山泉标签纸下面,浮动着橙黄,夹带几丝纤维的原汁,看上去颇为滑稽。

迎面一棵粗壮的法国梧桐树,树的周围,满是紫玉兰、樱花、棕榈、桂花树……看上去竟有说不出的味道。谷欣他们一家是从悬铃木夹道的复兴中路搬来的,斑驳而光滑的树身,伸展而扶摇直上的树干,构成了谷欣儿时的记忆。一棵孤零零的梧桐树散落在其他树种间,时时提醒她,她的新家位于中环内的一个世外桃源。

谷欣快步走在两栋高楼之间,冬天的穿堂风很急,谷欣竖起羽绒衫的领子,下巴抵住领子硬边上面更硬更冷的金属揿钮。谷欣节俭,穿一件十几年前为浩成买的镶拼的男式羽绒衫,绛色与淡红的镶拼,班尼路品牌的,浩成穿几次就不要了,扔在地板上,好多年,羽绒衫的旁边是开出珊瑚状花朵的香烟蒂头。谷欣把羽绒衫捡来,洗净,晒干,已经穿了三年。毕竟是名牌,拉链很滑很好使,怎么洗也保暖。唯一不方便的是左边衣襟盖住右边的,因为是男装。妈妈每年都叮嘱谷欣买件新的羽绒服,谷欣不买,因为旧的洗洗能穿,何必费钱?妈妈问谷欣,你为啥不买件新的羽绒服?谷欣不回答。她在心里说,我要穿出这份沉重,穿出那个年月,穿出我眼下的沉重。

今年暴冷,浩成跑医院吊针的时候多。谷欣为浩成买了两件羽绒服,一件白色薄型,新潮;一件灰色,厚的。

谷欣跑得多的是医院、超市、菜场,也无所谓好衣裳。整个冬天,都穿这件镶拼羽绒服。

谷欣按了门铃。

谷欣听得门里面趿着拖鞋的脚步声由远而近地传来，步履的声音比前些日子快了些，也似乎有力了点。

浩成开了门。

谷欣把装有鲜橙汁的瓶子交给浩成。

"给我一双一次性拖鞋。"谷欣说。

浩成在鞋柜里翻找了片刻，摇了摇头，拿两只鞋套递给谷欣。

谷欣把穿旧的旅游鞋伸进鞋套里。

小辣的七寸高跟鞋，像两只对称的高脚花瓶，摆放在橡木地板上。这样七寸高跟的鞋，很能激发男人幻想的造型，在小区的道路上找不到。上海女人穿软底平跟鞋快速地忙碌着。

莫非高高的鞋跟里藏着都市的梦想？

迎面是浩成多年前花一千元买来的毕加索油画，油画的右边有一道门，里面套着主卧室、主卫生间，和亮着灯、镶着穿衣镜的衣帽间。

不穿裤子的小辣，赤裸的两条细腿，绷一条透明的红色连裤袜，走出主卧室，从那道门里出来，往餐厅方向去。

谷欣和她打了声招呼。

小辣四十多岁的年纪，少女的身材，中年妇女的面孔，已经做了祖母。她的前夫是浙江小县城的一个工人，老实巴交，独自养大儿子，给娶了一房媳妇，还兼带孙子。小辣当年离开家乡，去浙江打工，认识那个男人。小辣的现户口在浙江的县级市，因离婚，也分得一间小房子。靠婚姻跳出农门，已经实现，可融入都市，改变命运，尚须努力。眼下，她和同样开黑车的几个姐妹在海滩合租一套三居室的房子，就算是宿舍吧。普桑是老板给的车子，抽份子的。在浩成之前，小辣交了一个男人，那个男人也带小辣出去吃饭，小辣只有吃小饭店里一碗面，汤面漂着一层地沟油。那个男人，是要小辣出去做工，养活自己的。如此，一点名堂都没有哇！开黑车是权宜之计，凭着自己的身段和装扮，小辣要挣一个出身，论找一个落脚地，论条件，当然是浩成的好。迷倒浩成，也是小辣的功课了。

谷欣走过堆满杂物，带一个大露台，一年四季紧闭露台门的朝北次卧室，走过厚厚灰尘遮盖了地板的客厅，从积满灰尘的酸枝木太师椅的椅背后面走过，径直往左前方餐厅走去，把包搁放在大理石窗台上。

通往餐厅的客人卫生间的门敞开着，正对着一张玻璃圆桌，藤的架子，桌边是一张藤椅。谷欣多年前买来这套桌椅，一张藤桌配三把椅子，另一把藤椅被浩成丢在次卧室罩灰。

小辣又从主卧那道门里出来，给自己穿上一条包屁股的豹纹超短裙。

浩成走出厨房，歪过脑袋，审视拼画的大理石地面："小辣，你怎么擦的地板？你不肯趴在地上擦地板，见到垃圾，用脚踢了算数。你看，头发、灰尘一样不少，都在地上呢。"

小辣用手掠了掠长发，看也不看浩成指向敞开式厨房前的地面，一幅正圆的由天然大理石镶拼的山水画。

浩成叫小辣坐在那把藤椅里，自己面朝谷欣，站在椅背后面。

浩成是漂亮的。挺直的鼻子，俊朗的五官。谷欣愿自己也有一个漂亮面孔，可她长相一般。

谷欣坐在一只塑料凳子上。这也是谷欣买的，为了浩成出院后一个人洗澡方便。

"我还没吃午饭。"谷欣说。

"这里吃点吧。"小辣用女主人的口吻说。

谷欣说："不用了。"

"我们吃过了。"小辣说。

厨房里也只有半锅很厚的粥而已，谷欣看了摇头，这样的粥，她是不吃的。

"不吃甲鱼了？要不我买个甲鱼？"虽然不想管浩成，一看他这没吃没喝的样子，谷欣还是心软了。

小辣笑着说："就是你买到医院的那种。"小辣笑的时候，龇出一口难看的牙，笑容暴露了她的抬头纹，还有眼角的鱼尾纹。

谷欣："是呀！"

"五百块一只呢。"浩成说着，把瓶子里的橙汁喝去一小半。

谷欣："我那时候不懂，还榨橙汁。甲鱼加橙汁，结果你拉稀了。"

谷欣知道说漏嘴，就像是在责怪小辣。因为出血，浩成不能动弹，大小便都在床上的。那一天，浩成吃了甲鱼又喝下橙汁，肚子痛。小辣不肯伺候浩成大便，叫他憋着不拉，说："臭死了！等你堂姐姐来了再拉！"为等谷鸽，浩成只得屏了一个多小时，憋得浑身冒汗。

谷欣在找话题："人家为我介绍一个外地男人，比我大十岁，在上海打工，没上海户口，没上海医保，没上海养老，没有房子。他老婆生肠癌死的。还没见面，介绍人就跟我谈结婚的事情了。这岂不是低估我的智商啊！"

浩成眼睛看着桌面，点了下头。

谷欣自嘲地说："谁说我婚缘差？还没相亲，介绍人就嚷嚷着要结婚，还问我，你结婚，家里人会反对吗？"说着，谷欣嗤了一声。她拥有高学历，高收入，积攒了一份薄产，就因为没有当官，没有担任社会的职务，她也就是别人眼里的一样物件，用来榨取，或是一头猪，或是一头牛……或是，更简单点，一个拥有女性器官的生物。

小辣闷声不响，朝谷欣的羽绒服多看了一眼。谷欣假装没看见。

"我也不想一个人。有个男人，有个帮手，日子会好过些。"谷欣说。

浩成："有男人也不好。"

谷欣："是啊！外地人不好相信。"

小辣垂下头，说："人也有不一样的。"

谷欣："人都是一回事。"

浩成："是啊！都一样的。"

谷欣接着说："我假如要了那个男人，得养他。当然，他有两千多块退休金，可是，这钱怎么够生活？尤其要赶上我家的生活水准，他哪里来的钱？上饭店，他付得起账吗？出国旅游，他出得起团费吗？"

浩成说："他要是买得起单，付得起团费，还会要你吗？"

谷欣："啊呀啊呀，不提了。假如我……我一养男人，这房子，"谷欣手指往下指指地板，"得卖掉。小辣，你得供给我堂弟弟吃、住、看病哦……"

小辣低下头，没有吱声。

"你一月挣多少钱？"

小辣用手拨弄着桌上电脑的鼠标，迟疑了一下，答："没多少。"

小辣上半截新长的黑发披挂下来，盖住半张面孔，遮住了膀子，下半截染黄的头发直达肘部。

小辣不配合，谷欣便把话头打住了。

如此，没有办法谈小辣留下来的事情了。小辣若出于感情，会和谷欣谈的。而现在，小辣好像做生意那样。既是做生意，她会不会向浩成付出呢？谷欣不把小辣想象得不好，小辣买东西给浩成吃，在医院陪夜，都有单纯的一面，可这单纯，却也是需要某种保障去配比的。她谷欣，给得出这样的保障吗？

浩成举起左胳膊，右手绕过前胸，抚摸着左边的腋下，喃喃地说："我是一个病人呢。"

谷欣感觉，浩成要她帮忙赶跑小辣。她放下心来。

浩成说腋下痛。

谷欣说："老伤了。"

浩成告诉小辣，年轻时，为参加复旦大学的英文系自学考试，每星期要从单位请一个半天的假去上辅导课。单位头儿不肯，把浩成吊起来打。现在，落下腋下疼痛的病根，脑子还看不进书，写不了东西。集中不起精神来做事情，也上不了班了。

"这样的恶毒，你们村长都没有吧……"谷欣微笑着打断浩成，刚刚路过次卧室，从门外望进去，花梨木的书橱空着，地上堆的书足有半人高，每一本书的书脊上用工整的颜体写上书名……这些都是浩成年轻时下的功夫。被吊打以后，浩成不能再上班，也不爱剃头，不整理东西，不洗澡，也不知道脏，就这么混着……想到这里，谷欣心软了。

回到家，谷欣坐在厨房间的藤椅里，对着电视机出了一会儿神。屏幕是暗的，谷欣喜欢这个暗，对着黑漆漆的荧光屏，她想心思，比看有节目的电视屏幕兴奋多了。看了一会儿，她拨通谷鸽的手机，说话的时候，谷欣赔着小心，和颜悦色："你真有眼光，来噻！你讲给我听的，小辣强势，不是一个好女人。你很会看人。我一开始也没想很多，因为她老是在我面前装出一副文雅的样子。你说的话，才提醒了我。"

谷鸽没有回应。

谷欣意思不变，又啰嗦了几句，谷鸽才勉强地哼了一声："人老了，也要人照顾的。"

谷欣一愣。

妈妈在一边喝茶，她听到两个女儿的对话。待谷欣挂断电话，妈妈惊诧地说："咦！谷鸽怎么这样？你还没回家的时候，我打电话给她，她在电话里大叫：'不能养！养一个人费用很大。'她和老阮一个月的开销还不到四千块,她也不用人,说进来一个人,要吃掉好多东西。"

谷欣笑了:"她养老阮,晓得养人的费用。"

谷鸽的态度,怎么说变就变了?

谷欣低头想了一会儿,才说:"我知道,她为了我不让她打搅陈医生的事情,她不开心。"

妈妈问:"怎么回事?"

谷欣摇了摇头,蹙起眉头,说:"都好几个星期了,怎么她还在生气?那天,我打电话去,叫她别为了老阮鸡毛蒜皮的小事体麻烦陈医生,因为浩成也要找陈医生看病的,别冲淡浩成的看病。谷鸽很凶,掼掉我的电话。"

"我叫你别惹她,别惹她,你就是不听。"

"我那样做,不都是为浩成好吗?"

"你看看,现在还好不好?"

"我为了浩成得罪谷鸽。现在,谷鸽和老阮在看我的笑话呢。我待浩成这么好,谷鸽早就说过,买五十元一只的甲鱼就行了,为啥买五百元一只的?你看,现在好不好?姆妈,你说,谷鸽和老阮背地里说我们什么?两个字。"

"活该!"

"是呀!谷鸽对老阮,是又好,又真。可是,我们耗不起呀!假如我跟谷鸽一样的话,那个没相亲就要结婚的男人就被领进门来,叫你一声'娘'了。"

"谢谢伊拉一家门哦!"

谷欣开怀地笑了。笑到后来,收口的时候,嘴巴却合不拢,嘴巴张成一个像是要哭的两边朝下弯的扁状,谷欣唯恐妈妈看见了难过,连忙背过身去,嘴里掩饰地说:"介绍人跟男人有交情,设局害我,真不像话。"

谷欣转换了话题："妈妈，你和爸爸待浩成太好了，他又不是你们的儿子！"

已经下午两点，妈妈下了一碗香菇素肠面，端给谷欣，大海碗的汤面浮着两个菜心。妈妈饭菜的味道，谷欣低下头，大口吃着，嘴巴还是停不下来：

"谷鸽养男人，用她自己的钱。浩成养女人，用我的钱！"

妈妈没有说话。

妈妈是谷欣的作品。谷欣和妈妈住，照顾妈妈的起居。谷欣放下碗，拿起餐桌上一个小蒸锅："妈你又忘记吃，我炖好的虫草、西洋参。"

吃着面，谷欣的嘴巴还不闲着："在我们家，在浩成这里，小辣被养起来，做'全职太太'。"谷欣的话语里不无嘲讽："不仅如此，她还是一个有功的人，因为照顾浩成呢！"

妈妈把小汽锅托在手里，说："是呀，按说亲戚之间没有经济账的。"

"没事。养一个浩成还养得起。况且他有养老、医保。再把小辣推给我，还真是个负担。那个男人要小辣上班的，不养小辣的。"

"哪个男人？"

"小辣的男朋友啊！现在哪里有养人的事情啦？男的自己的花桥房子八成要还贷款，多半有孩子要负担，哪里有钱养她？都要靠劳动养活自己的。那男人有两套旧的小房子，在花桥、海滩，跟小辣没一丁点儿关系，人家有孩子，房子归孩子的。当然，假如那个'男人'的确存在的话。"谷欣的话音里含着嘲讽。

"小辣来自农村，什么保障都没有。她若是进了门，要结婚，要户口，要社保，要养老。一次性加社保金，二十万呢！谁出啊？"谷欣唠叨个没完，"就算我们出了二十万，制造一个新上海人，上海户口，虽不是绿卡，却有着很多福利的。小辣拿到'绿卡'后，也会撒开浩成,另谋前程。谁愿意照顾一个病人呐?"

傍晚时分,谷欣接到浩成打来电话,说小辣蛮好的。谷欣劈口就说:"不行,她会让我倾家荡产。"

谷欣还说:"她太强势!你不要现在被迷糊了,她的厉害在后头呢……"

浩成连忙打断谷欣:"不说了!不说了!"

浩成挂断电话。

半小时后,浩成又拨过来:"她下去到她的车里拿鸭蛋了,特意从家乡带来鸭蛋。不容易的,长途车里拎回上海的。我打电话给你,刚才当着她面,我开了免提。"

"什么?她都听到了?你供出我来做什么?她会恨我。"

"没有办法,她不肯走。"

"……"

"她给我把衣服洗了,两间卫生间里的马桶都刷清爽了。"

唉……谷欣不知道说什么才好,想了一会儿,才找到一句话:"小辣走了之后,我给你找一位钟点工阿姨吧,二十五块钱一小时,本地人,清清爽爽,为你买菜,烧饭,洗衣,清洁,拖地,好吗?"

浩成:"不要。"

原来浩成要的是穿高跟鞋的女人,不要穿平跟鞋、布鞋的女人呐!

浩成停顿了片刻,又说:"我想要一个人照顾,就像谷鸽照顾老阮那样。"

谷欣:"帮帮忙!别搞错!谷鸽养老阮的!"

虽说谷鸽养老阮,老阮还有份医保、退休金。可是,小辣什么都没有啊!

谷欣:"况且我们一直请老阮白吃白喝的。哼!老阮住医院,他的家里人连一瓶饮用水,七块钱都不付,都谷鸽全包,谷鸽也愿意。

哼！这样的人家吆搭头，可谷鸽什么都不懂。"

"我为了让你省力一点。"

"还省力呢？你这是添乱。小辣来了，名义上开我的车陪你看病，实则拿我的车去做生意，开黑车、汽油、维修、保养、保险、罚款都算在我头上，还没出小区，早已拉了两三个客人了。你想过没有？"

"你不要把人家想得太坏。"

"坏？是我说的吗？你连微信都不让我加小辣，说她人不好。"

"她脾气不好，良心不坏的，不然不会在医院照顾我十几天。她说，要照顾我一生一世……"

"啊？找归宿哇？既然是一辈子的事情，那么结婚、报进户口最起码的吧！束缚你，捆绑我，永远……有户口就有终身居住权。以后卖这套房子，要小辣签字同意，不然，不能卖的。小辣不是一个正常的人。正常的人有一份保障，无论在外地还是在上海，有一份医保，有养老金，被社会承认的。而她没有。"

"找女人也得先有户口、医保、养老啊？"

"当然啦！"

"有医保的人会来照顾我？"

"没有医保，她看病的钱从哪里来？"

"就我每个月拿的钱，不增加一分钱。"

"那你自己吃的、用的少了。"

"她说的，写下纸头，以后不问你拿钱。"

"写纸头有什么用？只要我同意她留下，到一定的时候，上法院也是我输。"

写纸头说不要钱，谷欣不相信。说不要钱是暂时的，因为眼下小辣一心一意要住进来，能住进来就满足了。可是，没过多久，她就会不满足，胃口也越来越大。况且，一写纸头，就不开心了。一不开心，就凶你。

"我问你,小辣肯不肯坐在小区的保姆介绍所等雇主呢,做工养活自己?"

"这是什么话?"

"她住在我们家,我们不收伙食费,不收房租,她自食其力,兼带为你烧饭、洗衣、拖地。"

"瞎七搭八。"

小辣到外面找活干?别搞笑了!她来"照顾"浩成的,得从我家拿工资哩!给别人四千,她至少要个三千吧。哪一天散伙了,一并算给她,假如那天在二十年后到来,就差不多要花去半套房子的钱啦!

"人家特意拿来一百只鸭蛋,坐长途车,从家乡带来的。小辣说一半给堂姐姐。我没要。"

"给人家一两百块钱吧。你不白要人家的。"

"给了五百块。"

五十个鸭蛋,十块钱一个。谷欣没说什么。小辣毕竟照顾过浩成,给点补偿,不算什么。

那天夜里,浩成叫小辣走了。

普桑车上高架前,小辣哭着打电话给浩成,要浩成叫谷欣答应她住进来。

谷欣说:"无所谓的。你们俩去好,我只做不知就行。"

可事实上,小辣不答应。谷欣的认可比浩成更重要。

"她冲着我来的。"谷欣说。

谷欣不松口。她知道,她一旦同意,把小辣养起来,将来小辣敲诈时,就有了理由:"你同意我留下的!"到那时候,浩成也会说:"当初留下小辣,你同意的呀!我没钱,我又不晓得。"

是呀!到那时候,我谷欣自作自受。呵呵!

谷欣原以为事情过去了,谁知第二天,她接到浩成一条微信:

"我再也抓不到女人了。小辣会抱着我睡觉。"小辣来几次电话哭,哭得浩成心软了。身体若好则罢,能出去野,若像浩成那样一个人,身体吃不消野不了,待在家,只有等女人上门来解闷了。现在,浩成身上的老伤,加上眼下的病去如抽丝,浩成说他很可怜。

"可叫我怎么办呢?上海一次性缴纳医保金,就是二十万……"

"人家那个男人比我有钱,小辣是喜欢我,才要跟我的。"

"算了吧!就算那个'男人'存在,人家男人也不会养她,要她出去打工养活她自己的。你太天真!就算小辣喜欢你,现在的人,更多的是经济考量。她黑车不能开了,找到你,就是拿一张饭票,解决生计呀!就算喜欢,到一定的时候,还不是淹没在生活的琐碎里不再喜欢了?到那时,结婚、户口、医保、养老的问题一一凸现。小辣什么都不要,这可能吗?这世上什么东西都有价,支付购买,早晚的事情。"

"她说,人家男人花三十万买一部轿车给她,她都不要。"

一听这话,谷欣倒吸了一口冷气,看看,价开出来了不是?三十万!假如留下小辣,二十万交社保、养老,当然是谷欣当仁不让喽!可是,这话没办法和浩成说,他不会懂的。女人总觉得自己有本钱,身体是本钱,有了这本钱,有男人肯养,肯给钱花,给买衣服首饰,房子……给保障……况且,她若进了我家门,不就损失了一辆三十万元的轿车、一个婚姻、一个户口、两套房子,因为那个男人在花桥、海滩各有一套房子哩!水涨船高,假定这些是真的,有了这个标杆,谷欣要给得多才行。这些个机会成本,我们匹配得起吗?

"小辣是我能拉住的最后一个女人了。"

"还女人呐!看你那次的病是怎么犯的!"

"她就要再住一夜,可是,我把她赶回去了。她到了宿舍下面,哭着打电话给我,说不肯上去,男人等在上面。我叫她上去。现在,她又回到那个男人那里了。"

谷欣要谷鸽劝劝浩成，便把浩成的微信转发给谷鸽，谷鸽不回信。

原以为浩成不会再来微信，谁知道第二天一早，谷欣手机一打开，咦！竟然又是浩成的微信。

浩成说，小辣不放弃，盯着要住进来，打电话给他。

浩成还说："你确实对我好，没人比你对我更好的了，但你同时也是对我最霸道、最剥夺我自由的人。你是控制着我对我好，而不是尊重我把我当个活人对我好。怪只怪我年轻时没脑子，没经济，不怨别人。小辣说过，阿成，你永远生活在你堂姐姐的阴影下。这话说得太对了。我就只是你的一个物产，你对我好，但就是对待一个物产一样的好，而不是活的人。"

谷欣气得岔了气，半晌说不出一个字。

在浩成生病前，谷欣哪里管过他的钱？他上馆子，开宾馆，吃香喝辣，交女朋友，过得比王子还逍遥。

谷欣不发作，只是换一个角度，试图说服浩成："世上没有不给男人受气的女人。你住院的时候，不是已经吃过小辣的苦头了？"

"什么苦头？"

"咦，你自己说的，她做脸子给你看，你肺都气炸了。喏，在病房里，半夜三更，拔掉针以后，你看手机微信，她以为你外面有女人，一把抢过手机看。你说她神经病，不尊重你的自由，她就给你脸子看，在躺椅上装睡，屁股对着你，你叫她她不应，明知你半夜自己下楼去拿药，第二天早上，还撒谎说不知道。"

"……"

"你是一个出血病人，人不能动一动的。医生配出药来，护士通知家属拿药的，她怎么能叫你这么一个不能动的病人站起身，手背上穿了针，拧紧盖子，包了橡皮膏，随时准备静脉注射药水，没有自由之身，不能动的人，自己下楼，穿过长长的走廊到电梯间，再乘电梯下楼去药房拿药呢？况且楼底下很冷。"

"……"

"还有呢，她拿鸭蛋给你吃，你说等一会儿吃，她就往垃圾桶里一扔，朝你丢个白眼：'看我还伺候你！'你说你肺都气炸了。"

"人家良心还是蛮好的……"

谷欣："翠妹刚来的时候，也是装得好好的！"

谷欣制造过新上海人。

翠妹第一次出现在谷欣的工作室，是在她从家乡回来后不久。翠妹所在的农村，是功课不好也能来上海读大学的那种地方，而她读的也不是文化课。当时，翠妹的爹因肝癌过世不久，她的爹为了给小儿子盖大院子，累死了。翠妹是长女，她的爹娘连生三个女娃，志在必得一个儿子，继续努力的结果，是在第四胎，得了个儿子。村长怪她的爹盖大院子占了公家的地，老跟她的爹闹别扭。翠妹的叔叔认定他哥哥的死，是被村长逼的。末了，翠妹的叔叔毒死村长家的牛。事发之后，翠妹的叔叔怕村长报复，不敢待在村里，跑了。翠妹的叔叔种了一块地，播撒下玉米、棉花种子，撒上化肥，可以不管地，村庄的旁边有输油管经过，凿个洞，接上几桶卖掉，再把洞给补上。再有，就是做一个"生态羊肉串"的小生意，羊肉没得，掏大老鼠窝是常有的事情，大鼠肉多，被当成羊肉烤成串卖，老鼠窝里的粮食也挖出来装袋子卖。乡里乡亲穷，一天下来，也就收得些零碎小钱，最大票面是一张10块钱的钞票。叔叔这一走，翠妹原本每月300块补助也断了供，翠妹已经到了辍学的境地。

秘书正板着脸赶走翠妹。电梯门打开，谷欣走出来，她看见翠妹，一个有着小眼睛，两撇松散的倒挂眉，额头扁扁的，低低的发际线上顶着枯黄如稻草的头发，一个营养不良的姑娘。谷欣好奇，叫住了翠妹。那天业务不忙，谷欣叫翠妹坐在办公室外面的沙发上，聊了一会儿，末了，她打开钱夹，数给翠妹500块钱，叫她离开，去别的地方试试，或者找一个在餐馆打杂洗碗的活。翠妹拿了500块钱，同时也看到谷欣鳄鱼皮钱夹里厚厚一叠人民币现金，这五百块，薄得一点不起眼，那叠像一本书一样厚的人民币，就像根本没有被抽走一张似的，九牛拔一毛啊！翠妹不肯走，谷欣乏了，推说自己有一个业务会议，总算打发掉翠妹。

　　自第二天起，一连好几天，翠妹拨打谷欣手机，巧笑地讨，求收留，一而再，再而三。谷欣不肯要她。后来，谷欣可怜翠妹一个女孩子在上海，还没钱，碰到坏人怎么办？谷欣动了恻隐之心。谷欣早年独自一人留学欧洲，每逢周末，外国学生有家，父母开车来接他们回家了，谷欣独守一栋空房子，心里害怕，枕边放把刀。谷欣同情一个孤身在外地的姑娘，一时心软，给翠妹四百块钱，一张电话卡，给她一份学生在校也能做的活试试，照着名片，给潜在客户打打电话。那四百块钱就是工资了。当时，翠妹还没有毕业，什么都不会，连世界上存在着法国、美国都不知道，连毫米、厘米的概念都没有，连加减乘除等简单算术的运算都不会做。谷欣出于好心，只为了帮助翠妹生存，尤其是一个女孩子，尽管翠妹已经二十九岁了。翠妹连打电话说话都不会，不懂说"您好、谢谢"之类的礼貌用语，她笨，学东西慢，教不会，还自以为是。谷欣手把手教她，让翠妹做最简单的事情，以此为理由，送钱给翠妹。其实，有翠妹等于没翠妹。白送钱给她的。

　　翠妹从家乡回来，送一大堆土产给老师，也给谷欣带来一块土布，翠妹的娘纺出粗粗的棉线，在老式木头织布机上织成的。谷欣很高兴，接受了。谷欣喜欢农民的纯朴，更多的是对农民的尊重。翠妹说，上海人排外，但谷欣是例外。

　　织机小，门幅窄，两块土布横里拼起来，才刚好够铺上谷欣的单人小床。谷欣爱干净，先把土布洗了洗，洗过后的大红格子褪色，模糊。

　　初来上海，翠妹擤鼻涕后，拿手往水泥墙上擦。后来，她学上海人的样子用纸巾了。不久，倒挂的土生土长的野眉毛消失，代之以文出来的两条高挑的弯弯的吊梢眉毛，吊得像小说《林海雪原》里的蝴蝶迷。风尘味出来了。翠妹还在两只耳垂上各打三个小洞，没有饰品，就用回形针穿着。有一天，谷欣请翠妹吃盒饭，大排、卷心菜、海带丝……谷欣吃得很干净。翠妹放下筷子，她的盘子里饭菜堆起来。谷欣诧异地看了翠妹一眼。

"然后没事儿，我有饱了，然后我每天中午不吃米饭的，然后有吃零食，然后有吃水果。"翠妹说。

"哦……"

"然后你的盘子都光光了耶，然后为什么？"

"为什么？你家世代务农，难道还不及我一个上海人懂得珍惜粮食吗？"谷欣心里这么想，她拉不下脸子，没有回答。

"然后为什么要吃掉饭？"翠妹问。

谷欣厥倒。极度愕然之下，她明白了。翠妹要脱胎换骨，抹去农民的女儿的印记。在农村人的眼里，到了上海大都市，为了被人瞧得起，就得浪费粮食。翠妹把浪费粮食当作成为都市人的象征，以为浪费就是都市人风格了，言谈举止像个都市人就是所谓的酷了。吃饭不吃光，谓之时尚，被人看得起。谷欣感到心痛。

谷欣淡淡地回答："不能浪费粮食。"

"噢，我知道了。"翠妹说。

蓦然间，似乎眼前那碗盖浇饭散发出臭脚丫混合着廉价香水的味道。谷欣满盛着饭菜的胃想吐。

谷欣推门走出粥饭休闲屋，走在马路上，空气中飘过缕缕都市的脂粉香。这边的橱窗里陈列着谷欣工作室设计的瓷器。谷欣的耳畔萦回着一个带北方口音，模仿港台普通话的女声，那力图脱胎换骨，可乡音犹存的话语声。她融入了高层次、高品位的都市生活吗？她面前的饭菜凉了，弃了，跟她的昨天一样，被努力地远远抛在麦垄里、玉米垛边。她的童年，有没有挖过野菜？拾过柴火或猪粪？或随大人挖开地里的老鼠洞，寻找老鼠过冬的储备——半麻袋粮食？为争夺鼠洞里的粮食，在寒冻的早晨，和村人怄过气，哭过鼻子？

不知不觉，谷欣和翠妹走到一个橱窗边，里面装饰着一丛向日葵特别鲜艳炫目，眼下，都市人向往阳光，把向日葵奉为新宠。我想在家里阳光棚的楼梯转角处放一捧向日葵，至今还寻寻觅觅，不知属于我的那捧向日葵在哪里。

在翠妹家乡的土壤里，想必种着真正的、活着的向日葵。

遇见谷欣以后，翠妹靠了一座金山，才知道高档的地方在哪里，她开了眼界，要跟谷欣一样有钱。自己没有本事，她也知道追求浮华。

第一次跑客户，翠妹对谷欣说丢了手机，谷欣问她多少钱买个新的，她答700块钱，谷欣给了翠妹700块。那天回到宿舍，翠妹拿出自己原来那部手机，还有700元钱，拿钱给自己买了新衣服。

原来觉得肯德基贵，吃不起，跟了谷欣之后，翠妹不觉得肯德基贵了。开始有了欲望，并渴望获得更多的钱。

不久，翠妹毕业，不能白白在上海走一遭，被打回原籍多丢脸？她要留在上海。可是，翠妹不愿意学说上海话。谷欣一脸慈爱地说，她没有能力帮翠妹留下来，但可以养她。谷欣给了翠妹一只炒菜的锅，虽然翠妹不会做什么，谷欣也给翠妹开了一份不菲的工资，翠妹可租房子过活。

由于谷欣的资助，翠妹赢得了时间，搭识一个来自同乡的男人。有了男友，翠妹说话的声调变了，说话时带拖腔，把一个"嗯"字变出起伏的音调，令听者联想起床笫之欢的那种软。谷欣吓一跳，在工作状态下，不允许业务员对客户呻吟的。

翠妹去一次景德镇。三十岁的翠妹头一回坐飞机，她拍来照片每一张都是糊的，不好用，统统作废，为此浪费了飞机票钱，因为翠妹不懂拍照，不懂应该看清楚东西再拍照。翠妹的男友也说，换了别的老板，会辞退的。谷欣原谅了翠妹。

出于善心，谷欣对翠妹很慷慨。翠妹从谷欣那里搞到钱真是太容易了。谷欣想，翠妹女孩子家出门不容易，自己也是这么过来的。都是中国人，分什么上海人外地人的？

翠妹结婚，谷欣送了1000元，翠妹没有道谢，也没有请谷欣吃过一顿饭。谷欣送给翠妹一双崭新的意大利高跟鞋，也是读书时打工省下钱买的，为了教会翠妹自立、奋斗的价值观。

随后不久，翠妹对谷欣说，她结婚时没有提什么要求，没有问男家要几万元彩礼，吃亏了，想想懊闷痛。当初，翠妹为留在上海，嫁得急，她是求嫁的，生怕提出彩礼钱，男人不娶她。

按说留在上海，应感激谷欣才对。可翠妹非但不如此，还来威逼要钱。

"上海人这么有钱，怎么不多给我点儿？"翠妹只打打电话而已，看不懂英文，看不懂合同，看不懂单证，翠妹对于完成一单的贡献才不到五分之一。客户都是谷欣的。让翠妹做事，谷欣纯粹送钱给她只为了可怜她。

翠妹来上海，看什么都好，什么都想要。

在遇到谷欣前，趁学校放假，翠妹回家，婶婶朝她白眼，直到她买一箱酸奶送给婶婶，婶婶才给好脸子看。如今，她一回到老家，父老乡亲、叔叔婶婶都要看到她带来了钱！她把眉毛都扯细了，没钱？谁信啊！

翠妹说："照你现在每月给我三千块钱，什么时候我才能发财啊？"

"钱对多数人来说，是一样好东西，为了钱，人是贪婪的。我要钱要钱要钱！为了钱，我什么事情都干得出来！"她在电话里吼叫。人是贪婪的，她认为贪婪是好的。她不顾谷欣对她的好，不管自己应不应该拿更多的钱,只是因为觉得谷欣好说话,就变本加厉向谷欣要钱。

谷欣说:"已经给了你很多,你怎么不念我的好?"翠妹答:"笑话!"翠妹横下一条心的时候,人变得狠极了。她对谷欣凶,每迈出敲诈的一步,翠妹都知道自己在恩将仇报。可是,尽管智商低,无工作能力,还是冀求更多的钱,因为她实在太爱钱了。她说的那句话:她清楚地知道自己的坏。没有应不应该的,只有得到得不到的。翠妹知道谷欣待她就像亲人一样。正因为如此,翠妹要敲诈谷欣。从敌人、恶人那里榨不到一滴油,只有亲人可榨油。翠妹拿住了谷欣,谷欣老实,善良。谷欣妥协,说,姐姐要帮帮妹妹。翠妹拼命点头。身为乡下人到了上海,能维持生计的情况下通过学习慢慢发展才是。可是,她想一步登天获得跟上海人一样的生活条件,所以才高呼要钱,钱,钱!岂料人家是通过奋斗后才有的今天。她看到谷欣殷实,就要自己一样有钱,和谷欣平起平坐,殊不知谷欣的财富是读书几十年打拼来的,之所以有今天,是因为吃了无数翠妹没吃过,也吃不了的苦。谷欣做了一件错事:她想当然地要翠妹刻苦,勤奋,学习,上进。而翠妹心里只想一件事:发财。

谷欣不相信翠妹真的没钱了。谷欣每月给翠妹三千元呢!相当于上海人上班的工资!翠妹要的是发财!谷欣想,我留学时,每个月有米、有盐就能活,而翠妹,到底安的什么心?我实在待她太好了。谷欣说,我带你入行。翠妹说:这有什么啦?展览会一跑,什么都有了。可她没想想,是谁领她入行,解决她的生存问题?白给她又被她说成不稀奇?

为求太平,谷欣给了一大笔钱。翠妹说:"我为你挣到钱的。"谷欣苦笑。只怪自己当初不该可怜穷人,帮穷人。

当初,翠妹求谷欣给她活干,可到后来,她反咬一口,说谷欣耽误了她。翠妹编造谎言,说她要离开上海了,她的丈夫不要她了,她什么都没有了。

　　直到十年后，谷欣才明白过来当年翠妹其实都在坑蒙拐骗，自己怎么就看不透？自己太善良，从来没有接触过骗子，一心要翠妹学会英语立足社会做一个正直的人，结果都错了。不能以自己善良的逻辑要求别人。令谷欣备感难过和震惊的是自己的"勤劳致富"价值观遭到颠覆。翠妹不按谷欣的初衷学会一门技艺，不肯吃苦，而是一门心思用现成钱。她的不劳而获、伺机敲诈的行为令谷欣失望。

　　"我错了。"谷欣痛定思痛，错就错在信任一个外地人！谷欣无语。谷欣知道，从此再也不能和外地人有瓜葛了。

　　同情、关爱、善良，这些人类美好的情感都被翠妹破坏殆尽。谷欣因为好心而犯了错误。人心软了就害自己。翠妹是谷欣人生的老师，从前者身上，谷欣看到人不讲良心。谷欣学会冷漠，不吃亏，学会理性。

　　小辣出现的时候，刚好赶上谷欣学会理性的时候。

　　翠妹要的没小辣多。翠妹忘恩负义，要的是一时的钱，小辣要的是一世的钱。

　　"我两夜没有睡着了啊！我是实在熬不住才和你发这条微信的啊！别看我现在暂时稳定着，这是暂时的，想在医院留观的时候，多么需要人啊！我这辈子再也找不到新的女人了啊，不像以前身体好的时候了啊！没女人会再要我了呀！我开发不出新的人啦。小辣是我最后一个可以拉住的女人了，现在又推给她原来男人那里去了。其实小辣并不坏的，对我还是蛮好的，不然在医院也不会连着陪十几天了呀！真的，我并不是傻子。她只是喜欢我，才来照顾我的，不要把人家想得那么坏，她没东西敲诈我的呀！那个男的条件比我好多了呀！我还是原来那些钱，不增加一分钱。我怕你，没办法，把她赶走了。"

　　小辣不放弃，又哭，又作，浩成才来信的。

谷欣收到浩成这条微信,她没有回信。

"你找人,我不干涉。"浩成又发来一条微信。

"好啊!我答应下那个没相亲就要结婚的男人,你就没饭吃了。我们的财产被稀释了。"谷欣缓过神来,找到几句话说。拿今天自己中农的日子换取明天的贫下中农或贫农的日子,谷欣实在不甘心。

浩成又改口:"等我好了,外面租个便宜的房子,再找个女人,每夜抱着我睡。"

"随便你,这我不管,我只作不知。哦,你借房子,钱哪里来?"

"当然我来。"

"我算了一下账,五个月花去五万块了,怎么办?"

"我对钞票没有概念。我孤苦伶仃。"

浩成不懂,孤苦伶仃的背后,却是活得久、活得长的福利。

谷欣说:"是你在捆绑我!不是我不给你自由,小辣是冲着我的钱才纠缠你的,不要搞错,我给你自由,你就拿着单位里的1000块钱,公寓房子我还是给你住,你看她还要不要你?你把风险都丢给我,你良心何在?"

"我每天说感谢你,好吗?"

说着,浩成掼掉谷欣电话。

对着嘟嘟嘟的手机,谷欣发愣了:"你你你打我,骂我好了!解开小辣的连裤袜,勒死我也行!"这句没说出口的话,牵出眼角一滴泪。

嗟!亲戚间照顾,属客气的事情,在浩成看来,太理所当然了。现在谷欣不肯养浩成的女人,浩成就闹起别扭来,越来越过分。

妈妈用固定电话拨通浩成的手机,对浩成说:"别吵了。我高血压了。"

浩成回了伯母一句:"人都有脑子的!"

浩成不来电话。妈妈每天傍晚会拨过去,问他好不好。浩成说,吃了中药，胃酸，人发冷。谷欣从餐厅走到客厅，妈妈招手叫她过去，谷欣接过电话。一听到谷欣的声音，浩成马上说："我很好，一点也没有不舒服。"

赌气，为什么这样？难道浩成一点也不记得我的好？前天开车送他修中药方子，还在南京东路买半只盐水鸭、红肠、素肠给他吃。

两天后，谷欣和妈妈说好不给浩成打电话，妈妈还是拨打过去，不知道他怎么样了。结果，浩成一个人潇洒地打的吃饭去了。

去的是苏浙汇。

是啊！假如小辣在，要多买一份饭给她吃，每一次至少多支出200元。外地人真会吃。

谷欣说，若小辣在，没三百块一张单子下不去。

养得起吗？

就吃吃玩玩，不劳动？哼！

隔三岔五，跟着浩成下馆子，吃香喝辣，扭头甩甩长发，过有钱人的日子。她哪里肯走？

早上，谷欣擦灶台，烧饭，还榨汁。新奇士鲜橙三只，冰箱里的都拿出来榨了。不加一滴水的原果汁，外面买不到，润肺补肝的好饮品，又补钾，喝了这样的橙汁，头不晕。

"浩成不要吃鲜橙，就吃橙汁了。"

"都成婴儿了……"

谷欣开车载着浩成去修中药方子。

浩成坐在副驾位子，一句话都不跟谷欣说。

谷欣说："夏天快到了，你不要逗小区里的猫狗，防狂犬病。万一被咬了，要马上打防疫针的。"

浩成不说话。

谷欣又问："你被咬过没有？"

"咬过。"

"狗还是猫?"

"狗猫都咬。"

这么的回答,谷欣不再说话。

谷欣忙碌着,每天以三十分钟为单位分割分派使用自己的时间。总算忙停,在书房里坐下,靠着那张橡木大班桌。她书房的陈设是可爱的,一面占据大半堵墙的玻璃窗前,放一张红木椅,椅背镂刻着一幅喜鹊戏梅花的木雕,背衬着窗外葱翠的香樟树树冠里腾空的森林世界,仿佛置身苏州园林的一段曲院回廊,凭依一扇雕花窗棂驰骋遐想,那些枝杈、绿荫、翻飞的小鸟,还有五月底点缀在绿叶丛中一串串沉甸甸的小花,都是她谷欣的朋友。每当谷欣给浩成送完鲜榨橙汁、面包、酸奶、午饭,回家途中,会路过大花园里那座荷花池,池里游弋嬉戏的穿皮条小鱼,也是谷欣的朋友。

将近六月份的光景,天下起大雨,天沟里的雨水满溢,从窗玻璃外面倾泻而下,如汩汩的眼泪。在这个断断续续的水帘洞里面,谷欣望着窗外一蓬蓬已经换上新叶的碧绿的香樟树树冠,淋得透湿,幻想为它们撑起一把大伞,明知这是它们不需要的。生命握在手里,像流水,慢慢地流,流得好,流得长久。

谷欣要度一个短假,她打开衣橱。女人沉浸在岁月的包裹中,是漫漫流过的光阴,是沉沉的积淀堆在谷欣睡觉的榻垫上,大如小房子的衣橱里装下的衣服,谷欣不知道在哪里。这些,从二十岁起就积累的服装,记录了三十年人生的足迹。今年穿得下去年买的裤子,是幸福;现在穿得下十年前做的旗袍,是更大的愉悦。

到了晚上,电话铃响,谷欣接听,是浩成。

"怎么?"谷欣问,心里有点紧张。

"我慢慢地走,"浩成说话的声音带点微喘,想必他边走路,边讲电话,"到门口的饭店去吃晚饭,路过你们的房子,看见灯亮着,就打一个电话来。"

"哦。"

明天,谷欣要过生日了。她想一个人静一静。她买了蔬菜和水果,塞满了冰箱。佳沛猕猴桃生的,还不能食用,乐购的巴拿马香蕉好,谷欣买来两大串,给了浩成一串。她还买了青菜、空心菜、莴苣,预备自己回家后还有菜吃。谷欣跑了两家超市、两家饭店为浩成买了午饭和晚饭,光饭花去150元,西芹百合、糖藕、米饭、扇贝炒茶树菇、白灼生菜、菜心、三丝炒面少油。

第二天临出门,谷欣剪了六枝月季花送给妈妈,红艳欲燃的花朵。妈妈说:"别剪它们,留在枝头吧。"谷欣说:"我不在家的时候,让月季花陪你吧。"

谷欣关上院门,朝妈妈望去,妈妈站在门廊下,朝谷欣挥挥手。妈妈忍着泪。谷欣也忍着泪。

谷欣没有开车。开车有开车的自由,徒步坐地铁,不用担心停车点,也享受不开车的自由。一个人游荡。一年到头,难得就两天,做我自己。

谷欣的背囊,黄绿镶拼,里面有香蕉、水。包里还有为浩成放鲜榨橙汁置换出的空瓶子,谷欣放进水,自己喝。另有一瓶半早已煎好,冰镇的汤药。

游到了南京东路医药商店,她也没忘记为妈妈买降压药,医院里配不到的。

在第一百货商店楼上的打折区,谷欣花两千块给自己买一件皮衣,也为妈妈买了三枪牌棉毛衫裤。

今天,生日前的一天,两餐都是面。中午在淮海中路的霞飞阁,在悬挂着罗马帘的彩绘玻璃窗边的桌子旁,谷欣点了雪菜黄鱼面,老上海粢饭糕,六块,吃掉三块,三块打包。生日前夜,谷欣一个人吃一碗葱油拌面,从南京东路的沧浪亭打包来的,几乎冷了,还有点温。坐上地铁,孤独……这时候,她才知道自己需要的是什么。她单身半辈子,烦闷。只有在梦里,才遇见属于自己的那个男人。那个梦,在她醒来后缓解了部分焦虑,可那样虚幻的慰藉转瞬即逝。人生不易,可是,做人却不能犯错,不能走下坡路啊!

谷欣知道,一个男人、一个女人、一个孩子组成一个家,热闹,彼此心里有依托,这便是人生。孤零零一个人,苦痛、烦闷、焦虑,不是正常的人生,她谷欣不都是每天在尝味的吗?

谷欣一个人去了空置的地铁房,到了地铁房,依然孤独,还要擦桌椅、床、拖地板才能过夜。空调遥控器的电池不知还好用吗?

这房子,是谷欣买给谷鸽住的。毛坯房便宜,可谷欣多花十几万买了全装修的房子,因为她听谷鸽说,和老阮大眼瞪小眼的,不舒服。谷欣为照顾姐姐,才买这房子,谷欣对谷鸽说,你别太累了,一个人来这套新房子里清静清静。可谷鸽一天也没住过。谷鸽说,有老阮才有家,怎么可能把老阮一个人抛在家里,她住在外面呢?谷欣买了这房子五六年,空关着,租金都没收到过一分钱。唉!

谷欣明白,自己在谷鸽心里掂出几斤几两了。

这房子位置偏,亏本好几年,现在刚刚赚回利息。

没有收入,就等这房子价格上去了,卖掉,做生活费。

这是第二年谷欣在这所房子里独自过生日,没有人知道她。这里,除了四壁的墙,冰冷的家具,只有她一个人,孤单单的一个人。

生日当天的早餐,是昨天午饭打包来的三块粢饭糕,冷冷的。

谷欣乘地铁,到三林,走在商场的楼面。时间尚早,店还没开门。她走过几家婚介,瞥一眼广告,跟房产广告差不多,80后居多,谷欣知道,以自己的年龄,做广告都没人肯。广告墙边,一间玻璃棚里,坐着一个薄嘴唇的女人,歪着头,在打电话。

谷欣不进去,走过了。

电话铃响，是银行打来的，一个好听的男声："谷女士，您好！今天，某月某日，您的生日……"

谷欣打断他："不是！对不起，您搞错了。"

谷欣没耐心听对方愕然的反应，她只顾自往前走去，心里轻松了些。

才收起手机，又是一声微信提示音，谷欣再次掏出手机，没想到，是谷鸽发来的："谷欣，生日快乐！你到三林去玩啦？你沿着上南路往南开，就可到召稼楼古镇，玩玩，注意车速，注意安全，早点回家，祝开心。姐"

谷欣掉下了眼泪。

深夜，没有关灯的房间，那个抵消孤寂的光源，似乎天花板上的吸顶灯是谷欣的伴侣……做伴，人可以和人做伴，和书做伴，以狗为伴，直到最后，自己和自己做伴，自己和自己的影子做伴……

毕竟，谷欣是被它唤醒了。另一个伴侣，手机，睡前看过，穷尽了所有的信息，估计此时也不会再有信息。夜阑人静，还有哪一个无聊而不知疲倦的人会像她谷欣那样抛离现实从微信寻求慰藉？她不知道。可是，除了打开手机看微信，她又有什么别的办法排遣寂寞呢？谷欣低下头，舌尖到舌根品到的全是苦涩。她拿起床头柜的苹果手机，打开，开启流量键，翻到微信页面，没有新的微信，却有一个短信。谷欣无聊地打开短信，一下子惊呆了。谷欣不及看短信内容，眼睛已经瞥到来信人，一个不速之客……不受欢迎的人，一个被她讨厌了十年，十年里绝了音信，从心底里生厌，又惧怕又嫌憎的名字，翠妹。

谷姐生日快乐！我不为什么……

不为什么？

翠妹说，已经工作好多年，在郊区，她的男人托关系，送人情，替她谋到一份差事。每天早上六点多，坐班车路过你家小区轩昂的大门，我就想起以前的事情。我现在知道在社会上挣钱有多难，要拿到工资得付出什么样的代价，懂得当初从你那里拿钱有多舒服，多容易。上海人有拒人于千里之外的客气。十年前，我还和丈夫一起按揭买了房，买到赚到。我为当年做出对不起你的事情道歉。我的手机还是原来的号码。谷姐，以后，只要你需要，我一定来照顾你，帮你。我发誓！

谷欣不作回答，冷笑一声，删除了短信。

这是为什么？是仓廪实而知礼节，衣食足而知荣辱，还是别有用心？不晓得。翠妹不肯放掉我，之前用硬的手法诈钱，现在来软的了？

谷欣关上手机，对着天花板上的吸顶灯看，灯亮着，像是一张盘状的人脸，俯身向着她，投出嘲讽的目光，冲着她笑。

谷欣气急了……她一把抓过床头柜上一个盛满冷开水的搪瓷杯，狠狠地照着头顶上那张人脸摔去，哐当一声，塑料灯罩掉下来，在大床上打几个滚，掉地板上了，环形的灯管掉在床上。

早晨，也许是早晨，谷欣醒来，身上暖洋洋的，再一看，自己睡在大窗台的人造大理石上面，大得有大半张双人床那样，晚春的太阳晒着她，香香软软的。虽然大床依然狼藉，可谷欣身边的窗外，从八楼的大窗子望下去，花园里摆放着儿童的五彩滑梯，老年人们，那是一群步态还算硬朗，头发花白，白天到儿女家里做家务，带孙辈、外孙辈，早上牵着小孩童的手上学，下午再去学校门口等着把他们接回家，伺候孙辈吃了晚饭，晚上赶回自己家里，重新买汰烧，照料自己的晚饭，接着，再返身到比他们更加年迈的父母，孙辈的曾祖父母那里，重新来一遍买汰烧的人们。出力又出钱，大包大揽的人们。大包大揽之下，生活着王子公主一样的小孩的亲生父母。这叫作"倪子弗养爷（yá），孙子吃老爹（diā）"。

太阳在笑着。

被参保的故事

珠给儿子打理银行账户，仿佛满世界都变成了数字！儿子快要初中毕业了，直升重点高中，十拿九稳。靠着做保险的提成，珠早已备下了儿子读大学、出国留学的钱。

珠和惠是邻居也是发小，珠的母亲和惠的母亲年轻时都在街道工厂做。珠的母亲卖掉一只祖传的玻璃橱，买来一台缝纫机，进了服务站缝纫组。惠的母亲做汽车大光灯，属有毒有害工种。珠受过惠家的恩，珠的儿子十岁那年，长了个脑瘤，晕过去几回，惠的父亲在医院当杂务工，帮忙救了珠儿子的命。惠下岗后，珠介绍过惠做保险，惠笨，脑子转不过来，还说什么要凭良心吃饭，学不成保险代理人，只好给人家做钟点工，吃力不赚钱。珠觉得已经回报了惠，从此不欠惠的情了。

从保险难做的那年起，珠发了财。儿子同班同学的母亲丹管社保，珠搞定了丹。丹每年从几万名退休老人的工资账户里扣一百多块钱，就算都参加住院保险了。按说这样的保险是自愿参加的，丹也走过场似的发过一封征询信，问想不想参加。这是啥保险？赔付多少比例？啥都不知道，结果没有一个老人理睬。丹做事狠辣，索性来了个凡不回信者都算同意参保，自说自话地往每个账户里扣钱。她想好了，即便事发，老人都怕单位，不敢得罪，怕被穿小鞋，谁敢说个不字？

更何况，这钱扣得隐秘，每年三月份，丹就往每一份退休工资里面扣。除非有人看了银行卡明细账，绕过十七八个弯，来追问这个扣项，丹是不会讲出被参保的事情的，更不会告诉被参保人应有的权益。好在十多年里,没人追问过。保险公司的赔付支出也是考核业绩的一方面,既是珠的业绩,也是丹的业绩。

珠私下里告诉丹,自己的母亲不参加住院保险。

珠长得白净,嘴唇皮削薄。弄堂里,老远看到惠,珠都会跑过来,像小辰光一样,亲亲热热地勾住惠的肩胛。珠不告诉惠老人被参加住院保险的事情。八年前,惠的母亲因咳嗽,住过几天医院,也不知道去理赔,因为不晓得。珠生怕自己说出去,惠传出去,好多人退保,自己的提成受影响。这么一来,珠的内心很纠结,珠的良心受谴责。

珠自忖,里弄生产组的老头老太是弱势群体,可怜一点点退休金,吃了饭,没的看病的;看了病,没的吃饭的;还被惦记着,克扣了钱,又不告诉他们应有的权益。这么想来,珠心软,眼泪在眼眶里打转。珠的眼泪转了一圈,又转到自己的提成上面,心肠顿时又硬起来。社会就是这样的,靠山吃山,靠水吃水,靠上退休工人,就从退休金里掰只蟹脚吃吃。不然,他们的奖金、房子从哪里来呀?怎么给儿子、孙子买房子,过上中产的日子?

今天,珠和丹说好同去学校听候初中直升重点高中的事。丹管社保,借故家访,经常溜出去做私事的。

穿过马路,就是儿子学校那扇铁栅栏大门了。咦,怎么有一个穿校服的男孩子身影蹲在门外,低着头,脸涨通红?那分明是……珠也不管左右穿梭的车辆,噔噔噔冲到对马路,一连喊了好几声儿子的名字。儿子朝她抬起泪眼,带着哭腔,断断续续地说,保送重点高中的推荐名额被丹阿姨的女儿抢去了。老师对他很生气,说是他的妈妈瞒了什么事情,害得老师的爸爸住院费用没地方报销。

什么?丹出卖了我!告诉女老师住院保险的事情了!可恶!什么东西?平时我送给她多少回扣?她女儿直到大学毕业的学费,还有留学、买房子的钱,不都靠了我挣出来的?哼!丹不把女教师父亲也是

161

里弄生产组退休工人的事情告诉我，若是告诉我了，我难不成也对老师保密吗？老师呀！又不是别人，当然要巴结的，儿子前途要紧，相比之下，我少拿点回扣又算得了什么啦？

虽然愤懑着，丹比珠大，珠靠丹吃饭的，珠心里再挖塞，也没法说出口啊！

珠从地上拾起儿子的书包，挂在臂上，拉着儿子，步履沉重地走回家去。

走过大弄堂那口井，迎面就是惠的家门口了，惠站在那里，正在脱掉两只塑料袖套。珠放开儿子，笑盈盈地迎上前去，伸出手来，搭上惠的肩胛，搂得比平日里更紧一点儿，惠红苹果一般的面孔上傻傻的笑跟平时一样，不过，今天她难得地说了一通话："侬儿子的老师，讲拨我听了，哦，我在她家里做钟点工的。要是我早知道你们扣了住院保险的钞票，八年前，我妈妈住院那次，就找你们理赔了。"

珠只感觉头顶一阵凉。惠不改往日的笑容，只静静地看着珠唰地变白的脸色。

"瞎说！"珠把惠推远了一点，像真的一样，说话的时候，两只小眼珠子还往天上翻翻，"我跟侬讲过的！老早就讲了，侬自个儿忘记脱了。"

"真的？"惠糊涂了，脸色由疑虑的灰变成羞赧的红，简直有点难为情，对不起珠的感觉了。

珠的面孔上泛起宽容、轻松的笑意，连嗔带怪地朝惠丢了一个眼风。

是啊，珠是一个老江湖了，哪里会和尴尬扯上边？

在她们的身旁，惠的母亲眯眯笑着，坐在一把靠背竹椅子里，听收音机里的绍兴戏。惠的母亲想得开，和比自己更倒霉的人比较，觉得自己还不算倒霉。比过之后，心就平了，气也消了，还会油然升起某种优越感，也让自己因此知足一回，快乐一回。

出局

他拉开那张咯吱作响的铁脚折叠桌,支成一张临时饭桌。她微笑着,腮边漾起两只浅浅的酒窝,把一个精美的油纸包放在桌上。顺着香味,他打开一看,油亮亮白花花的猪头肉在绽放,他抿紧嘴唇,不让她看到他咽口水的样子,只说了声"我去拿盆子来",转身进了小厨房。

她在唯一的椅子里坐下了。椅面宽大,在她玲珑的身子边留出大半的空间,蛮可以再坐下一个人,可她没有办法,只能让空的地方空着。折叠桌的对面,是他的大床,他独居在这狭小的一室户里,椅子被她坐掉,他只能坐床沿了。这是他们第六次见面。初次见面是在一个月前,她所在出版社科室的头儿把她介绍给他,他是头儿的学生。她年近四十,从未结婚,年轻时傲气十足,现在低调得很,只想趁着生理期生一个孩子。他四十五岁,离过一次婚,生得高大俊朗,有一个读大二的女儿,趁着寒假,正在办公室给她打下手,挣满下学期的学费。

厨房里传来炒黄芽菜的味道,油气有点重,想必他舍不得买好油吧?相亲那天,他请客吃饭,花去300来块钱,心疼得很,难不成此后要每天吃黄芽菜,把这花销拉回来?他是一个充满理想的自由撰稿人,收入都用在女儿身上了。为了给他省钱,接下来的五次会面,都在这里,她买些熟菜来。看他刚才的馋相,莫非长期缺乏营养,不知他的遗传细胞质量如何?不过这也无妨,孩子多半继承母亲的基因。

一个多月来,她对他没有感觉,漂亮男人未必就让女人倾心啊!

她只认定他是她不久将来腹中婴儿的合适基因源。她的心早已有所属,是暗恋,没法告白的。那是另一个有着一双深邃忧郁的眼眸、笔挺鼻梁的英俊男人,临近退休,挺拔伟岸,鬓发斑白却很讨女人喜欢,她对他很有感觉。因他为人坦荡,德高望重,她不能舔破窗户纸,那样会彼此尴尬,更不能毁了他的晚节。可是,她真心爱他,幻想将来他可能变成单身的那一天……

他回来了,两只空盆子里托着两碗米饭,还端来一大碗黄芽菜线粉汤,她站起身,帮他装盘,摆放筷子。他津津有味地吃着,好像有些日子没尝到肉味似的。她礼貌地扒拉一口饭,肚子里油水多,没胃口,她想着心事,她焦虑,该提结婚的事情了,他虽然没有固定收入,结婚后,他俩住进她的商品房,这里出租掉,租金收入够买婴儿的尿不湿就行。在世俗的眼里,婴孩得有个爸爸。她所在的出版社富有,她一人的收入足够养活全家。一个多月来,他不紧不慢地,受用着她带来的肴馔,须知这肉又不是给他白吃的。

她向他挑明结婚的事,他停下咀嚼猪头肉,把脑袋偏了偏,只说了一句:"小菜蛮好,就是缺一口酒。"

她愤怒了。面孔上虽还是笑盈盈的。酒?酒你个头!吃了酒,种子质量差了……现在想这事,是不是太遥远了点?她再也吃不下一口饭,低垂了头,心想,自己爱的男人没法去爱,想借种生一个又借不到。若非为了生一个孩子,她宁可去做尼姑!

他也觉得自己玩过了头,放下筷子,想找个办法安慰她一下,头脑里一片空白……

"叮咚……"门铃响起来,她循声望去,不觉失笑,入户门是一扇体面结实的盼盼牌防盗门!连吃饭都勉强,装什么门面?上海男人就是要面子啊!他站起身,有模有样地走向大门,先往猫眼里看一眼,脸上升起疑惑的表情。门被打开,她霍地站起身,惊愕把她僵在那里,仿佛天塌了一般,禁不住头晕心悸,泪水涟涟:门口站着头儿,像一棵挺拔的塔松,头儿的臂弯里,倚着一个娇弱甜美的青涩女孩儿,是他的女儿,他们是一对儿!什么?她的爱,她爱又爱不着的男人,竟然和一个……

头儿笑嘻嘻地朝他俩点点头,走进屋,朗声宣布:"我是来求亲的。"

还真是呢!老牛吃嫩草!她的脸唰地白了,头脑里嗡嗡嗡声不绝,脸一直烧到脚后跟,一股蒸汽把头发都濡湿了。

他也茫然,当着老师的面,两只手不知道往哪里放。

头儿又说:"我儿子今年硕士毕业,你看,两个小囡蛮配的。"

"嗯,噢,好好!同意!好,来来……"他脑筋转得快,出于傲气,就差没说出"高攀"二字,"来来,这里有菜,来来,坐坐,以茶代酒,阿拉庆祝……"他拿出四只塑料杯,注满白开水,招呼完头儿和女儿,一转眼,发现她还跟木桩一样杵在那里,忙过来叫她:"侬坐……坐……"

她渐渐缓过神来,想到自己的失态,想到她依旧可以把头儿暗恋下去,心也平静了些。她知道,他把什么都看在眼里了,都到这份上了,怎么着都无所谓了。她做出笑的表情,说,办公室还有事,先走一步了。他为她张开大衣的当儿,凑近她的耳朵,轻声说:"张爱玲说过,出名要趁早,婚恋也要趁早啊。"

"趁早"二字,如一把尖刀,剜了她的心。

太监开会

一座廊桥连接商场和地铁站。廊桥一隅的墙面热热闹闹,正中一个通红的鸡心,下面是招贴,男性居左,女性在右边,乍一看,挺像房产中介推出的房源广告。不过,是房源又怎样呢?婚姻本来就由婚房支撑的。

靠着墙根,排排坐定一堆中老年男女。一个五十岁上下的老练成熟女人,手提一只电喇叭,朝座中人喊着话。

我手里拎几只购物袋,好奇地蹭过去,拣后排的一只空位,一个像魔方一样滴刮四方的凳子坐下了。

手执电喇叭的女主持人说的是上海方言,看来这里是清一色的上海家长。

她指着前排一个穿格子呢大衣的女人,说:"她家是女儿,八七年的,身高一米六,留学美国,硕士毕业,在金融机构上班,年薪五十到六十万……"

"还有两套商品房。"格子呢大衣母亲补充道。

"两套商品房!"主持人用拍卖敲榔头的大嗓门喊出来。

我看不到格子呢母亲的表情,但众人的反应是漠然的。

主持人见没响应,手握电喇叭踱到我坐的这边来,她把电喇叭递给我身旁的一个秃顶老头,问:"是女儿还是儿子?"

老头怯生生地答道:"女儿,留学英国的……"

又是女儿!主持人不出声地皱一下眉,这样下去,聚会陷入冷场,怎生是好?情急之下,主持人竟把电喇叭朝我递过来:"这位家长介绍介绍。"

天降大任于我呀!

虽无救场的义务,我却一向心软,不忍看见别人失望,于是,也不假思索,脱口便说:"儿子。"

主持人陡然来了精神,她挺自信地晃了下"波波头",把遮脸的一挂头发甩成鬓发,露出一张圆胖的脸:"这里有一位家长,是儿子!"

她仰起面孔,对着翘首顾盼的父母们大喊:"这里有个男孩子!大家注意!"

座中的嘈杂声平息了不少,目光齐刷刷地朝我射来。

"你站起身,让大家看得仔细些。"

"我……不,怪难为情的。"即兴表演?我才顾不上呢!

"你儿子几几年出生的呀?"

"八五年。"

"学历?"

"硕士。"

面对主持人咄咄逼人的审讯般的问话,我边思索边回答。我沉浸在自己编织的故事里,用心记着此时此刻表述的关于"儿子"的种种情况,一切须和待会儿说的话相吻合,以免别人看出破绽。

不一会儿,我身边环绕了一圈女儿们的母亲。

"我女儿是九零年的。"

"哎呀!我儿子八五年,比你女儿大五岁了!"

"不要紧的。"

"你儿子身高多少?"

"一米七,微胖,像我,运动少。"我唯恐女儿的母亲们穷追猛打,开始编派起自己的"儿子"。

"侬还好,不胖。"那母亲半恭维半认真地说。

"我儿子良心蛮好的。"我也认真起来,为了在别人的眼里,我看上去更像是一位母亲。

"照片有哦?"

"没照片。"我心想:你女儿的照片也没有嘛,凭啥看我"儿子"的?

"我女儿一米六二。"另一位女儿的母亲插话。

"哎哟!男孩子见矮,走在路上,和你女儿一般高了。"

"没关系的。"那母亲站起纤细的身子,张开双臂,原地转两个圈儿,表演给我看,"我女儿的身材跟我差不多……"

我在心底不胜感慨,真是上海女孩过剩了呀……

"不一定。阿拉单位里,新来的外地大学生都找上海姑娘结婚。他们跟我说,找婚介,两年内搞定,老婆、房子、户口,还有至少几百万财产,都到手了。"

正说着,一个六十岁上下,穿化纤夹克衫的大块头男人手执一张纸片出现在我们面前,那是一张从药品包装盒上剪下的硬纸块,圆珠笔在灰色毛面上写着一行歪斜的字,纸块背面光洁的地方,印着蓝色的"络活喜"三字。

他把药片壳子写字的部分对着我们,上面写道:

"八九年出生男孩,求八九年或更年轻的女孩,有婚房。"

"哦!侬要求女方有房子啊!"妈妈们一阵喧哗。

"我们家就一个一室户。"老头淡定地说。

"你家儿子什么学历呀?"

"博士。"

"你家儿子博士毕业,贷款买房子呀!"

"我不想买房子呀!"那位父亲说着,胸有成竹。只见他收起字牌,转过身,又去别处兜揽了。

我们这一边，几个婆子窃窃私语起来："他呒没房子，寻弗着的。"

"是呀！这啥条件？骗女方房子呢！"

我忽地打了一个激灵："对呀！执字牌的父亲才精明才机灵呢！女多男少，且女儿的父母大都有几套房子，他儿子尽可以光着屁股堂而皇之地入赘女家，随时间的飘逝，从奴隶升将军。潮州门槛啊！"我没出声，心里在想：阿屈西哦？拎弗清。女多男少的当下，房子算个啥？

"那个当阿爸的真是道地，纸牌都写好了。"

"想起小辰光，在复兴中路跳水池那里调换房子的情形，也这样举牌子碰的。"

一阵哄笑。

"真是皇帝不急急太监。"

说完这话，低头一想，自己也是一个太监，女儿母亲这边起伏了几声讪笑。

一个女儿的母亲说："咦，又没打过仗，男孩都去了哪里呢？"

"出国了。"

"娶了漂亮的外地女孩……"

听了这话，一个女儿的母亲不乐意起来："阿拉女儿优秀，漂亮的。"

"阿拉儿子卖相一般。"我唯恐她追着问我讨手机号码，趁机给她打退堂鼓。

"儿子"的准丈母娘满脸一副不肯吃亏的表情，射来两道洞穿钢板的目光：

"你儿子做什么工作？"

"技术工作。"

"啥个大学毕业?"

"复旦大学。"

"学什么?"

"计算机。"

"学堂还好……"

女儿的母亲们露出失望的眼神,可惜呀,被介绍的不是一个富二代、官二代……

"我家房子有的。"我和八九年男博士的父亲划清界限,给"儿子"加砝码:"阿拉儿子良心老好的,还会做家务,照顾人。他不玩手机,喜读书,文学、哲学、宗教、国学、智能化想象……眼下正逢春,他还约上大学同学,提着钓竿驱车去淀山湖,看水面一圈圈绿绿的波痕,听鱼翔浅底的划刺声,也倾听水草滋长的声音。"

我越说,距离女儿们的母亲越远,她们把目光掉向别处……

瞅这个空当,我拎起几只购物袋,抽身逃离……

六六大顺

"哦,我可爱的砖头……哎,我宝贝的小树……呜呜呜……"

桌上躺着一张 C1 型车驾照的大路考准考证,上面赫然敲着个"不及格"的红色章印,老莫死死盯着那颗枪毙了他的子弹头,一片阴云久久不从他的脸上散去。

老莫五十开外,文人,双手与方向盘缘分浅,侧方移位和小路考都用红外线电脑测考,难极了,老莫都补考过,原本考两次的,被他考了四次才过,昨天大路考也是他第五次考试,竟又栽倒在顺车掉头里了!

其实顺车掉头并不难,大路考就在从驾校出来方圆一公里的区域里,就在那几家厂门口,那几个十字路口,会考顺车掉头的。师傅早摸透了考官的心思,告诉学员留意大门前横在地上的砖头,等车头跟砖头一平齐,方向盘往左打两圈,记住了啊!过路人也恪守"护考公德",小心地绕过砖头,生怕移动了位置后学员考不及格。可前天两只追尾嬉闹的护院狗不吃这一套,撒欢打滚的当儿便把砖头往东移了一米多。

考官给了老莫第二次机会。这一回,老莫把车开到了一家工厂门前的空地,厂门口对面的墙根里种了三株小树。在这里,老莫可是练熟了的,不就是当车头快挨近第一棵小树时,把方向盘往右挖一点,等车身和第一棵小树一平齐,立马往左急打方向盘到底。可谁知,昨天就栽在这棵树上!确切地说,老莫是栽在工厂门卫手里了。你想想,老是那几辆教练车在厂门口转悠,门卫能不烦吗?时间一长,门卫也识破了"天机",就为了那棵树啊……哈哈……于是乎,就在大路考当天的凌晨,门卫老头脚踩一把煤锹,刨出了那棵小树往外移了一米又种下了,一大批考生遂不及格,其中便有老莫。

老莫也忒倒霉,被师傅埋怨得耳轮起茧了。你想,通过交通规则考试后的两月半,眼快手快脚快脑子快的姑娘小伙,个个就拿驾驶执照了。师傅都承包,一辆教练车就这么几个名额,就那么些汽油钱,下去一个,再上一个,效益就出来了,碰上老莫赖着不毕业,别人上不了车,机会成本高矣,岂不让师傅吃了老亏?

唉,怪也难怪。在一个什么都快的年代里,房价涨得快,钱包鼓得快,泡沫起得快,学驾快餐也应运而生了。这学驾快餐里,米饭烧得夹生,咽不下又消化不良,吃了生米饭人暴躁,难保上马路不当回杀手的。

"有了!"老莫两眼发亮,抬起头说,"买条香烟孝敬门卫,行个方便,把小树种回原来的位置。"

"有用吗?补考不一定再考得到那地方。"见他一副可怜相,我凑近老莫面授机宜,"你尽可省下香烟钱,往小树原来位置的墙面上画一道粉笔印就是了。"

老莫听得,连连点头,眉头也舒展了。

"办法多的是,再送瓶老酒给师傅,让他把砖头重新定位呢。"我揶揄道。

我静静地望着眼前这颗复又低垂的脑袋,陡然又来了气:"瞧你这破水平,考出驾照来,遇到急难情形时,也保不准不踩刹车踩油门,冲上人行道去撞飞了人的。"顿了一会儿,我又说:"算了吧你,抓紧练了补考掉,但愿你六六大顺,以后说不定大路考不限定区域了,随意抽条马路便考,练也练不着,小树、砖头都没用,还要跨区考,闵行驾校去浦东考,杨浦驾校去金山考,静安驾校去徐汇考……多'枪毙'些学员下来,六六大顺不稀奇,长顺久安才是真的好。"

买春的女人

叶箐梦醒的刹那间,她是躺卧在绵软的幸福里的,她的心跳加速。

几秒钟后,当意识一点点地清醒过来,知道那不过是南柯一梦,她的心境复归幽寂,又随之坦然,抱憾之余,颇有点难为情。

对着毫无装饰,唯有两盏吊灯的卧室天花板,她深深地叹了一口气。星月皎洁,团团的月光透过窗帷,把香樟树张扬的枝条映在床脚边的墙壁上。那树,原先不过是一粒被风吹来的种子,落入泥土,种子和泥土之间有着神秘的契约,静静的种子和沉默的泥土彼此紧紧地挨着,不说话,只粘连,不说话,可那种子依然发芽,出苗,成树,渐渐地葱茏荫翳了。枝叶修腰款摆,在她看得见的那堵墙面上招摇着,宛如一弯如唐代美人眉毛一般的月牙儿,幻化成一个男子的身形,朝叶箐俯身下视,要把叶箐带回梦中。

叶箐失眠着,黑暗笼罩着她,她的被褥、她的眠床、她的魂魄,似梦非梦,忐忑极了。

在刚才的梦里,某先生和她度过了几天不寻常的时光。

和某先生相识十多年了,某先生入梦,这还是头一遭。

某先生的公司在广东。叶箐去出差,某先生在机场接着她,送她去了她订的宾馆,把她的行李箱提进她的房间。某先生坐在客房的椅子上,规规矩矩地正襟危坐着,听任一方斜阳照在他那闪着光泽的开阔的额头上,他也就在反光的银丝边框镜片底下微微地笑着,侃侃地说着,他不谈生意,他的神色是非常愉悦的。不知过了多久,直到暮色四合，华灯初上，叶箐和某先生一前一后步入餐厅，某先生请叶箐吃饭。他们又聊了很久，聊谁谁的生意，聊宏观经济，聊社会众生……某先生忽而是他自己，一个生意人，忽而又像是一位经济学家在做报告，脸上始终挂着微笑。他有学问。叶箐静静地听，她也有学问。直到夜阑客稀，服务员开始扫地，乒乒乓乓把凳子翻上餐桌，他才结账，开车送叶箐回酒店。叶箐知道某先生依恋着自己，依恋归依恋，叶箐没有过什么想法，她恪守君子行止不逾矩，对某先生恭敬有加。回上海后，除了业务上的事情之外，叶箐不打电话给某先生的。某先生却特别喜欢来电话和她聊天，说喜欢听叶箐的声音，柔软温和，如粉如沙，听上去很舒服。他会一连两个小时泡在电话上。出于礼貌，叶箐听着，当然也不排除握着电话听筒，看看网上的新闻。有时候，她看新闻时发出会心的一笑，某先生还以为她喜欢听他说的话，也在电话那头纵声大笑起来。时间一长，叶箐恍惚觉得某先生是她的朋友，用暧昧一点的提法，是介乎朋友和蓝颜知己的那种情谊。

在梦里，某先生和叶箐报了一个旅行团，团友都是 90 和 00 后年轻人，只有某先生和叶箐是 60 后。年轻人都为某先生和叶箐欢呼，还在赴欧洲的大轮船的告示栏里贴出欢庆启事。去欧洲，怎么乘上了轮船，而非沿陆路行？这令醒来后的叶箐十分不解。某先生和叶箐的恋情被公布，这让叶箐着实为难。某先生有家室，他和叶箐的恋情不宜公开，可某先生本人却不管不顾的。列车（轮船突然变身为列车）飞驰着，每到停站前，某先生都会化作一缕轻烟飞出窗口，当列车靠站，某先生总会站在站台上，微笑着迎候叶箐，像一个十八世纪的贵族绅士那样，把自己的臂弯递给叶箐挽着。叶箐的心头很是温暖，受用。叶箐放下心，感觉有了依靠。四十六年了，独身至今，叶箐从未受过这样的暖。正享受着，忽然从天而降一道白光，驱散了列车，击退了轮船，梦醒了。

叶箐这才想起，她和某先生已经两个月没有通过电话了。

可是，刚才的梦分明在提醒叶箐一种男人的存在，一个正直儒雅，有文化修养，有一份事业，至少不会吃我用我的男人。

“因为有你，我的人生才显得可爱……”是这样的吗？叶箐不能肯定某先生是这个“你”，没有。不过，她恍惚需要某先生这么一个存在，被一个自己不太在意的人宠爱着，呵护着。为什么十多年来，这是某先生头一回出现在梦中？为什么就在初识他的那几天里，某先生没能在她心灵的海洋爆发海啸，波涛骤至，掀起狂澜？叶箐哑然失笑了。梦里那份暖，是可爱的，也堪回味，甚至引出两行热泪的，可是，梦里遇见的某先生，却不见得是叶箐的梦中人。除某先生外，应该另有其人的，一旦出现在叶箐的视野，就令她怦然心动，神魂颠倒。叶箐不知道那个人是谁，那个人，也许在哪一天，当命运之神的手指在地平线的尽头拨弄一艘扯满顺风的帆船，在帆影的遮掩下，那个人就站在船头，戴一顶白色棒球帽，帽檐下一张刚毅和善的男神特有的长方脸让那人看起来显得年轻。那个人，即便还未出现，当叶箐在璀璨的星夜仰望当空的皓月，都会在星星眨眼闪烁的一瞬间，看见他在对她笑着，彼此在对方的眼眸里发现一个更好的自己。

梦里出现的男人，当然不会是谭简。

叶箐恍惚记得，昨天下午，谭简来过微信，祝2B节快乐。她一开始不懂，打电话问谭简，谭简答：“今天是星期五逢着2月13号，13合起来，不就是一个B吗？”说得也是。叶箐明白，B这个字母，常被冠以“傻”的意思，加上个“2”字，真是双料傻了。说过就算，她也没去深究这2B背后的故事。直到现在，睏思懵懂的叶箐才悟到原来第二天，也就是今天，腊月二十六，是西方情人节。2B，也就是“二傻”，莫非指的是星期五2月13日之后接踵而来的星期六2月14日情人节？情人节适逢双休日，是有伴侣的人们得意的日子。谭简是一条单身汉，他得熬过这个日子，当然是狐狸大呼葡萄酸这才编出"二傻"的说法？

谭简，一个出身书香门第，自己不读书，没有婚史的单身汉。和叶箐相逢时，彼此都留意过对方，到了这般年龄，爱是个什么东西？聪明的谭简和叶箐都懂得规避这个尴尬的问题。按照谭简不矫情的做法，就跟上农贸市场买萝卜青菜那样，走过几个摊儿，掂掂分量，按质论价，取个高一点的性价比。他仔细考察过叶箐，虽有房产细软，毕竟叶箐要照顾妈妈，谭简就不乐意了。谭简说着话，两只小眼珠子往天上翻翻，下嘴唇里面翻出粉红色的肉："照顾老娘是每个子女的义务，侬算个啥？侬爸妈若不生下你，地球就不转啦？"谭简和叶箐基本同龄，谭简的生日比叶箐的生日早三个月。谭简四十五岁生日那天，叶箐请谭简吃法式大餐，还买了一尊双树根奶油蛋糕。因为叶箐不听谭简的话，没有把妈妈送进养老院，叶箐四十五岁生日当天，谭简不来一个祝寿电话，还撂下狠狠的一句话："是你的家里人不让你过任何一个节日！"叶箐就在生日那天痛哭一场。叶箐的心早已冷了。男人是要控制和占有女人财产的。有了男人，身为人妻，就做不成女儿了。

谭简还好，没个子女，自己住一套父母留下的老公寓。谭简不穷，可叶箐钱比谭简多许多。现在，叶箐与谭简虽然是无话不谈，也就是说说话而已。

一年当中，叶箐有两个日子是要哭的，一个是情人节，另一个是她自己的生日。

叶箐想得开，自己哭两天，能让妈妈高兴365天，值。

现在想来，倘若某先生和谭简合为一人，倒是一个不错的选项。过平常日子而已，丈夫即便不是梦中人，却又何妨？谭简的单身，加上某先生的事业，虽填不满叶箐整个的心，却也不似眼下这般空落落。有事业的男人不会在乎妻子给娘家人花妻子自己挣来的钱，再加上对叶箐的宠爱，这一切，叶箐都已满足。女人要的其实不很多。

叶箐在谭简那里收获了无情无义。她不怪罪谭简,却因此学会了一种被称之为理性的人生智慧。她因此有了一双慧眼。这双慧眼先用来对付谭简。她不再请谭简吃饭,谭简说要去看看她新买的房子,她也借故推掉了。

"我厌恶我自己。"叶箐突然对自己说。陡然间冒出这么一句话,叶箐着实吃了一惊,她呆住了。我厌恶我自己,我不是好好的吗?

晚饭时,叶箐还和妈妈茹山河(gossip,唠嗑),说到闺蜜清歌被一个男人骗了。男人名叫老涞,吃她用她住她的十多年了。清歌原本不想结婚,为把那男的户口报进清歌的房子,只好结婚,说好是假结婚,一报好户口,就离婚的。谁知清歌东郭先生救狼,报进户口后,老涞赖掉承诺,不肯离婚了。老涞拿准清歌是一个什么样的人了,才敢赖。清歌跟他吵,吵也没用,人民政府的图章最硬,老涞就做一条癞皮狗。清歌就这么中了招。

清歌真傻,贴汉榔头。叶箐为她抱屈。

得了饭票,男人腰杆子挺起来了,从奴隶到将军了。去年秋天以来,老涞借口美容美身姿,以瘦为美,鼓动清歌饿饭,他不给清歌吃饱,灌输吃饭有害论,自己拼命吃。

这事原也不全怪老涞。女人一旦迷上一个男人,自然而然与饭为敌。清歌原本羸弱的身体,每天只吃一顿鸡毛菜,一天天憔悴下去,叶箐叫她加营养,她听不进去,还真的以为自己饿成楚宫腰,轻成飞燕姿,好美呢!在清歌的思维里,取悦男人老涞赋予了生活最重要的意义。

不过,清歌还算有脑子,她对叶箐说,要是男人信守承诺,报进户口后一个月内离婚,她会待男人很好。现在,清歌待男人也很好,可是,她心里直打鼓,毕竟婚姻之下,免不了后遗症。事已至此,大家都不敢发挥想象。虽则如此,清歌听不进任何一句诟病老涞的话。

叶箐心疼闺蜜，对清歌说，让老涞烧烧饭，背背米，清歌听不进，非常气愤。凡事碰着一丁点老涞，清歌就毛了。她的老涞，别人说不得的。

买春，言过了，更像是买迟暮吧。年轻时少有姿色，到了绝了生理期的年龄，唯一剩下的本钱，只能是身外之物了。

清歌养了一个比她大十岁的老涞。老女人装嫩，满以为养了一个老男人，自己就是一个嫩娃，女人不会用男人的思维思考问题。在男人的思维里，嫩娃是第二代乃至第三代，哪里轮得到小他十岁，绝了生理期的老女人呢？老女人充其量是一个取款机，一架工具而已。老涞不工作，刚刚被老婆扫地出门，清歌就捡了来，觉得有了男人，自己的生活充实些。老涞寻依靠，忽而像一只流浪猫喵喵地叫唤着，找寻新主人的模样，忽而又说"我的天职就是保护女人"。老涞把清歌套得牢牢的，他就有了保障。清歌陷进去了，她还真的以为老涞是她的另一半呢。她给老涞好吃好喝的，要身边多出这么一个被称作男人的东西。

老涞算个男人吗？

清歌的新车停在楼下。邻居总看不到男人的身影，轮胎被敲进一枚大铁钉，且发生好几次了，清歌坐在车边哭。她默默地独自把车开出去，补好了轮胎。当老涞的手指轻轻地滑过清歌的脸颊，当清歌看到有老涞一个虎背熊腰的身板，她的这份委屈就悄悄地消弭了。

迷上一个男人的女人很可怕。你不能用理性去衡量她，她变得不可理喻，没有良心，对她再好也没用。叶箐买给清歌吃虫草，价值几千块钱呢，结果都被老涞吃掉了。清歌已经没有能力思考，她什么也不懂了。叶箐写给清歌微信，清歌不回。叶箐打电话给清歌，清歌说话恶声恶气的。这都是经不起老涞挑拨，力比多力大无穷啊。清歌不读书，男人是她整个的精神世界。清歌这样的女人是老涞最中意的。少一根筋，又是一根筋到底。少一根筋，被人算计。弄了老涞这么一个男人，看不到世上其他人了，这就是一根筋到底。她生了情痴病，比闹火灾还凶。

清歌有爱吗？倘若真的有爱，那么她的男人为啥还迷恋网络上的大奶子？还嘲笑清歌胸前有两座飞机场？清歌在家里时，也只好戴着海绵衬里的乳罩。老涞说女人瘦了，男人才喜欢，他喜欢看瘦女人。背着清歌，他上网看胖女人，大乳女人。这些清歌都知道，是她来告诉叶箐的。叶箐提醒清歌，要吃饭吃营养，老涞就是要摆布完了她，再去讨一个大奶子进门的。

清歌不理睬。

清歌被骗，虽然心里知道被骗了，感情上，却丝毫不觉得自己在受骗。这就是女人。女人，就为了今天，这一天。女人为了今天而活着，女人的字典里，没有明天的。她还是一如既往地饿饭，变瘦，为讨老涞喜欢。女人的意志能填饱肚子，光喝迷魂汤，也饱了。不吃不喝的，干柴一根，该凸的地方不凸，该凹的地方不凹，哪有性感可言？叶箐懂得这个道理，清歌却不懂，或懂了装作不懂。清歌的生活重心只有老涞，男色成了信仰，清歌把男色当作宗教，清歌跟信了邪教似的，她崇拜老涞。清歌被洗脑。叶箐突然觉得清歌变成了一个怪物。宇宙的真理只存在于男人的 X 里。虽如此，清歌却不获得老涞的赞赏，老涞心里头要吵架。现在是老涞为了吃饭，强忍着不吵架。老涞违心地承欢，却也不是吃素的，灌迷魂汤的同时，教清歌不吃饭，说不吃饭才美，意欲何为？当局者迷，旁观者清。

叶箐只能把清歌当作病人，一个精神出问题的人。

清歌曾问叶箐："和男人在一起快活，你怎么不要？"

"我能要吗？我若要了，跟你一样了，我妈怎么办？"

是啊。假如她叶箐也像清歌那样，去找个满肚子算计的穷男人，妈妈该怎么办呢？还有好日子过，有好房子住？

"冲动是魔鬼。人不能走极端。"叶箐的耳畔响起谭简的说话声。

今天是情人节。

情人节是叶箐的伤悼日。叶箐企盼今天这个鬼日子快点过去。

叶箐把篱笆扎紧,不放野狼进门,她没有今天这个节日了。男人吃她的,用她的,还赶走她的妈,这就是叶箐面临的现实。叶箐底气十足地赶跑了男人,她那么做了。今天,没人为她过节了。

叶箐突然觉得做倒贴户头有道理。清歌养汉,自有养汉的好处。也许真的应该像清歌那样,花钱买个男人来给自己过节?哪怕那个男人在外面养了另一个女人,给自己一枝玫瑰花,装装样子?

清歌今天有节日过。即便为了饭碗,那个男人会做出一套来让清歌满意的。即便平时累死累活,今天的一枝玫瑰花、一句好话都足以让清歌忘记一年的委屈和辛苦。这是养男人换来的幸福。辛苦了一年,为了男人,甘愿活得只剩一张皮、一把骨头,这样才换来情人节短暂的欢娱。一年当中这一天,雄性荷尔蒙的亢奋剂,让清歌开出了一朵女人花。

而叶箐,什么也没有。

迟暮女人不要太过矜持,该发饭票,就发发饭票吧,为了高兴么。年老色衰爱弛,又期待被爱,除了养一个男人,又有什么办法呢?好男人缺货,差强人意的男人也鲜有踪影,有个可用用的货,就将就着用吧。男人卖身给你,不去外面找方向,已经是你前世修来的福气啦。说来也是,人老珠黄也太不值钱了。女人有钱,还得养个老男人。老男人一有钱,一大把年轻女人任意挑,往死里淘。

花钱买春,买男人的春。叶箐她也是能有这样一份幸福的。

咋能相信一个男人呀?叶箐处处小心,生怕自己的房子、存款被算计了。叶箐也不乏追求者。叶箐的微信里,有一个男人隔三岔五地问候她,不知道那是个自己有饭票的,还是一台三五(无)牌闹钟,叶箐没兴趣去探究,她存着小心,和他保持着距离。今天,她突然好奇起来,打开微信一看,没有问候,自己太过敏,你看看,情人节,人家不理我了。叶箐苦笑了一下。

餐厅到厨房转角处的墙上镶了两面波浪形的镜子,昨天,叶箐用废面膜擦干净家里所有的镜子。今天一照,很清晰的面影,面容滋润,一点不显老。可是,叶箐却觉得冷起来,镜子玻璃是冷的,比被窝更冷。叶箐哀叹起自己寒冷、寂寞的生。

镜子旁边,挂有黄历本,红色画笔勾勒出一对童男童女戏鸳鸯。叶箐呆呆地看着,伸出手,一把撕下日历单,撕了一半又住了手,不能让妈妈觉察我今天的异常。

平日里,叶箐不再想男人。谁料想,一到情人节,叶箐竟然迈不过这道坎。挺住!

她走进厨房间,关掉电视,守着一个炖八宝饭的蒸锅,一个煮着大米、芝麻糊、核桃的粥锅,颓坐在中央净水器边的一张藤椅里,垂下头来,陷入了沉思:养汉,如同贩"货",那"货"有自己的成色、质感、价格、使用价值。那"货"须是不强势、脾气不暴的,须是自己有一份过得去的保障的,须心地透明没坏心眼的,即便如此,也还得小心。不过是挑一个驯顺一点、脾气好一点的,跟去宠物市场买狗差不多,不过,人真的如狗那般好吗? 要求男人像狗那样好,那期望值也太高了点。不可能,不会像狗那样好,那敢情做不到,太苛刻了。降低要求,有一半狗的好,就已经上上大吉了。末了,不肯跟那"货"结婚,临到那"货"被赶跑时,不要求一笔"青春补偿费"(毕竟,五六十岁算作第二春啊! 说什么某某女人要他,没去,机会成本发生了,需要主人家补偿),不然就赖着不走,已经够仗义的了。

养人还是养狗? 她想了一想,还是觉得狗靠谱,狗没有更多的想法,有的吃,有一处睡觉的角落,有人带它出去遛弯,它就满足。人就不好说了。狗不需要过得跟主人一样富有,人就没这么简单了。人的要价比狗高,养人的风险比养狗大,回报比养狗小,性价比大打折扣!哎哟!叶箐又一想,男人会说人话,未必肯做人事。狗不会说人话,却能做人事。再者,男人无尾巴,无皮毛,婚姻具有某种社会意义。问题是买来这个被称作意义的东西得付出多大的代价呀?更何况,男人一生病,又不是宠物医院所能打理的……不知道男人肯不肯以狗为榜样,有狗类的忠诚和好心?估计大部分男人做不到。养的狗,不管公狗、母狗,逃走找方向去了,主人没太伤心。可是,一旦养了男人,不肯跟他结婚,他往别处找方向,伤心、伤财都免不了。老女人折腾不起。

对谭简,叶箐付出了几顿饭钱,没有回报,谭简也没有报出身价来。谭简没有卖身,这一点,很让叶箐看得起。

"早饭烧好啦?"妈妈下了楼,手里拿着空的真空暖水瓶,慈爱地问。妈妈知道今天是个什么日子。

叶箐没有回答,她低下头,默默地把烧开的水注入妈妈的暖水瓶。

天气寒冷,汽车再次熄火,现在又要预热了。叶箐转动钥匙,点火。

汽车的发动机转速在每分钟1000转,车身微微震动。

叶箐把眼睛盯住仪表盘上的速度指针,脑子如发动机,也在飞速旋转着:哎,花钱养男人,还是不花钱养男人,这,是一个问题。

一个不可能属于自己,且不是梦中人,没有占有欲望的男人最靠谱,他永远在水一方,不会走开。

叶箐无意识地拨打了一个号码,知道那是某先生的手机号,电话接通,彩铃唱了起来:"春天在哪里呀春天在哪里?春天在哪……"

叶箐揿断电话,她知道自己底气不足。

仪表盘上的速度指针指向每分钟800转，可以行驶了。叶箐放下手刹，挂了前进挡。

蓝牙电话响了起来，叶箐知道是某先生回电了。

她抬起右手，食指按了一下右上方的蓝牙应答键，微启朱唇，轻轻地应了一声：

"哎……"

日脚・木头信箱/老虎天窗

日脚

朱自清先生在散文名篇《匆匆》里这么写道：早上我起来的时候，小屋里射进两三方斜斜的太阳。太阳他有脚啊，轻轻悄悄地挪移了；我也茫茫然跟着旋转。于是——洗手的时候，日子从水盆里过去；吃饭的时候，日子从饭碗里过去；默默时，便从凝然的双眼前过去。

太阳的大脚驻足最多的地方，似乎在上海石库门房子的弄堂里较为开阔的地带。大晴天里头，住灶披间、后客堂、亭子间、三层阁的人家只有一扇面北的窗户，衣裳被褥晒不到太阳。于是乎，待家中上班的、上学的倾巢出动以后，留守的阿婆来到大弄堂里，选一处太阳光最旺的所在，拿绳子把三根竹竿的顶头一扎，放开竹竿的撑脚，支起一个三点一面的架子，左边立三根，右边竖三根，有六根竹子左右开弓做立柱，升起一个临时晾衣架，稳稳当当地架起搁在横里头那根类似"梁"的竹竿，被单、衣服、棉花胎等等大件借助一根丫杈头，给一一甩上"梁"去；至于手帕、袜子之类的小件嘛，阿婆另有招数：取一段枯竹，保留竹节处一根根斜伸的丫杈，其角度构成理想的受光面，正好让一块块印花手绢、一只只尼龙袜子、纱袜子快速晒干，这自然成了弄堂阿婆的节杖，拿它系根细绳套往"梁"上一套，碰巧今天晾出来的袜子没有洞洞眼，正好给自己做个招牌。自个儿嘛，掇只骨牌凳（方凳）坐在旁边孵孵太阳，结结绒线，扎扎鞋底，跟一班老姊妹道里（上海方言：同道之间之意，如"同事道里"等等，"道里"一词颇得古语之妙）唠唠东家长、西家短的事体，一边茄茄山河（上海方言：闲聊的意思）一边抬头看看太阳的脚步，太阳走，阿婆也走，待到日头偏西，衣服被褥绢头袜子也往西边的方向挪了不止五六步远。她这一看就是值了一个日班。待到傍晚，太阳的脚步渐行渐远了，阿婆过完了一天的日脚（上海方言"过日脚"：过日子的意思），收拢起那捆竹头，抱起一摞香喷喷的被褥衣物归去兮。

滑稽戏《七十二家房客》演绎了许多户人家挤在狭小简陋的木板房子里五花八门的日脚，风靡申城数十年。"七十二家房客"并非说房子里住了七十二户人家，而是形容拥挤：贴隔壁人家撒个屁也听得见；连屁也轧得出来。

当老洋房内住进了"七十二家房客"，却是另一番风景。上只角一条僻静的马路，紧挨着上街沿的，是一栋简约欧式风格的老洋房，大门上方饰有三角形门楣，褐色耐火砖的外立面上，像蚊子叮墙般的空调外机的旁边，是钢骨架的格子窗。窗户上面装饰着波浪形的巴洛克窗花，窗台外凸的部分，按设计师的意图，恰好放置一个花槽，像杜鹃花、兔子花、天竺葵、薰衣草那样姹紫嫣红，配以窗台下面的浮雕，令路人想象钢琴声、小提琴旋律在空中划过一道道彩虹，从窗子里飞出，玛丽莲·梦露倚窗观望，甜美地微笑着向路人抛出一个个魅力四射的吻。窗子的两边饰有欧洲文艺复兴时期风格的麻花立柱。

然而，眼前没有鲜花和音乐，更没有好莱坞镜头里梦露的飞吻，只有一根拖把柄伸出了雕花窗台，晾在那儿，向路人展示着它的蓬头垢面。像对待衣裳被褥那样善待拖把，想必室内的地板如桌面、碗筷一般干净了。上海人惯常把自家的小屋螺蛳壳里做道场，打理得极其整洁乐胃（上海方言，舒坦如美食），上海人过的是日脚，买鲜花装饰窗台不如买青菜萝卜葱姜来得实惠。倘若老洋房客厅里的壁炉碰巧落在某个"七十二家房客"的蜗居里，那么偶然买两支粉红菖兰养在壁炉架上面,也是有的。窗外好看不好看又于他/她何干呢?此时的窗外,梧桐更兼细雨,钢窗朝外翻将起来,形成一个大大的窗洞,淋不到雨的地方吊着几个衣架,为首的是一条男人的旧棉毛裤。出于过日脚的考虑,住户对老洋房不免多了些再创造:旁边的窗户被一个马路摊头做的不锈钢笼子钉死了不算,窗边那根麻花立柱的正中央还被赫然打穿一只圆洞,凭空生出一段油烟机的出气孔,这扇窗里面想必被改造成谁家的厨房了。油镬烧热,炒炒爆爆,被折断的欧式麻花立柱后面,是浓油赤酱的日脚。

老洋房的大门开了,一个男人推着自行车,穿着雨披上班去之前,到旁边的早点摊弄一副大饼夹油条的"三明治"当了早点。这家安徽人开的点心铺做纯正风味的上海大饼油条,大饼是在柏油桶炉子的边上烘出来的,那个香啊,就是小辰光的味道。摊主一定拜过上海老师傅,也有了一份上海味道的传承。买者络绎不绝,更有人开着豪华轿车停在路边,拿3块钱买一副大饼油条,再心满意足地上车,启动,绝尘而去。

逶迤向北走到长乐路,路过几家引领上海时装潮流的进口服装小店,穿过五星级的新锦江酒店,我无意之中拐进一条弄堂。在这里,美丽与破败并存,感动和郁闷杂陈,就看是什么人以何种心情走进这条弄堂了。弄堂的左侧建有第一代石库门楼房,带东西两处木板厢房的那种;弄堂右侧的砖木结构则融入更多西洋元素。每栋楼房的西边挑出一个朝西的小阳台,意大利中世纪维罗纳风格,尽你想象中最有姿色的阳台,比如朱丽叶家的祖屋,在常青藤的环绕中,朱丽叶凭栏顾盼,娇羞地期待夜晚与罗米欧的幽会。阳台板左右各生两只雕花撑脚,祥云的造型,这又糅合了中国的建筑元素了。

阳台正对着弄堂,令我想起卞之琳的诗《断章》:"你站在桥上看风景,看风景人在楼上看你。明月装饰了你的窗子,你装饰了别人的梦。"阳台本身是一道风景线,站在阳台上,沏一壶碧螺春,看下面某家姆妈圆滚滚的，拎只杭州竹篮头摇摇摆摆走过去，新做的蓝色士林布旗袍又紧了几寸，掉落了一粒葡萄纽；某小姐扭着腰身袅袅地飘过，香云纱旗袍的开衩又高出几分……

眼前的阳台却是另一般光景：几片破烂的瓦楞板伸出阳台后，沿着阳台四周兜一圈，配上一个由烂木条破竹爿钉牢油毛毡的斜顶，乍看吃一惊，晓得的人只当它是一个空中棚户区，不晓得的人还以为半空里划出一只破帆船。

这些房子原本不错，唯一的缺憾是没有独立卫生间，这在当下也不应是个问题。然而，为了跟国际接"鬼"，为了这些房子没有被拆掉，弄堂里人怨得要死，恨得要命，他们爱死了钢筋水泥清一色的楼房，恨死了砖木结构的结结实实的三层楼房。于是乎，破罐子破摔，由得里面的日脚一锅烂糊三鲜汤（上海方言：瞎搞的意思），恨不能明天来个就地爆破，每户人家开开心心地拿了动迁款去买板式结构的千楼一面的高层小高层去。我想，拆迁也许不是唯一的出路，倘若这块风水宝地被哪个咖啡馆开发商相中，难不成就是第二个"新天地"了。

当上弦月刚刚露出半张笑脸，有电线杆子混迹在梧桐树之间。在我的头顶上，枝杈和电线交错在尚未黑尽的淡蓝的天穹下，分不清谁是谁。挺拔向上的梧桐树枝好像从天上挂下来似的。晚上六点半的光景，快速进出地铁10号线的步子，似乎成了日脚的浪漫补充。小白领们拖着疲倦的身子涌向陕西南路地铁口，打着哈欠，让车厢载着他们去往外环外，农田旁的某栋公寓楼。忙碌了一天，那里才是家。地铁口旁边围着一圈临时的施工墙，墙里赫然矗立着已经竣工的一栋六十层楼或更高的住宅楼，那个楼价，肯定吓得煞人。只好想也别去想。弯弯的上弦月，好像一个探入海底的锚钩儿那样，是艘小船，跨上去，坐地铁一个多小时后，回到自己位于远郊，距离地铁站不很远的巢，那里有张眠床，等梦醒后，再跨进地铁，去往市中心的写字

187

楼。去外环外的地铁很挤,买得起住的人去了乡下。市中心豪华住宅楼里很少亮灯,黑黢黢的一片,那里集中了买得起但不住的人。

春风沉醉的晚上,位于复兴中路的酒吧,那个类似方形天井的小广场,Barbecue(烧烤)炉子的火星四溅,老外大嚼烤龙虾、烤目鱼、烤羊排、烤牛肉,喝着啤酒,带着三分醉意大谈中国文化,说中国文化就是热闹,瞧瞧刚刚过去的除夕夜,还有初五接财神、元宵节,炮仗焰火蓺太闹猛哦!我说:我们的日脚不只热闹,而是浓妆艳抹皆相宜的。老外问:怎么讲?我说:你们知道老子吗?老外舞动着羊排骨头连声说晓得晓得。我说:你们虽然喝着啤酒,却缺少一盅汤。什么汤?老外瞪大眼珠子问。我说:用鲜虾、鸡骨头、蛇骨头、小排骨煲出来的汤,透明见底,只漂浮着一根青菜,看似寡淡,一尝,鲜美无比。这就是老子的"无","无"乃修炼、乃功夫,"无"里含有,无为无不为。老外似乎明白了,既馋又开心地咽了口唾沫。

结束了老外的聚会,我蓦然忆起一位中学时的同学,不知是嫁给法国人还是德国人,三十年杳无音信。一看手表,晚上九点半。身边就是那条小时候造访惯了的新式里弄的弄堂。那老房子里头,不是她的哥哥,就是她姐姐住着,现在都是下班归家后的时辰,碰见人的胜算颇大。那条宽弄堂也像三十年前一样,只是多出了一排汽车靠左边停放着,有辆汽车还罩着车套,好像怕人半夜里给轮胎上戳一刀或者从三楼破空里吐口老脓痰,丢样脏东西似的。弄堂到底,三楼最左边有一排窗户亮着灯,空调外机忒大,好像是中央空调的外机。我扯着嗓子大叫同学的名字:某某!某某!!小时候就是这么叫的,一叫,三楼排窗里会伸出小姑娘的脑袋来,莞尔一笑,接着,我去后门灶披间外面等,只一会儿工夫,小姑娘就下到灶披间来给我开门了。

没有人应。应该听得到的。现在不时兴在弄堂里扯着嗓子叫唤了。自然是听到也不应。莫非同学的哥姐忘记了我那老同学的中文名字?

我绕到后门去，得穿过那条狭窄的仅够一人一辆自行车过的窄弄堂，窄巷依旧，昏暗的路灯，灯罩还是老的搪瓷罩，只是里面换上冷光的节能灯泡，看上去别扭。到了她家后门口，灯光照见两只电铃，其中一只写着同学家的姓。我按铃，按了好久，没有人应。灶披间虽然亮着灯。这时候，窄弄里走进一个女人，也许是下了夜班的。见她朝我走来，我一阵高兴，巴望她是走进我眼前这个门洞的，我冲她说声"侬好"！可她只当我是空气。我眼睁睁地看着她掏出钥匙，打开旁边那个门洞的大门，走进去，嘭的一声关掉门。我又傻了。

我的头顶有一长串黑色的电线，我好比一头困兽置身一个陷阱樊笼。狭窄弄堂后面是山峰一般一幢高楼。建于八十年代的，也算是旧楼了，空调外机难看地钉满高楼的外墙，疮疤一般。

弄堂的出口处，有小屋亮着灯，我停下脚步，朝里头探头探脑。小屋两平方米左右，四面墙中的一面靠在弄堂原来的墙上，是为靠山，平地里砌起三面墙。这是又矮又窄的一间鸽子笼，一张小写字台的长度刚好是小屋的宽度。小屋朝弄堂口开一扇塑料移窗，门正对着弄堂深处。小屋里铺着地砖，进门的地上放了四五只塑壳热水瓶，靠弄堂墙的位置还装了空调，内机顶着天花板。我正想从小屋里找出一个类似管理员的人，冷不丁背后一声断喝："做啥？"我回过头，理直气壮地："我找里面住的人。七号三楼的，我是他们家小女儿的中学同学，前后叫叫不应，我留下手机号，你让他们联系我。"

听我说话的一个是瘦老头，手里拿一只雀巢咖啡瓶子，估计他就是在小屋值班的。旁边一个胖男人抬轿子："你让他找，他是弄长。"

瘦男人看我不像是个拾荒的，也不像坏人的模样，对我冷冷地说："侬登记一下。"拿给我一张信笺，好像是本弄堂或本社区专用的。我留下手机号码，姓名，嘱他请七号那户主人联系我，谢过他，便回家歇息，一夜无话。（两个月过去了，没有人联系过我。此是后话。）

早春的早晨，好像雾霾层不厚的样子。每一根梧桐树秃枝挑出并蒂的两个铃铛，映衬着蓝天。因了天雨，早晨姗姗来迟。淮海路上车辆稀少，光明村还没开门，没地方用早膳了。我撑一顶红伞，茫然地行在路上，刚趱进成都南路，不觉眼睛一亮，一家面包24小时店开在我的右首边，上海是一座不夜城啊！我走过时，玻璃门唰地大开，我感到一阵暖意。我昨天吃了太多的"红宝石"鲜奶蛋糕，现在只好拂它的意，暂时不进去。我想去丰裕生煎来一碗小馄饨解解馋。

丰裕生煎点心店，享受一碗三鲜小馄饨，五块钱。小馄饨里塞满饱饱的肉，形似一只只白白胖胖的水母尕法尕法，上下浮游在撒满葱花、蛋皮、紫菜的高汤里，闻着香，看着可爱，吃起来可口。店堂里走进一个交通女协管员，晒黑的皮肤，咖啡色的衣服上面绑着鲜绿的反光马甲，夜间为安全用的，帽檐下面的鬓发里夹着些许银丝。一碗三鲜小馄饨上了她的桌，她拈起一柄汤匙，吃得口滑，渐渐陶醉起来，身子前倾，因生得矮小，右脚荡离了地面，跷起的平底皮鞋跟外侧露出弄堂口小皮匠的作品：补上去的月牙形鞋掌。一个交通协管员的日脚，在十字路口一站就是数小时，一个哨子一面小三角旗成了她的劳动工具。虽说她得管穿红灯的行人，可有人执意穿红灯时她不是警察她管不了，她也就摇摇小旗罢了。她有着一个吸纳了最多汽车尾气的类尘肺，拿了相当于警察几分之一的报酬。一双新皮鞋的价格，至少也是她月收入的四分之一吧。站地久了，走路多了，加上轻度的外八字，磨损最多的必是脚后跟外侧的地方，想想买双新皮鞋舍不得，让弄堂口小皮匠敲两个斜后掌收一半的钉掌子（整个鞋后跟）钱，勥忒合算哦！

出丰裕生煎，前方是延中绿地，我踏着平坦的阶梯上了土山，走到尽头延安路的地方。虽则残冬的余威尚未远去，树木花草也赶起了时髦。枫树秃光了红叶，貌似下场休息，却每天在长粗口径，在修炼，"无"叶中暗藏躯干的大"有"，这是老子的智慧。我们的日脚，诚如波澜不惊的水面底下潜流涌动，水底下一鱼一虾、一草一藻又何曾有过片刻的消停？

枫树底下的红杜鹃开得正欢，与我头顶上的红伞相映红。

有个外地年轻人穿过延中绿地到了延安路的公交站台，匆匆上班去。

小雨落在红伞上，嗒嗒嗒，这单调的声音，驱使我寻找一个避雨的所在。好在前方有个大亭子，约莫几十平方米，于是我撑着伞走过去。我以为唯独我才有一把红伞，谁料想进了亭子，竟然看到地上搁着一把蓝颜色的伞，伞的旁边，铺着长方形的一大块形似被褥的东西，被子开口处露出一个黑白相间的乱发的脑袋，枕着几只脏兮兮的人造革包和编织袋，后脑勺对着我，看不清是男是女。褥子旁边的水泥地上，有一瓶装水、一包烟、一只打火机。眼前这简单而自在的日脚，除了那个被叫作"窝"的东西，似乎不缺什么。那个脑袋动了一动，散出一股咸腥臭味。

我默默无言，转过身，悄悄离去。

木头信箱/老虎天窗

楼底下那扇木门里头是公用的灶披间，常年的人间烟火给木门铰链粘上一团团黑色的、网状的、烂棉絮一般的油烟污垢，牢得来，俨然冬天里的常青藤。一幢上海弄堂房子，新式石库门上上下下住十来户人家，每家生出几百个主意，进进出出如同串龙灯，于是乎，这道位于楼底下的总木门终年、昼夜开启着。因为不动的缘故，那些尘垢越发坚如渔网了。我的双眼掠过砌在过道里的那个台式煤气灶，虽然是个冷灶，跨进门槛的当儿，我的鼻尖还是钻进一股股糖醋排骨、干煎带鱼的味道，伴着零拷豆油的生香。

木门并不难看，蒙尘的暗红，还是我五岁那年房管所大修时上的油漆，至今完好，这是门朝里开，不受风雨侵蚀的缘故。几十年来，没有人试图推一下那门，也不知道因这一推铰链会不会断裂让门掉下来，因为谁也不晓得笼罩铰链的油烟是否比螺丝还管用。

若非门上钉的三只信箱，就是哪天把这门卸下来卖了都无所谓的。

旁边的两只信箱都垮塌得差不多了。我家的那只居中，虽已年深日久，天蓝色的油漆没有丝毫剥落的意思。信箱的六个面用漂亮的燕尾榫粘了白胶拍合而成，不用一根钉子。顶部那道投递缝，二指来宽，最大的容积是塞进一本折叠为二的 16 开本杂志，这在数十年前的那个年代也堪称前卫，好像早就知道美国大学邮寄来的 cataloge 名录就能这么被邮递员塞了进来；时尚杂志如 Elle 那般的，竖里一折二，进到信箱里也绰绰有余。有的时候，大信封或杂志被斜插进信箱，留出旗帜般的上半部，正好容我抬手一抽。信箱的正面开着一扇门，门的中心镂空一个圆圈，圆圈边线有五个点，等距离地连着当中一只五角星的五个角，那是一颗精致的木刻五角星，五角星每两只角和所在的圆弧构成一个扇面，窥信用的。没信的时候，黑洞洞地望进去只看到阳光反射下的几丝木纹。这颗木星，不是当下少男少女追风的星。在那个年代，男孩子们最大的娱乐和炫耀，是偷来父亲硬纸板做的香烟壳子，展开，动用剪刀做成一块山形模样的东西，往学生军帽舌头上面那块地方塞进去，把额头以上的帽墙撑得挺括高耸地来冒充军官。可是，拿这般自制大盖帽来"扎台型"，也要依军布的颜色、帽墙和帽顶之间的针脚来判定这顶大檐帽是否真的时髦，草绿色的学生帽外头有卖，不稀奇的；绿中带点黄的才是部队发的，正宗，非常难得。在这个时代背景之下，我家木信箱当中那颗五角星的时髦程度可想而知。我三岁那年，爸爸奉命去北京出差，两年之内不得回家。出发前夕，爸爸亲手制作了这只精美的工艺品信箱，上了好几遍美丽炫目的天蓝色油漆，颇有一番 Blues 蓝调的味道。爸爸写来的航空信，飞过蔚蓝的天空，落进同样蔚蓝的木头信箱里。每当我走进走出楼下那道门，想爸爸了，就踮起脚，从最底下的那个扇面里找白纸、牛皮纸之类的，什么都行唯独不想看到那几丝木纹。我用幼小的心去恨那木纹，断定是那木纹偷掉了爸爸的来信。是木纹闭塞了我和世界的联系呀！有的时候，我竟然幻想自己塞进一个信封去，这样就能体验看到扇形里面白纸的惊喜了。我一天天长高了，渐渐地够得上一抬头看得见另外四个扇面了，木头信箱伴随着我的岁月，带来同学的信、大学录取通知书、心仪男孩的康乃馨、美国大学寄来的cataloge名录……木头信箱俨然一只小木船，载着我一步步走向世界……每当这个时候，我用得着我的信箱钥匙了。

木头信箱兼作牛奶箱。除家里人之外，还有一个拿信箱钥匙的人，那就是送牛奶的阿姨了。

此刻，我站在木头信箱前，看到五角星周围五个扇面填充了白白的纸。我没有带钥匙，也没兴趣知道信箱里有什么。我只知道，信箱里面塞得满满的。即便是露出信箱口的那些印着超市电器毛巾猪肉降价花花绿绿的纸，我也懒得伸手拔出它们来，索性让木信箱满着吧，也好让新来的垃圾广告塞不进去了。可是，我在信箱外面看见了东西，用不干胶粘贴的一张小纸头，是电力公司的催缴单，半年欠费：一块六毛钱。

那张电费单子，贴上去后也有数月，其间刮过台风、落过骤雨，可是字迹清晰，就像昨天贴上去的。

蹬上两级水泥台阶，我转上一架百年木楼梯，陡些，不知为什么有了这样的感觉？从小走到大，我是一直觉得这部扶梯不陡，比同学家已经拆掉的长乐路弄堂里的楼梯平坦多了。也许我现在走惯了郊外别墅里更为低坡度的楼梯，回到老宅，在一个相对狭小的空间里走木楼梯就显得吃力了。

我上了几格楼梯。在我的右首边，后客堂房顶和二楼之间足以搭阁楼的空间没人去利用，躺着几根楼下人家的晾衣竹竿。因了那位后客堂爱猫阿姨的照顾，常有流浪猫寄寓其中。我小心地拾级而上，没有在黑暗里看到一蓝一绿闪烁的猫眼，不听到喵声，也不觉穿裙子的双腿痒痒，看来那个死角已被收拾干净。上到转弯平台了，迎面一堵墙上钉着上下两排十来只小火表，我认不出哪一个是我家的，就是从那个我不知道的小火表里，供电局抄到了一块六毛钱，那是我在过去六个月内消费的电费总和。

　　一幢房子的老住户都有了外面的房子，租住这里的是外地打工者，这会儿都上了班，一幢房子里就我一人在走动。为什么我不出租我家的房子弄个每月几千块的进项？我不知道。我总想，养育了我们的老屋累了该让它休养生息了。可是，房子有人住才好，这个道理，我懂，这不，今天我不就来了吗？

　　推开房门，半室阳光洒将进来，照亮了四周三十厘米宽，漆成黑色的踢脚线。光源是房间正中的老虎天窗。我恍惚间走进了凡·高的画室。所谓原法租界内的新式里弄房子，本身是联排别墅的一栋，土建把正房间做到二楼为止，顶楼只是南北两个斜面，往一个斜面的中央位置，翻起几排瓦片来，开出一道口子，左右砌两堵三角墙架起那片翻起来的红瓦片，再给翻出来的那张大嘴巴装上窗框，配上左右两扇格子窗，这窗的左右、下面依然是红瓦片，从正面看过，俨然一头卧虎因为太热了，掀起瓦片，露出个脑袋，张大一张血盆大嘴呼呼地喘气。新式里弄糅合了欧洲建筑元素，从屋顶上开出的窗在英文里和roof有关，这个英文字，被念成由宁波话、苏州话演变而来的上海方言，那个读音也酷似"老虎"，老虎天窗由此得名。

　　在顶楼的中央，人往老虎天窗的方向走，才直得起身子，去窗两边的斜面，只好把身子佝偻到底。因此，带有老虎天窗的顶楼又被叫作"假三层"，或"三层阁"，恰似诸葛亮微笑着，端坐弹琴，吓退司马懿十万雄兵的那个城楼，颇有点诗的意味。

我沿着厚重的踢脚线走向老虎窗,仿佛时光退回到一百年前。

在我的面前,两扇镶嵌着漂亮磨砂玻璃的格子窗,四个格子一扇,左右两扇,关紧了是八个格子。我凝视着温润的磨砂玻璃,透过岁月的尘埃,仿佛看到了许多年前的一个个冬天的晚上,格子窗下那张硬木八仙桌上面,妈妈端来一只沸腾的砂锅,黄芽菜肉丝汤里面,按吃饭的人头多少翻滚着同样数量的百叶包,荠菜和肉的香味突破百叶的微孔,散了开来……这时候,热气腾空而起,模糊了格子窗的磨砂玻璃,我兴奋了,忘记了砂锅里滚动着的美味,忘记了辘辘的饥肠,自顾自攀上一只方凳,伸出右手食指,在水汽玻璃窗上描绘着生动的形体:一个问邻居借两只蛋的老公公、一笔"化"字的"竖弯钩"在空中来一个逆时针大转弯,画出一只撅起大屁股的尖脑袋小老鼠,还翘起一根细长的小尾巴、一只翘胡子的小花猫、一头上顶着一个"王"字的小老虎……他们一个个圆瞪双眼,馋馋地盯着我家餐桌上的砂锅……

磨砂窗玻璃做惯了画图板,浸饱了水汽,木格子和玻璃接缝处的油灰有点松动了,大有脱落的迹象。这时候,我动起了坏脑筋,趁大人不备,我伸出一双小手去扒拉嵌在木格子条和磨砂玻璃之间的油灰,每天来它几下,持之以恒,终于硬生生地把一条条油灰扒下来,宝贝似的揣在怀里,去弄堂里和痴姑娘们玩"造房子"的游戏。"造房子"前,得用白色的粉状物往水泥地里画格子,在上世纪七十年代初,玉石难得,粉笔买不起,这格子窗框上面断下来的老油灰,易得又不费钱,往地上画出两排五个来回共十个格子,我好大的面子啊!格子画好后,游戏选手便单脚跳起来,跳进科塔萨尔的著名意识流小说,一格,就造好一层楼房子,这一跳一跳间,似乎真的能造出一栋十八层楼、锦江饭店似的。跳了一下午,直到肚子饿得咕咕叫了,各自回到家,吃妈妈做的甜酒酿小圆子山芋羹,呼啦啦灌下去一大碗,一抹嘴,冲着爸爸妈妈一阵傻笑。我只顾自己乐,全然不体味爸爸的辛苦。在随后的一个星期天,我看见爸爸重新给格子窗固定玻璃,拿两只小钉子贴玻璃敲进两边的木格子,一块窗玻璃四条边,八只小钉子敲进一个面,两面一共十六根钉子,够牢固的了,为了美观和加上第二道防线,爸爸往油灰里拌进猪血老粉,搅和成赤赭色的一团泥,往玻璃和木格子间嵌上去。这无声的劳作,在我的心里,唤起自责,我以后得学乖不再糟蹋木格子窗,不再偷油灰去玩"造房子"。拌有猪血老粉的油灰忒牢,一百年不掉,我也不再有机会去扒拉了。

我在紧闭的格子窗前站久了,感觉有点闷。我拔起插销,往右边拐个弯,照着两扇格子窗中间的缝隙使劲一推,老虎窗打开了。窗外刮起一阵风,我急忙伸手稳住两扇窗,两扇木窗的下沿在靠近左右两道铰链的地方各钉着一个"洋眼","洋眼"是一种头部呈圆圈状的螺丝钉,另有两只"洋眼"吃在窗框下沿左右两端的木头里,其头部的圆圈各连环套住另一个带出一只长柄钩子的圆圈,被我们叫作"扎钩头"的,我拾起左右两只"扎钩头"去够那两只格子窗下沿的"洋眼",将那钩子够着、插入格子窗下沿的"洋眼"圆圈里,两扇格子窗就固定好了。风吹不动它们。这般老式的格子窗五金固件,眼下在上海老城隍庙湖心亭茶馆才有的,我家也有。

老虎窗的下面,铅皮涂上黑柏油做道沟,沟的下面铺着一排排的红瓦片,敦厚、密实,似乎年代越久越坚固似的,每一片红瓦片由雕花的平面和一个凹槽组成、凹槽则勾连着相邻红瓦片的雕花平面……历经上百年风霜雨雪,非但从来不渗漏,还颇有点蒙尘越多、历久弥新的意味,像妖怪。反观郊外新别墅的红砖瓦,永远是一条拱起的凸槽连着一条凹槽,挺单调的,就好像出自一个烧制的快枪手,应付交差似的成批量上市……这种红瓦片屋顶挡不住一阵台风,修一下,动辄千元……

瓦缝里长出几点宝石花的幼芽!真是新鲜!搬新居时,我迁走了宝石花,扔掉了栽宝石花的破脸盆,把瓦片扫了个干净,连泥土都不留下一星点儿。可是,宝石花们不领情,竟然没有在别墅的大理石平台上住好。宝石花只能是上海弄堂的居民呀!此刻,它们还设法在螺蛳壳里做道场,居然在瓦缝里找到一线生机!距离小宝石花不远的瓦缝里,我还看到一株西瓜苗,豆芽似的两撇,一定是麻雀衔来一粒西瓜籽,发芽出土的。我们这片红瓦似乎和西瓜有缘:小时候,我在花盆里也种出一只西瓜来,待它长到乒乓球大小,有一天,趁我看管不严,竟然"骨碌碌"地顺着红瓦片的斜坡,滚到弄堂里去了……

我蓦然一抬头,世界呈现在我的眼前。

小的时候,从这扇老虎天窗望出去,远远的有一样中间最高,两旁一级级低下去,形似搭积木一样的东西,看上去就像爷爷的太师椅的高背。哥姐们告诉我,那个东西一点也不小,是一幢大楼,叫作十八层楼/锦江饭店,因为远,看上去才像自来火盒子。格子窗是一所课堂,从窗口远眺十八层楼/锦江饭店,我第一次有了透视的概念,还知道了我们这叫房子,人家那是大楼,好像大楼不是房子,硬说它是房子,那就是钢骨水泥、耐火砖造的高级房子,有铜钿人蹲的房子。照着老虎天窗口的所见所闻,我在家里用木块堆房子,底下最大,一点点小上去,最高最尖的那个当司令。后来,淮海路上的梧桐树一棵棵长大,看不见十八层楼/锦江饭店了。

透过格子窗,还看得见思南路的一角升起老虎灶(老上海外卖开水、茶水的小店)缕缕的炊烟、一团团水汽;闻得到酱油店的麻油香随风飘来;大饼油条摊用柴油桶烘烤出大饼、在铁笼子里滴油的油条、喷香的老虎脚爪……每天早上,妈妈或姐姐拎一只竹篮子买来菜,还拿一根筷子挑着一串油条,回到家,就在老虎天窗下的方桌上,蘸了酱油过泡饭吃。这虽不算奢侈,却也是一味早餐的享受。大饼油条摊头边,搭着几排木板矮房子,做着各样的营生:卖葱姜、织补玻璃丝袜、补橡胶套鞋、给痰盂罐/搪瓷面盆/砂锅补底,收几分钱劳务费的,劳动大众凭借着那几排木板房,以及木板房间的空隙干着各自的营生,过着每天的日脚。那时候,马路上流行唱一支歌:"亚—非—拉—人民要解放,反美—怒火—高—万丈……"荡马路且唱歌的人当中不乏悠闲快乐的好事者。有一天,不知哪一个快乐的闲者踅入那个类似集市的陋巷,不知是买了葱姜还是补了橡胶套鞋,临走时却不乏创意地把那个地方戏谑为"亚非商场"。

好些时候,"亚非拉人民要解放"的高亢歌声响彻思南路,好听!这也是当年的流行歌曲了。我小小年纪,不懂得什么叫作节奏感,只觉得这歌好听,一唱起来,五脏六腑宛如开了运动会,个个舒坦。

格子窗下面,有一张坐着吃饭的方凳。我踩在方凳上面,随着马路上传来的高音喇叭声,把小脑袋伸出老虎天窗,也拍手跳脚地"来来来来—来来来—来来来来—嗨!……来来来来—来来来—来来来来—"

我一蹬一跳,唱得兴起,只觉得脚下一滑,砰的一声,方凳往斜刺里倒下,我一屁股种在楼板上,最后一声"嗨……"却是我声嘶力竭的哭喊,进而变调成一声响亮的"呜……"好像远远传来的黄浦江上的汽笛声。

姐姐在一旁做功课,听到轰隆一声,赶忙上来:"侬做啥做啥?嘎疯的,当心夜里撒水出(上海方言,小孩子尿床的意思)。"扶起我,赶紧往我的脚馒头(膝盖)擦红药水。

从此方凳被没收。我摔跤痛了好几天,好几天没有了"亚非商场"的风景,不过,"亚非商场"的人民的确获得了解放,很快,政府为他们盖起了七层楼的预制板新工房,独立单元,钢窗水泥地,每户人家还有独立卫生间,而我们一幢房子才一个公用卫生间,真羡慕煞了我们。

转眼间我已长大,不依赖方凳,踩一只小矮凳就望得见老虎天窗外的风景了。待整个一片社区装了煤气,煤球店消失,兰村西菜社就地诞生。此后的夜间,从老虎天窗望出去,梧桐树影掩映着兰村西菜社蓝幽幽的霓虹灯,忽明忽灭。

初中毕业了。闺蜜中不乏吃牛奶、面包、鸡蛋长大的,建议去兰村西菜社聚餐。我问妈妈讨了几块钱,妈妈很爽快地给了我。这是我的哥姐们从来没有过的待遇。正值夏天,我穿上妈妈为我新做的红色小方格子朝阳格短袖衬衫,灰府绸长裤,光鲜体面地踏进兰村西菜社的玻璃门。喝罗宋汤的时候,同学当中那位屋里不是太有铜钿,可是很有腔调,且英文特别好的闺蜜教我西餐的喝汤法子,须用上下唇小心地抿汤匙,不得发出一点呼噜呼噜的声音,是为 table manner。

从此,我家老虎天窗前面那张硬木桌子,从来不用锅垫,滚滚烫砂锅可以照放的桌子边,面对着一海碗油豆腐线粉汤、黄芽菜肉丝汤,我也极其文雅地一小口、一小口地抿着调羹吮汤,操练着刚学会的 table manner。

现在,除了我一人是个海龟,闺蜜们都生活在海外。统计一下,美国两个、澳大利亚一个、加拿大一个、德国一个。

此刻,在我的视野里,从"亚非商场"平地而起的新工房外面漆成漂亮的奶黄色,装上空调设备阳台,装修成高档商品房的外立面了,许是为美化市容吧。

我家的格子窗外,是对面人家开阔了的老虎天窗,有一整排,四个大窗子,把红瓦片生生地翻将起来,足足消灭了一整片房屋的斜面。格子窗换成了 PVC 塑料移窗。我听到他们楼底下说英语的声音,纯正的美国音。

只有我家还保留着格子窗、洋眼、扎钩头……

我们崇尚钢筋水泥,我们的生活空间听命于开发商的房型图,一样的房型、一样的朝向,兵营式的,几乎跟圈养的鸡鸭差不多,都腻歪了。

有梦的睡眠是甜蜜的，只有老家的木头信箱、老虎天窗才是我时常梦见的家。

我久久伫立在老虎天窗前，不忍遽去，直到向晚。

啊哟，差不多是下班高峰时间了，我得赶紧回家。

我拔起格子窗两边的扎钩头，朝中间并拢的两扇窗夹成一个三角，木头胀了，关不上了，我抓住插销的手柄，使劲一拉，砰地关上窗，下了插销。

下到楼下，趁着心情大好，我拿出一把四十年前的永固牌小钥匙，打开木头信箱的挂锁，不到一分钟就理清楚里面的货色：超市来的、酒店特卖会的、房产中介求租、求售单……不，我用不着。我把它们卷成一筒，走出小支弄，一股脑儿地丢进垃圾桶。我要保留这房子的原貌和宁静，不出租房子。听说中国每天消失近百个村落，我虽不知道木头信箱、老虎天窗的消失速度，然心里还是惴惴的。我希望有个分拣可回收垃圾的桶，可惜没有，不过无妨，几个拾荒者随后就到，拿走了我片刻前的贡献。虽则他们为了生计才做着客观上有利于环保的垃圾分类工作，我从心底里对拾荒者陡生了敬意。弄堂是自由的，不像新建的封闭式小区，虽然有黄、绿两色的垃圾桶，业主不分拣垃圾，也不许拾荒者来分拣，造成浪费和污染……

原法租界的弄堂，宽度可容两辆轿车交会而过。我眼前的过街楼里走出来一个女人，穿一条类睏裤的花裤子，小裁缝做的。"侬好！"我说。已经半头白发的她回答我，笑时嘴角现出两只酒窝："侬好！晏饭吃过了？"

我一愣，嘎早吃晚饭了？可又一想，又觉得温暖，仿佛时光倒退数十年回到小时候，俨然每家每户拿块木板放门口，摇摇芭蕉扇乘风凉，霉腐、乳腐、皮蛋、鸡毛菜番茄汤下米饭的日子。

出了弄堂，拐一个弯，就是 H&M，我忍不住走进去了一会儿。

每次路过H&M，我都会进去挑几件，但凡穿得合身，漂亮，数量不拘。两天前，我刚在H&M买过几件，这回不觉得太新鲜，于是空手而归，以后再看吧。我心里纳闷：不知为什么过街楼下的女人还穿小裁缝做的花裤子，既然一出弄堂就有H&M。

从停车场开出我的帕萨特·领驭，付了停车费：六十块。

长篇小说

风竹

世界上有一种爱

叫作被伤害

第一章

今天,静汝过五十岁的生日。

她的内心填塞了空心的沙粒。

半个世纪异常忙碌的生活……没一刻闲暇……读的书比同龄人多,工作也更好些,收入也不在人之下,还是欧洲名校的硕士生。可眼下,静汝眼前一片迷惘,空寂充塞了她的心。

空,一切都空。

前些天,她让自己退休,去街道办了手续。她不在乎海外留学的硕士学历,像一个女工一样从里弄街道退休了。在静汝的眼里,退休也就意味着不用再缴纳养老保险,也能拿养老金,获得一份医保。除此之外,她对退休没有更多的概念。静汝记得,自己缴过很多养老保险,可是,到手的退休金依然是社会最低标准。她专程前往高架桥下,那个挂牌的社保中心去问,人家懒得搭理她,她也懒得问。退休金少,是静汝这个资历该拿的五分之一不到。不过,静汝还是很开心,她早获得五年的呼吸自由空气的生命。有的单位,还要多上五年班,而她,从现在起,就自由了。

我的学历、工作经历和养老金数额又有啥关系呢?我不经意地闯入这个世界,而我不懂这个世界,也根本不属于这个世界。我何必因为拥有一块敲门砖,就要去叩开那个世界的门?难道我一定要进入某一所大学,或是研究院?那样的话,学校会分给我一套房子。静汝蓦然想道。奇怪,二十年来,她从来没有过这样的念头,怎么突然,现在钻出她的脑海?那样的话,我将沉浸在人际关系里,再耗费五年宝贵的生命去堆砌那座从来没有属于我自己，也永远不会属于我的颓圮的乱石头？

男友喻译对她的做法老大不解。喻译说："你的养老金只够你跑两趟超市。"

静汝听了这话，一笑置之。

照喻译看来，伪造学历评上职称，多拿退休金是时代的风尚。像静汝那样有货真价实的硕士学历，拒绝职称，自废黄金阅历，宁愿与普通女工为伍，真是匪夷所思。单位里的人，为了获得高半级的职称，每个月多拿几百元退休金，都打破头的。静汝这么淡定，他还是头一回见到。静汝听了他的话，觉得好笑，她笑得浑身打颤。

喻译是北京人，一口字正腔圆的老北京普通话，是他的本钱，也是迷醉静汝的风流倜傥。

喻译当过三十多年领工资的作家，刚刚退休。他没写过啥东西，写出来的，静汝看不上。据他自称，他有官职，是一个正处级的干部。喻译不是公务员，但津津乐道他的正处级官衔，说他自己是一个处长。啥叫正处级？面对这个新概念，静汝查了百度，在上海，正处级相当于一个镇长或街道头儿，管辖若干个居委会。还算是个官儿。不过，北京事业单位瞒着社会各界，偷偷加退休金，喻译有份。他开心地告诉静汝，现在他每个月拿一万多元。

对了，今天，这个重要的日子，怎么没有喻译的微信？

静汝在等。

职业的碎片，经与梦想的花泥黏合，在空中堆垒起一座褪色的金字塔。别人按照社会为他们设定的模式生活，静汝为自己设计一座城堡。开智者慢慢觉悟，觉悟者渐渐通慧。

静汝坐在电子琴前，双手沾满白色和黑色的音符，她无心用手去抚摸那座随时在她脑海里倾圮的宝塔。够了！她整个的人生信仰是一轴美丽的童话画卷，建造那座塔，无非为了实现财务自由，给自己心灵的肺一份正常的呼吸。静汝只靠自己,奋斗很久才出头。乔布斯说,人有了温饱就该做自己喜欢的事情。静汝正是如此。静汝有了住所和生活保障就无欲无求。

静汝难过的时候会冥想,理清思绪,看一点书,从书中汲取力量。内心有光有希望,也是生活的动力。书本塑造了静汝。书本如灯塔照亮她的心,静汝的生命活在书本里,书是静汝全部的宇宙。静汝来到这个世界,已经五十年。在这漫长的半个世纪,她和其他人一样活着,可是,她只属于她的书本,她的梦。她走在黑暗里,只有当翻过一张张书页的时候,她才看到天边发光的地平线。此刻,她发着呆,问自己:书橱里有好多书,是书害了我?可是,没有书本,我怎么活呀?不,是书救了我。阅读是静汝的避难所。读了她钟爱的书,她才成为现在的样子。

静汝也期待把自己交到爱的手里。她理想中的爱情也像浪漫小说里写的那样。

她的桌上放着两本书,白色封面的勃朗宁夫人的十四行诗集,绽放出一朵朵纯净的爱情之花。粉红色封面的弗吉尼亚·伍尔夫所著《达洛维夫人》,中英文版,透过文字,从书里走出一个个带魔力的灵魂,在静汝一声轻轻的呼唤下,达洛维夫人款款走出书本,朝静汝微笑着走来。步态轻盈,扇动双翅,通红的嘴唇变换着轮廓,淌下一滴血,慢慢拉长,变成一条血丝,又变粗,形成一条血柱,流过下巴,滴到翻开的书页上……达洛维夫人脸色如复印纸一样白,目光利如刀刃,逼视着静汝,绿色的双眸闪现一丝漠然而和善的笑意。

女权主义,毕竟是一个口号。没有人爱的女人是不完整的。静汝对自己说。

从前男向女求婚,为得到性。但是,在"性"已经不稀奇的今天,就轮到女向男求嫁,为安置心。听欧洲的老同学布莱恩说,在爱尔兰,女人被允许在闰年的二月二十九日向情郎求嫁:"都试过百次千次了。瞧我额头、眼角都挤出缝缝道道，你到底要不要我呀？"于是男人心一软，社会上婚事遂多，随之带动餐饮业、摄像业、房地产业增长，创造就业，推动国民生产总值飙升……这些商机都是由女人求来的。

布莱恩是欧盟委员会的官员，在 MBA 班里选修课程。

至于"托身"，多半是由女方巴望男子保护她。丈夫果护妻乎？谬也！"比翼鸟、连理枝"是唱得好听，"夫妻本是同林鸟，大难临头各自飞"才是坚实的生活。和平年代相互用用，一旦危急，谁顾谁呀？当年一位如花似玉的护士小姐和情郎缠绵于"江亚"轮，正临风交杯，对月盟誓，忽听轰隆一声，船沉在即，情郎情急生智，飞速抢过一个救生圈，顾自逃命去了。后护士小姐幸得活命，残生再不嫁矣！

害怕单身的人知不知道，婚姻中人在婚礼完毕后就恐惧起来，怕被丢掉。于是新妇钻研林林总总的女性杂志，新夫买来壮阳药，以己之需揣度彼之需，结果对彼此都厌倦了。后来，尽管没被丢掉，身边那货也日渐讨嫌起来。

单身女人被人看不起，被有家庭的女人暗暗地蔑视，她们之间的交往也不平等，单身女人被视作不成功且卑微的一方。静汝识相，深谙自己不健全的人生，守住一颗孤独的心，不去想不会出现的人或事。她主动断绝了和以往闺蜜的交往，既然没有电话进来，她也不打电话出去。她心如止水地过完每一天，当下的尼姑也没有她这样的心境。

爸爸在世时，总是敦促静汝找女婿。就"找"这个字，静汝没太往心里去，她等待着爱情，好像一个不屑于投递履历的求职人，相信有朝一日工作会找到她。贴上单身女的标签后，静汝纵然小心生活，不妨碍他人，也成了已婚妇女假想中的威胁。静汝不跟男邻居说话，唯恐遭到他们妻子的白眼。出门旅游，她独自一个人，也遭到同行夫妻们当中妻子的侧目。静汝有何错？唯一的错处是没有一个丈夫。虽然论学历、知识，自己远在那些女人之上，可这些东西，远不如最本能最现实的驭夫之术管用。

二十多岁时，当静汝的女同学们安安稳稳地上下班，拿工资，度过计划经济下的一个个春秋，忙着从每月的工资里扣下钱置办嫁妆，求人介绍个匹配自己的小伙子，像完成流水线上的装配工序一样把自己嫁了出去，早早开始了各自的"日子"，静汝潇洒地当了几回候相，把自己视作世俗的局外人。她读托尔斯泰、雨果，听星期音乐会，听贝多芬专场，还去淮海中路的体育用品商店买了两个大旅行箱。黑色的牛津箱、棕色的人造革箱。她整天忙于考托福、GMAT，办护照拿签证。启程的时刻到了，她辞别父母、哥、姐，强忍住眼泪。在安检处，静汝不得不向家人告别了，她胆怯而无可避免地抬起头，母亲凝视着她，嘴唇和下巴在颤抖，泪水把双目浸泡得红肿，黯淡的瞳仁诉说着千言万语……静汝头一次旅行，不知道随身行李还能带一个大包。她只带一个小书包，书包里塞满双线报告纸、圆珠笔芯、空白信封，印有红色装订线的报告纸，薄如蝉翼，双线横格也是红色，特别吸墨水，8分钱一刀50页，1毛3分钱一刀的有100页呐！静汝咬咬牙，全买1毛3分钱的，这些是她的财富。用这种纸写信，字数容量大，分量轻，特别省邮票。她听说国外什么都贵，且都是花外币买的，所以，能用人民币购置的东西，尽可能多买点多带点。结果，静汝最宝贝的工具书《新英汉词典》包里放不进去了，她只得把词典拿在手上。词典蓝黑色的封面，在外国人的眼里，颇有点像《圣经》。于是，静汝的样子在看得懂的人的眼里显得异样，因为很少有人手捧一部《圣经》上飞机的。登机的时间到了。静汝跟随一行人，在登机口前排起了队。随着队伍缓缓朝前方移动，想到出了这道关口，她即将脚不沾地，飞离地面，没过多久，她将离开她的祖国，开始人生的首次飘零，静汝再也忍不住，失声啜泣起来。这时候，排在她前面的一个外国老人回过头,看了她一眼,面露同情的神色,他没有办法做出别的表示,便向旁边挪开一步,为静汝让出自己的位子,让静汝先过,他跟在静汝的后面,继续排队。

静汝登上舷梯,进入机舱,飞机刺破云层,翱翔蓝天,飞抵欧洲大陆。

现在,那两个箱子,棕色人造革、黑色牛津布的,装替换衣服,在换季时节,擦去灰尘,一一打开……

她曾经带着它们登上飞机,经香港转机,跋涉十多个小时后,到达比利时鲁汶小城。她在比利时鲁汶天主教大学修完MBA课程,拿到工商管理硕士学位,又在位于布鲁塞尔的欧盟委员会实习一年后,回到上海。静汝不必去敲世界的门,世界的门始终向她敞开着,可她无数次过而不入。那个时候,欧盟资助的中欧管理学院刚刚成立,假如她加入,会拿到一套房子,现在也有几百万的市值。可她没有去。出国前,静汝曾经在会计学校当过教师,就在她生命刚启航的时候。静汝有着佛道善根,要普度众生,为此丢掉教职。那一年,她二十二岁。从此,她要远离教学生涯。

该放手时则放手。硬把抓不住的现实世界抓在手里,是没有用的。

经历了那么多年疯狂的奋斗,静汝回来了。往日的同学们有着自己的日子,而她则没有。现在,静汝想要一次爱情,最淳朴的感情,她找到一个老土的喻译。

静汝着手调制一款面膜。

迟桂花的金黄色花瓣被一片片撕下,在静夜里,接到几滴中秋的明月里掉下的玉露,和成糊状,几经碾碎,制成一张汨汨流动的面膜,随牛奶漫过一双女性的手,那双依然粉嫩柔滑的手,轻轻揉搓由奶酪而板结的面部肌肤,不是脸庞,而是一道笔陡的悬崖……迟桂花的香味,来自一棵斜生在峭壁上的灌木……凝固而紧致,保持她的青春和尊严。她，拒绝戴一副诌笑的面具，已经三十年了。

桂花的馥郁渗入牛奶的乳香，做着无休无止的青春的白日梦。

静汝在孤独中看到自己的灵魂，与自己的灵魂相遇。静汝重灵魂，也顺肉体之自然。她接受了喻译。

怎么还没有喻译的消息？

静汝的正东方向望得见静安寺金辉熠熠的金刚宝座塔。以静汝家的垂直高度，她是能俯瞰静安寺的。不过，静汝很快抬起头来，往空中仰望蓝天，仰望佛陀，亟盼佛理滋养自己，了悟自己的内心，走向释然。佛陀说要大爱，不要存执念。静汝对自己说：我的烦恼也是由执念而起。静汝的那个执念，是一个人，名字叫喻译。静汝调匀气息，致虚极，守静笃。对自己说，有触觉的东西如梦幻泡影，得来也要失去，失去也无挂碍，身外之物渺如浮云，我又何必伤感？

佛陀是觉者。高屋建瓴，智慧通达。我们领悟佛理，就是一个"悟"字。觉悟了，就省了很多烦恼。人生八苦，知道了这些苦存在的合理性，对幸福降低期望值，人就不难过了。男女之间的爱欲，按佛家的说法，是贪、嗔、痴，因缘所生的空，静汝虽懂得这些道理，可在她的心里，情绪依旧是一团乱麻。

"由爱故生忧，由爱故生怖，若离于爱者，无忧亦无怖。"静汝记起读过的《妙色王因缘经》里的一首诗。

佛说："诸行无常，诸法无我，涅槃寂静。"静汝因孤独滋生烦恼，这也是佛家所说的"惑"，通过修炼，去除人类和其他生物与生俱来的弱点，否认欲望，灭除欲望，不寻求欲望的满足，也不寻求满足欲望的载体，我就幸福了。孤独又如何？参禅悟道本身就是个体的行为，与伴侣无关。

喻译本身就是一个幻影，虚妄不实。静汝入定静思，娴静无欲，对自己说，心不住法，道即疏通。我常离诸境，不于境上生心。我不执着于对喻译的思念，就不痛苦了。喻译是想象中的幻觉，静汝把喻译想象成虚妄，心里就好受多了。

在静汝的视野里，静安寺巍峨的阿育王柱，正法久住梵幢，四头狮子面向东西南北。遥想两千三百多年前，公元前三世纪的孔雀王朝，疆域囊括整个南亚次大陆，涵盖现在的阿富汗、巴基斯坦、印度、尼泊尔、孟加拉国，国土面积是现在印度国土面积的两倍。

世事无常。

阿育王万万没有想到，他希望存续万年的孔雀王朝，在他去世后不到五十年就土崩瓦解。

假如孔雀王朝留存至今，是否就不打仗了？王朝变换更迭，战争不可避免。在孔雀王朝以前，马其顿的亚历山大大帝征服过印度，所以印度佛像都沿袭古希腊风格。孔雀王朝赶走亚历山大？人家亚历山大因为战线太长不肯恋战？静汝以为，无论做什么事情，战线不宜拉得太长，要获得一样东西，譬如，女人要拴住一个男人，须近水楼台先得月。静汝在上海，喻译远在千里之外的北京，静汝够不着啊！

世间无常，缘起诸理。离开虚妄，得现清净圆觉。土地不像立体停车场，地壳运动也没有生成更多的陆地，一国对一地，犹如一男对一女的婚姻关系，领主有变化，空间还是原来的空间，没有什么想不明白的。想到这里，静汝放宽了一点心。佛教充满解脱人生痛苦的哲学理念。佛教不是看破红尘，佛法是塑造幸福人生的智慧啊！

静汝手里拿一册《金刚经》，凝视着窗外远处的阿育王柱，手指一页页地翻过书页，她凭手指的触觉在阅读。

阿育王柱上镌刻着苏东坡手书的《金刚经》。《金刚经》说真如不寄寓于形。真如的形象不可见，不住相。大千世界，并非真正的世界，而是显现出来的世界。世界是空的，智慧在于不住相。不住相，人是自由的。反正空的，啥也不留。把事情看开就悟道了。

静汝想要一种她没有，今生命里不存在的生活。她需要被爱，这是痴人的妄想，得不到时，便生出烦恼。

五十年的生命历程告诉她，她不会有。现在，她只能换一种方式看待自己的人生：既然爱是虚妄，我要爱何用？一切都是虚妄，看开了，又何必纠结？

滔滔浊世，红尘滚滚。生活中的一切现象也都是过眼烟云，过目即忘。表象空泛，其内核是没有的，得到也无益，没有也罢。对爱情失望的人容易遁入空门，因为看到人生的虚妄。这虽是反人之常情的，却与静汝此时的心情十分相宜。雁过不留痕，她此刻也是常乐我净了。静汝的心念脱离世俗之境，领悟到佛性，烦恼消除了。

佛说，凡是属于"有"的东西都是无常，终究归于寂灭。"无"的东西才恒久远。

溪涧岂能留得住？终归大海作波涛。喻译不来也罢。

喻译是幻影。静汝离幻即觉。现在，静汝不难过了。静汝慢慢地从个人的悲剧走入宇宙的喜剧。

天下本无事，庸人自扰之。静汝不禁自嘲。

喻译无所从来，亦无所去。不来也无妨。喻译是喻译，喻译也不是喻译。说到底，喻译只是假托喻译的名字的一个存在，而已。

灭度，消泯烦恼，度己度人。静汝净方无欲，摄心入定，感叹诸行无常，必须把万缘放下，一切皆空。

静汝舒心。

人生没有一个圆满的选项，总是顾此失彼。到头来，怎样都行。这也许就是般若了。金刚经说我们凡人都能成佛都有三十二相，每相都会变，这就疏导我们的思路，不钻牛角尖了。佛教能治病，治的是心病。美国的心理咨询师给病人讲佛教义理，治好不少人呢！

静汝提纯自己的心念，不受爱欲的诱惑。明心见性地悟道。

在静汝的眼睛里，绿叶显得多么快乐！她每天看到芭蕉树叶，可是烦恼是遮掩了树叶的一层尘土。现在，静汝心念开悟，去除了心的障碍,她真正发现芭蕉树叶之美了。

静汝有着一颗久经风霜的少女的心,此刻,她要勇敢地成为她自己!

今天是我的生日,我五十岁了。没有鲜花,没有派对,没有蛋糕,没有客人。

只有八十多岁的老母亲为我煮面条……静汝默默地垂下了头。

静汝要孝养母亲,静汝的生命不属于自己,而属于她肩负的责任。

静汝不让母亲看见她的负面。总是在妈妈面前乐乐呵呵。

妈妈打开冰箱,取出一瓶人头马 X.O.,这还是布莱恩多年前出差去韩国釜山开会后,特意来上海看静汝,带给静汝父亲的礼物。家里没人喝酒,前段时间静汝找它出来,平时煸炒草头时,把它当高粱酒用。

布莱恩怎么没有消息?今天?这个念头在静汝的脑际一闪而过。她的心思再一次锁定在另一个人身上,男友喻译身上。喻译的影子挥之不去。

"再等等吧。"她对自己说。

静汝回到卧室,从衣橱里取出一件大红丝绒衫,换上,今天是生日,要穿红色的衣服。

"祝女儿小姐生日快乐……"午饭时,妈妈的眼圈红了,妈妈身边,正对着静汝的位子空着,那是爸爸生前坐的地方。

"祝妈妈长寿!"静汝的声音里饱含着激动的情绪,她连忙低下头,把话岔开,"现在有疫情,我们别出去吃饭。"

"有根菜要吃的……"妈妈用公筷撚了一筷炒黄豆芽放到静汝的碗里,说,"吃有根菜,长命百岁。"妈妈用满怀同情的目光看着静汝。妈妈精心烧了一锅肉丝蘑菇香菜汤，鸭蛋红烧肉。

"想着妈妈辛苦生下我……"

"留心找一个好人吧……"妈妈说着，流下眼泪。

静汝总想一个人待着。每当与母亲相对而坐，母亲总要牵出这样的话头，和母亲说话的时候，静汝面带笑容。她深受儒学熏陶，心里再苦，也不把负面情绪传递给母亲。此刻，她要逃离，躲又躲不了，只得忍着，脸上依旧挂着微笑，尽量平稳着嗓音说："妈妈，您不要担心。"她快速吃完饭，默默地洗干净了锅碗，说："我要上楼去。"

"又要上去，不陪陪我……"妈妈说，"哦，你忘记擀面条了。"

是的。昨天静汝去买菜，心里惦记着喻译是不是记得她的生日，竟然忘记带面条回家。现在，只有和糯米粉自己做面条了。

"女儿，放一盘你喜欢的音带……"妈妈换了话题。

静汝走到饰有镀金树叶纹浮雕的电视柜边，拉开抽屉，抽出一盘《女人花》，按动"重复"键。

整栋房子成了一个大号音箱，音乐在每间房间回旋……歌曲里那个有心的人来入梦。昨夜，静汝梦到发夹，大中小规格齐全，还有一个男人，西班牙裔南美人，巴西的？长着络腮胡子，贴着静汝的脸，像狮子脸一样毛刺刺的。梦醒之前的快乐让刚刚睡醒的她一阵轻松。奇怪的是，昨夜梦境里出现的男子，不是她的男友喻译。

这样的梦，每过一段时间会做一次……

喻译是什么？一个存在，一个显意识够得着的男人，一个活着的人。可喻译，为什么没有来入梦？

午饭后，静汝走进她专用的卫生间。

静汝的作息节奏随母亲，几乎也过上了老年人的生活。

幽闭的岁月里，静汝规划她的洗衣机、洗衣液、香皂、化妆棉、牙刷牙膏。

一个印着卡通齿形小人的漱口杯里，插着品牌各异的五支牙膏和一支软毛高露洁牙刷，宛如一束塑料花，朗健概念的云南白药牙膏黑色膏筒，旁边插着两支红色的金口健云南白药牙膏，一支新的饱满的，旁边一支已经被挤压成干瘪的两层牙膏皮合并成一个平面。白色的舒适达牙膏是依照牙医嘱咐买来专门抗过敏，绿色的上海防酸牙膏的广告语是红色的"水晶亮丽"四字。静汝每天刷牙五次，早起一次，用一款云南白药牙膏，早餐后一次，用上海防酸牙膏，午餐后一次用舒适达。晚餐后两次，头一次用云南白药牙膏，接着用过牙线，再刷一次舒适达。寂寞的生活里，牙膏和牙刷是陪伴静汝的有生命的宠物。

深蓝色塑管的朗健云南白药牙膏有着一个漂亮的带内丝螺旋的盖子，记得小时候，宣传上流行一盏铁路工人的信号灯，也是现代京剧的一件道具，姐姐教静汝做成一个这么的玩具，拿爸爸的木工钻头在牙膏盖子的顶端钻一个孔，找一枚透明的有机玻璃纽扣，竖起来，纽扣的上半个圆弧卡住牙膏盖子下面的开口，用针线穿过纽扣反面的针孔，连接顶端的牙膏盖子，再缝上那个做底座的东西。至于信号灯的底座是什么，静汝已经忘记了。眼前，这么大一个牙膏盖子，得配一颗多大的有机玻璃纽扣啊！静汝在回忆，要不，从爸爸的军大衣里扯下一颗！爸爸的单位发那种正宗的，但没有领章、帽徽的军大衣。可那颗纽扣不是红色的，是棕色的。

爸爸是京剧院的木工，兼管舞台。戏台上看多了忠良、义士被陷害，仁孝之子多磨难的故事，可在生活当中，爸爸依然忠信孝悌俱备。

爸爸出生于浦东一户无地的手艺人家庭，曾祖父是裁缝，靠手艺吃饭。祖传一张治疗伤寒的秘方，用很热毒的草药研磨成粉，搓成小团子，服下去，立马见效。自太爷爷一辈起，不知救活了多少人。后来，新政府来了，应村长要求，爷爷把方子献给了国家。

祖父是裁缝夫妇的独子，人很聪明，很会讲故事，从小心灵手巧。祖父学做木匠活，手艺之精湛，百里挑一。伯伯也随祖父学木匠。那个时候，村里一班人接到一个在南京的工程，爷爷带着伯伯随众人去了。在日军攻入南京城，大屠城的前夜，爷爷从茶馆酒肆里听到风声，连夜带了伯伯，抄小路出城逃命。爷爷贪玩，工钱积存不多，从南京步行回上海浦东，没过几天就分文不名，腊月的寒冬里，饿着肚子，叫花子一般，最后讨饭回到家。村里其他人一同在南京务工的，此后都杳无音信。静汝曾经想，爷爷聪明，对时事和即将降临的灾祸有预感，为啥不带领众乡亲一起撤离南京，而只顾自己和大儿子逃命？爷爷的确自私，不过，两个人逃走毕竟容易些，人多目标大，到时候，谁也逃不了。爷爷不是那位率领以色列人逃离被奴役之地埃及的摩西，爷爷也不可能是摩西。再说，爷爷最多带回村十几个人，却解救不了三十万惨遭日军屠戮的军人和市民，而当时，确实是才几个日本鬼子就射杀几千名中国士兵的，假如大家齐心协力，不惧枪口，"一、二、三"同时扑上前，用人海淹也要淹死憋死那几个小日本鬼子。可惜呀！

不拥有土地，做帮工便成了经常的职业。农忙的时候，小小年纪的爸爸跟着祖母去地主家干活，爸爸拿长杆子赶走偷吃粮食的麻雀，也蹭一顿饱饭。静汝小时候听不识字的祖母经常说："地主老好额。外头不好讲！"

父亲十二岁时辍学当学徒做木匠。他告诉静汝，他的手艺虽然是京剧院里最棒的，却不如祖父和伯伯，祖父除了制作，还会雕花。

大姑妈，爸爸的大阿姐嫁给一户中农。有一次，爸爸十岁那年，砍了一担柴，用扁担挑着，一早出门，步行二十里去看他的大姐，到了大姑家门口，大姑刚做好喷香的中午饭，一看见爸爸，她的亲弟弟，娘家的穷亲戚，衣衫破旧，丢她的面子，操起一把扫帚往外赶爸爸,爸爸丢下一担柴,抹一把眼泪,勒紧一把裤腰带,大步离开,回家去了。爸爸学木工刚满师的时候,手艺一般,找不到活,投奔在上海做工的爷爷和伯伯。爷爷和伯伯手艺好,赚得多,吃得又饱又好。祖父下工后,去戏园子放松找乐子,祖父和伯伯都不管爸爸吃饭。爸爸打地铺,入夜了,饥饿的爸爸打哆嗦磨牙,不小心吵醒了伯伯,伯伯跳将起来,二话没说,抄起鞋底片,照着爸爸的面孔没头没脑地猛抽……第二天,有工作的人都上工去了,爸爸一个少年,低着头,袖着手,徘徊在工场间外,这时候,许章,一个中年工友路过,问爸爸吃过早饭没有。一听这话,爸爸不吱声,把头低得更低了,眼泪啪嗒啪嗒地滴落在一堆刨花和木屑上。许章见状,忙跑到账房,从他自己的名下预支五块钱,借给爸爸。靠着这五块钱,爸爸每天吃两只高脚馒头,挨过了一个月,直到找到活,他一拿到工资,就还给许章五块钱。

  静汝记得,爸爸经常说:"我看见苦恼的人就心软,看见没吃的、饿肚子的人,总想接济他们。"

  爷爷在京剧院被评上文艺八级,这份工作是爸爸硬拉着他去华东京剧院应聘获得的。说硬拉他,因为爷爷害怕汰脑子,进单位后,爷爷不怕汰脑子了。爷爷退休金68元,是宅里的首富。他全包开销后给奶奶20元,剩下的钱自己消费娱乐。奶奶再去贴叔叔。爷爷怪她贴给舅舅了,其实是错怪了她。叔叔家只给奶奶吃2毛1分一斤的切面。说他们的孩子要吃肉。静汝不记得爷爷跟她说过一句话,作为女孩子,在家中没有地位。不过,二哥是爷爷第二个孙子,有一次,他被爷爷拎起耳朵一顿痛打,原因是二哥为做功课,在木窗台上削铅笔,惊扰了爷爷的午睡。二哥那时候八岁,耳朵被爷爷揪得痛极,放声大哭,妈妈赶回家做好中午饭,心疼儿子,不敢发出怨言。她带着二哥,去淮海路代销站买了一碗水果羹给二哥吃,以示安慰。妈妈看着儿子吃,自己不吃。买水果羹的钱,是妈妈给人家帮佣洗衣服做钟点工赚来的。爷爷常年吃住在静汝家，没给过一分钱。

到了抗美援朝的时候，爸爸已经在京剧院拿工资，为了捐献飞机大炮给国家，他自动降一级工资。三年后才恢复正常工资。静汝的二哥生病，缺医药费，爸爸妈妈非常忧愁，连连叹气。爸爸把家里唯一的老式雕花大床寄卖掉了，那是他的婚床，承载着他对未来幸福生活的憧憬。从此，一家人只得睡草垫子。大床是爸爸亲手做的，爸爸拿大床送到淮国旧寄卖商店，换了五十块钱。本来大床不再与他相干，可是，爸爸舍不得，想再看看大床一眼。待下了班，拖着疲惫的身子，爸爸来到淮国旧的后厅，看见大床，没有被搭好，歪八仔七的，他把大床搭搭正后，再看一眼，依依不舍地离去。

后来爸爸拿到文艺八级的工资，每月103元。爸爸妈妈对祖父母孝顺。从静汝记事起，每个月的五号，一领到爸爸的工资，妈妈就拨出5块钱，去淮海路的长春食品店买来猪油米花糖、咸肉、香肠、糖果……应有尽有，塞满一个大大的猪皮包。看着这些好东西，静汝和哥姐们馋得流口水，可是，妈妈关照："不能碰！你们将来的好日子长着呢！爷爷奶奶年纪大了，得让他们先吃。"妈妈还省下自己的肉票，到淮海中路、瑞金二路的上海肉店买了上好的五花肉。第二天，妈妈叫二哥提着猪皮包坐12路公共汽车到金陵东路摆渡站，乘摆渡船渡过江，到陆家嘴，坐81路公共汽车到了浦东乡下，送给爷爷奶奶吃。奶奶把自制的红梗菜饼、蒸糕、甜芦粟打包好，提在手里，把二哥送到公路边的高三线汽车站，往二哥的手里塞2块钱，然后，看着二哥上车，朝汽车尾部那团废气招手，直至汽车消失在她的视野里。二哥回家，把2块钱交给妈妈。

父亲的兄弟姐妹及他们的子女听说静汝一家买最好吃的东西孝敬爷爷奶奶，他们齐刷刷地跑来静汝家白吃白喝白住。常常听到弄堂里一声浦东话呼喊，爸爸叫静汝打开楼梯灯，紧接着，新式里弄房子的木楼梯，自下而上一连串脚步声，轻快地响上来，说轻快，因为来者一个个身手轻灵,且都空着一双手,噌噌噌鱼贯而入……每当这个时候,妈妈总要拿出钱,实在拿不出钱了,就问楼下的河北奶奶借几块钱,嘱静汝去淮海中路庆丰熟食店买猪头肉、红肠,再去马路对面的茅万茂打啤酒,从那天时时候起,一连数日,家里多出几张吃饭的浦东成年人的嘴巴和胃口,荷包蛋、红烧肉、干煎带鱼、红烧黄鱼……妈妈烧的荷包蛋是舌尖的享受,先在油锅里煎得两面黄,再回一次锅,加葱、料酒、糖、盐,淋上酱油,加水红烧,出锅后的荷包蛋,香糯爽滑,馋劲丝丝地往嘴里蹿……三姑妈吃惯了这道菜。此刻,她攥着一双筷子,眼神迷离,盯着荷包蛋看,一动不动……静汝搛起一只,模仿着平日里爸爸妈妈待客的礼数,要把荷包蛋搛到三姑妈的饭碗里,三姑妈把饭碗朝静汝推了推,可是,当静汝抬起了手,把荷包蛋平举到空中的一刹那,不知是禁不住自己的饥饿,还是出于别的原因,静汝停住了筷子的移动,接着,变换方向,把荷包蛋平稳地放进自己的碗里。三姑妈见状,不满地呃了一声。

妈妈正好端进一碗咸菜炒毛豆,她赶忙数落了静汝一顿,又重新搛一只荷包蛋到三姑妈的碗里。三姑妈一口咬去大半个荷包蛋,她也不招呼妈妈吃饭,由得妈妈里里外外地忙碌。

人多蛋少,临到妈妈坐下来吃饭,饭锅里只剩下一层锅巴,盛荷包蛋的碗里只剩下几片蛋屑,妈妈往锅巴里浇上荷包蛋的汤汁,草草扒完了饭。她辛苦做这道拿手菜,却只得压抑了自己对红烧荷包蛋的食欲。

浦东乡下来人,大碗盛饭,扁过筷子,大口吃菜,每餐连汤带水带肉吃得肚膨气胀,抹一把滴油的嘴巴,说,这次来上海看病,还要多住几天……这些人当中,只有一个人去瑞金医院门诊挂了号,配点常用药,而那个"病",高桥的第七人民医院完全搞得定。他们一住半个多月。七八个、十来个人住下来,静汝一家把床铺让给他们,自己打地铺。乡下人拉了马桶,很臭,马桶很重。妈妈一次又一次地倒马桶。

直到非走不可的那一天，他们吃了早饭不走，等吃了午饭才走，午饭一定要有肉，不吃肉不肯走。妈妈只得又出去，跟人说好话，借了钱，静汝再去买熟菜。

伯伯的身影，静汝记得清楚。很多时候，在静汝家的饭桌边，伯伯每次空手来，每次来了，都说："出门时间早，店没有开门。"

趁妈妈在灶间烧饭，大姑妈拉住静汝的二哥，轻声地问："你的阿爸每月赚多少钱呀？"二哥答："不晓得。"妈妈在晒台的小披间里烧饭，听到了。妈妈没有说话。

大伯家和三个姑妈家的人比赛来静汝家白吃白住，因为少来一趟就吃亏。有很多次，到吃晚饭的时候，两三家人一起来，静汝家凭空多出十多张大口吃饭的嘴。为安顿他们坐在饭桌前的屁股，静汝不得不去邻居家借凳子。

等下个月，爸爸领工资的那天，还债的钱去了一大块。

几年后，二哥学农，路过二姑妈家，她不管饭，赶他出门。外面打雷。哥哥独自摆渡回家。

浦东亲戚们吃了静汝家的，省下饭钱给他们自己做光鲜的新衣裳，涤卡中山装啦，花布棉袄罩衫啦……大姑妈、二姑妈、三姑妈，还有伯伯、叔叔的儿女们总有新衣服穿。

浦东亲戚们日复一日，一顿又一顿吃饱了静汝家的热饭酒肴，也看到了静汝和哥姐身上破旧的衣裳。他们美餐之后的娱乐，是嘲笑静汝的父母不会理财持家，让儿女穿成这样。

他们吃吃吃，吃光了静汝和哥姐们的新衣，吃掉了静汝和姐姐作为女孩的自尊和希望。

我们过年从来没有新衣裳穿。我们的新衣早就以米饭、鱼肉、禽蛋、酒肴的形式进了姑、伯、叔们的肠胃，他们省下的饭钱，又变成

221

他们家小孩子过年的新衣和压岁钱。

静汝是一个女孩子。从小学到中学，在全班同学当中，她穿的衣服最破旧了。见静汝总没有新衣服穿，从小学到中学，在班上，静汝备受白眼备感孤独，没有同学和她说话。孤独的静汝把心思转向书本，她在班里语文、英语最好，画图也逼真。

静汝的父母心地仁厚，没有守住防洪堤。浦东来人如洪水猛兽三日两头冲溃堤坝，风卷残云，吃光了静汝和哥姐的棉衣、棉被。爸爸妈妈买不起棉毛衫、秋裤给孩子们穿。寒冬腊月里，静汝穿着单衣，套一件用从爸爸的旧毛衣上拆下的，一拉就断的旧毛线，掺一股从纱手套上拆下的白纱线，妈妈和姐姐为静汝织成的毛衣，外面罩一件硬棉花的棉袄，没有棉袄罩衫。满手的冻疮。妈妈拆掉自己心爱的骆驼绒旗袍，把骆驼绒一片片剪下，缝在静汝旧棉袄的背心，依旧挡不住风寒。没有新棉袄穿，身上冷，静汝和哥姐们经常感冒。一生病，又要挖取爸爸妈妈的工资的一大块。爸爸在文艺单位上班，没有家属劳保，子女看病不能报销，医药费得从饭钱里扣除。

静汝的童年记忆是一本厚厚的自费病历卡，首页上，爸爸用工整的钢笔字迹填写了静汝的姓名、住址、出生年月等信息。童年静汝脚下的路，又是趴在爸爸的肩头走过的。她从小多病，一发烧，爸爸就急匆匆地从绍兴路的单位赶来，匆匆吃一碗妈妈煮的稀饭，背起静汝，往瑞金医院的小儿科跑去。静汝人重，爸爸抓住她的两只脚，往肩上一耸，把她背得高一点，笑着回头对她说："你一生病，爸爸口袋里的香烟钱就咯咯叫起来，要生了脚走出去呢！"静汝个大，还不到八岁，就睡不下小儿科的检查小床了，两只脚早已伸到床外，小腿卡在台子的边沿。

生病的孩子有吃一只蓝色印花蜡纸包装的，一毛三分钱的咸面包。甜味的鸡蛋面包用红色印花蜡纸包装，一毛五分钱，显得奢侈一点，不常买。

春秋冬季，静汝穿唯一的一件格子线呢两用衫，左肘破了，打上补丁，补丁打得很仔细美观，破损的旧布往里掖成光边，用同样颜色的零头布从里头顶出来，填上窟窿，还设法对上格子。零头布是新的，无可避免地和穿烂的旧窟窿边缘形成色差。怕被人看见这个补丁，静汝动辄把左肘缩回腰间。直到现在，静汝还有缩回左肘的习惯性动作。就这么常年一件春秋衫，冬天再罩上棉袄，静汝没有一件棉袄罩衫穿。直到姐姐上班，才扯来一块蓝底白点子的花布，求人裁剪，拷边后，姐姐踩缝纫机，为静汝做一件棉袄罩衫。能穿上一件棉袄罩衫，静汝突然感觉自己是一个女孩子了！那一年，静汝十五岁。

好多年以后，静汝读到《菜根谭》里的句子"父慈子孝，兄友弟恭"，想起父亲和祖父、叔伯、姑妈们，不禁哑然失笑。面对父不慈，兄不友，父亲这个当弟弟的，却极其孝顺、恭敬。静汝的父亲靠手艺和认真吃饭，父母敦厚勤苦，恪守忠信孝悌，心里有想法，碍于面子，从未阻止浦东亲戚们盘剥。父亲宁可上下班步行，省下坐电车的钱，下雨了，宁可自己没钱买雨伞，歇在人家的屋檐下走去上班，也要让他的父母、兄弟姐妹餐餐都有肉，住很长时间。

《论语》里说以直报怨，以德报德，爸爸干脆来个以德报怨。秉承京剧的忠孝仁义精髓，爸爸忠诚守信，侠肝义胆，为人忠厚，先人后己。妈妈经常说：宁可人家对不起我们，我们也不要对不起人家。人家不好，由他们自己去内疚。这是父母给静汝的身教，成年后的静汝也和她的父母一样为人。

人生就是老天爷把规定给某人的一切苦难统统施与他，再把他收回的过程。

静汝默默地走进书房，书房有一道门通向露台，这道门被静汝用一架花梨木雕花书橱堵死，以保持书房的静默。静汝睡觉的北边卧室也有一道门通向露台，门的周围都是玻璃，厚厚的玻璃幕墙占据了面西一整堵墙。爸爸生前很希望静汝结婚生子，假如静汝早婚的话，在静汝的想象中，此刻，静汝的孙子孙女或外孙外孙女们正奔跑着跳跃着冲出书房间那道门，在近三十平方米的大露台上疯跑捉迷藏，再一步跳进北边卧室，顺时针跑一圈再进书房，冲出那道门到露台，如此循环……

爸爸的照片挂在墙上，给书房罩上一圈圣洁、灵性的光环。静汝在他照片的镜框下面走过，感觉他总是把行走的人看得很透。照片上的爸爸，花白的头发纹丝不乱，隐约还看得见篦箕犁过的一道道齿痕。他外出前，总要用竹篦箕蘸过清水，梳出这么一个"奶油包头"来。爸爸那双洞察微末的眼睛，闪着细细的泪光；眼睛上面，眼泡虚肿，必是白天、黑夜辛苦劳作之后，又流掉了不少蛋白尿吧。或因忍着病痛，他面露哀戚，沉郁中不乏儒雅，似乎早在拍照的当儿，就默默地向我们做了交代，这张照片，就是为了以后我们纪念他用的。

照片上面，那件淡灰色的中山装，爸爸穿了几十年。这件衣衫，承载着我们对父亲的追忆。

爸爸对革命工作满怀虔诚。爸爸担任舞美队的组长，去北京拍电影，参与创作，拆台，装台，搬布景，一箱箱布景是爸爸用肩膀扛出来的。通宵达旦，没日没夜地做，一连几天几夜不合眼，人站着也会睡着，父亲毫不退缩。队长动嘴不动手，袖手旁观，向爸爸竖起大拇指，说："老静同志对革命贡献大，不愧是舞台上呼风唤雨的人物。"一直歇在一边，受爸爸提携的下属龇出一口黄板牙，赔着笑，划一根自来火，给爸点上一支烟……爸爸累坏了右肾，右肩膀扛不住沉重的布景箱子了，改用左肩膀扛。他患上慢性肾炎，食堂的饭菜太咸，用开水冲淡后再吃。当他患上肺癌，单位退管会来过人。说起往事，退管会的人不屑地说了一句："那个时代啊!"对，那个时代也是你们交代的时代。父亲高昂的治疗费用，都由静汝出。

现在，队长快九十岁了，退休金也加到每月近万元，他成了单位业绩的英雄。聪明人靠牺牲牲厚道人上位并收获荣耀。队长还说每听到老同事去世的消息就很难过。点头哈腰偷懒的下属现在也活着,可是,爸爸,一个真正的英雄,已经去世十多年了。爸爸在工作技能上胜人一筹,但是,在生存技巧上不如他人。爸爸是一个能人,因可堪大用,他的生命比同事短十多年。而受他提拔、给他递香烟的人极其狡猾,他们出工不出力,假装没有能力,保命养命,多活了十多年。就像庄子说的,一棵不成材的树,没有人要砍伐它,它就活下去。无用之用,可以延寿。

父亲曾是舞台上一呼百应的人物。一幕完了,下一幕拉开的半分钟时间里,他指挥所有人搬掉旧布景,换上新布景。解放军去深山抓土匪的剧中,就正一号和反一号不搬,正一号因其太累;反一号不搬,因其腿有病,别人都得搬。一个演出夜,另一部样板戏女一号饰演者的丈夫来参演,不肯听令搬布景,爸爸说:"除正一号、反一号的饰演者之外,谁也没有例外!"那男人没办法,只好照搬。之后,同事们都赞扬静汝的爸爸不惧权贵。小时候,静汝去剧场看戏,见舞台上一派好风景,她忍不住在幕间休息期间溜到后台,踮起脚,高举着双手去摸,平的!!!摸上去是平的好风景!于是,静汝学画画了。

爸爸上瑞金医院做脱落细胞检查,痰里检出磷癌细胞。那个报告是他自己拿的,给家里的电话也是他自己用手机打的,静汝接听的电话。爸爸说道:"有……癌……"说话的声音是颤抖的。他在瑞金医院门口吃了一根香烟,平静下来。接着,他用有限的生命,为静汝的新居监督装修。为了做纱窗,他还给每扇窗垫了木头。

爸爸生病了,叫来所有子女。帮不上忙,聚一聚也是象征性的,地点在胸科医院。刚看完病。既然都来了,难得相聚,就在医院门口饭店吃饭。爸爸还是舍不得吃好菜,直到大家都吃饱了,他才去搛那只残缺的鱼头。那天,是爸爸付的账。

今天晚饭吃面。

静汝模仿从前看爸爸和糯米粉的样子，在厨房揉面团。做糯米面条，早饭剩下的米烧粥，不等到变冷，早已放入面盆，视多少粥，倒入多少糯米粉，一点不多，一点不少。她暗自想，也许自己和面神有某种渊源呢。和糯米粉她是无师自通，心里难受了，拿面粉撒气，是发泄。一团面粉揉好了，手光、面光、盆光，所谓三光，受了气的面团看上去胶质一般，怎么弄熟都好吃。揉碎的面团里有的是她的痛苦和辛酸，她的梦。

304食品级不锈钢面盆里的面团已经成形，静汝的手指还是光光的，很好看。面条堆起一张纵横交错的网。在这个梦的迷宫里，静汝穿过瑞金路，马路右边的三岔道口竖着"工商银行"的牌子，马路左边的路牌上写"绍兴路"，啊，这就是绍兴路。多年来，静汝无数次地来瑞金医院，无数次地看到"工商银行"的牌子，又无数次地进出银行，怎么没有仔细看看"路"？可今天，"绍兴路"三字如蜂一样蜇了静汝一下。到了小马路左侧一个熟悉的门洞，静汝吃惊地站住了，呆呆地往门里看去。门上悬着一个号牌，挂在铁门的上方，透过铁门的栏杆望进去，一条水泥大道下了坡通向一个地下车库。在静汝刚记事的年龄，这里有一扇温馨的小木门，一条甬道，可随意进出，一个门卫老伯伯，看见她，笑呵呵的。静汝常常随爸爸走进那扇门，里面有一个大院子，很好玩，有木工作坊，还有一间小小的琴房，爸爸打午觉睡在里面。静汝去假山里捉蟋蟀，去河里钓小龙虾玩。那个时候，大人叮嘱："这虾钓起来后，要放生，千万不能烧了吃。"哪像现在，农贸市场，餐馆桌面，成筐成堆的小龙虾，被风卷残云，大快朵颐。

静汝看见一条白色的带子把瑞金医院急诊室和绍兴路那扇木门连接起来，已经成了老人的爸爸就在这条带子上来回逡巡，出了急诊室，进那扇木门上班，是一个挺拔英俊的爸爸，一会儿走出木门，又回到急诊室，坐在预检台窗口外面的椅子上，他变成一个病弱的老人。只见他微微弯下腰，用两只手掌托住下巴，在静静地思考……他知道自己病将不起，可他多想活下去呀……他的身边放着一个大包，刚从肿瘤医院拿来的，上午刚刚出了肿瘤医院，想住进瑞金医院，可医院不要他，说不收晚期肿瘤病人。

静汝掏出纸巾，抹了把泪，整块纸巾都泅湿了，她连忙换了一块，好像只有等眼睛干了，她才敢见人，生怕人们看见她的泪眼觉得奇怪。

在她的面前，门口的左侧，挂着一块竖牌，在门的右侧，还有一块牌子。从门口望进去，只见穹顶下面挂了三盏吊灯，这是原来没有的。静汝走进大厅，一个门洞开在右首，里面没有门，门洞连着一条走廊，走廊的两侧开着门，眼前刹那间出现七十年代的情景，她自己立时变成一个梳着两根羊角辫子的小女孩。装修涂料包不住原貌，当年，这里浸润了劳动者的汗水，走廊两边的墙壁，像紫砂壶吸收茶叶的香味一样，吸进了当年舞美队员工作的人影。每到夜深时，宛如海市蜃楼，他们会走下墙来，再现当年的劳动场景，台上台下一呼百应的那个伟岸英俊的男子，是我亲爱的爸爸。

"小白兔，侬来啦！"某某叔叔放下手中的道具，笑着招呼静汝，"来吃昨夜点心的吧？你爸爸舍不得吃，给你留下好几块萨其玛……"

听到说话声音，爸爸停下手中的工作，笑着朝静汝走来，递上一个华夫饼干包装的冰激凌。静汝伸出小手去接，只听背后一声断喝："做啥？！"随着这吼声，墙上的影子们立即慌慌张张地四下里找地方隐匿，刹那间什么都不见了……

静汝竭力朝涂料里面看去，可还是看不见爸爸和叔叔们……

"爸爸……爸爸……"静汝哭着朝前奔去，眼前的路却被一只胳膊拦断了。

"做啥做啥！！！"那个刺耳的声音还在响。

"看看……"

"不行。这里不能随便看。"门卫的态度很傲慢。

"这里曾经是……"静汝说,声音很小。

"不晓得!"那人朝静汝上下打量了一眼,哼了一下。

"我小时候常来的,来找爸爸……"静汝说着,眼泪又下来了。

门卫不说话,他皱紧双眉,用目光逼走静汝。

"金子早已……变成了沙子……"静汝边说边往外走,嗫嚅道,"曲终了,人呢……死的死,散的散……余音哽在她的喉口,断断续续地和着她的泪音,形成一组哀恸悲壮的和弦。

爸爸在那扇曾经的小木门里留下生命的足迹,他一生都为单位做事,没有为自己做过一件事。现在他去了,静汝连多看一眼他曾经工作过的地方都不行。静汝在心里默祷着:"爸爸,我今天见到您了。我要带您回家,让您在家中,在书房里待着,我背着您,我们回家去。"

梦境还未散尽,静汝依然郁闷,只觉得已经被揉透了的那团糯米粉还不过瘾。这个时候,她从梦中醒来,才意识到原来自己在厨房里,也不知道自己是什么时候从客厅走进厨房的。

总得再揉碎一团面。她的心早已被碎成干粉,把米粉和起来,尽她手掌的力度把粉碾成更细的粉末。她的握力很强,驾驶员体检时才知道的,有利于驾驶安全的。

今天是静汝的生日,拿粥、糯米干粉,把情绪揉作一团,便有了更多的理由。

妈妈在找她的两枚金戒指,一枚是爸爸买给她的,另一只,是二十年前,静汝牵着妈妈的手,在淮海中路走,去天宝珠宝店,静汝用一对金耳坠换的。金店少给很多克数,静汝老实,浑然不觉。厨房的电视里放着中央电视台的英文频道,有人说日语。妈妈说:"这是东洋话。小时候，我躲在门后面，听外面的日本兵说过的。"妈妈告诉静汝几件往事。

妈妈最初的记忆是外婆带给她吃黑洋酥米馒头。外婆是厨娘，财主家办喜事，她去帮佣，主人家送给她黑洋酥米馒头。外公修棕绷。靠了勤劳和手艺，一家人的日子足够小康。

还是一个小女孩的妈妈戴一个银项圈。外婆一手提着礼物，另一只手牵着妈妈，去看大姐，大姐的婆婆把好小菜藏起来。

宁波市里，夏天有人用厚棉被捂冰来卖。两只铜板买一碗冰，放糖，做冷饮，这是妈妈最好的童年时光。

当日本鬼子打进来，城镇居民的静好日子被摧毁。舅舅是家中的长子和独子，在镇上读书，报名投奔军队服役。日本鬼子在人家大锅里烧饭吃，之后，在大锅里拉屎，再烧掉房子。日本兵扔炸弹，炸弹丢完，妈妈趴着门缝，看到日本兵扛起他们自己人的尸体，少的时候，一具具扛，多了，就不扛，就地挖个坑埋了。那些日本兵的尸体，都是舅舅手下人的作品。紧接着，外公被抓走，外婆也没了。妈妈藏到田野里，肚子饿，吃蚕豆地里的生蚕豆。

大冬天，妈妈没有棉鞋穿，脚趾头冻烂了，以后再也没有穿过凉鞋。

没有饭吃，家里就剩下妈妈一个十来岁的小姑娘。有村上的老乡递给妈妈一个冷饭团，摇着小舢板往宁波山区的乡下去，带她去投靠舅舅。舅舅是一名基层指挥员，不拿长步枪，佩手枪的，隐身在山里头打游击。老乡到了芦苇荡，打一声呼哨，哨兵伸出一个光头，接应。见到妈妈，兄妹少不得一阵哭，舅舅穿着军装，一条胳膊吊着，没有白纱布，是土布，他挂了彩。

舅舅问起外公、外婆，妈妈哭着回答："没了。"妈妈要在舅舅这里吃口饭。舅舅留下她。舅妈是一个非正式的妻子，嫌弃妈妈，舅舅骂她，她不敢响。过了几天，舅舅也留不得妈妈，游击队要开拔，他自己的命朝不保夕，只好托那个送妈妈来的乡亲把妈妈送往大姐家。临走，他在河边目送小舢板载着三妹远去。长兄为父，舅舅长久地守望着，最后，他不得不低下头，让眼泪滴到青草上，不进入士兵的视野。他不允许自己怯懦，也不把怯懦传递给任何人，他还要带领他们打鬼子。

舅舅那支队伍不知去向。静汝在想："舅舅会是去了哪里呢？"舅舅别在腰里的手枪，他那条系在裤腰带上的命，不知是丧在鬼子手里，饮弹而亡，成了一名无名烈士，还是活了下来？

舅舅多半没有活下来。静汝三岁那年，妈妈回乡找亲人，放心不下静汝，当天就回来了。听邻居婆婆说，妈妈的二姐钻在柴堆里，被鬼子兵用刺刀挑死了。其他消息一概全无。倘若舅舅活着，想必会有消息吧。

二十多年前，静汝随几个闺蜜去花园饭店唱歌，静汝唱"西边的太阳就要落山了"。

对面一个日本人低下头去。

对面那桌很快散了。

大堂经理叫静汝别这样，静汝不听。

离开会计学校后，静汝凭出色的英语考进聘员公司。进入商社前，规定必须服从分配。日本公司要人最多。想到日本侵略者杀害母亲一家人，母亲沦为孤儿，静汝不想做日本公司，可又不能对领导说"不"，怎么办？她只有在面试的时候装傻了。静汝至今还记得那位会说汉语，面试她的日本人，代表一家著名的株式会社，那个人很斯文，三十多岁，戴副眼镜。他看到静汝会计专业的学历，英文又好，很希望录用。静汝说她什么都不会。日本人说，工作不复杂，静汝一定能够胜任。静汝只好摊牌，委婉地表达"我不想来"的意思，又不能直说，静汝最后急了："我真的不能做，您明白吗？"日本人会意，只礼貌地对静汝的领导说静汝"over-qualified"（屈才了），没有说过静汝一个字的坏话。当静汝回到本部，虽然遭遇了领导几个白眼，却没有开除静汝。经历了这件事情之后，静汝在心里暗暗感激那位戴眼镜的日本青年。后来从其他聘员那里，静汝获知，第一次派来的日本人素质很高，那位面试她的经理是从早稻田大学毕业的。面试她的日本工作人员是一个好人。后来，本部看静汝英文好，要和外商谈判，就留下她，派到美国公司。

妈妈的大姐出嫁后，给衙门小吏做儿媳妇。姐夫还好，婆婆忒凶，并不因为大姐是抗日英雄的妹妹而存丝毫的怜惜。小妹妹来了，婆婆家在门口支两条长凳架起一块铺板，摆摊卖五香豆，大姐塞给当时是小女孩的妈妈吃一握五香豆，婆婆看在眼里，舍不得，赶走妈妈，卖给人家做童养媳，大姐拗不过公婆，大姐哭了。那一年，妈妈十一岁。

妈妈在那户人家做童养媳，名义上的丈夫在外地做生意，没见过面，下面有两个弟弟。妈妈每天干重活，吃剩饭剩菜，挨打受气是常事。婆婆忒凶。有一天，妈去河边倒夜壶，公公的夜壶，因为贪看社戏，河水冲走了夜壶。妈怕回家后遭打骂，她要赔那把夜壶，可她身上没有钱，只有一个银项圈，那是外公外婆为她庆生打制的银项圈。她含泪摘下银项圈，拿去当铺。当铺老板黑心，欺负小孩子，收进银项圈，给她一把旧夜壶。

六月里的日头，蛮娘的拳头。蛮娘不好有，养媳妇不好做。对女孩子凶蛮，打击她，摧毁她的意志，以换取奴性的屈从，这是中国千百年来沿袭的治人之道。妈妈是抗日英雄的小妹妹，她有主见和胸襟。一个秋天的早上，趁着婆婆回娘家，妈妈决定逃走。在前一天，她把替换衣服打个包袱，偷偷塞进河边的草丛。第二天，她端着洗衣盆，一清早跑到河边，拿着包袱就逃。她撒腿奔跑，十二岁，没有方

231

向，沿大路飞奔，大路跑到尽头，转进小路继续奔跑，直到实在跑不动了，停靠在两扇朱漆大门间，叩动门环。人家开门，看见一个小女孩，夹一只小包袱，就让她进去。那时候人家纯朴，不像现在，不敢放进陌生人的。从正房里走出一位面慈的阿婆，问妈妈她哪里人？家在哪里？妈妈不能说出哥哥在乡下别着手枪，穿着军装打日本鬼子，也不能说出从哪户人家做童养媳逃出来的，只说家里没有饭吃，投靠亲戚迷了路。妈妈在这户人家留下，做了两星期家务，有做童养媳的历练，妈妈非常出色。看她人勤快会做，阿婆说，带她去上海。上海的亲戚要一个小丫头，不敢用城里人，要用一个土里土气的乡下妹子。

阿婆带着妈妈登上了开往上海的江亚轮。上了轮船，妈妈爬上驾驶台望风景，风太大，脚站不稳，阿婆在下面，叫妈妈下到甲板上，妈妈乖巧地退缩下来。

妈妈刚到上海，用嘴吹灭电灯。听到电话铃声，吓得躲闪不及。一个无依无靠的孤女开始做小大姐，就是小丫头。籼米饭、黄豆芽，板壁房子，臭虫捞得起一把把。年夜头重感冒，主人家不管，幸亏对面晒台的老保姆心善，带妈妈去红十字会打盘尼西林，也不做皮试，一针下去，重感冒立马好了。日本投降的时候，那户人家逃去了日本。经老保姆介绍，妈妈换了主人家。新东家的主妇读过书，对妈妈慈善，还给妈妈工资，每个月六块钱，妈妈拿钱看电影，白光、蝴蝶，四十年代的明星，妈妈都追。夜里，主妇在家织毛衣，静静地等妈妈回家。解放后，妈妈做完白天的家务，夜里上夜校，学文化，和爸爸自由恋爱结婚后，生五个孩子，爸爸的两个姐姐、一个妹妹，没有一个人烧一口汤给妈妈吃，因为妈妈的娘家没人。没有娘家人就没有势力，没有人为妈撑腰。夫家人不会因为她是一名抗日英雄的妹妹而优待她。母亲每天去街道灯泡厂上班，做汽车大光灯里的钨丝，属有毒工种，现在这些工种都是机器手在做，而在当时，是被解放的妇女劳动力用中午抱婴儿的双手，哺乳，把奶头塞进婴儿小嘴的双手，又要烧饭给大一些的儿女吃的双手做的。母亲是劳动竞赛优胜者，做出来的灯泡数量多，质量好。

  静汝出生，卖掉一只爸爸去苏联演出时用津贴买的金表。
  妈妈裹了羊肉饺子，给哥哥姐姐吃，羊肉饺子还没吃上，妈妈肚子疼了。爸爸雇来三轮车，送妈妈去中德医院。妈妈遭了一夜的罪，肚子空着，直到凌晨时分，静汝才诞生。爸爸买来鸡蛋糕、鲜花，叫辆三轮车，送妈妈回家。
  静汝才两个月大，妈妈被里弄里叫去推粪车，在石灰港。人的体重轻，粪车重，粪车拉着人跑，追也追不上。
  静汝一岁那年，爸爸在北京拍电影。妈妈带着姐姐、二哥、三哥、静汝，乘坐叮叮当当的有轨电车去北火车站，送大哥去云南上山下乡。妈妈哭了。大哥对妈妈说："哭什么？我干革命去了。"可是，这个革命者很快寄回家一张瘦骨嶙峋的照片。妈妈舍不得，每月从爸爸和她自己的工资里省下钱，寄咸肉、香肠给他。爸爸省下做夜班奖励的巧克力，出不起寄费，就托列车员寄去云南给大哥吃。爸爸拍完电影，回家了。家里的肉票都买鲜肉给爷爷奶奶吃，或买了咸肉寄给大哥了，家里没肉吃。静汝记得，有一次，一家人吃了美味，像过年那样，猪尾巴、猪肠子、猪脚爪……爸爸妈妈把它们洗净，加葱、姜、盐、绍兴黄酒白煮后，蘸酱油吃，那个味道真鲜！卖肉的人说："要烧得透！"后来，静汝才明白，原来那都是病猪肉，便宜。
  爸爸去烟台演出，带回家苹果，爸爸碰也不碰苹果一下，远远地坐在小板凳上抽一支飞马牌。妈妈削苹果，孩子们围了一圈在看。妈妈削下一圈苹果皮，塞进嘴里咀嚼，她让孩子们吃苹果肉。
  从小到大，静汝对绿茶的知识仅限于茶叶末子。爸爸领取工资后的最大享受是去茶叶店称一斤茶叶末子，回家泡一壶，静汝和哥姐们津津有味地倒出来吃，加水泡，再倒。许多年后的一天，英国老板请静汝推荐一款好茶叶，静汝眼睛一眨不眨，斩钉截铁地说："茶叶末子！"

静汝的英语是自学的。自学英语是为了将来读懂莎士比亚原著。这是她天真的想法。静汝从淮海中路瑞金二路口的泰山文具店买来三分钱一本的空白外文生字本，一页页地写上生字，标注国际音标、中文解释，一个个地背。上学路上，低着头走路的中学生静汝走进一棵梧桐树的树荫，就着手心里那本跟拇指般大小的外文生字本，默诵一个英语单词的读音，又迈出两步，照着读音背拼写，迈第三、第四步时，中文翻译也记好了。这么来过一遍，她业已走出一株梧桐树凉棚似的华盖，一张年轻得凝脂一般的脸暴露在阳光底下，老式的涤棉短袖衬衫，胸部下面打两个斜褶，肩缝后面的两侧再打两个褶，后背心灼着太阳光的热；她眨一眨眼，眨掉太阳光炫目的金星，把外文生字本翻过一页，默默地行进着，让下一棵梧桐树的树荫罩住自己……生字本背完一本，埋在高中篮球场外的泥地里，每当她埋掉一本生字本，她蹲下身子，对着一抔新土念叨徐志摩的诗《希望的埋葬》："希望，只如今　如今只剩些遗骸；可怜，我的心　却教我如何埋掩？"

念会计学校后，为省下三分钱，少乘一站电车，每天多走一站路，正好要穿过衡山路的。静汝数着梧桐树的叶子，背出一个个英语单词。当她把背熟的生字本埋进会计学校花坛的黄杨树根里，一场又一场为外语生字本举行的葬礼上，她默诵着屠格涅夫的诗《一朵小花》："她孤零零地在开放……为了你啊，她保存着自己的纯洁的香味，那是她的最初的芳香……"静汝的心中有一个不知名的人，为了他，静汝坚守着一个女子生命中最宝贵的东西。

静汝读初中和高中的日常：一大早，静汝往铝饭盒里抓两拳头米，急急地往学校赶，路上不忘记背两个英文单词。早自习前，须自己在操场上那排沙滤水边的水龙头淘米，放上些水，一根松紧带穿过一块铝制牌子，上面用红漆写上自己的名字，几年级几班，把铝饭盒一裹，丢进一只大锅去蒸。这就是静汝的中午饭了。开饭的时候，大家去拣自己的饭盒，常常闻到一股隔夜缩菜的煳味，这是别人带来的隔夜菜，可那毕竟是菜。静汝没有菜。有段时间，她吃中午饭的菜是一只咸鸭蛋，妈妈在托儿所端大锅子烧饭，咸鸭蛋是托儿所发的营养菜，一共发了二十枚，咸鸭蛋是妈妈省下来给静汝吃的，现在，它们成了静汝的美食。妈妈干了十多年这份劳苦的工作，身体病变了，现在，妈妈的子宫严重脱垂，脊椎骨弯成一个大S形，因饿着肚子干重活，累出一个很大的肝囊肿。

午餐时间，静汝在阳光下举起咸蛋，透过模糊的蛋壳，照见咸蛋里一个空的末端，照着那个地方把蛋敲碎，拿圆珠笔杆一点一点抠蛋白吃，挖尽蛋白，露出一汪油，还有蛋黄，有滋有味地吃完一餐，往蛋皮上画了一张人的笑脸，挂到大黑板的钉子上。下午上物理课时，老师要往钉子上挂小黑板，一看画蛋，叫一声"无聊"，噼啪一阵敲掉，引来一阵哄堂大笑。静汝看到她的作品被打翻在地，心里很难过。难得的美食，精心制作的画蛋就这么破碎了。她觉得把画蛋挂在钉子上没什么不好，就像在冬天起了雾的玻璃窗上画一个老公公借蛋，或一笔勾出一只小老鼠那么自然。

一开始，中年的妈妈是因为小孩多，想增加收入贴补家用，便去居委会做人防管事员，跑跑腿，管管四类分子。四类分子当中有个小开，抄家之后，没有桌子，四块砖头搁一块木板吃饭，拾垃圾给女儿买双跑鞋穿。破棉袄箍成一个和尚领，草绳扎腰。那个人没饭吃，饿得出不了工，妈妈允许他休息一天，为此，妈妈被街道女干部训斥了。街道女干部不识字，住的地方和静汝家隔了几条弄堂，辖下的居委干部都拍她的马屁。她去区里开会回来后，很会说，也最革命。不知谁说了她儿子的什么话,也是事实,被她大会小会批,骂得鸡啼一样。后来,妈妈因为对四类分子人道,允许他们挖防空洞时喝一口水,又一次触犯了她,妈妈被发配到托儿所烧饭,冬天厨房间没有热水,妈妈从此生了冻疮,一直好不了。

那一天,妈妈站在厨房间,干了一上午重活,一个人端几十斤重的大锅子,搬起一袋五十斤重的大米倒入米缸……早上在家里吃一碗泡饭出来上班的,肚子早饿了。到了中午,她空着肚子,走在回家的路上,预备煮一锅米饭,就着青菜,给中午放学回家的儿女们吃。妈妈路过原法租界的天文观测站,对马路是一家米店,街道女干部买了一大袋米,五十斤,在对马路朝妈妈招手,叫妈妈给她背米,走半公里路,去她家。妈背不动,但她不敢得罪干部,没有办法,只得饿着肚子替她背,妈妈弯着腰,挪一步都艰难,累得眼冒金星。女干部走在旁边,甩着一双空手,就像沙漠里一个赶骆驼的女人。妈妈一直背到淮海中路弄堂里面女干部的家门口。妈妈一步一挪地走回家烧午饭,很累,坐着不动。妈妈说:"我拼力气干活拿工资,又不是你给的工资。干部明欺负人。"五十斤重的一袋米,是压在妈妈脊背上的一座山!妈妈的脊椎骨就这么一点一点地被压弯了。过了几星期,妈妈中午时间再次路过米店,街道女干部又在对马路朝她招手,她已经等候妈妈多时了。这一次,妈妈拒绝为女干部背米。女干部恼羞成怒,要去托儿所撬掉妈妈的工作,但因为找不到愿意做苦工的人替代妈妈,妈妈仍然在托儿所烧饭。妈妈很为自己的抗争骄傲,她又说:"我拼力气干活拿工资,又不是你给的工资!"

人在做,天在看。据说后来,那个街道女干部死在医院的检查台上。

静汝从十三岁起,不管看得懂看不懂,她阅遍了十九世纪浪漫主义文学的主要作品。书本在她的眼前展现了一幅美丽壮阔的生活图景，那是人类的理想，静汝不懂，她把书本当作是真实的生活，尤其是她会面临的生活。静汝不懂得，她即将面对的生活是完全脱离书面所描摹的一切，是极端现实而残忍的。对这个现实问题，经过三十多年的摸爬滚打，吃过无数亏，历经苦难，静汝才刚刚明白过来。

宁善勿恶，荣誉高于生命。静汝不懂人情世故，她是一个纯净的处子。

静汝通过阅读成为一名文明的侵入者，对抗现实中的野蛮。她从小说、诗歌、音乐里获得对抗污浊的力量，却把现实混同于书本教给她的理想。静汝不懂现实人生规则，按照不切合实际的理想认识世界，视书本为现实世界的堂吉诃德。中国的忠义仁孝和西方的自由责任结合成静汝的价值观。她被西方文明精华塑造后，用获得的力量抵抗一个她身在其中却全然陌生的世界。

静汝读郭沫若的《女神》，手电筒照亮，在被窝里读，彻夜不眠，手脚冰凉，浑身发颤。

那个时候，国家实现四个现代化，静汝被美好的憧憬和感情激动得彻夜不眠，她觉得自己对此负有责任。她意气风发，读了小说《珊瑚岛上的死光》，受了鼓舞，一心要当科学家报效祖国。静汝右脑发达，一个学文科的料，却幻想错了，报考了理科。结果，没有一家理工科学院录取她，却给她一个征求志愿，上了不文不理的会计学校。

几本英文书，里面夹着字条，有老师的住址，在闸北。在会计学校，静汝为了自学英语，请任课的退休英语老师辅导。老师说，我喜欢勤勉的学生。他家住闸北彭浦，静汝去过两次，听老师说学许国璋，静汝买来书和磁带，自学，有问题问老师。到了第三次，听说静汝的爸爸提早退休后在文化馆打工，外语老师拿出一张照片，要画张油画，类似给子孙留念想的东西。这是静汝的学费，很贵，和静汝获得的辅导价值不对称。静汝不懂得这些，她忠厚老实，她的父亲，一个京剧院的木工，也忠厚老实，爸爸请文化宫里画布景的画师帮了这个忙，画布、颜料、工夫，都不问老师算钱，可是，爸爸为此付出很大的代价，他拖着慢性肾炎的病体，免费为画师装修了一套房子。

一个个春晚，静汝不看电视，她坐在小板凳上背英文单词，以此来惩罚自己的失败。她在心里想着那场价值极不对等的交换：爸爸流着蛋白尿为某画师家装修，全赖他画一张照片，给那个辅导静汝两次学英语的老师。

师母告诉静汝，英语老师曾经被污为特务，吃过苦。在静汝看来，老师精明，老师打的算盘，静汝都没有看懂。后来，静汝得到一个消息，让老师的儿子考去美国的消息，她把这个消息带给老师，问老师的儿子去美国后，能否也替她留意出国的机会？没有回音。从此断了联系。

此后，静汝读夜校，还是自学许国璋英语，遇到问题，请教教他们班英文会计的霍老师。霍老师是圣约翰大学经济系毕业的，有问必答，没有要求回报，没有索取油画之类的好处。

世上的一切都被精确计算的。这个，静汝始终不懂。而她，她的父亲，因为不懂才被算计了。

许多年以后，静汝懊悔起当时为什么报考理科，她原应该学文科考英语系的，凭怎么讲，师范应该能上，也免得自费，还有饭吃。还不必劳动爸爸为了英语老师的油画费力为画师做工。静汝收起了英文书。

静汝从会计学校毕业，留校，用英文教会计，编制损益表、资产负债表之类的。后来，一个加拿大的审计培训班来到中国，与会计学校合作，向来自全国各地的工程师讲授审计规则。静汝也是授课教师。藜叶是她同事。她很快和藜叶交上了朋友。静汝，天生的诚实敦厚，加之父母的身教，静汝相信了从小到大所受的教育，即个人利益服从集体利益，国家利益和荣誉高于一切。因为相信，静汝无私地提出愿意整理翻译稿，没料想此事经过一连串荒唐的发酵，最终，静汝失去了会计学校的教职。静汝不懂权力阶层的游戏规则，她满腔忠义，希望为大家做一件好事情，但是很快，她的忠义被埋葬，她的工作被藜叶顶替了。

权力是个好东西。被权力迫害过的校长孜苶一旦自己掌控了权力，害人的力度远远超出迫害他的人。

静汝的手机响了。

静汝循声望去，远远地在进门的地方，玄关厅里，一张大理石三叠镜子玄关台上，放着自己的手机，她连忙冲洗沾满米粉的双手，快步走过去，拿起手机接听。

是快递小哥打来的。说，有静汝的快递，因为疫情，派送员进不了小区，收件人必须去小区门口外面拿。包裹还在分拣，人手不够，过三小时才弄得好。三小时以后，静汝自己去小区门口拿包裹。还没等静汝问包裹哪里来的，小哥挂断了电话。

静汝呆立了一会儿。她满心希望这是男朋友喻译记得她的生日，发来一束鲜花。

镜台的左侧是一架落地钟，时针指向下午两点。穹顶挂一盏水晶吊灯。吊灯的周围，装饰着欧洲骑士盾牌形状的藻井饰物，棕色的珠子环绕着深蓝色的内圈。紧贴玄关后面的墙，一架旋转楼梯盘旋而上。楼梯下面胡乱堆着书，旁边是些需要整理的杂物，有些时日了，静汝没有心思去拾掇。

静汝拿着手机，准备上楼去，却踩上一个硬硬的东西，像一枚剥开的菱角，"这个什么东西？"说着，静汝低头一看，是肾托，钢丝撑起中间一块硬海绵。从会计学校出来后，静汝深受打击，病了一场，人很瘦，内脏下垂，无法站立。她去胶州路的上海假肢厂做了一个肾托。爸爸把妈妈叫到淮海中路对面的小花园，只那边有几棵树。爸爸说，我们再出去打工吧。妈妈说已经退了休，再去托儿所端大锅子，端不动了。父母之间说的话，静汝不知道，可她坚决不要成为父母的负担，她咬紧牙关，考进聘员公司后，坚持上班，每天工作十多个小时。很多时候，为了中外方谈判做生意，午饭都吃不成。静汝有一股子拼命精神。每天，她一早起床前，屁股下垫两只硬枕头，抬高下半身，把内脏往上腹部赶，再往小腹绑一只硬硬的肾托。她戴着肾托上下班，每天十多个小时，出国，她硬是绑着肾托上飞机的。直到后来，她吃了太多的比利时奶酪，发胖了，才摆脱了肾托。

在弗兰芒区的鲁汶天主教大学，她遇见爱尔兰同学布莱恩·乔伊斯，布莱恩是一名欧盟委员会的官员，静汝和他保持了二十多年的友谊。

静汝毕业后，在欧盟当了实习生，她是唯一的中国人。

三十岁那年，静汝返回出生、成长的城市上海。她有了新的工作，收入也是老同学的数倍之多，却没有她们那样的"日子"。静汝不禁问自己："有丈夫的日子，会是怎么样的？"她又想："我下一辈子的人生，要有一个丈夫。"

光阴又荏苒了五年，她泰然如故地笑傲世情，把自己关在蓓蕾里做着轻舒花瓣、微颤花蕊的美梦。

三十出头，依旧是年轻人扎堆的地方，她还是没有机会，也不上心。

直到四十岁，静汝依然恪守不结婚不做妇科检查的信条。可喝很多水从腹部做B超后，却模模糊糊地发现卵巢长了囊肿，为了延长静汝作为一个自然人的寿命，手术刀终结了她童贞的生命，为此，她整整哭了三天。她为了那个不存在的他珍藏了四十年的那朵小花，被冰冷的手术器械摘去了，开刀的时候，她孑然一身，别的女人都有丈夫陪。她干干净净，别的女人有妇科病：霉菌、滴虫、支原体……微生物试图颠覆人类的主宰。怀抱女人手袋的男人们一脸漠然，无神的眼睛盯着电视屏幕，屏幕上正直播股市实况。手术前夜禁食。从前一天晚上八时起饿肚子，饿。手术当天整个上午和下午的时间里，没有一滴葡萄糖滑入她的静脉。优先于她的人都有一个被叫作丈夫的男人在张罗，不管那个被叫作"丈夫"的男人心里愿意不愿意，他在那里宣示他的存在。而静汝的生活中，就是没有这样一个角色前来刷他的存在感。静汝不得不等到次日下午4点钟，足足饿了20小时，待所有有丈夫的女人都做完了手术，才轮到静汝。她支撑起虚弱的身子，流着泪，爬上担架车，被推进手术室，眼泪哗哗哗直流，浇湿了头发根，枕头被濡湿了一大片，仿佛枕着一片海水，吓坏了的护士哎哟了一声，她不知道静汝之所以伤心，不为别的，只为静汝没有一个丈夫。注射麻药之前，护士飞速地给静汝补液。小护士说："饿得太久了，如补不足液，麻药注射入静脉，人就休克了……"静汝听到这话，好不伤心，流了更多的眼泪。这些泪水，足以用来洗头发了。

　　静汝的面容依然年轻，眼角无一丝鱼尾纹。她的心境很年轻，那是因为她没有经历从少女到女人，再到中年女人的过程。她的心停留在少女时代。

　　静汝从前倾慕西方男子的英俊和洒脱，现在转而喜欢儒雅的中国知识分子。从布莱恩到喻译，从一个崇尚西方文化的小女孩，到回归中国文化的娴静女士，这是静汝价值取向变化的标志。静汝回国后，遭遇了好几年的冷嘲热讽，因她是一个失败者，没有定居国外。直到近几年来，回国的人多了，中国赚钱比国外多了，她才渐渐少了压力。

　　喻译吸引她，朴拙也是美，土有土的味道。静汝在寻找一种符号，这符号和心灵相契合。喻译的出现让符号也浮出了水面，喻译身上带着的，便是静汝苦苦寻找的符号了。

　　旧日同学们守着平庸丈夫的依赖心，或优秀丈夫的道德心继续着她们的"日子",她也进入了生命的"断层"。和自己相仿年龄的成功男士用化妆术遮掩了满脸的皱纹后,找二十多岁、在职场上却已定型的年轻女子为妻,唯有二十"少妻"方能为四十"老夫"生育健康的后代。有三十来岁的帅男向她频献殷勤,她视若无睹,"贪财也!"睿智的她下了断言。被"打了土豪,分了田地"是她万万不干的!六十多岁的老克勒儒雅地抛来贵金属做的彩球,被她礼貌周到地挡了回去,"恋色也!"自己的嘴里也装了个烤瓷假牙,一把年纪了,再也承载不起二十年的暮气。她把目光投向五十出头的风雅男士,不在乎男人有没有钱,心智的认同、情感的共鸣是一条蜿蜒通达爱欲的幽径。唯有他们才能给她爱情,她想。

静汝还在擀面条。

她仿佛躺在一只葫芦里,胸脯随呼吸上下起伏,柔曼的身体经呼吸的动力轻轻一推,还未及翻过身,头却撞上了葫芦壁,"哎哟……大一点……"葫芦很听话,霎时大了一圈,静汝伸了个懒腰,她周围是一片蓝色,分不清是在天上还是在海上,感觉很惬意,声音也变得柔和起来:"嗯……再……大一点儿……"话音刚落,葫芦的上面一节膨胀起来,慢慢地变成一间卧室,旁边长出两个包,一是阳台,二是主卫生间,空间从主卧室向外延伸,沿着走廊,推开左首一扇门,里面是一间气派的书房,书房有一扇门通向露台,她轻轻推开那门,踏上露台,从一端走向另一端,推开另一扇门,呀,还是一个金碧辉煌的客人卧室套着卫生间……静汝关呀关地想关上门,可怎么也关不上,她索性站在露台上,抬头看看天,没有天,只有一个镶嵌着华丽藻井的穹庐……"嗯……不嘛,我要看天……"葫芦在藻井下面拉开一块幕布,往露台的地上按一个电影放映机,往幕布上打出星空、蓝天、飞船……"唔……不好看,我要看真的天。""嘿嘿,女主人,请稍等等,嘿嘿,请这边来。"随着声音的指引,静汝跨入客人房间……"这里朝北,我冷……"静汝缩起脖子,拉紧披肩裹住上半身。"啊,不要紧,有中央空调呢……"走过客人房间,又回到主人卧室门口,"我闷,要出去……和人家交谈……"静汝说。

"来来来,别着急……"静汝跟着葫芦的指引走下楼,嚄,葫芦的下面一节更有作为,底楼的楼梯口正对着一个餐厅,餐厅有两扇门,一扇通向后花园,另一扇连接一个大大的厨房。门都紧闭着。"我要出去。"静汝说。

"慢……啊哈……别急,请到这里来。"随着声音,静汝走过一个配置着花梨木电视柜和沙发的客厅,到了正对着白色大门的玄关厅。葫芦让静汝在玄关旁停下,让她看钉在墙上的那个塑料盒子。

"这儿……"葫芦清了清嗓子,说,"是可视电话的液晶显示器。外面的门铃一响,这个屏幕就亮了,像放电影一样,上面会有来人的脸,还有他的动作。你看得见他,他看不到你,哈哈……"

"唔……"

"记住,不管是谁,好人、熟人,还是坏人、生人,你一不应答二不开门,除非来人打电话或手机进来。"

"为什么?"

"真真假假,虚虚实实,这个世界,什么也参不透哇……"头顶上的声音变得神秘起来。

"不,我要出去,我要开门。"静汝叫了起来。

"不知好歹!"葫芦生了气,一晃脑袋,眼前奢华的家具、装饰刹那间消失,葫芦籽抱成团,散落着,在静汝的眼前上下飞舞。

紧接着,葫芦狞笑几声,只听轰隆一响,头顶闪过一道金光,炫目得很,撑开静汝的双眼。

苛酷的现实……静汝的眼前出现许多个房间,各处的橱柜,无数个抽屉……静汝要寻找一个安放自己一颗心的匣子,却怎么也找不到。

"葫芦呢……啊……"静汝朝四下一看,自己还是在厨房,舌头有点压痛,手里捏着上小下大两团面粉。

出了葫芦的梦,她把布莱恩和另一个男子喻译联系在一起。她从来没有像爱一个男人那样爱过布莱恩,可是,喻译有气场。

厨房间的电视机里放着CGTN。妈妈说,没有搜到唱越剧的台,就看看这个英文台吧!虽然听不懂,这个台好,还有外国风景、中国土楼。时间一久,妈妈学会了两个英文词:China、people。电视里出现这两个词,她跟着念,发音很准。

"他们说的不是英文。"妈妈断然道。

静汝大吃一惊!她从蒸锅抬起目光,朝电视机望去,镜头在播放墨西哥的新冠疫情,说的是西班牙语。妈妈不懂外语,可是,她对不同外语的感觉却这么精准!难怪自己英语学得溜,这个天赋受之于母亲。

镜头切换到一个受访者,说英语,带浓重的口音,妈妈说:"喏,英语来了。"

妈妈笑着说:"说英语,得用门牙,滋滋滋的……"

静汝忍俊不禁。这是她这一天,她的生日,第一次露出笑容,也是唯一的一次笑。

妈妈端出一小碗蕹菜:"头都是摘掉的,捆绑后再卖出来。上回跟你说过,别买没有头的蕹菜,怎么又忘了?"

"这可是超市里买的。"静汝说。

"上回也是超市里买的。"妈说。

"会是谁摘掉头的?买菜的人?"静汝还在大感不解。

"不大会。农场里种菜的人大有嫌疑。他们种出菜来,摘掉嫩头自己吃了,拿摘剩下的垃圾卖给你们,赚你们好多钱。"妈说着,端过小半碗稀稀落落的蕹菜。

"有多少摘掉头的?"

"大部分。没头的蕹菜,混在有头的里面。你看看!两把蕹菜,十多块钱,才烧了这么一点点。"

"种菜的人还敢吃他们自己种的菜,这太好了!如果蔬菜含有太多的化学物质,他们自己都不敢吃。"静汝说。

"那好吧!下次你就买没有嫩头的蕹菜。"妈妈说。

布莱恩今天怎么不来信?静汝打开电脑,什么也没有。这个无妨,我也忘记布莱恩的生日了。静汝现在只想一个人祝福她生日,那是男友喻译。

静汝觉得布莱恩不错,她想象喻译和布莱恩相像。

她放平掌心在镜子般平滑的桌面上来回摩挲着,上过清漆的书桌面透出木材微红的本色,恰似晨曦熹微时分泻入窗棂的那抹朝霞,温软的,唤起人心窝里的一丝柔情,让一股暖意从心底冉冉升起。天然的、水波状的木纹恍如春天里杨柳刚刚轻拂过的水面荡漾起的一圈圈柔波,波纹底下无数尾金鱼轻声叹息着,还把吐出的一缕缕气泡缓缓地送出水面,应和着浮泛在水面的一个个小黑点,那是樱桃木特有的黑色瑕点,仿佛一个个黧黑美女侧着袅娜的身子坐上波纹,悠悠地徜徉在一池春水里,仪态里满是骄矜的韵致,又俏皮得惹人怜爱,宛若一点点美人痣,给绝色佳人旖旎的姿容平添了撩人的妙趣。

她在内心祈祷保持独立,又有陪伴。

快递小哥来电话后,已经过去两个小时。还有一个小时,她就拿到快递了。静汝要出门,得换掉身上这件大红羊绒衫。她走进主卫生间,端详着镜子中自己的曲线,却看不到。两只手往后扶住腰部,双手有了凹陷感,她感觉到最近自己有了曲线,暗自高兴。她的手朝小腹部下移,摸到一个已经变硬了的孤独的疤痕,它取走了她的童贞,却没有改变她作为一个姑娘的事实。而真正把她从姑娘变成女人的那个男人,却是喻译。

静汝不漂亮,却白净利落,圆圆的身体裹在一件红色圆领中袖羊绒衫里,这奇怪的装扮在她也不觉得怪异。她恍惚觉得自己是一个异类,跟别人活得不一样,穿得不一样又有啥稀奇?静汝的面孔有点板滞,才意识到不自禁的几滴泪水早已风干了。岁月的追忆,除了苍白,除了书本和劳作,留给她的,是一段段的空白。

她的右腹部发胀。中午饭吃了几口粉蒸肉,一片片白肉拌和着南方米粉,在灯光下如碎银一般闪闪发亮。知道油的,今天是生日,又做不到不吃。

她有点小肉肚,穿旗袍正好。刚往脸上拍了胶原露紧肤水,乳头在真丝睡衣下微微顶起胸部的面料,在眼前的镜子里,和化妆镜里看到的背影分别呈现了两幅画。

烦恼如一只百脚虫从她的胸腔里爬出来,抓挠着她的喉咙,那虫子着了火,烟殷殷地往上冒,熏得她脑袋晕一阵热一阵……烦恼即菩提,生死即涅槃。

真想有个哭吧,静汝的眼泪像满水的桶口,随时流溢出来。

"我受不了啦!"静汝蓦地站起来,转过身,脸朝着窗外。她张大嘴巴,似乎要哈出哽在喉咙口的那团乱麻。

黑色胆汁的苦涩弥漫了静汝赖以生存的空间。

静汝嗅着血腥去追溯走过的人生道路,身体里流动的热血已经消耗殆尽,只剩下燃烧后的余烬还在周身循环。五十年,被忧愁浇筑的岁月,没有爱情的虚度了的青春,虚掷的期待呀!

楼下传来咚咚咚的敲打声。

静汝下楼,对妈妈说:"关窗一下,就是关上了。"

妈妈说:"不可以,三下才好。"

静汝:"手柄都松了。"

妈妈："不是我的错。我为你看门，还错？"

时间到了，静汝出门，去小区门口拿包裹。

包裹拿来了，是藜叶寄的，里面有六只韩版口罩。

男朋友喻译忘记了她的生日！

她崩溃了。拿回快递的路上，她神思恍惚。快递是藜叶发来的。她害怕藜叶，藜叶是一面镜子，照见了她静汝的诸多不幸。拿回藜叶发来的口罩，已经承受内心很多重压，况且男友忘记了她的生日，这件事情摧毁了她内心最后一道防线。把车开到家门口，她戴着口罩、护目镜、帽子，暮色中看不到车子距离石头矮墙的距离，没有把左转弯转成一个大弯，可她浑然不觉。要是在白天，没有护目镜的雾气，她完全看得见右侧的距离，可现在，她什么也看不见，只听到咯噔一声，她本能地停下车，挂了空挡，拉起手刹，下车看视，见汽车右侧车身紧贴石头墙，怎么办？她重新进入驾驶室，挂倒车挡，往右打方向盘，车尾又响起咯咯的声音，怎么办？这个时候，她这个有着十五年驾龄的老司机的脑子里砌了一堵墙，她想不到应该倒挡往左打方向盘，将汽车快速驶离石头矮墙，她不知道，她的脑子里一片空白，失灵的头脑指挥她继续撞坏车。往右打方向盘，擦伤车身，咯咯的响声，擦伤车子的油漆皮肤，皮肤渗血，毛细血管、静脉、动脉破壁出血。

她剩下的选项只有往左打方向盘，前进或后退。而那个时候，她竟然做出一个最坏的下下策，前进，往右打方向盘，车身摩擦石头矮墙发出的咯咯声令她心碎，她只听到右后方裂帛一般的声响，那是石头切割汽车肌肤的声音，是自虐，是变相的自杀。她麻木地听着这个刺耳的声音，她驾驶着汽车，给汽车留下爱情的伤痕。

那一夜，她失眠了，她心疼自己的爱车。

汽车，也是有生命的，犹似一个人。我把汽车称作女儿，我的女儿。她有着光洁润泽的七米无缝焊接的肌肤，流线型优美的身段，更有一颗燃烧着健康的黑色血液的心脏，涡轮增压发动机。

静汝懂得，在喻译的心里，她只是一个委身于他的女人而已。
曾经听喻译说："熟悉的人，熟悉的车。"
那是去年，在家乐福超市停车场发生撞车事故，人家撞了静汝的车，静汝等拖车的时候，拍照片给喻译，喻译来信说的话。

静汝睡一张木板床，这是父亲生命中最后的作品，特意为静汝制作的。白天的时候，静汝期待享受她的新枕套，它们是静汝陪嫁的一部分。两个月前，超市打折，静汝花一千元买回家一大堆四件套，昨天天晴，静汝拿出两个枕套晒过太阳，今天换上去，现在，静汝悲哀地望着它们，图案是不讨人喜欢的灰色和天蓝色的几何形状，它们曾经承载着她对喻译的爱。

静汝的"嫁妆"，五六套双人被单的四件套没有被芯。她今天洗涤单人被套，把被芯经太阳晒过，装入双人被套。装进去以后，没有被被芯填充的一部分像一个被截肢的手臂或腿脚那样干瘪地耷拉着，静汝不胜感慨。不过，她有新发现：单人被芯占据了双人被套约莫三分之二的空间，她缺少的不是另一半，而是一半中的一半而已，一个人是可以独立存在，安身于天地间的。上帝制造被子和被套的时候，已经对人格的独立做出周密的设计。只要她自己足够坚强，她生命里的男性成分足以支撑她的意志，加上书本安慰她的寂寞，缺乏爱情并不是一个女人的致命伤。

一杯咖啡的作用下彻夜不眠。
此刻她昏沉沉的脑袋，在夜里三点钟的时候，却异常清晰。
"咫尺天涯，你就不能走过来，走近我，看着我。不能再这样下去了，我快崩溃了。今晚即使服安眠药，也要设法睡点觉。"静汝翻了个身，在心里对自己说。

失眠时，听得身边妈妈香甜的鼾声，静汝感到幸福极了。

天已大亮，楼下的落地座钟敲了整八下，静汝还是赖床。旁边的妈妈轻手轻脚起来，到卫生间，还轻轻地带上门。

妈妈问："你哪里不舒服？"

"我苦。"

"你吐？"

"我活得苦。"

妈妈沉默了。

第二章

藜叶上的是财经大学。她长了一头秀发，密密高高往后梳，一个大发夹往头顶一夹，黑缎似的垂到后背。她的鼻子太大了些，身形像麻秆，在中国男孩的眼里，不算好看的妞儿。可是，细长的脖子却来补救她的相貌，衬托出她头颅到肩膀以下部位的美，胸脯和腰身就显得耐看得多。夏天里，藜叶穿一件低领无袖T恤，短得刚刚遮掩内裤的短裙下面，露出骨节明显的两条长腿。

大二的时候，藜叶交了一个广东籍男友，长相如萨特，比她矮，他戏称她是波伏瓦。男友的母亲是一个妇产科医生，靠红包筹足资金供儿子去美国。就在藜叶意外怀孕三个月的时候，准婆婆嫌藜叶颧骨高，克夫相，拆散他们。准婆婆利用近水楼台给藜叶做掉了准孙子。藜叶没有闹，不敢闹。在校谈恋爱不被允许，她怕影响分配。打胎以后，一夜之间，藜叶成熟了。

毕业后，藜叶被分配到会计学校。静汝和藜叶在会计教研室相遇。静汝看到了一张类似中年妇女的面孔，藜叶的脸上早已失却了清纯，一张普通的长脸，两道平直的浓眉下，一对眼珠子骨碌碌的，职业化地在观察、审视、判断、评估、发现、见机说话和适当行事……虽然自打幼儿园起，她就被一个精明到牙齿的母亲耳提面命，严加训导，但真正的成熟，还是从打胎开始。

午休的时候，静汝去楼下花坛埋葬了一本外语生字本，上楼来，路过走道的电话间，一个楼面只有一部座机。叫电话的阿姨穿一身工厂里的蓝布工作服，左上襟一个贴袋上方印了"安全生产"四个红字，手里拿一只酒精棉球，另一只手拿着听筒，嘴里嘟哝着："谁是藜叶……"静汝说："我帮侬去叫。"她快步走进隔壁的教研室，正看到拿洗完的饭盒装进布袋子的藜叶。

藜叶接到她母亲打来的电话，她母亲叫藜叶下班后自己外面吃一碗面。晚饭她母亲不做也不吃，因为明天要上医院做检查。

藜叶放下电话听筒，对静汝笑了笑。

静汝毕业后留校，用英文教西方会计学。白色校徽换成红色的，一样的烫金字。

几个月后的一个下午，藜叶的两节课完了，她走进教研室，咕噜噜喝下几口冷水，捋下袖套，拍拍粉笔灰，对静汝说："你对别人很好，别人不会对你同样好。别人不害你，已经算客气的了。"

静汝在低头批改作业，听了藜叶的话，她默默地抬起头，一阵错愕。她不知道藜叶是指桑骂槐还是怎样，静汝快速察看四周，没有一个人，办公室里只有藜叶和她两个人。静汝还在茫然四顾，藜叶却笑了，她坐到静汝办公桌的一角，放声说道："我这是对你说呢！你别对人家好，不值得。你对人家好，人家不会对你好，人家不理你，这还算是恩典呢！多数情况下，人家只会害你。因为你对他十分好，他要十二分、十五分好，到了你再也拿不出更好的对待时，他就害你了。古话说'斗米养恩，担米养仇'，人和狗不一样，狗只要吃饱肚子，有个窝睡觉，就对你感激涕零，不离不弃。人的欲望无止境。你对人好，人要你对人更好，直到你无力满足人欲望的那一天，人就全盘否定你了！不仅如此，人还诬陷你，说都是你不好，给了他一担米吃，害了他，耽误他出去找工作，现在好职位没了，都怪你！所以，他报复你，害你！"

说到这里，藜叶爆发出一阵可怕的大笑，随着她的笑声越来越高，静汝顿觉藜叶的笑容比哭相还狰狞，应和着笑声的频率，藜叶的两道浓眉在上下震颤，捉对打架。

静汝感激藜叶这是为她好，她也不反驳藜叶的话，只是笑了笑，继续埋首校对学生用英语编制的资产负债表和损益表。静汝的淡然，把藜叶急得直跺脚："你不变着法子学坏，以后怎么活呀?!"

静汝是一个老实人，她只读书，她不懂得书本以外一个现实世界，不关心现实当中的机巧和陷阱。以后的日子里，静汝还是一心对别人好。不过，她从书上看到，禅宗虽说众生本性都有佛性，却也不排除人有为善或为恶的因种。

进入二十世纪九十年代，静汝成了一名二十来岁的芳龄女郎。她是看书长大的，她相信书里的话。她满脑子欧洲十九世纪爱情小说，心怀美好的向往却始终郁郁寡欢。她生活在冲动里，一个接着一个，心里处于躁动状态，情绪波动大，终日惶惶然，被一种莫名的柔情所围裹，渴望看到一个年龄比自己略大、温柔可亲的形象，出现在她周围的夜空，于咫尺间微笑着注视自己。她静静地等待，直到颈酸体麻，那个可人的偶像还不出现。于是，她失望，苦恼，悲叹自己的命运。

她寻觅着，仰望星空，那颗即将升起的明星即使不完全与她心目中的偶像相吻合，也令她欢欣，燃烧起她的热情。在静汝的脑海里，只有一个书本描摹的理想世界，静汝像一朵被无名轻风推动的白云。

尹厉总是对静汝抱以热情亲切的微笑。静汝情窦初开，她把浪漫小说里对爱情的幻想暗暗地附着在眼前那个高高个子、面色惨白的英语老师身上了。她估计尹厉比她大个十来岁，虽然她没有勇气问过尹厉的岁数，可她留意尹厉的一切，她几乎能识别尹厉在走廊里的脚步声。每当听到尹厉特有的一双旧皮鞋橐橐的步履声，她就心颤，翻动书页的手指也在颤抖，紧接着，门口出现尹厉高大的身影，和微笑着的一对小眼睛。他老是这么对着静汝笑，而静汝，则回报他一个羞涩的点头。

静汝开始了与命运的交往。

盛夏的中午,母亲在晒台搭建的水泥地上铺开一张凉席,睡下了。她为静汝让出半个枕头,要静汝也睡。静汝摇摇头,接着看书。看着看着,敌不过睡神,便一头倒在母亲的脚边。

静汝梦见云片糕,云片糕好像一本翻开的书,一页页可以嚼碎,下肚……静汝看见,眼前的校舍、树木,幻化成一幅不中不西的立体画,水杉的树顶,泼墨写意,融入主干道的焦点透视,有气势,有力度,貌似飘忽的云烟,令静汝心悸晕眩。静汝对眼前的一切倾注了爱,虽然映入眼帘的一切色调灰冷,凄清,令人胆寒,毫无悦目可言,可是,眼前的静物写生却显得曲线柔美,淡雅而清丽。下班后,静汝回家扒了几口饭,又去夜校听了两个小时的 VOA 听力,出夜校门,进音乐厅,贝多芬迷失在英雄业绩的热潮中,他的乐思被扼制住了。台上的指挥两只手在抓瞎,弹棉花胎似的一蹦一蹦……女高音披着一件浴巾上场……静汝回到家,实在累极了。突然,静汝闻到一股花露水的味道,她蓦地从梦境中醒来,还是累,正张皇四顾,眼前没有云片糕,却看见藜叶弯下腰,微笑着看她。

静汝连忙爬起来,揉揉双眼,这才想起来,晚上,藜叶邀请静汝看根据大仲马原著改编的话剧《三剑客》,是藜叶系里供应的招待票。文化广场距静汝家近,她俩在静汝的家集合。妈妈热情招待藜叶,亲手打开冰箱,取一小玻璃瓶正广和橘子水、光明牌冰砖款待,面子十足。藜叶用一个小勺子舀冰砖一点点送入口中,说,小时候也住在这个区,距离静汝的家几条弄堂。妈妈很熟悉周边,问哪条弄堂,几号?藜叶的母亲是谁?突然,妈妈的表情凝重了。

静汝穿上最漂亮的橙色美国衫,配上天蓝裙子,脚着一双白色高跟凉鞋,和藜叶一起,走下木楼梯,进入弄堂,穿过复兴中路,朝文化广场步行而去。静汝满心希望在剧场遇上尹厉,能和尹厉说上一句话。十点钟不到,话剧是看完了,却没有遇到尹厉。

静汝回到家,妈妈说:"藜叶的母亲就是那个逼迫我背米的街道女干部!"

静汝点了点头。

尹厉胃出血住医院了。静汝打听到尹厉的病房、病床号,她买了一大串香蕉、一大袋苹果,另外,酥皮面包、奶油糖果、萨其玛、油枣、米花糖……去医院看望他。一进病房,她看到尹厉靠着枕头坐着,没有输液。一个烫着短发蓬松头、穿紧身裤的小女人坐在他的床上。静汝明白了。尹厉说了一句:"侬买嘎多东西。"女人没有跟静汝说一句话。静汝留下水果、糕点,怅然离开。没有人送她。这是她的第一次情殇。

静汝没有告诉藜叶失恋的事情,藜叶却似乎明察秋毫。她对静汝望着,眼角的鱼尾纹里含着笑意:"恋爱其实很简单。"藜叶悄悄地启发静汝。藜叶是一个心机和热情相交织,貌似冷峻内心却躁动不安的女青年。和静汝交往,经验使藜叶产生一种优越感,以被崇拜者的身份在静汝的心里确立她的地位。藜叶始终把握好交往的深度,倘若友情关系有被冲破的威胁,假如她的导师堡垒面临崩溃的危险,她会毫不犹豫地维护她的威严,对静汝的痛苦不管不顾。藜叶抓住人性的弱点,就像用刀片打开一个牡蛎,专找缝隙下刀子。

加拿大人来开班,讲国际审计准则。审计班的学员们都是来自各大部局的财务经理。香港人翻译的讲义,大陆人看不懂,译员也不懂会计。因为看不懂,听不懂,学员们经常提荒唐的问题。这倒不是因为他们智力和经验不足,而是翻译的问题。外国人是通过这些学员了解中国的,难道说就通过这种荒唐的表现来体现我们的民族精神?看着他们这样,静汝既着急又心疼,眼前的窘境激发了静汝强烈的民族自尊心。当第一阶段的讲座结束,学员们一致提出理顺译文时,静汝的血就热了。静汝果断地站起身,用英文说她能帮助理顺讲义中的中文翻译。这是她所理解的爱国壮举。她只想到学校的声誉,未存任何私利。静汝爱她的祖国,打小起,她被教育祖国的利益、人民的利益高于一切,为了国家利益,必须置个人利益于不顾。她做了应该做的事情,是为祖国人民做一件好事。

领衔的加拿大审计讲师约翰逊听了静汝的发言,说:"好!"

此事很快传到孜苁校长的耳朵里。孜苁校长觉得静汝丢了他的面子。怎么能说讲义翻译得不好呢?本来开这样的班,就是穿一件皇帝的新衣!

孜苁,戴一副黑边框眼镜,额头三道电车路,眼角的一粒黑痣,还有黑痣上面插着的三根白毛都纤毫毕现。孜苁的一双眼睛里头有说不出的纵深感,好像一口深井。多年前,孜苁被上司认为不听话,打成右派。多年媳妇熬成婆,现在孜苁有权了,也要照式照样修理修理不听话的静汝。静汝不是不听话,而是不懂得生存的技巧。

那个年代,人才流动铁板一块,孜苁却通过黎叶的嘴向静汝转达他的旨意:"假如静汝没单位,我放她走。"

静汝读书的时候,班主任邹曳是一个满脸堆笑、骨子里很巫婆的人。她穿一件旧的长毛衣,下摆垂下来,拖在羽绒衫外面,算是赶了时髦。今年流行九分裤短裙,她舍不得买新衣服,又要赶时髦,就用上了这件旧羊毛衫,拿下摆当短裙用。邹曳精瘦,鹰钩鼻子上架一副褐边眼镜,逢人就笑,娇贵的、骄矜的笑。她原本在小学里干总务,因为挑拨离间,待不下去,托关系进了会计学校。她要别人对她致以学者似的尊重,老是笑着,很想当"大学老师",这似乎是一个可炫示的身份,令邹曳着迷。邹曳不懂专业,没有可资炫耀的资本,要给自己弄一个知识分子的身份,而不像教务处排课的那样,做个行政人员。邹曳没学历没文化,怕人家说她没有学问,所以拼命咬文嚼字。她要走进课堂,教什么?教珠算!她得到孜苁的首肯,凭着教珠算,她占教师编制了。论打算盘，酱油店的伙计都会，小学三年级就学的算盘，从1加到100，得5050，这是静汝童年的游戏。当然，十年之后，输入电脑程序，电脑会做运算，更不需要邹曳了，此时的邹曳已经退休，拿到正教授的高薪退休金。这个，要归功于她审时度势，看准时机，对静汝落井下石。当时，虽然教了珠算，但邹曳显然没办法以学术立身，她迫切需要找到一棵树，攀援而上，溜须权力顶端的人。邹曳正为抓不到攀附孜苶那根藤蔓发愁，静汝的被贬，让邹曳捞到了晋升职称的好机会。

邹曳到处散播谣言，说静汝品行不端，伤风败俗，和外国人勾搭，有作风问题，该被开除出校。孜苶叫她走，还算宽容，应该把静汝抓进去劳改！她发起对静汝的攻击，一边说，一边摇头，又皱眉，装出痛心的样子。邹曳知道，只要一脚踩住静汝，就给孜苶的暴行增添正义感，掩盖孜苶对静汝的不公，让舆论站在孜苶一边，让八卦传扬，唾沫星子就能把静汝淹死。邹曳越对静汝落井下石，孜苶越会给她邹曳好处，提拔她，获得职称，退休后拿更多的钱。

教师们都知道静汝老实，不信邹曳的信口雌黄，可话从静汝曾经的班主任口中讲出，却增加了可信度。而在孜苶那边，也是同样程度的满足：我握权，清除不听话的人，提拔攀附我的人。

静汝是会计课代表。三年的时间里，邹曳滥用静汝为她做私事。静汝无偿地为邹曳打杂，坐公交从学校搬东西到她家。此刻，静汝被权力抛弃，邹曳知道静汝老实，大胆地欺负她。

藜叶把一切看在眼里。静汝竟然浑然不觉。

那些嚼舌头根子的人，都是为了讨好校长孜苶。再说，欺负一个老实人静汝没有成本，反正静汝不会把唾沫星子喷到他们头上去。伤害静汝成了一件谁都能做、绝无危险的事。一时间，八卦四起。人们为什么喜欢落井下石？落井下石往往是群体的狂欢。即使是懦弱的个体，一旦加入群体，群体的力量便成为个体的力量，在感到安全的情况下，人性中被压抑的攻击性、施虐性便会喷涌而出，且易获得正义感，由此呈现出义愤填膺状。为迎合一个校长，群起造谣诬陷诋毁一个无辜纯洁的女青年。一时间学校的教职员工达成共识，只要说静汝坏话，就能获得孜芥的提拔。于是，在静汝的背后，各式各样的谣言四起。拿静汝做牺牲品，为孜芥遮羞造势，以换取孜芥的恩典。邹曳造谣诬蔑静汝，给孜芥的霸凌洗了白，孜芥奖励邹曳一套房子。

黎叶、尹厉、霍老师，还有财务教研室的李生没有加入这场狂欢。

约翰逊是一个有着平常心的加拿大人，在刚刚开放的中国，来上海传授西方审计学。他很纯正。

静汝最后一次去课堂，坐在休息区，低头看书，猛听得约翰逊轻声说"Smile"，静汝抬起头，约翰逊正用心对着焦距，良久，终于朝静汝按下快门。静汝没有笑，嘴角略微朝上弯了弯。约翰逊说静汝的英文好，她是怎么学的英文？静汝高兴地对约翰逊说："我背单词！我在楼下花坛埋葬了很多记熟的外语生字本。每次埋葬生字本，我都念诗。"

"我能看看埋生字本的地方吗？"约翰逊举了举手里的相机，摆出想给生字本墓地拍照的架势。

偏偏这个时候，黎叶走来，叫静汝去她那里拿一盒磁带。黎叶受孜芥校长指派监视静汝，把静汝和约翰逊说话的内容听了去，汇报给孜芥校长。这是静汝不知道的。

就在三个人一起走向大教室门口时，一个学员拦住约翰逊，和约翰逊拥抱合影，学员中另一个人上前阻拦静汝，说："让老师好好休息！"静汝天真，不懂其意，把这话翻译给约翰逊听，约翰逊愣了一下，方做出反应，朝那个人挥了挥手。

学员们听到关于静汝的谣言，前来监督静汝。

约翰逊不懂中文，却也感觉到紧张的氛围。他停住脚步，问静汝是否再来。静汝说，争取再来。约翰逊朝静汝伸出手，同静汝相握，静汝客套地向他说了感激的话，并向他的家人问好，他似乎没听见，只说："你有我的名片，写信给我吧。别太害羞。"语速虽快，静汝听明白了。

静汝在藜叶那里取了磁带，沿着那条两旁盛开夹竹桃的道路，朝大教室投去最后一瞥，只望得见两扇虚掩的大门，太阳用暗淡的光把树影画在门上。终于，染上青绿的草坪和亭台在静汝的眼里流动起绿波，形成一条无水的河流。

回家途中，静汝茫然地抓着公交车的横杆扶手，不觉早已误了下车的站头。

静汝没有给约翰逊写信。不过，几年后，静汝在比利时鲁汶天主教大学遇到布莱恩，心里觉得，布莱恩延续了约翰逊的精神。

九十年代，记忆中的公用电话，薄如蝉翼的一张纸条，两寸半长，一寸半宽。这是一张全上海标准格式类文件的铅印字条，栏目设计得严谨缜密，极不含糊，字条正中印了一行小字"上海市传呼电话通知单"，右上角有编码，左上角端端正正地敲一个蓝色图章，标明传呼站的电话号码，六位数388304，"三个伯伯在山里拎水"。伯伯没见着，大姊级的阿姨倒是有三位，这蓝色的橡皮图章，便是她们翻过一张张空白的单子，拿图章蘸了印泥，一一敲上去的，盖章后的传呼电话通知单到了受话人手里，成了商品，创造出社区服务业的增加值。阿姨们腿脚好，嗓门亮，且有文化能认字、书写，名字写得对不对不打紧，找对人是王道。

传呼单的第一行左边显眼位置标注着"受话人姓名"，右边是"开单日期、时间"，圆珠笔清晰地写着"2月22日"，年份被忽略了，时间虽有栏目也一概不计。下面一栏，是受话人地址，在那个年代，不认得某个人的屋里厢，侬是寻不着那个人的啦！

早春二月，梧桐树叶还没有从寒霜底下醒来，憔悴而泛出斑驳的焦黄。走在疏朗的树荫下，听电话阿姨冒着冷，必是身着骆驼绒棉袄外罩一件中长纤维的棉袄罩衫，肘部到腕间套上两只蓝卡其布袖套。脚下穿一双坡跟保暖鞋。一个公用电话呼叫站管几条弄堂，以就近划块而言，和居委会、派出所类似。从电话站到静汝家，得穿过大弄堂，路过最显眼的几栋英式三层楼，带汽车间的联排别墅，再绕过那口井，右转弯，走过谁家门前用砖头拦起一块泥土种出的一棵枇杷树，再转进小弄堂，静汝家所在的新式里弄房子。

到了静汝家楼下，阿姨拔直仔喉咙喊："十八号静汝电话！"

听到呼叫，静汝攥一枚五分钱的硬币，咚咚咚下楼，从阿姨手里接过传呼单，那手，右手中指上戴着一枚扎鞋底用的铜顶针箍。阿姨交给静汝单子，接钱的手里还拿着另外几张传呼单，为不虚此行，叫一次电话，沿线带掉几家。

阿姨见到静汝，大声说了一句："姓李的叫侬夜里去他屋里厢。"静汝一看，通知单的下面，印着"发话人姓名"那栏，清晰地写着：李生。

备注栏里，写着永嘉路××号。

事情就这么简单明了。不用对话，不必商量，李生叫她去，阿姨传个话就完了。因为假如有不容外人晓得，且三言两语讲不清爽的事体，还得回电去说的。

静汝纳闷，李生是财经大学毕业的历届生，三十多岁，比静汝大得多，教财务管理。李生细长身材，戴副眼镜，挺斯文的一个人，字写得挺漂亮。平时，李生从不跟静汝说话，怎么突然叫静汝上他家去？

妈妈炒了一碗散发着脂香的蛋炒饭，静汝就着喷香的酱麻油虾米汤，有滋有味地吃了晚饭，走出家门，数过幽僻思南路上很多棵鬼影憧憧的梧桐树，走到位于永嘉路的老洋房的底楼一间。

"来了？"李生开了门，招呼静汝进去。

李生单刀直入，说他刚离婚。单身男人很难，男人没有妻子，那是极其痛苦的事情。这话，静汝听不懂。静汝对李生没有任何想法，她很懵懂。

听学校人说静汝很荡。李生正想女人，就叫静汝来他的家里，原本打算占一把静汝的便宜，一谈话，没料想静汝竟然那么纯洁，李生良心发现，没忍心对静汝下手。静汝在李生那个带圆弧阳台的小客厅里坐了约莫半小时，聊聊学英语的事情，什么事情都没发生。

最后，李生叫静汝为他介绍一个女友，静汝不置可否。李生比她大十多岁，三十多岁的人在她看来是很老的了。

李生送静汝到门口，说了一句："人要注意名声。"

静汝听不懂，她愣了一会儿，心想："我的名声怎么啦？"

李生没有告诉静汝，是邹曳在败坏她的名声。

几天后的一个午休时间，听李生说，昨天，霍老师和孜苶校长起争执，霍老师晕倒，藜叶等几个见死不救，还巴不得霍老师死掉，借此向孜校长邀功。李生急得直跺脚，赶紧叫翻译把霍老师送去医院。

静汝听罢，马上奔向71路站头，在虹桥路上买了十个红橘，赶到审计班所在的招待所，推门一看，人去室空，只有霍老师在伏案。静汝把橘子放在桌上，说："我没有选择别的礼物，因为橘子是热性的，就买了橘子。热有热的好处。"静汝恢复自制后，又说了别的几句话，可她不知道自己说了什么，转身离去。

霍老师抬起头，眼睛里滚动着泪珠。

静汝回到学校，在她埋葬外语生字本的花坛边伫立着。尽管是早春，草丛中依然飞出几只蚊子撞在玻璃窗上。原来隔着玻璃，蚊子也嗅到人血的味道。

孜苶校长让藜叶传信给静汝，说他对静汝的印象坏了，内部调整也没人敢要静汝。离开学校，静汝求之不得。藜叶取代英文好的静汝，拿走了静汝的工作。

听霍老师说，改革开放了，新开的劳务公司招人。静汝考上了聘员公司。

临别，藜叶送给静汝一个缎面笔记本，那是那个时代挺体面的礼物。在笔记本的扉页上，藜叶题了五个字："风中的翠竹"。

藜叶书写"风中的翠竹"时，她对人生的认知比静汝前进了几十年。

静汝不是十足的美女，却有着一张白净的脸庞、一对大眼睛和一双笔直的美腿。她在工作场合的着装多以低领口T恤衫外套西装，配一条长及膝盖的西装裙。一条丝巾围住颈部，遮掩一段肉感、有弹性的胸脯，上半截乳房在起始地带被一件同样有弹性的黑色吊带衫紧紧地围裹住，就像是一层衍生的皮肤那样熨帖和自然。西装的纽扣敞开着，露出西装裙自腰间到膝盖上段的部分。两只浑圆无骨的美丽膝盖和翩跹的长腿裹着闪亮的丝袜，既得体又风姿翩然。

和外国人谈恋爱，或嫁给外国人，都是犯了天条的。聘员公司开展政治教育，要女职员自尊自爱。静汝没有去日本公司，应聘美国公司的时候，她穿了一件老式的织锦缎棉袄。一轮面试后，回到管理部门待命。经理看到她，吃了一惊："你怎么不穿得整齐点？"静汝回答："为了让你放心。不跟外国人谈恋爱。"

经理忍住笑。这时候，电话铃响，外商来电，录用静汝。

商社工作是辛苦的。上班时，精神高度紧张，浑身每根筋都抽紧。别人在体制内的单位里舒舒服服地上下班，领工资，静汝和她的同事们，正值青壮年，是被当牲口使唤的。白天黑夜地干，中午饭没时间吃，饿了一上午，还要在高强度的劳动中度过忙乱而饥饿的一个漫长而短促的下午。那个时候，会打字的人，除了单位里的打字员，几乎没有。况且那些打字员也只会打中文。英文打字实属稀罕，学校里的英文教材，还是工友用铁笔书写后油印的呢！静汝她们的打字技能普遍不行。那时候用的是从香港带来的电动打字机，一次性色带，打出来的字，跟铅印的差不多，好看，比机械打字机好看得多。可是，打错一字，用矫正液擦过，纸面就不好看了。矫正过的纸张，传真出去，到了对方那里，看上去，依旧别扭。鉴于此，老板很忌讳打字错误。为了给中国人争一口气，为了打字少出错误，面对海外员工耸肩、讥笑的眼神，静汝咬咬牙，为了练习打字，无偿加班到夜里九点钟是经常的事情。那时候，有一种电传机，双层纸，头层显示红色，下面一层，蓝色，都是从香港带过来的。静汝夜里练习打字，就在电传机上练。

圣诞节前一星期，老板回国了，静汝轻松些。一大早，她去楼下信箱里取出老板订阅的英文报《金融时报》《南华早报》，快步走到电梯间，突然看见一个熟悉的高个子，苍白脸，手里捧着一叠好几个泡沫箱子。

"尹……老师？"静汝疑惑地试探了一声，恍如梦中。那人朝静汝回过头，低下脑袋，露出静汝熟悉的，眯起两只小眼睛，咧开大嘴巴的微笑。

"怎么来这里了？好一阵子没看见你。"静汝高兴地笑着，突然觉得在这大楼里不寂寞了。

"我刚来上班没几个星期。"尹厉回答说。

电梯来了，一拥而进的人不少，静汝和尹厉索性站在电梯间说话，等下一部电梯。

尹厉在会计学校教书，每个月领62块钱硬工资。单位里，为了每个月加2块钱工资，教师们不顾斯文，穷吵八吵。现在，尹厉每月拿到150元，500元FEC饭贴。尹厉告诉静汝，孜苶不放他走，他朝孜苶跪下了。

静汝同情地皱了皱眉头。

"你怎么鼓鼓囊囊的？"正值隆冬季节，尹厉穿一件厚夹克衫，腰部鼓出一个大桶的形状。

"嘘……"尹厉示意静汝不吱声，他鬼鬼祟祟地朝左右看看，把几个泡沫箱子放在地上，解开夹克衫，静汝看到尹厉的上半身一层又一层绑着用破旧床单做的婴儿尿布！

尹厉说，他家里就一间五六平方米的后厢房，终年晒不到太阳。大人多数时候只得用自己的体温烘干尿布。尹厉进入商社工作的好处之一，是有了接近取暖设备的特权。

办公室里有热汀，他上班带来儿子的尿布，在热汀上烘干。

说到儿子，尹厉咧开嘴巴，笑了。

静汝心里酸楚，知道自己还在爱他。

每天早上，尹厉从家里带来婴儿的湿尿布，绑在身上，提前半小时进商社，松开尿布，铺在办公室外走廊的热水汀上烘干。尹厉解下尿布之后，恐怕假领头移位，快速奔去盥洗室，把腋下两根带子拉拉直，整好领子，重新打好领带。尹厉买不起衬衫，棉毛衫外面穿一只假领头，得时时小心，弄不好被人看出破绽。尹厉蹭上班地点的热空调，不是没道理。他恨那些热空调，外国人又偏偏喜欢在冬天把空调开得很热，在房间里穿件衬衫走来走去，故意气尹厉。多数时候，因工作紧张，尹厉穿了棉毛衫裤，背心出了汗，也只好焐着，不脱下西装，因为一脱出来，假领头就露馅，坍照势的。到下班时间，尹厉收回烘干的尿布，绑回身上，套一件宽大的夹克衫，轻轻松松轧公共汽车回家去。

电梯来了。可巧，静汝和尹厉在同一个楼面，他们一起出了电梯，互道"拜拜"，静汝往右，尹厉往左，在尹厉的前面，有一个箭头，指向一家日资企业上海办事处。

静汝下意识地留意走廊里的热水汀，她看到的几个上面是空的，没见到破床单做的尿布。

一天上午,静汝听到走廊里一阵喧哗,忙跑出去看,只见一个日本人,包头上涂的发蜡也散了,黑头发一绺绺挂下来,他跳将起来,扭住尹厉衣襟,把假领头一整个抓在手里。尹厉也不示弱,抓住对方的白衬衫袖子,破口大骂:"日本鬼子!""八格牙路!死啦死啦滴!"他不懂日语,这些话是从抗战影片里学来的。

原来日本雇员衬衫笔挺,领带光鲜,皮鞋锃亮,边走边不住地吸鼻子,正遇到尹厉,他从办公室溜出来,趁着上厕所的机会给尿布翻个身,弄得走廊里一股股尿臊气。尹厉在热水汀上烘尿布的事情就此败露。这时候,所长松井先生来了,他原谅了尹厉,也责备了日本雇员。管尹厉的人也来了,要尹厉好自为之,他一个大高个,很难找到工作的,不能胡来。那时候,会说英语的人很少,日本人对中国雇员的身高有要求,一米七上下的正好,高个子不要,说高个子对客户有压迫感。尹厉高个子,日本人不喜欢。不过,他英语好,才被录用的。

尹厉和静汝上班的那栋楼,上海第一幢玻璃幕墙的办公楼,记得最清楚的,是奔跑在电脑键盘里外的外国小蟑螂。那种奇怪的蟑螂物种,体形是中国蟑螂的四分之一,跑得极快,专吃外国人上班吃的麦维他全麦消化饼干。大楼的二楼有家西餐厅,在当时是很高级的,一客炒牛河也要花去尹厉和静汝他们一星期的工资。可就是那个餐厅滋生了外国小蟑螂。尹厉他们和外籍人一同工作,倒不觉得什么,临到中午饭时间,差距就来了。吃不起饭店,尹厉感觉到一种心理落差。人家乘电梯下到二楼,接待小姐恭恭敬敬地迎候,进餐厅入座点菜。我们呢?电梯下到底楼,像丧家之犬一样东奔西跑,没个着落。尹厉尝试过吃廉价的方便面,买俩包子,带面包夹红肠……按说中午饭自己家里烧了带来,照理说,从家里带东西来吃没什么不好,可因为穷,在外国人的眼睛里,似乎连我们吃的东西也不能下咽似的,其实，我们家里烧出来的美味佳肴，哪里是他们在宾馆里吃得到的呢？可毕竟，端出饭盒子，意味着我们吃不起外面的饭。饭店，我们吃不起，外籍员工吃得起。就是去专门出产外国小蟑螂的那家餐厅，他们吃饭，我们遭殃，蟑螂满地爬，满桌子逛。从此，我们办公室的电脑键盘里窜来窜去的都是外国小蟑螂。

怎么办？附近搭伙，蹭体制内的口粮。

一个饥饿的中午，尹厉觍着脸，头一遭跑去对马路某某局探头探脑。从门卫室里走出一个凶巴巴、歪戴帽子的老头，把尹厉当面一顿呵斥。尹厉厚着脸皮自我介绍，还递上名片，说想搭伙吃午饭。老头拿走名片，塞进蓝布大袍的胸袋，往地上吐口唾沫，不看尹厉一眼，自顾自进门去了。过了好一会儿，只见李生满脸堆笑地走出门卫室，手里拿着尹厉的名片。

尹厉大吃一惊！很快，他脸上勉强挤出笑容，猥猥琐琐地提出搭伙。"没问题！老同事嘛！"李生爽快地答应。李生在局里有头有脸，这么一点小事，没有搞不定的。

在学校里，尹厉和李生分属两个教研室，彼此只模糊地知道有这么一个人，在男厕所见了面，连点头都不曾有过。现在，虽然是尹厉有求于李生，两个人却不约而同地生出同是天涯沦落人之感。不过，李生的境遇和尹厉有着天壤之别。离开会计学校前，虽然孜芥不肯放人，但李生的父亲是南下干部，让秘书对孜芥的上级说一声，问题迎刃而解。孜芥非但客气地放人，还开了一场堆起橘子、香蕉、椰子糖、香瓜子的茶话会，热热闹闹地送别李生，随后，还在操场上跳了一下午交谊舞。

李生笑着说："开操场舞会那天，放舞曲，还拿来你们外语教研室的四喇叭录音机呢！"李生面无四两肉，笑起来，嘴巴两边的皮往鼻子那里耸，鼻子就像一只小船，笑纹是荡出的一条条波痕。

李生和藜叶跳吉特巴，捉对跳，没有身体接触。孜芥和藜叶跳的是慢三步和慢二步，彼此挨得很紧。那一个下午，藜叶风头最足，她一直在舞着笑着，一笑醉东风！孜苏也一直在笑，张开缺了一只门牙的歪嘴。舞会快结束的时候，邹曳笑着迎上前去，朝孜苏张开双臂，和孜苏跳了慢四步。邹曳也在笑，脸上挂着她平时逢人必笑的那个标准版本的笑容。

尹厉听了李生的话，想到李生离职前的荣耀，和他自己所蒙受的屈辱形成鲜明对比，心里很不好受。为离开会计学校，尹厉向孜苏下跪的事情，他没有说给李生听。静汝是唯一知道他下跪的人。尹厉见到静汝，一时冲动，说出来了，事后挺后悔。不过，他相信静汝是一个稳重的人，不会把他下跪的事情说给其他人听。

尹厉站在李生面前，虽然凭身高海拔，他比李生高出一头，可他觉得自己很矮。现在，他还受李生恩赐一顿中午饭，自己成了一个受惠之人。看到自己比李生矮一大截，尹厉郁闷。谁叫他先天不足？谁叫他的父亲只是一名普通的印刷厂工人？

食堂规定自己备餐具。尹厉从家里带来两只印有"出版系统光荣劳模"红漆字样的搪瓷大碗——它们是尹厉的父亲退休前印刷厂发的劳防用品，一双毛竹筷、一个铁皮调羹。托李生的福，吃饭家什寄存在看门老头的门房间。尹厉不能把吃饭家什放在商社的办公室，每天中午端着饭碗出去敲，坍他的台。他必须每天中午甩甩两只手出去，装作吃饭店的样子，才够面子。同时，尹厉往办公室的写字台抽屉里丢一件半新的夹克衫，穿了夹克衫，他就混迹在机关工作人员当中不引起注意，去食堂打饭合适一点。尹厉总不能西装革履地每天去李生的单位敲饭碗，那样的话，李生的饭碗也要被敲掉了。从此，每到中午饭时间，尹厉对老板说一声"I go for lunch"，他就像外国人一样，拿个皮夹子，仰天大笑出门去了。尹厉拿皮夹子，做做样子而已，他的皮夹子里有饭菜票呢！尹厉哪里舍得花掉皮夹子里的人民币、兑换券？老实说，五毛钱，他能在回家路上给儿子买一大瓶牛奶喝呢！

李生不仅仅给了尹厉一顿中午饭,还是挽回尹厉面子的救星啊!

中午饭有着落后没几个月,松井先生的妻子病了,松井急忙回国照料。总公司派来一位矮个子秃头的香港林老板接替松井。林先生给尹厉的见面礼是一瓶香港洗发水,半打白色的棉纱袜子。他笑着说:"尹桑,小小礼物,日本生产的纯棉袜子,穿了很舒服的。"接过礼品袋子,尹厉有点难为情,日本公司上班规定穿白袜子换拖鞋的,尹厉没有白袜子。可他穿的袜子是上海男人袜子中的顶级品,咖啡色的卡普隆,锦纶针织带麻花花纹的,是上海男人中挺克勒的款式,最关键的一点,是他的袜子没有洞洞眼,挺体面。尹厉买不起衬衫,用假领头糊弄还过得去,可袜子上有破洞是糊弄不过去的。为了不拂老板的细心和好意,尹厉立即去了厕所,换下卡普隆,穿上白袜子。可是,一到下班时间,尹厉不敢违反纪律,会上宣布的,假如他们私藏礼品,一经发现,或是被人举报,要被派员公司开除的。尹厉兴冲冲地赶去管理办公室,把今天收到的两件礼品,还有三十元兑换券统统上交,尹厉的脚上又穿了卡普隆袜子回家了。

虽然受到纪律的约束,礼品得而复失,尹厉也平添了几分光荣感。他以外交官自居啊哈!尹厉心想:我是一个男的,比女青年少了约束,她们另有规定,诸如不准和外国人谈恋爱,不许擦大红色的口红,等等。当然,也有拼死吃河豚,先嫁再辞职的。

第二天上班,进商社,尹厉向林老板问好。林先生从镜片底下朝他的袜子瞟了一眼,尹厉慌了,连忙解释说我昨天把礼品上交了。林先生听罢,嘴角朝两边略微一弯,说了一句:"劳动者工作穿的袜子,也上交?"说完这话,看也不看尹厉一眼,径直往前走了。

第三天下午,学习的时间,尹厉惊愕地发现,派员公司领导脚上穿的正是他上交的白色棉袜子,是他穿过又脱下的那双,洗都没洗,因为罗纹上的标签还没撕干净呢!尹厉是因为前天正在上班,没时间撕干净标签,领导成天坐在办公室喝茶看报纸,有的是时间。他不撕标签，看来是故意不撕，为了让别人看出他穿上了洋货袜子了。

尹厉心里好难过。受骗的感觉，说实在的，比有人告诉他，说看见他老婆出去轧姘头，跟人跑了，还要难受。尹厉偷偷哭了一场。家里小，没地方哭泣，他一个人夜里蹲在办公室，放胆放声地哭。凭什么？我们流血流汗流泪，礼品也是我卖力工作赚来的，不是白给的！

一不做，二不休，尹厉头一次违反了纪律。那个时候，做日本商社，常带客户，遇上不太正经的主儿，奖励尹厉的时候，常常送几张三级片的碟片。尹厉拿到手，也上交过几次。听同事们说，上交以后，都是领导关起门来夜里看的。尹厉颇感到不平，心里又痒痒，动过忤逆的念头，却从未付诸行动。事到如今，他不仁，我不义，尹厉也不管不顾了，就私自藏起一张。尹厉家里没有放碟机，就跑到李生单位，趁李生值夜班的时间，去他们的技术研发科，拉上厚厚的窗幔，把音量关到听觉的极限，偷偷地看。几次下来，尹厉把李生带坏了，也还了李生为他张罗中午饭的情。

静汝经常在走廊、电梯间遇到尹厉。尹厉多数时间在做翻译，身边站着梳背刀头、彬彬有礼的日本客人。静汝不便打搅，只朝尹厉略微点点头。有的时候，尹厉对静汝视而不见。静汝知道，尹厉那是出于对工作的严谨态度。尹厉很敬业。尹厉自始至终不知道静汝曾经暗恋过他，他还以为，他因胃出血住院，静汝买去很多东西给他吃，是为了向他请教英语呢！随着时光的流逝，静汝对尹厉的感情被一种亲密的友情所替代。现在，静汝计划出国留学，忙着考托福、GMAT，准备各种申请材料，也无暇他顾。

静汝的休息日，和藜叶出去喝咖啡。

静汝收入多，基本上都是静汝请藜叶。

藜叶谈到尹厉，一脸鄙夷。静汝不便多问。藜叶说，孜苶校长特别照顾她，把唯一公派出国进修的名额给了她。静汝暗想，假如她不离开会计学校的话，论英文程度和专业水平，那个名额是她静汝的。

不过，静汝不稀罕那样的机会，她由衷地为藜叶高兴。

藜叶和静汝绕着静安寺走，藜叶对静汝说："你出国后，为留下来，就要避孕。"

"啊？"静汝听不懂。静汝要把最珍贵的东西为一个人珍藏。藜叶的话，静汝根本没有听进去。这话对她而言多么离谱。

静汝在心里把人生看作是理想加童话。

鲁汶小城很像圣诞卡上的图画，一个小村落，一座小礼拜堂，圣诞老人在通往火车站的主干道上滑行，二十分钟抵达布鲁塞尔。除了两三条商业街上有时髦商场和巧克力店之外，各大学院遍布小城的各个角落，中世纪建筑被同样是中世纪的常青藤蔓缠绕。在鲁汶城里，不用交通工具，步行可抵达想去的任何地方。静汝常常是走在街上，通常是爬坡的石子路，就遇到上午还一起上过课的同学，彼此击一下掌，聊聊刚听到的新闻，说声"Ciao 敲！"（意大利语"回见"），预备在晚自习时再见。

城外有酿造啤酒的工厂，市中心有一座铜人喷泉，一个铜人拿啤酒灌进脑袋。传说铜人是一名教授，往脑袋里灌啤酒，因为啤酒带来智慧。铜人的旁边是一座漂亮的天主教教堂，这座教堂是唯一没在二战中被炸毁的建筑。聪明人在躲避空袭的时候，奔教堂，上帝的家，肯定有活路。

复活节考试前的一天中午，布莱恩拿了一叠会计作业来到静汝的住处。布莱恩是爱尔兰人，在都柏林长大，是欧盟委员会的资深官员，擅长文字，法语很好，对会计课那些数字颇感头疼。静汝学会计出身，正好，他来跟静汝对对数字。

静汝刚刚做好午饭，一大盆意大利面酱，她从超市买来肉糜，加油、盐、葱、酱油、绍兴黄酒、青椒炒后加水炖，无师自通的烹调，喷香诱人。布莱恩毫不见外，坐下就吃。静汝只有一套西餐餐具，让给布莱恩了,她自己用筷子吃面。

布莱恩尝了一口面,赞叹道:"Super……"这是他的口头禅。布莱恩比静汝大十来岁,栗色头发,椭圆脑袋,蓝眼睛,长长的鼻子,脸上挂着天真、简单的笑。静汝心里难过的时候,会找布莱恩倾诉。布莱恩说,虽说帮不上什么忙,听听也是享受。他俩是普通朋友,没有特别需要在乎的东西,两人在交谈中也显得格外轻松。有时候,静汝甚至会这样想,如果布莱恩明天来上海,住在她家,在一个屋檐下,什么事情也不会发生。如果她明天去了爱尔兰,住进布莱恩的家,在另一个屋檐下,她也一定会睡得很香,不受任何烦扰。他们各自的心里对对方都有些软,如对方要自己做事,不出十二小时,准为对方搞定。

布莱恩三日两头来静汝的住处,每次来,他都高高兴兴。

今天,静汝有点茫然。布莱恩笑着问她怎么啦,静汝说:"丢了工作。"

静汝给一家藤器店打工,清闲,还能看书,每天六小时,一个月赚一万比郎,生活费够了,加上每周四个小时学生食堂里装盒饭的活,日子蛮滋润。可是,前天,有一个会讲弗兰芒语的意大利女孩子来找工作,老板不在,静汝让女孩留下电话号码。女孩走后,静汝竟然把电话号码给了老板。今天,老板通知静汝,她被解雇,那个意大利女子接替静汝。

布莱恩忍不住哈哈大笑:"你早该把电话号码撕碎,扔掉的!"

"哦?"静汝听不明白。

布莱恩停下餐叉和汤匙,笑得流出了眼泪。他扯了一张擦桌子的软纸,擦了擦眼睛,又摘下眼镜,擦了擦镜片,心里觉得静汝憨厚老实得可爱,静汝不会使心眼,更不会使坏,真是教都教不会,索性不去教会静汝。布莱恩想了一想,说:"这样吧,我介绍你去布鲁塞尔一家欧盟的咨询机构剪报纸,周末的工作。你住在我家里。我周五有课的话,开车捎你去,还省下你的火车票钱。"

布莱恩的家位于布鲁塞尔郊区,是一幢二层楼的独栋别墅。

"你看这房子,我们买下来的时候,上家是一对夫妇,刚离婚。连家具都卖给了我们。"布莱恩对静汝说。

布莱恩的妻子朱丽亚对静汝很客气。朱丽亚是一名小学教师,将近四十岁,矮个子,细腰身,戴一副眼镜。朱丽亚有着一张面无表情的面孔,额头上常年刻着三条抬头纹。因为整天和孩子们在一起,她腻烦了,不肯生小孩。她和布莱恩养了一只憨态十足的大白熊狗,当作孩子养,取名叫安迪,每当遛弯回家,它最爱喝加糖加奶的立顿红茶。朱丽亚告诉静汝,她最大的乐趣,是给安迪梳理毛发,她会一连几个小时给大白狗梳头梳身子,很享受。

吃饭的时候,大熊狗来讨吃的。

静汝从来没有听到大熊狗吠叫。

静汝说:"听妈妈讲,奶奶以前养过一条黑狗。可怜的黑狗活着的时候吃糠,做饭掰下的菜皮,拌上糠、淘米水,黑狗吃得津津有味。这么一大条狗啊!一天定粮一斤糠,半饥半饱地凑合着。它老实本分,虽然吃不饱,从来不出去偷东西吃。黑狗来爸爸妈妈的房子里,妈妈给它东西吃,几次下来,就熟了。奶奶经常抱怨黑狗,世道太平,养狗有什么用?要是来了夜盗,敲敲汽油桶,一样管用。奶奶常常为了给狗吃掉的糠而纠结。糠要钱买,黑狗食量大,给狗吃掉的糠,够喂一群鸡的。鸡吃了糠,能生蛋,狗除了拉屎,拉不出一样好吃的东西。这些糠,换了喂猪,喂大一口猪,或卖钱,或吃肉,也实惠得很。可这狗,光吃不长肉的,真是赔本的买卖。为了帮奶奶,妈妈饲养黑狗了。妈妈心善,买最贵的那种糠,里面掺米粒的,给黑狗补充些营养。妈妈每当做好吃的,总给黑狗留一口,黑狗吃到了山芋、玉米、汤团、松糕,虽然量不多,给出一块,它一口吞下,再要时,没有了,它也安静地接受了。每天早上,一看到妈妈,黑狗摇摇尾巴，算是打招呼。黑狗从来不叫，它静静地卧在门口。每到夜里，黑狗会自己找个堆稻草的旮旯睡下，还忒警醒。黑狗好，从不挠人、舔人。妈妈从上海回浦东乡下，黑狗高兴得跳起身来迎接她。黑狗聪明。生了病，会自己出门找草吃，估计那是草药。吃下草后，黑狗就又活蹦乱跳了。它很干净，从不吃屎。大哥已经两岁，蹲在地上拉屎后，新屎冒着热气，黑狗从不动心。看来黑狗不同于一般的狗类。过了半晌，妈妈忙完灶头上的事，走出门来，用铁锹铲起屎，丢入粪坑。"

听到这里，布莱恩哈哈大笑起来："原来狗粮都是屎做的呀！"

静汝接着说："妈妈经常去高桥镇买菜。黑狗唯一吃到的肉，是跟妈妈出去，到了高桥，妈妈买给它吃的两只肉包子。出门早，妈妈自己也饿了。妈妈自己舍不得吃，也喂黑狗两只肉包子。从此，一看见妈妈提起篮子，关上木门，它就在通往高桥镇的大路口等着，赶也赶不走。走三里路到高桥，妈妈买两只肉馒头喂它，它很知足，尽管来回六里路，两只肉馒头早已饿掉了。有一回，馒头铺子歇业，黑狗捞不到肉馒头吃，它也愿意，照样开心，毫无怨言，更没有脾气。它跟在妈妈后面走，看到挡道的狗们，让妈妈害怕，黑狗就冲上前打架，它为妈妈保驾护航。'黑狗蛮大的，这么高。'妈妈用手比画着告诉我，'出去跟别的狗打架，黑狗老是赢。'回家路上，它一点也不觊觎妈妈篮子里的鱼肉，它知道那是主人的口粮。回到家，一家人吃荤腥了，它卧在一边，流着口涎，却很知趣，除非丢给它一根肉骨头，它不讨要。有一次，黑狗实在馋急眼了，还踹碎一只热水瓶。"

听到这里，布莱恩和朱丽亚都笑了。

静汝："妈妈回上海前，买10斤上等糠，嘱奶奶喂给黑狗吃。爸爸妈妈上了摆渡船，它一定要跟，妈妈做手势要它回去，它只得独自走回家了。三里路，认得路的，沿途还同别的狗打架。每天中午饭时间，奶奶总是端着饭碗去串门，边唠嗑边和人家攀比谁碗里的菜好，鱼肉多。爷爷奶奶家原本宅上最穷，现在有爸爸在工作，爷爷退休金多，日子才好过。叔叔是一个上门女婿，他回到浦东乡下，拿一把长火钳，钳住黑狗的脖子。在叔叔的眼里，黑狗只是一锅红烧狗肉，脂肪和蛋白质的来源，奶奶饭碗里的菜肴。剥下的狗皮，还能卖钱。面对屠刀，黑狗像人一样乞求的眼神没有打动奶奶、叔叔冷硬的心。杀狗等于杀死一个不会说话的人。狗不会说话。它若能说话，和人又有什么两样呢？

"妈妈爱黑狗，奶奶知晓。可是，叔叔重要，妈妈不重要。当叔叔想吃狗肉，奶奶就允许叔叔杀掉妈妈心爱的黑狗。妈妈回到浦东乡下，不见黑狗亲热地扑上来迎接她，才知道黑狗遇害的消息。妈妈哭了，妈妈说：'不晓得他们要杀黑狗，要是知道了，我一定把黑狗藏起来。'"

布莱恩和朱丽亚听到黑狗变成狗肉，唏嘘不已。

"浦东……"布莱恩沉吟片刻，"我经常在报纸上看到浦东的消息。"

"是的，我毕业后，找一份在浦东的工作。"

"你想不想留下来？"布莱恩单刀直入。

"想是想，假如能找到合适的工作。倘若没有一份好工作，我就回国。毕竟，在上海工作，收入不比在比利时低呀！"

布莱恩点点头，他和朱丽亚交换了一下眼神，就不再说什么。

下午，静汝和布莱恩去超市买菜，静汝问朱丽亚去不去，朱丽亚说："我信任布莱恩买菜。"静汝去了趟中国超市，给他们买了松花蛋和酱油。

第二天早上，布莱恩开车，朱丽亚坐在副驾，静汝坐在后座，静汝的身边，卧着安迪。布莱恩先送朱丽亚去参加爱尔兰人的酒会，再送静汝去剪报纸打工。送完静汝，布莱恩回去参加朱丽亚的酒会。静汝自己坐地铁回布莱恩的家。

布莱恩把车开到一栋红砖房子前停下,朱丽亚下车前,布莱恩凑过去和朱丽亚接了一吻。

静汝明白,布莱恩的这个吻,是接给她静汝看的,更是接给朱丽亚看的。

静汝在鲁汶小城租住的房间里,有个洗漱斗,没有洗澡间。一个烧饭用的小电炉,放在水斗边的搁板上面。一张吃饭用的桌子边,有一扇临街的窗户,一块很旧的地毯,旧得发脆了,碰上一点水就一个洞。老旧地毯铺在桌子下面,在桌脚外面,往靠近房间中央的地方,伸出一大块。天不太冷的时候,静汝在旧地毯的边上,拿一只装衣服的大塑料桶,搁在地板上,往桶里注了大半桶温水,桶太小,坐不进人,于是,静汝人站在桶里,拿毛巾掬上水来洗澡。碰着水的缘故,那块发脆的旧地毯的一角化开来,就像糖块在空气里变黏一样,露出几根织线的破线头。

比利时房东给的床垫很脏,破烂不堪。静汝爱洁净,自己掏钱买了一个新的海绵睡垫。房东收走了破旧床垫。静汝还照样付房租。

房东胖太太四十来岁,每日描眉涂唇,不离彩妆。她在楼下的街面房开了一爿羊毛衫店。她和丈夫生了一个女儿两个儿子以后,不再爱丈夫,找个男朋友又生了一个小女婴。她的大女儿二十来岁了,活泼可爱,笑靥里满是阳光。她抱着同母异父的小妹妹,兴高采烈。在大女儿的嘴里,一切都来得很自然,她会说:"我爸爸……我妈妈……我妈妈的男朋友,我的弟弟们妹妹……"没有任何痛苦的痕迹。大女儿说,感情会变化,人也会变的。一切都很自然。她说,她的母亲很幸福,因为有过一段开心的婚姻和三个可爱的儿女。不爱配偶之后,她的母亲又有了新的爱情和一个小女儿。生活就那么简单快乐。

每天早晨，房东太太为自己沏一杯咖啡，从冰箱里拿出大大一盘西点，她吐出舌头，把调羹里的糕点勾进去，慢慢咀嚼品味着，一张大脸鼓起来，小眼睛陷入肉里，两边的脸颊肉把一张小嘴巴围困在当中，宛如两座耸峙的深山中分一道峡谷。说话和吃饭时，嘴巴费力地撑开两边脸颊肉，上下翕动。她嘴里装满东西，说起话来嘟嘟哝哝的，只有不停地吃才让她觉得自己还活着。她的双下巴，像一个有底座的铜盆柿子。咽下反式脂肪酸，过半月又见腰际长出新肉来。

弓腰坐在椅子上，她的肚皮肉像冰糖葫芦串一般鼓出来，又像无纺布箍出的一捆素鸡，肉团子们威武地向上直挺，把原本下塌的乳房撑得满胸一片，那对下垂到腰际的乳房正好架在凸出的肚皮上。从她身后望去，她弓着背，身影像一堆无颈的雪人，一座金字塔，从乳房至突出的胃部形成上塔，本来与大米袋似的腹部相连的胃部经裤带勒出一层中塔和底塔。她常年穿红衣、红裙、红裤，如一团火，把个周围世界暖得通红。夏天，她穿一条大红裙裤，一件薄薄、弹性面料的白色紧身衫以胸罩带子为界限，把她的背影箍出葫芦一样的上下两截，上一节与下一节同宽。她一路走，她那爆出衬衫的肉一跳一跳地上下抖动……生小孩之后，肚子上长出的肥肉渐渐填满了原来盛胎儿的空间，走路依然得挺起肚子，远看似乎又怀了一个娃子，近看，才知她兜的不是肉娃娃，而是肉主人把自己弄成一个日本相扑预备队员。挺着如此肚皮，她如同孕妇般摇摇晃晃地挺直腰杆走路。腹部多余的脂肪犹如流动着的胶体，侧睡时往贴床板的那侧倒。由于肚皮张力有限，堆不上的肉就被输导到腿上、臂上、脖子上，脂肪坍塌，活像一摊摊蜡烛油。她吃力地迈动一双踩着高跟鞋的双脚，一步步朝前挪……她真羡慕大象！电视上说，大象的脚部结构使它运动灵活，脚尖承受的压力比穿高跟鞋的女人小得多。她试穿一条全新上好的包芯丝连裤袜，她张开连裤袜上端，费力地抬起左脚，轻轻地迈进去，当脚尖迈过裤裆，针织的细密面料忽地变稀了，整个袜身膨胀了，脚伸向之处发出呲呲的声音。待整只脚伸进袜筒之后，大脚趾已把袜尖撑出一个窟窿，整条连裤袜由下至上，活像一个长筒网袋，装着两个刚出炉的超级长棍面包，足够一个三口之家享用一个星期。

租约快到期的一天早上，房东太太检查静汝的房间，左右环视之下，发现老旧地毯的一角破损了。本来就是很旧的地毯，用坏也在情理之中，可是，女房东大发雷霆，她先断言是静汝用火烧了那个洞！随后，她趴在地上，拿起地毯破损的一角，凑到鼻尖闻闻，才说，是沾着水才破的。胖女人的一张脸发白发紫，上下嘴唇直哆嗦，一迭连声地，硬嚷嚷着要静汝赔地毯，不然，她就从静汝的租房订金里扣钱！静汝决定买块地毯赔她。静汝不知道哪里有旧地毯卖。那一天，趁着买菜，她坐有轨电车去了大卖场，花1000比郎买来一块崭新的红提花新地毯。见到崭新的大地毯，女房东两眼放光，她不以此为侮辱，还忒高兴，因为大赚了一把。而静汝却为此过了每天两餐碎米饭加盐水的日子达一星期之久。

静汝心想，这新地毯，以后的学生房客没资格用的，那块破了边角的老旧地毯，照样给以后的学生房客用，静汝买的新地毯，房东自己用。从静汝的手里，房东白白赚进一条新地毯！

随后的日子里，静汝常常想到这件吃亏的事情。房东赚死了。可她转念一想，虽说静汝她自己在金钱上吃了亏，她赚到了精神。在她离开那家人以后，在茶余饭后，那家人在庆贺白白得到一条新地毯的同时，也许会想到静汝，曾经一个很慷慨、有尊严的中国女学生。往后的日子里，也许，女房东会以某种歉疚的心情去接纳下一位来自中国的学生房客？

布莱恩来静汝的新住处，帮忙搬橱柜。他看着静汝，笑着说："我为我喜欢的女人做奴隶。"

静汝听了这话，微微一笑。

知道地毯的事情后，布莱恩责怪静汝："你跟我说一下，我从家里拿一块旧地毯不就结啦？那样的东西，我们都扔掉的。"

静汝说："算了，不麻烦你了。"

二十七岁姑娘的爱情，早已结了冰，是寒冬天气的河面结成的坚冰。她的一颗脆弱的心，是游弋在厚厚冰层下面的小鱼。冰很厚，坦克、装甲车、水泥搅拌车尽可以开过。这么厚的冰层，钢铁凿不开，火药炸不开，除非有春天温暖的阳光和夏日正午太阳的曝晒。可是，春天又在哪里呢？

静汝告诉布莱恩，记得上小学的时候，学校图书馆里有一本格鲁吉亚民间故事，封面早已没了，书内残页缺页很多，尤其是那些描写爱情的章节，不知被前面翻阅过的哪一只咸猪手扯去了。

"Jesus……"布莱恩不禁笑出声来。

上世纪七十年代的一个早晨，静汝家迎来了第一套世界文学名著丛书，是二哥通宵排队后从新华书店买来的。这套书，花去了二哥一个月的工资！自打有了这套书，家里天天像过节一样，静汝也跟着着魔，不管懂不懂，也一册册地读，因而知道了安娜·卡列尼娜。静汝就近读小学，中午回家做饭，捧本书，往灶前一坐，就算烧饭了。那时候没有电饭煲，把铝锅搁上煤气灶，开锅后等米里的水涨干，再用小火烘饭。读书入神的时候，常常闻到一股异香，不知是书香，还是书中芳草地散发的清香？正受用着，猛一抬头，啊呀，弗好哉弗好哉乃么好哉……一锅白米饭早焦成五面黄了。夜里，往晒台上挑出盏白炽灯，一个煮鸡蛋当夜宵，用功。有时候点蜡烛看书，看着看着睡着了，不慎火焰烧掉一截头发，被焦煳味熏醒，这才知天将破晓。

一天放学后，静汝留下来代替老师批改数学作业，因为老师懒惰不肯做。恰逢一位长者给老师介绍对象。数学老师四十好几了，戴副黑框眼镜，她轻轻地叹口气说："渥伦斯基真傻！放着黄花闺女吉蒂不要，偏偏看上个结过婚生过孩子的安娜，真傻！安娜轧姘头，生活作风不正派，拉三夕夕。"她的评说显然很有学问，静汝看见那个老太婆连连点头后，很爽快地敲定了数学老师的婚事，临走时一再说，数学老师是个正派的姑娘，她做媒找对人了。

Super! 布莱恩笑得前仰后合，索性坐到地上，两只脚轮番蹬地板，一只皮鞋掉了，露出干瘦的脚踝，Shit! 他笑着把眼镜框扶扶正，两只胳膊肘撑住地板，人就像坐在舢板上面，依旧笑个不停，笑得浑身发颤。

静汝和布莱恩一起搬一只旧沙发。静汝蹲在地上拉两只坏沙发脚，布莱恩站在地上推。布莱恩俯身对着静汝的时候，静汝的T恤衫圆领口爆出一堆聚拢来的，雪白灿烂的青春之膏腴，布莱恩受不了这个。在他的想象里，静汝不戴文胸，走起路来，缎子衬衣的前襟一耸一耸，衬衣的下摆随之一掀一掀的，看得他心醉神迷……

静汝调皮地拿手掌在布莱恩的眼睛前面晃，晃了将近半分钟，布莱恩浑然不觉，还呆在那里。

为避免尴尬，静汝把话岔开。

静汝说："我又想起黑狗了。黑狗不自由，我们人也不自由。佛陀的业报轮回说给了自由一条出路。庄子教会我们在不自由的人生里寻找自由。"

布莱恩露出平静的微笑："我喜欢转世轮回这个说法。你知道，佛教的转世轮回也是从古希腊来的。我读《尤利西斯》，布卢姆和他的妻子谈话中说的。我查了下，是古希腊俄尔甫斯教首先提出转世轮回。"

静汝说："佛陀不崇拜偶像，没有留下画像。佛像是后世再现古希腊艺术进行的演绎。"

布莱恩："对，因为马其顿的亚历山大大帝征服过古印度。所以呀，佛教是从古希腊来的。"

"不！"静汝叫起来，她认了真。

"我知道知道,部分地从古希腊来。"看到静汝被逗得上了当,布莱恩偷偷地乐。

"也不!"

"来,看看这边,"布莱恩手指着窗外,转移静汝的注意力,"看,看呐……"

雀鸟扇动着羽翼,倏忽飞去。

"空气中有淡淡的幽香,在上帝面前,我们都平等。"布莱恩抬起眉毛,笑着说。

"在佛陀的眼里,鸟儿和我们平等。"静汝说。

"棒棒的!"布莱恩点点头,说,"我小时候规定在主日上教堂。我的祖母是很虔诚的天主教徒。我不喜欢神父。不过,我喜欢自己思考。我不需要照搬别人灌输给我的思想,我有我自己的判断。我要重估价值。"

"你还记得什么吗?"

"记得:我们基督徒相信只要信上帝,人死后会到天国享福。"

"不工作了吗?"

"不用。"

"为什么不?"

"因为工作带给人痛苦。"

"那人吃什么?"

"不知道。哦,对了!在天国不吃,他们只赞美上帝。"

"中国不一样。中国的神仙在天上有吃有喝的,也上班,诸如养马、编书,各司其职。"

布莱恩大笑起来:"有趣!下一辈子,我要做一个中国人。"布莱恩想了一想,不无忧虑地说:"当了中国人之后,我可不愿意坐轿子,因为不能把人等同牲畜,不能坐在别人的肩膀上面。"

静汝笑了:"除非你当官,没人抬你轿子的。"

279

布莱恩没有听明白静汝话里的意思，惊愕地瞪大眼睛："怎么？他们现在还坐轿子，不乘汽车？"

静汝摇摇头，只对着布莱恩笑。她累了，没有精神替布莱恩辩明"抬轿子"这个话题。静汝转换了话题："你相信爱情吗？"

布莱恩哈哈大笑："你还不如问我，相信不相信圣特克劳斯（圣诞老人）呢！这么说吧，圣特克劳斯是否存在并不重要，相信圣特克劳斯的存在并以此形成文明的文化使人产生幸福感才是重要的。当你相信爱情，即便处在单恋的状态下，只要你幸福，那就有意义了，就像宗教。"

静汝点点头。

布莱恩得意了："谁叫我遇上一个中国女博士了？前天，我去哲学系图书馆泡了一下午。我还看到，小乘佛教度己不度人，像旧约，非犹太人不能入教。大乘佛教度己度人，像新约。基督教有圣者，佛教有菩萨、罗汉。"

静汝："《金刚经》和《坛经》都认为众生可以自己度自己，不住相不崇拜偶像，别把不开心的世象当真，就没烦恼。修成啥果位不重要，明心见性就行了。除了济公成为五百罗汉中唯一的中国人，别的没听说。不知道六祖惠能是否修成菩萨，弘一法师李叔同是否修成菩萨。"静汝见布莱恩迷惑起来，就唱起"长亭外，古道边，芳草碧连天……"

布莱恩说好听。

多年以后，这首歌成了静汝和布莱恩关系的诠释。

静默。

静汝和布莱恩眼中微微含泪。

布莱恩柔声说道："静汝，你要学会发现坏人，要保护自己。"

静汝不解地朝布莱恩睁大眼睛。

布莱恩轻轻叹口气，说："其实，在你们的文化里，老子已经教过你怎样去发现坏人。可你，就是不开窍。"说着这话，布莱恩朝静汝眯缝起眼睛，嘿嘿笑了。

"老子是那样说的吗？"静汝忍不住笑了。

"不是教你学坏，而是教你增长智慧。你们中华文明起源于《易经》，孔子崇尚仁义，解说了《易经》的阳面，你从小的家庭教育也侧重在那个阳面。但是，当你身处社会，面临种种波折，各色人等，各种诡计，那个阳面肯定不够用，你需要运用老子倡导的阴柔面去面对生活的磨难，而那个阴面，恰恰帮你找到生活的正确路径。"

静汝越听越糊涂。

布莱恩叹息一声，笑了。他心里在说："罢了罢了，她学不会。"静汝不开窍，布莱恩也不太在意。布莱恩喜欢静汝的率真。

窗外晃荡着数只鲜活的比利时啤梨，布莱恩站起身，踏上一把椅子，半个身子探出窗外，攀过树枝，摘来两只长悠悠的绿皮嫩梨，笑呵呵地和静汝吃了，真的甜美，乳白色的梨汁从静汝的嘴角挂下来，顺着白净的下巴流淌。

"哎！别白吃人家的。"静汝说着，从钱包里掏出十个比郎。

"也算我一份。"布莱恩也拿出十个比郎。

两个人同时说："我们散步去？好！"他们嘻嘻哈哈地走到邻居人家的台阶边，把装有钱的信封放在台阶的第一级，布莱恩掏出钢笔，用法语在信封上写了一行字："你们家的梨子很鲜美，谢谢！"

"抱歉，我不会说弗兰芒语。"布莱恩说。

静汝和布莱恩像一对淘气的孩子一样在街上蹦蹦跳跳。

布莱恩说："今天帮你搬家整理东西，累了。我们开车出去逛逛？"

静汝说好的。

布莱恩开他的奥迪，静汝坐在副驾，很快出了鲁汶小城。布莱恩驶上一条微微呈弧形的车道，对静汝说："你试试方向盘。"静汝没敢试。很多年以后，在上海，当中国进入全民汽车时代，静汝买了一辆帕萨特领驭，成为一名出色的私家车驾驶员，布莱恩却没有坐过她开的车。以后的日子里，每当静汝驶上一条呈弧形的高速公路，静汝总是想起布莱恩邀请她把握方向盘，想象她和布莱恩贴得很近，四只手掌控一个方向盘、一起开车的情形。

天色愈来愈暗。

"前面是山洞？"

"不是。"

稍稍近些。静汝看明白，前方有一辆卡车的黑影在微微晃动。

雨点越来越大，雨刮器划个不停。

几分钟后乌云退去，苦雨初霁。

"刚才天最暗的时候，我祈求上帝了。"静汝说。

"啊，真的？"布莱恩兴奋得两眼闪现光泽。

"是真的。"静汝说。

布莱恩驱车往前驶去，视线穿过两旁的白杨树，放眼平畴，宛如行驶在一幅油画当中。布莱恩指着蹲在地里的几个人说："他们在剥花生呢。"

"中国的山东出好花生。"

"这里是比利时……那高高的是玉米。"

"那晒在地上，黄澄澄的……"

"也是玉米。如果我死了，你猜我会怎么样？"布莱恩笑着问。

"啊？"静汝不知如何回答。

"我要变成一只松鼠。"

"为什么是松鼠？"

"我要植树。"

到了大森林。

静汝环顾四周，在一条人行的小路两旁，郁郁苍苍的树木筑起一重重绿色的墙,绵延到一个未知的去处。她感叹道:"这座森林不小。今天早上,听比利时学生邻居说,卢森堡太小,比利时大。"

布莱恩扑哧一声笑了,但他随即止住笑声,大有官员的一贯风度。

静汝像一个小孩子,张开双臂,朝前疯跑,大呼小叫:"好美啊!大自然!"

布莱恩紧追上来,气喘吁吁地说:"王阳明讲:天下无心外之物,万事万物都是我们内心的投射。你心里存着美好,眼睛里看到的也是美好。"

说着话,他俩放缓步速,信步朝前走去。布莱恩又说:"王阳明心学开启的时间和欧洲文艺复兴同时代,都是倡导个性解放的。这个世界真奇妙,东西方没有咬过耳朵,却做了同样的事情。就像现在,你和我一起在森林里漫步。"

静汝听了这话,哈哈大笑起来。

就在他俩快走到森林尽头的时候,咆哮的雨点犹如千军踏出的马蹄声,铺天盖地卷来,像一粒粒、一片片子弹袭来,似一簇簇针刺来,刺到面颊、颈项……眼前的森林什物朦胧起来,飘忽起来……像浮现在海面上的一座座绿色岛屿。脚下分不清是陆地还是海水,抑或是一艘搏击风浪的舢板……静汝开始站不稳了,布莱恩连忙搀住她的一条臂膀,静汝没在意,拼命往五十米外的一间废弃的鸟屋跑去……静汝躲到小屋的屋檐下面,与布莱恩拉开距离。一种依伴的需要驱使她走近布莱恩,可她没有。雨点小了……

森林出口处的绿叶掩映着一家咖啡馆。

"静汝,要不要进去坐一会儿?"

"好主意。"

酒吧里,高高的橡木吧台后面,几个啤酒肚很大的老男人在扔飞镖。

布莱恩和静汝在靠窗的位子坐下。

等啤酒的时候，布莱恩频频看静汝。静汝眺望着窗外，看在雨帘中沉浮的森林。

布莱恩压低声音说："你看他们，男人到了五十岁以后，被异性喜爱的曲线就逐年下降。"

"哦？"静汝朝布莱恩转过头来。

布莱恩摇摇头，啧啧几声："这就是为什么有这么多的成年男子，中年、中老年、老年多么在乎他们身边的女人：女秘书、新来的女同事、女下属、女客户、年轻女实习生……向她献媚，为她们动心，为她们当牛做马。对这些受欢迎的女性表现出极度的超乎寻常的关照。教给她们工作技巧，为她们鞍前马后伺候。因为至少，有她们在场，这些男人就感到舒心。她们的纤细腰身如杨柳拂去老妻门板似背脊留下的冬天的肃杀之气，她们那浓密的长发，金色的、红色的、乌黑的、褐色的……那焕发青春魅力的无皱纹的脸，那飘出天真谈吐的无邪的双唇……多么肉感，多么充满生命！所有这一切无不使那些早已为人父、有家有室的男子们开怀。常常看到生活中的一组组镜头：某中年男子，或教授，或校长，或总经理，特别'关心''照顾'年轻女下属，或晋升、加薪、或出国培训，关怀有加，不一而足。不难看到殷勤半老头儿踏着小伙子的轻捷步子，眉开眼笑地和女下属肩并肩去食堂打饭，腰也不痛啦，膝盖骨咯啦咯啦响声也听不见啦！"

"哈哈哈！"静汝开怀大笑起来，"看得出，你在抱怨你女同事当中受提拔的那几位。"

"还真是呢！不过，等到我拿到 MBA 学位，我就有本钱打败她们。"

"好哇！"静汝朝布莱恩高高地举起啤酒杯。

砰的一声碰杯，盖过了对面扔飞镖的噗噗声。

和布莱恩一起出去疯，比小孩子还开心。布莱恩看着静汝咯咯地笑个不停，就说："假如以后我单身了，譬如，妻子病故，我一定要娶一位中国妻子。其实，女人三十多岁是开发性潜力的最佳年龄。"

"我还不到二十八岁呢！所以，我不需要开发。"静汝笑答。

两个人又爆发出一阵大笑。静汝的纯真，令布莱恩着迷。他说静汝是 childish enthusiasm（童稚般的热忱）。

布莱恩接着说："王阳明说，当一个人看到一朵花，觉得美，是因为他知道那是花。"

静汝惊讶地一手掩住嘴巴："连我都不知道呢……"

布莱恩笑道："你当然不知道啦！我读的书，是台湾作家写的翻译成英文的。"

静汝："哦……"

布莱恩显得神秘兮兮："我用功啦……当一个男人喜欢一个中国女孩……"

静汝笑了笑，假装听不懂。布莱恩长得不魁梧，肩膀不够宽，有点往两边塌陷……他的体形没有吸引她。

布莱恩乖巧，他把目光投到墙上的一幅画：北极熊叼一条新鲜的大马哈鱼，好像在吹口琴。大象的长鼻子像一只手，鼻尖是手掌。

借着酒力，静汝问布莱恩一个大胆的问题："假如你有了外遇，想到过对你妻子的伤害吗？"

布莱恩："只要是不知道的事情，就无所谓伤害。"

静汝问："这里牵涉到道德问题吗？"

"这跟道德有什么关系呢？靠道德维系的关系是人性的关系吗？假如你不再觉得你拥有的生活是一种美，还不摆脱那种生活，那又是为了什么？难道我们天生就要被禁锢起来不成？"布莱恩啜饮一口啤酒，润润嘴唇，继续慷慨陈词，"维系夫妻生活的不是道德，而是尊重。我和朱丽亚的收入放入同一个账户，我和朱丽亚谁也不限制谁，谁也离不开谁。"说着话，布莱恩喝干了杯中的啤酒，快活地说："车上有三箱女人的衣服。总算卸下来到了你的新住处。"他在桌子底下踹了静汝一脚，呵呵笑着，把头凑过来，好像静汝的耳朵生得太短似的，像是要道出一个隐秘的趣闻："今天下午我没有白白浇一头雨，我有了新发现。"

静汝靠剪报纸，在学校餐厅打工，通过学校广告给人家里做清洁工、看小孩子，完成了学业。

静汝考进欧盟委员会实习。回国前，静汝没有去欧盟推荐她去的学校任教，她害怕当老师了。

布莱恩送静汝到机场。

回到家，布莱恩思念静汝。他走到地下室，拼命亲吻静汝寄存的衣服。

他留下静汝一套红色的无领套裙，一条灰色燕尾裙，那是他拿来嗅得最多的两套衣服。

从欧洲回上海。在机场，妈妈送上一束鲜花，对静汝说："不要再离开家了……"

微笑的脸对着微笑的脸，拥抱的冲动被紧紧的握手取代了。

静汝进了一家新成立的德国咨询公司。人事经理还没有人选，静汝临时替代。上班第一天，她翻阅一大堆简历，突然看到一个熟悉的名字：尹厉。这是真的吗？静汝站起身，掩着鼻拨动中央空调调节器到最大档数，霎时间，系在风机下的红布条飞舞起来，油漆和聚酯灼烧的气味从风机口蜂拥而出，顷刻充斥室内，静汝仿佛置身于化工厂的车间。静汝忙不迭地关掉风机，通知尹厉来面试。

见到尹厉，静汝吓了一跳，尹厉仿佛一杆寺庙里用竹竿挑起的高高的幡幢，干瘦单薄，风一吹就猎猎飘舞的样子。静汝问他怎么了。

尹厉眯起一对小眼睛，咧嘴一笑："再找不到工作，就饿肚子了。"

尹厉说，他那时候做日本商社，因为穷，尹厉的老婆经常跟尹厉吵，要空调要电话要洗澡间。自从李生让尹厉搭伙中午饭，他俩热络起来了。落单的李生周末闲来无事，买一瓶特加饭黄酒、一包猪头肉，去尹厉家那间五平方米的后厢房。房间太小，弥漫着婴儿的尿臊气，他俩就在门口的弄堂里拉开一张折叠桌，掇两只骨牌凳。尹厉的老婆，那个烫爆炸头、穿包屁股裤子的女人去公用灶披间炒一盆韭菜鸡蛋给他俩下酒。李生连声称赞女人厨艺精湛。小女人营造的家庭氛围感染了李生。一年后，李生公派去日本开办事处，就拐走了她，她和尹厉的儿子也跟了去了。现在，轮到尹厉落单，常去洗头房了。静汝听到这里，忍住不笑，嘴角向下弯了弯。

"静汝你知道的，"尹厉接着说，"我们的收入，不到外国老板所付工资的十分之一，也就是一个零头。而我们付出的劳动，却实打实地值那个工资的数目。所以，超过我们劳动的十分之九的报酬归了派员公司。几年后，派员公司靠着卖人，获得天量数字的利润，而我们，早已耗尽了青春年华，高强度的劳动下，我积劳成疾，本来就有胃出血，到那个时候，我的面孔浮肿，浑身无力，一蹲下就站不起来，好歹用两只手撑起身子，一阵阵的头晕眼花……因为做不动了，公司视我为包袱，为了上市，裁员的那一刻到了，为避免负担我们的医疗、养老费用，每个人十万块钱买断，推入街道。只有十万块，那是卖身、卖血、卖命的钱啊！我，曾经为了繁荣的今日而在昨日忘我地打拼，我在第一线流血、流汗、流泪，干出来一番别人的繁华和辉煌。我就是一块布，被当作抹布用过后又抛弃了。听说公司领导退休的时候，每人都拿一百多万，还享受免费医疗，就跟离休一样。领导比我们更需要好房子、中心城区、新大楼。而我，连退休的资格都没有，要领取最低退休金，还要自己掏钱补足社保。"

静汝把尹厉留下了。

公司头儿考夫曼像做动物实验一样设计模型，观察求证。他精心布下一个局，培植告密者，乐滋滋地看中国人内斗。中国雇员为了挣一份工资，还一份房贷，养活一家子人，极力忍耐着。女职员们每天变换着化妆、衣裙款式，争妍斗艳，争相讨好老秃头考夫曼。考夫曼也小幅度地性骚扰女雇员，像拉拉袖子之类的小动作。

紧挨着考夫曼办公室的玻璃窥视窗口坐着秘书蒋潜，她刚服下一粒安眠药，正趴在桌上梦着今晚的情形。她昨夜彻夜难眠，今晚要去浦东国际机场接考夫曼，午饭后服过安眠药，养一会儿神。谁知药性真大，刚一服下，身子就飘至软梦轻雾中。办公室女职员着装之最大挑战无过于在通体袒露和避人闲语之间求得平衡。今日蒋潜饱鼓的上身裹在一件圆口低领豹纹弹力丝衫里，她脸朝外枕着单臂睡，一任长发往桌子里端披散，她的身体倾斜度和领口低度恰好让走过她身边的男子用余光窥见由荡下双乳拱出的那道乳沟。这对隆起的乳房是她的骄傲，由她最得意的外科美容师独创制成，堪称上海滩之最。虽然长着一双短腿，她还兀自把小腿伸出桌外。

静汝常年穿一身深蓝色的西装西裤，毫无半点脂粉气。静汝是海归，也是考夫曼倚重的雇员。蒋潜看到静汝，老是说静汝穿得漂亮。静汝报以礼貌的微笑。

"该死！真该死！人都异化！放着自然空气不吸，搞什么全封闭智能写字楼！这下可好！风机鼓动油漆、汽油、柴油废气，启动我们这帮机器人。"尹厉正眯起眼睛，手执喷罐，用百洁布细心擦拭着考夫曼的钓鱼竿。考夫曼这会儿还在飞机上，晚上才到上海，赶上明天是周末，正好。此刻的尹厉全神沉醉在喷雾的香气中，似乎这清洁钓鱼竿的香雾足以抵消世上任何一种恶臭气。

蒋潜被尹厉吵醒了，她远远地投来嫉妒的一瞥。除了她，谁也别想靠近秃顶老头。尹厉新来的，献什么殷勤？

尹厉一开始没有掂出蒋潜的分量，还以为她只是一名普通文秘。

"忙什么?"两个小时以后,在走廊里,不得不站起身的蒋潜迈着两条短腿,迎上捧着一大摞大红信封的尹厉问道。

"开晚会,本周末……正好有德国人来,你没听说?"两滴汗珠从尹厉的额头滚落,润湿眉毛,挂上睫毛,顶在因诧异而睁大的小眼珠子上面,那样子十分滑稽。

蒋潜微微涨红了脸,让尹厉看出自己是个对晚会不知情的局外人,好没面子。想到此她两眉一横,射出两道如刀子般的目光,直逼尹厉:"谁说我不知道?我这不是给你做德语翻译么?"

"好,好,有救兵啦……嘿嘿……"尹厉将信将疑,只得顺水推舟,背对着会议室大门,退后一步,撅一下屁股拱开门,先让进蒋潜,然后就地旋转180度,想侧身进会议室,谁料想稀里哗啦一声,手中的信封如雪片般纷纷扬扬坠地。

"哎呀呀!都是你!你要贱啥时不成?在这个时候搅什么乱!"尹厉一跺脚,气急败坏地大叫不迭。

"放屁!贱你的轧姘头吃软饭!"蒋潜毫不示弱。尹厉是静汝招进来的,这话暗指谁呢?多不好听!

"你口中屙屎!谁不知道你是辆破黄鱼车,只要几块钱人人好上的?"尹厉尖叫着,抓起地上几个信封朝蒋潜扇去。

蒋潜抬起左腕挡住额头,右手抓起会议桌上一个瓷花瓶,对准尹厉的脑袋狠狠砸去……

考夫曼来了,蒋潜哭着告状。考夫曼对尹厉没有什么动作,见面仍然笑眯眯。

晚会,是考夫曼培养非正式权力架构的平台。尹厉的额头缠着绷带,蒋潜包着一条彩色丝巾,考夫曼在笑。没有人和尹厉说话。静汝和尹厉说话了。蒋潜记恨静汝,在一堆人那里叽叽咕咕,那堆人抬起眼睛朝静汝和尹厉的方向看。静汝知道他们在嚼舌根,她只作没看见。考夫曼也看到了,笑得更欢。

两天后，东北菜餐馆里，一个典型东北人相貌的女子，平眉毛，瘦小，呈三角形的双眼皮上涂满眼影，假睫毛翘得高高的，涂得忒黑，披散了一头浓黑的乌发，如黑夜，即便在阳光照耀的白昼。她在招徕客人。

蒋潜的黑色眼影比那个女子画得更浓，就像舞台上的角色，眼皮上涂过一层铅灰色的东西，像被人打过一拳后留下的青肿模样。她的周围坐着一圈人。蒋潜故意吃得慢。其实，办公室的中午饭都已经吃完很久了，她不离开，谁都不敢离开。蒋潜留神众人的反应。结果众人都等她，她发现了她的价值，以及她在众人心目中的地位。饭桌上一条仅剩一副骨架的鲈鱼，它张嘴，瞪眼，横卧在椭圆形的盘子里，一副虽遭宰烹，仍然极不甘心被吞食的模样，它仍然挺立在自己的精神里。曾经，鲈鱼那朝上摆的身体被开出几个天窗，每个开口插有火腿，并伴有葱末和盐，似乎只有这样，才能入味。那上面的天窗经几副筷子的蹂躏，顷刻间被拆卸、撕烂，一双性急的筷子不避覆舟之嫌，毅然把鲈鱼那被脊梁骨遮盖的残骸给翻转上来，这一面，如同被洗劫过的一面，也开了五六扇天窗。在被几双快速伸来筷子撕扯的顷刻间，鲈鱼的身躯赫然成了一副白骨，一头连着照样不屈的骄傲的头颅，另一头，牵着虽遭戕害，但还残存的尾尖，一道海明威"老人与海"再世的风景主导着餐桌。

尹厉感到了压力。

蒋潜有说有笑，当众说她做过一个心理测试，情侣关系的测试：她和考夫曼是绝配！

只要权力附身，一个人就了不得。蒋潜不再说上海话，只说港台腔国语，也叫作现代交际用汉语，或德语。

一天早晨，蒋潜更是俨然一副主母的姿态，昂首走入办公室大门。尹厉谄媚地笑着迎合她："哟，蒋小姐，今天的衣服真漂亮。"蒋潜当他是空气，理也不理睬。

蒋潜腿短。她以紧身毛衣裹住的大乳,在德国人眼里,一点也不稀奇,她并不因此得分。考夫曼则不然,他老了,在他眼里,青春是美丽的。他一天天看着与自己同龄老妻日益干瘪的乳房……蒋潜则相反。灯光下,蒋潜脸上的皮肤像被蜡油浇出来一样,走起路来,乳房和腹部之间有几挂肉忽上忽下地颤抖,活像熔化的蜡块,在风中晃动。藏青色毛裙少了弹性,尽管主人已经动足脑筋把腰部掖紧,无奈裙子还是顽强地向外鼓出包来,又在腰的下边把腹部围成一个面袋,把臀部以下弄成一个大圆柱。可恨的冬天,让人也冬眠出好多肉来,看来衣服没办法救身材,叫人怎么活呀!无爱的日子里,唯有衣裙让蒋潜感到作为女性的存在。林林总总的服装,像母鸟身披的羽毛,可为什么自己的哀鸣始终得不到雄性同类相和呢?寻求小身材的德国男人曾给过她希望,可那又是多么短暂的企盼呀!蒋潜抬头仰望那些微笑,常常发生在商人聚会里。也曾一两次,蒋潜认认真真地与对方对眼神,从那含着笑意的眼睛里找到过探询的目光,于是她卖弄起风情,让对方发起对自己的研究。如此,她被带出去过,和他一起吃过饭。谁知,半个月不到,自己就不再被男人注目,失去了眼前的微笑和凝视,只得从她自己心底里和骨子里酿造一种男性才培植的力量与攻击力,以求得自身平衡。从蒋潜背后看,短颈上方,烫过的头发所没有遮盖住的是她那高颧骨,绕到正面看时,那装着颧骨的脸显得很老,看上去足有四十岁。她那张嘴张开说话了,吐出的字,像是在逼迫他人做这做那,连妆扮出的风情里也夹带那么多的命令。

尹厉倒退着出了门。他趴在二楼的栏杆上俯瞰大堂。落单的他,对蒋潜展开了想象:男人寻找的是什么?初见一个女人,她传递的风情把他牵往他们的第一次约会。尹厉开始搜寻一整个安魂的下午,和她对坐,闲聊,抚摸她的手,体味着来自远方的销魂。然而,想象中的今晚,面对着蒋潜,尹厉就像被箍在一个铁笼子里,寒森森,阴呱呱,唤不起一丝柔情。

秃老头考夫曼懂得欲盖弥彰的道理，故意在大家面前跟蒋潜亲昵，还拉起老妻的手。偷偷摸摸的最高境界是表面上做得大大方方。

静汝是由书本塑造心灵的人，与社会的主流世故风俗不合拍，她不会钻营，也不趋附权势，静汝游离于众人之外，不屑于平常人类的生存之道。静汝对考夫曼说，他不应该利用蒋潜让中国人内斗。这话，被尹厉听到，他向蒋潜告密。蒋潜随即在考夫曼面前诋毁静汝，考夫曼笑笑，他开始看好戏了，为此，他早已搭建了舞台。考夫曼不在乎蒋潜说的话，毕竟，静汝以她出色的专业知识和技能，给公司带来很大效益。

尹厉费好大工夫，才消除坏印象，靠上蒋潜，他在她面前跪下的。蒋潜非常骄矜，一开始不理睬尹厉，后来，她改变了主意，她要利用尹厉打败静汝，就半推半就地接受了尹厉的效忠，招安了他。不过，尹厉进不了蒋潜的核心圈，第一圈的嫡系，他轮不上；第二圈的直系，也没他的份；他只得待在第三圈。

蒋潜的地位高了，气横了，对静汝掉头不见。静汝没在意，只微微一笑。

到了最后，连德国籍的部门经理们也对蒋潜溜须拍马。面对蒋潜，他们带笑的话音里充满着日耳曼民族特有的憨直和朴拙，蒋潜仰头大笑起来，让大家知道她和其他中国人不一样。德国实习生为了获得一份在上海的工作，竞相讨好蒋潜。考夫曼哭笑不得。

"中国人、德国人都是一样的。"他苦笑地暗自对自己说。

布莱恩去韩国釜山开完会，特意绕道来上海看望静汝。他已经与静汝分别十年了。静汝在浦东国际机场接到布莱恩，布莱恩已经满头白发。他俩彼此淡淡地微笑点头，静汝向布莱恩伸出手，布莱恩做了个符合社交礼仪的空心抱。布莱恩见到的静汝，依旧年轻，容光焕发。

静汝已经买了一套大平层、一套复式住宅，还没有买车。为了给布莱恩节省开支，静汝为布莱恩预订了青年会宾馆。从机场出发，他俩一起坐磁悬浮，再换乘地铁。在地铁上，布莱恩笑眯眯地欣赏静汝用一根簪挽起的发髻，觉得可爱极了。静汝留着长发，发梢往细簪绕上两圈，在空中打个旋，反手一插，后脑勺顿时腾起无数层云雾，那团云鬓便稳稳地锁在了半山中。

晚餐的时候，布莱恩饮多了酒，一时间有冲动上前拔下那个簪子，看看凌乱的头发把静汝的脸衬出怎样的妩媚相，可他忍住了。

当侍者把夹着账单的黑本子放到布莱恩面前，静汝从桌子的对面伸过手，拿走了账单。

"我做东。"静汝说。

"不，我付。"布莱恩说。

"不可以，一定得我付，这里是上海。"静汝丝毫不让。

布莱恩笑了笑，缩回手："那好，你到了都柏林，我付账。"

二人走出餐厅，静汝走在布莱恩前面三四步。到了门口，侍者没有为静汝开门，布莱恩紧走几步，要上去为静汝开门，已经晚了，静汝自己开了门。看见老外从里面出来，侍者先深鞠一躬，然后很殷勤地为布莱恩把住门。

道别的时候，静汝注意到，布莱恩的身体微微前倾了一下，但是收住了，犹如急刹车。

"保重……明天早上见！"布莱恩温柔地说。

翌日上午九点整。一家沿街的小咖啡馆在户外放了几张胶木桌子，把咖啡馆延伸到人行道上。

"噢，看那儿！"布莱恩突然有了新发现，一把抓住静汝的左手腕，两眼瞪得老大，对着一块两人高的广告牌嘿嘿傻笑起来。

一栋新建楼房的顶部雕刻着一组古罗马时期的人物造型。

"这是什么地方？"布莱恩一脸疑惑地问。

"公寓小区。"静汝被布莱恩看得不自然起来。

"什么人住在里面？"布莱恩穷追不舍。

"普通家庭呀……"

"我还以为这是一所妓院呢，哈哈哈……"布莱恩笑得岔了气，哈着腰，倚靠在一棵梧桐树上只喘气，"很奇怪，怎么到处都在效仿欧洲？可又做不像。看雕刻上女人奶子这么大，简直淫秽，啧啧！"

"上海人的小资情结，越欧洲，越高档。"

布莱恩拿出一张纸，递给静汝："你看看。"

"韩国整容术，隆胸……哪儿弄来的？"

"出租车里，每辆出租车里都有。我从司机椅背后的广告袋里拿来的。"布莱恩压低声音，神秘兮兮地说，"中国女人好像都要把胸脯做大，哈哈……你要知道，世界上并不只存在一种美，为什么中国女性没有发现她们自己与生俱来的美呢？"

"那有什么？这和德国女子把胸脯做小一样嘛。不过，也不是所有中国女子小乳房。"

"那是那是……"布莱恩变得圆滑起来，"就跟皮肤一样，中国女人喜欢白，欧洲妇女喜欢把皮肤晒成棕色。"

布莱恩说着，又用目光一指："怎么尽让西方白人做广告？这些东西都卖给外国人吗？"顺着他的视线，静汝看到又一块巨大的广告牌，上面一个金发碧眼的盎格鲁-撒克逊女人戴一副太阳镜，身穿内衣内裤，一个半罩面的乳罩托着她的两个下半截乳房，活像纸杯盛着爆米花。旁边一幅唐装的广告里，也都是西方人的面孔。

"不是的，这些商品都是卖给中国老百姓的，如果让西方白人穿，商品就变得高级了，售价就抬高了。"

布莱恩想了想，把头摇得像拨浪鼓："啊呀！我的面孔值钱。刚才在宾馆里，我和一个中国青年一同乘电梯下楼，到了大堂，戴红帽子的人问我有什么事情要关照。那个中国人明明拖着个大提箱，却没人理他。"

"也许另外一个行李员会招呼他。"

"也许。"

"嗯……"布赖恩眯起一只眼，睁开另一只眼，"我不知道。我是好玩。我急着见你，下楼太早了，等得腻烦，找些乐子，不好吗？"

似乎有两个年轻女人从他们面前走过，布莱恩的目光追随着她们远去了。

"怎么啦你？看见年轻女子收不住眼光了？"静汝笑着戏谑道。

"不是的。我觉得奇怪，她们刚才用恶狠狠的眼神看着你。"

"明白了。"静汝说。大概是刚才自己低头往手提包里拿手机查时间，没有察觉目光的袭击。"你知道她们为什么这样对待我？"她抬起头，问布莱恩。

"为什么？"布莱恩蹙起双眉。

"因为你长得帅，她们喜欢你。见我与你坐在一起，她们就要品头论足我，很希望看见我又老又丑，她们就开心了。"

"啊哈，我看她们很失望的样子，一定是她们觉得你美。"

一个高大壮实的西方男人挟着一个成熟的中国小女人，个头跟一个小学三年级女学生相似，两具肉体的组合，很像一个男孩子手里攥着一辆玩具汽车。扭过头来瞥了一眼布莱恩，又继续走他们的路。

"糟了，"静汝笑着说，"你刚才说的话，让人听去了。"

布莱恩扭头瞥了一眼他俩远去的背影。

"觉得上海怎样？"静汝微笑着转换了话题。

"上海人非常没礼貌！"布莱恩皱皱眉头，苦笑了一下。

布莱恩说在釜山会议上，遇到一个上海人，人家叫他李桑，很有钱。静汝问那个人的长相，布莱恩拿出酒会照片，静汝对着照片上的人一端详，确定是李生，头发白了，眼睛还是过去的样子，一张瘦脸，面无四两肉，挂着狡黠的浅笑。她没有告诉布莱恩她认识李桑。

布莱恩说："李桑和我做欧盟项目，他最有实力，控股很多家高净值高科技公司。"

下午及晚上，静汝邀请布莱恩来家里做客，参观她的复式房。

静汝的小区里有喷泉，有翘起一只脚撒尿的胖小孩，"麦尼根·比斯！"布莱恩呵呵地笑，发现了一尊比利时雕塑的复制品。

晚上，在小区大门口，静汝为布莱恩叫来出租车。道别的时候，静汝看着布莱恩，微笑着。布莱恩问能不能吻你？静汝说可以。布莱恩吻过静汝的脸颊，再靠近嘴角，女人生美人痣的地方。静汝没有美人痣，布莱恩依然吻了两边这个地方，一边一吻，仍然符合社交礼仪。静汝认识布莱恩十四年了，这是他第一次吻她，也是最后一次。

第二天，布莱恩独自离开宾馆回布鲁塞尔。他神情黯然。

在小区门口别后，静汝步行回到家。她一个人在书房里坐了很久。她不胜感慨，又有些感动。她知道，为了看望她，布莱恩特地去了一趟布鲁塞尔的中国大使馆办签证，又买了从韩国到上海的机票。

布莱恩回家后六个月，静汝动了妇科手术。静汝签字后，手术器械终结了她珍藏了四十年，无人可奉献的珍宝。

静汝告诉藜叶，尹厉又来了。藜叶对静汝说，尹厉不是一个东西。

此时，藜叶已经在美国定居。藜叶公派去美国进修，原本应该学成回国，可是，藜叶却申请了避难。藜叶的第一次申请被驳回，她发起第二次。这一次，除了把遭受强制打胎作为理由之外，她发挥想象力，还虚构上好几条。

藜叶懂得充分利用女性身体去获取金钱和别的好处。除了换一本护照，她还有一个目标：嫁一个白种男人。

白种男人的公寓里，藜叶才出浴，蜷缩在沙发上，掰开脚趾头擦脚气药膏。男人走到门廊，拿起外出的大衣。藜叶问："你要出去？"男人眼睛不朝她看，答道："是，出去。我以前的女朋友来洛杉矶小住，我今晚就住在她那里了。""什么？"藜叶的脸唰地像刷了一层浆糊，呆立在那里。男人没有理会她，兀自跨出门槛，砰的一声把门甩在身后。

他在她身上领略了异国风情。在她企盼结婚的日日夜夜里，她达标的服务，换来的却是无尽的失望。

"想用孩子拖住我结婚？你也太富于幻想了吧！"男人笑了起来。

男人说中国的空气不利于婴孩活命，硬要藜叶打胎。藜叶早就吃了避孕药，骗男人的。

几年后，藜叶还是结婚了。嫁了一个德国人，小她七岁。

尹厉告诉静汝："开发区的乡下人靠我们帮忙发了大财，移民加拿大，李生办的，赚了很多钱。"

静汝笑着说："人家最聪明，在官场上混的。我们小白领貌似神气，其实什么都没有。"

虽说平日里吃了不少蒋潜的亏，静汝一再忍让，上星期，蒋潜弄丢关键的技术资料，静汝忍无可忍，找蒋小姐理论。蒋潜二话没说，坐到考夫曼房里哭啦……记得那天，考夫曼像头公牛一般扑向静汝咆哮，挥舞着拳头大喝："蒋小姐是我的秘书，不是办公室的秘书，你懂不懂？！"尹厉前来安慰静汝："有什么办法呢？男人嘛，再说他老婆也老了……反正见多不怪，老牛吃嫩草，情有可原，权当企业文化之一种吧。"静汝辞职，去了收入更多的美国咨询公司做项目设计。

静汝始终不知道尹厉出卖过她。

与静汝话别的时候，尹厉哭了："我们流血流汗，浦东机场，漕河泾开发区，浦东的张江、金桥，一家家出口创汇企业，无数个谈判项目，都倾注了我们的心血。我们都是拼命的！现在，我一无所有……"

末了,尹厉对静汝咬牙切齿地说:"你和藜叶好,这就是回报。以后,藜叶还是会对你好。你等着!"

今天是静汝五十岁生日。静汝坐在书桌前,面对藜叶快递来的六只韩版口罩,让三十年的回忆像放电影一样过了一遍。

三天以后,喻译来微信了:喻译离婚撤诉。

第三章

三年前的一个早春雨天。

春节刚过,喻译来微信,要看静汝的照片,说将来见了面,能在人海中认出她。

静汝点开手机屏幕上那朵七色花,挑拣照片。静汝几乎与世隔绝,手机相册内的照片都是自拍的。她看了几张特写,静汝有一张孩子气的圆脸,胖胖的脸蛋上方梳一个盘在头顶的发髻。她那没被头发遮掩的面孔虽还没有刻上岁月的皱纹,正面看上去还是像一个中年妇女,静汝不选这几张。她往下翻,那几张自拍的全身照,短外套下露出翘翘的、线条柔和的臀部,大腿的前上方笔直,从照片上也看不出腿有多长,倒是有点重心下垂,失却挺拔感,掩盖了静汝的优点,也令她不满意。

翻来翻去,静汝返璞归真,把自己定格在一张对着浴室镜子自拍的素颜照片上。浴后的静汝,穿一袭长袖丝袍,一头乌黑的长发散落在肉感的肩膀前后,好似一朵盛开的夜礼花。长袍的大圆领一直滑过左上臂,袒露一段雪白的肩膀,浑圆而迷人,柔美得令人忍不住上前一步去摸一把。

看着照片,喻译激情四射。受一股外力的控制,他浇灭身体的冲动,只允许自己用目光玩味起静汝露出领口的那段年轻光润的美肩:"怎么看不到乳罩的小背带?""她竟然没戴文胸?还是用了两根透明的胶质小背带?"喻译暗想。

他眨巴一下双眼,目光溜过静汝那一张凝思中的动人的脸庞,依然实在看不清灯光下面胶质透明背带闪亮的光泽，也不敢妄猜。喻译发挥一个诗人的想象：静汝在白色的浴袍里面，穿了一条白色超短裙，她的腰肢，唉，别提了，没准她是节肢动物投的胎，即便身子凝然不动，那段细腰也在衣服里面节节嘎嘎地灵动，活脱脱一只蜈蚣精。她那条性感的左腿没穿袜子，踩一只宝蓝色的高跟拖鞋；她屈起右腿膝盖，跪在一张转椅里，也是光着脚，把另一只宝蓝色的高跟拖鞋踢到一米远的地方，侧翻在地，宛若泼在地下的一摊蓝墨水。

喻译还想象静汝裸露的脚底心，真是一个尤物的美脚。脚底干干净净，没有一个鸡眼，粉嫩的皮肤朝脚面弯一个雅致的脚弓。两条纤细合度的小腿、大腿的笔直衍生物，不因膝盖的存在而稍有走形，比网络上的腿模好看许多倍了。

看手机的时候，喻译举起右手，习惯性地去摸耳朵。耳朵很大，与他的矮身材不成比例，耳垂肥大，提示他有小小的官运。他捋了捋腮鬓，手指触及光溜溜的鬓角，毛刺刺地难受。喻译贪婪地盯着照片里的静汝看。若见到静汝真人，出于社交礼节，还不能当面饱看呢！他看照片，咋看都不失礼。

喻译和静汝在北京的一个诗歌群里认识。喻译撩妹有一套，他主动在诗歌群里接近静汝。喻译对静汝说，他熟悉北京的纯文学杂志主编，会为静汝推荐发表作品。静汝无意写作，只爱好看书而已，她没有把喻译的话放在心上。接着，喻译发来一张集体照，是诗歌协会开年会时照的。喻译个子矮小，大脑袋，黑头发，倒挂眉，永远睡不醒的两只眼睛底下，一个塌鼻子，两片宽阔的厚嘴唇抿得紧紧的。他的身体像一只虾。静汝发现，喻译的个头比照片上中等身材的女人还矮一截。喻译虽不好看，却有一副憨直相，颇得静汝好感。喻译在微信里说，他是一个早产儿。静汝心想，喻译这个早产儿，没有长个儿，他的头脑率先发育了。一年后，静汝还发现，早产不仅赋予喻译发达的脑袋，还有令女人尖叫的男性骄傲。

喻译是少儿文学作家。喻译把一条围巾对折后，围住脖子，穿一条老北京灯芯绒长裤，看上去那个模样，忽略他的满脸皱纹，还真的像一名少儿。

他在心里常常想着少儿不宜的事情。

期待女儿作文发表、中考加分、出人头地的母亲们向喻译投怀送抱。对四十上下的母亲们伸来的橄榄枝，喻译来者不拒。喻译个儿小，其貌不扬，一开始，母亲们冲着喻译自称的正处级官衔和对女儿发稿的期待而来，几度春宵之后，母亲们很自然地拿喻译和自己那位粗线条丈夫做比较，喻译的温柔和自己的切身感受把丈夫压向天平低下的那一端。喻译拥有那被称作男性骄傲的与生俱来的本钱，正常女人没有不喜欢的。然而，喻译很清楚自己的两任妻子都没找对人。前妻出于对喻译的不适应，找了小白脸，可她同样也不适应小白脸。小白脸在拿到一笔巨款之后，不再忍受前妻，卷款走人。至于现任妻子扣娣，就是喻译一心要休掉的那个，长了两个鹅蛋大的子宫肌瘤，按照现代医学规律，做手术拿掉子宫保留夫妻生活必备的那部分人体组织，是正常妻子的选择。然而，扣娣为了躲避和喻译亲近，偏偏说怕疼，不去开刀。

喻译，是他的笔名，他写小说和诗。喻译姓穆，单名毅，身份证上的名字是穆毅。小的时候，怕穆毅养不大，他的外祖父给他打了一块狗头的佩玉。后来在胡同里玩转铁环，玉佩被顽童偷去卖掉换糖果吃了。后来，穆毅当上作家，心里惦记着那块玉，便找了一个喻字，与玉谐音，给自己起了一个笔名"喻译"。

小时候，喻译和小伙伴们集体坐公交逃票，售票员别人不看，就盯着喻译看。喻译心虚，脸上藏不住东西。

他在北京的老胡同里长大。进进出出，小心不碰着砖墙上串绳挂着的干菜、地上堆放的蜂窝煤。喻译没有上过大学，他插队，进工厂，进杂志社，跑业务。喻译不看书。

喻译的小学同学们为社会主义建设事业出大力流大汗几十年，拿到手一沓薄薄轻飘的退休金，不知道是买柴米油盐果腹呢，还是拿去支付医药费？喻译每月退休金一万多元，医保自费部分还能去单位报销。

喻译满足于鹤立鸡群。他发诗歌给他们看，他们都不懂，都说好，喝彩，喻译很满足，回答"过讲"，他写白字，应该是"过奖"。

喻译发给静汝看一篇他写的短篇小说：妻子逼婚，扬言从30楼跳下，还威胁点燃煤气罐。

静汝诧异，没说什么。怎么有人这样写小说？

几天以后，喻译来信说："其实男人最喜欢女人来冒犯的。现在实在是对我冒犯的人太少而不是太多呀！不过冒犯需要浑然天成，一做作就特别感到不舒服。我喜欢自然，特别切盼你来'冒犯'！"

静汝说："我做了一个梦：你穿一件领口开纽扣洞的衬衫，十多年前流行的款式，一边扣上了纽扣，另一边没有。你的两只耳朵也穿了孔，也纽上扣子，如衬衫领头那样！我说，别，耳垂上开纽孔，戴个金耳钉就行了。如此，就醒了。"一个偷笑表情。

喻译又发来三个字："哈哈哈！"

静汝："人类和鸟类真的差不多。冬天来了，鸟儿蜷缩起来，夹紧它们的羽毛。人呢？翻开樟木箱找夏天里的赘物，冬天又成了宝贝的毛衣毛裤，它们是人类给自己装上的羽毛……"

喻译："上世纪八十年代，江浙一带人家很钟情樟木箱。有樟木箱和爱，就有家。而今，华灯初上，那么多人和车在前往哪里？马路上，天桥上，过道里，那么多人，蚂蚁一样密密麻麻，他们嘴里衔着车票，都去同一个地方，家。我想有一个家，家是爱的代名词，爱意融融的地方。没有爱，我终究是一个无家可归的人。"

喻译心向往之一个女人。他知道静汝是一个女人。他和静汝，还有着两个男人之间的交情。在他看来，静汝还是一个拥有女性器官的男人。单身女人有男性化的倾向，为求生存，应对人生的种种挑战，长期的独居生活历练她从自身分离出男性特质。喻译和静汝在交谈时，会露出会心一笑。喻译说他单位里的事情，有人一心要当官，很傻。不过，喻译故意流露出自己是一个正处级干部，他嘴里说这个"处长"不稀奇，言语里却津津乐道。静汝发了一个表情过去，是一个额头狭窄，说话俩眼珠子鼓溜溜转的怪人"看把你能的！"，以示祝贺。静汝心里在想，你又不是公务员，这个正处级有待商榷。

为表示幽默，喻译憋了五六个小时，写一条微信给静汝："不作则无恙。"

在喻译的心里，静汝是一个明净的人。他幻想着有一天自己获得自由，究竟因何而自由，这个，他缺乏想象力。可是，作为自由人的喻译，会不会第一时间去找静汝？会的，他即刻去找她。倒不是因为静汝富有，而是眼下，也只有她了。

静汝去买菜，回到家，发微信给喻译："买菜回来，路过河边，见大黄猫、大虎斑猫脸对着脸'呜呜'地互通款曲。我慢慢地靠近，躲在一丛铁树后面察看。已而那虎斑猫先行遁去，大黄猫蓦地朝我转过身来，支棱起耳朵，眼露凶光。我估摸着，虎斑猫为母，大黄猫是只公的，且有担当。"一个偷笑表情。

喻译尴尬地回道："你又拿我开涮了！"

静汝放下手机，发了一会儿呆。只有发呆的时候，一个人才看得到真实的自己，解读上帝设置的生命密码，血液哽喉，捶胸痛哭一场。人们关注身外太多，关注内心太少。如果一个人的内心世界是一个广阔无垠的宇宙，那么外界的诱惑会很少甚至无有。你走进自己的内心世界，你会发现自己真正向往的东西，孤独而不去凑某种热闹。独处的孤独并不可怕，而表面的热闹下潜藏着可怕的孤独。芜杂的内心容易让自己迷失，难以抵达精神的高度。智慧不是抵达真理彼岸的唯一途径，有时甚至都不是重要途径。遗憾的是在这个物质社会中的许多人生，没有多少人能做到真正地进入自己的内心世界，甚至一辈子都不知道自己是个什么样的人，一辈子都活在别人的生活里，活在他人的道德评判和价值取向里，为他人而活，恰恰没有自己。自由而无用。有用的是生存，无用的是生命。自由无用，成本高昂，既不做一些人的主人，也不做另一些人的狗。必要时，还得储存一辈子够吃的粮，方能遗世独立，超然物外。乔布斯临终时才觉悟：人的一生只要有够用的财富，就该去追求其他与财富无关的、更重要的东西，也许是感情，也许是艺术，也许仅仅只是一个儿时的梦想……

静汝把自己所思所想告诉喻译。

喻译没有回话，只发了三个翘大拇指的表情。

静汝颇感失望。她希望喻译加入自己的话题。

喻译好像猜透静汝心思似的，乖巧地问："你经常和闺蜜出去逛街吗？"

静汝答："有一个，她在英国，是以前会计学校的同事。我没有什么朋友的。平时多点出世意识，多点修心养心……在这样现实的社会，一个拥有自由而无用的灵魂的人，是不可能有什么朋友的。在一些公开场合，我也喜欢沉默独处。"

喻译说："扣娣的堂妹也在英国。扣娣要和我一起去，我不去。她的目的是叫我出钱。我不出钱。我不和扣娣一起旅行，扣娣走她的，我走我的。等扣娣去了英国，我就来上海找你。"

静汝换了一个轻松的话题："静心静养……头上是天，身下是水。"

喻译是诗人，马上接过话茬：水天一色中，涌动跳跃着青蛙……是大爷在浮游漂移……哟，我又变青蛙了。哈哈！本来就是青蛙推车嘛。

静汝感到体虚，她礼貌地回话：休息吧！晚安！

第二天早上，喻译发来一个"早上好"的图标，一个穿老式长袍、戴瓜皮帽的大爷，手里提一个鸟笼。喻译说："这是标准北京大爷的早晨。"

静汝乐了："你再留一撮山羊胡子，右手托只鸟笼，笼里关只喜鹊，左肩上蹲着个猴子，猴子手里抓一把喂鸟儿的毛毛虫。"

喻译："只要你高兴，大爷我就毛毛虫了。"

静汝好气又好笑。

喻译："我镶上两颗大金牙，你挽着我的手。"

静汝想到能挽着喻译的胳膊了，心里美滋滋的。挽一个穿长衫男人的手，女子须穿旗袍才行。她发自己的旗袍照片给他看，无袖旗袍，白底缎子的面料，当胸一朵大大的红玫瑰。喻译连说："好看好看！收藏了。"

静汝在读话剧《阴道独白》上集，顺手发过去，喻译看了，非常兴奋，连说谢谢，问有没有下集。

几分钟后，静汝发过去下集，喻译情不自禁，又一迭连声"谢谢"，他又说，他已经把上下集连在一起了，接着，他发给静汝《阴道独白》全本。

静汝发去一个微笑的表情，说："你想到哪儿去了？这个关于妇女权利和保护妇女的剧目，是歌咏母性的伟大，是女权主义宣言。"

喻译对女性器官的渴望，比一般性生活缺失的人尤甚。

第二天早上，静汝发去一条："很远将来的一天，回首以往，我会忆起向一个人倾诉，想象和他一起上菜场的情形。"

喻译："还不如想象和他一起上床的情形呢！"

静汝不回答。静汝从来没有跟男人上过床。

夜里，在入睡前，静汝想："布莱恩对我那么好，我却无动于衷，只是因为布莱恩长得不好看。既然错过了布莱恩，现在是不是不能错过喻译呀？"正在此时，静音的手机轻声地哔了一声，静汝拿起手机一看，喻译发来一条："我是火，我是点燃你的一把火。"

305

静汝失眠了。

辗转反侧中，静汝又在问自己：我为什么没有爱上布莱恩？当然，自己从来不去招惹已婚男。布莱恩的外表没有激起她的欲望，以后的生活教会静汝懂得，布莱恩是理想的男人。况且，喻译的外表远比布莱恩差得多，可是喻译敦厚而温暖。岁月在流逝。静汝对人生有了醒悟。布莱恩是根，是树的主干，喻译是嫁接在主干上的枝杈。喻译说扣娣虐待他，喻译感慨良多，正在离婚，喻译正在寻找离婚后新的感情。静汝爱上喻译不存在感情的污点。即便喻译不认识静汝，他也会找别的女人。

失眠的味道却是甜蜜的，静汝想得很多：喻译将是一个离异之人，他有小孩吗？中年人的爱情，既有年轻人，甚至少年的纯情，又有中年人的炽烈，又有年龄赋予的稳健。聪明人给自己留下一条后路。既然命运逼迫我放弃世俗意义上的幸福，我也只好跋涉一条崎岖的羊肠小道。茶马古道上，有你。年复一年，日复一日，需要一样东西支撑自己的脊梁，想哭泣，真的很痛苦。需要静一静给自己的精神疗伤，找一个突破口，精神的跋涉，只是让痛感钝一点，少尖锐一点。想不痛是不可能的。我人生的各个阶段都是崎岖痛苦，只是痛法不同而已。

一连三个夜间，还有白天的好多时候，静汝的眼中，喻译的人影徘徊不去，她整个的心已被这个人攫住、征服。在失眠的那些小时里，在她的幻象中，他整个地激动过她身体的每根神经末梢、每根血管、每个细胞，而她也完整地占有了他。白天出门，走在人行道中间，静汝好像飘起来，跟身边行驶的车辆那样。

喻译："男人总是要更好的。所以只要锁住两颗相爱的心，但不要锁住时间。让时间走，越走越好。"

静汝："常常是，在期待美好事物时，怪时间走得太慢，在忍受痛苦时，又巴望时间走快些。现在这样的良辰美景，真希望时钟停下来，不要往下走，不然，我们又要分离了。"

静汝逛虹桥友谊商城，看到打折的皮夹克，一千多元，她拍了照发给喻译，想给喻译买。

喻译说他体格文弱，不穿皮衣。

在诗歌群里，两个人因为爱了，所以逃避。假如男女间没有爱，做朋友是很坦然的。因为有了那份情愫，心里有鬼，朋友也做不成了。静汝在想："哦，他爱我了，所以他群聊，在逃避。"这样的想法，是聪明的。我微信的密码，是他的名字。彼此不告白，这是一种很奇怪的恋情。但是，彼此的内心感受到自己的爱。

找人，如同钓鱼。下竿了，两眼似禽似睡盯着浮珠看，恍惚中，感觉浮珠逆着水流乘风破浪，于是，把自己想象成一个站在浮珠上的小人儿，对着脚底下的河岸逆流而上。

忽地一沉，急忙扯起渔竿看，第一回，见钩子上的蚯蚓浸泡多时，早已淹死，僵硬。

原来，风动渔竿，才有手下一沉。

静汝的眼前闪过一幕不想看到的图景：丛林和鬼怪。

黑暗幽邃的丛林里，一棵鬼怪的树，一棵被岁月施了魔法变丑陋、呈深褐色的树。那树，在三十年前，还是鲜嫩的肉色。三十年间，虽然扎根于泥土，但它没有长得更高、长粗口径，只是长年累月和风雨、四季变换的空气相摩擦，变色变丑了。色素沉淀，由粉红变为褐色，如同女人走过了生理期，天道使然，谁也逃脱不了。

以喻译的年龄，也逃脱不了这个宿命。

静汝起了厌恶之心。

这么一个不速之客闯进她梦乡中温暖、美好的一瞬间，把她淡蓝的梦境改变了颜色，几近暗黑。她倒吸了一口冷气。她厌恶这样一根魔鬼似的，苍老、丑陋且满载着岁月沧桑的物事，嫌脏！更为伴随那物几十年而来的另一个女性的纠缠而油然生出一股莫名的妒意……她不禁自嘲一番：那，那，那，别人的事情，跟我又有什么关系呢？都过去了的事情。假如，我和喻译能有明天，他的过去，跟我又有什么关系呢？

这也是她自己随半个世纪岁月的浪潮而悄然逝去的生命。

女人在任何年龄段都有本钱。年轻时，姿色是本钱。到了中年，半生艰苦劳动的积累是本钱。可是，静汝都没用好这些本钱。从少年时代起，她读了太多欧洲浪漫主义小说，心气太高，看不上接近她的年轻人，放掉不少机会。花样年华逝去之后，静汝变成一只雀儿，依旧心气极高，看不上那棵丑陋的、树皮斑驳的老树。至于茁壮而繁茂的刚长成的年轻的树，静汝又觉得不够浪漫。

她错过了停栖在一棵粉色鲜亮新树的妙龄。当然，这也不是不能补救的事情。金钱能买回岁月的缺憾，可她不想去买。两个人的情事，关乎爱情，关乎尊严，不能留下金钱的烙印。这是她的处世原则。

喻译介绍一个无名诗人给静汝，为了讨好无名诗人。无名诗人出生在一个鸟不拉屎的小山村，北漂三十年，落不下北京户口，买不起北京房子，也进不了体制。无名诗人在国内无法出名，一心要在国外出名，为了当一名世界级诗人，他叫静汝把他的诗歌翻译成英语。无名诗人的诗作干巴巴毫无诗意，上不了国内大刊，只能上地方小报。静汝好心肠，真心帮助无名诗人，翻译了海量的诗歌和文章，没有收过一分钱。喻译对静汝说，翻译活多的话，就与无名诗人谈一个翻译费数目。静汝说翻译的量的确很多，不过算了，不收钱吧，我不差钱。听喻译说，无名诗人在杂志社干活，干体制内的活，拿少于体制内的工资，还要养家糊口。无名诗人的妻子因为车祸没法工作。喻译告诉静汝，他帮过无名诗人大忙。几年前，无名诗人的妻子遭遇车祸，为了索赔，需要一份单位证明。无名诗人所在的单位不承认他是员工,不给开证明。无名诗人找到喻译,喻译帮了他,给他一张空白的单位信笺,盖了公章,由他自己填写内容。喻译还说,无名诗人的嘴上功夫极好,很会讨喻译欢心。有一次,喻译把吃不了的茶叶送给无名诗人,无名诗人说:"穆社长您真疼我。"可是,到下一次,无名诗人托喻译做一样啥事情,喻译事情多,忘记了,无名诗人在食堂里看见喻译,就不给喻译好脸色看。喻译心里纳闷,直到突然一拍脑袋,想起来,自己忘记去办无名诗人托他办的事了。

"怎么会这样?"当静汝私下里问无名诗人是否喜欢北京人,才揭开了谜底。无名诗人告诉静汝,他心里不服北京人,看不惯北京人那自以为是的德行。他不喜欢北京人,尤其讨厌喻译那样拿了体制内高薪、有个把职位但胸无点墨的老头子。

静汝心软,觉得无名诗人可怜,她乐意免费帮助无名诗人。其实,喻译经常挑无名诗人赚钱,他请无名诗人担任诗歌节的评委,看一首诗200元。无名诗人捞钱很多,并非没钱。一抓到钱,无名诗人就去银行换美元攒起来。

无名诗人把静汝翻译的英文拿给外国语大学的教授看,教授说很好。那当然,静汝是留学欧洲名校的海归硕士,她在德国和美国商务咨询公司上班的时候,给中国人和非英语母语的外国人修改英语报告。静汝念过的英语专业书加上英语文学名著叠加起来,比三层楼都高。

无名诗人说半年后去保加利亚参加诗歌节。无名诗人和一个会说汉语的保加利亚人关系好。无名诗人巴结一个著名诗人,也为著名诗人弄到一份邀请函。无名诗人知道著名诗人一见到外国人,肯定会把他这个不懂英语的无名诗人撇在一边当睁眼瞎和哑巴,无名诗人需要一名翻译,他要静汝做翻译。

无名诗人还告诉静汝,著名诗人没有诗才,不过是凭借后天勤奋写几行毫不感人的诗句。无名诗人不提喻译,从不,喻译的诗不值一提。在无名诗人的嘴巴里,喻译作为一个人更不值一提。

翻译的东西太多,翻译工作异常艰苦,没有一分钱酬劳,静汝完全凭借善意和真诚在熬。她拿出年轻时在比利时鲁汶天主教大学苦读 MBA 的劲头,熬,一字一段地熬夜苦干,像奴隶一样无偿无私地为无名诗人效劳。静汝病了。她身子冷,冷气从骨子往外钻,骨头酸痛,暖空调虽已开到最高,澳大利亚羊毛皮的家居鞋也穿上了,却感觉就像穿着一双夏天的塑料拖鞋那样,没有丝毫的暖意。冷颤的病症来自人类肉眼看不见,唯独显微镜下才现身的那种被叫作病毒或细菌的小虫子。静汝幻想红糖姜汤驱除虫子带来的冷,幻想破灭后,她又指望大杯的热水缓过身子来,但最终不敌小虫子的威力,静汝不得不睡下,她用了武装到牙齿的羊毛包裹自己:垫在脚下一条长毛羊毛毯、全羊毛绒线裤、羊毛内衣、羊绒衫,外加一件全羊毛高粗绒线衫,上盖一条八斤重的羊毛被之外,还压上一条羽绒被。可是,任凭她怎样装备自己,骨子里就是冷,长毛羊皮垫子焐不暖一双脚。为暖暖身子,静汝跳进热水浴缸,她身体饱满,坐在浴缸里,雪白大腿根合拢处的三角区盛满水,密缝得滴水不漏。浸在摄氏四十几度的热水里,她依旧浑身发冷。

浴罢一测体温:摄氏 39.5 度。

静汝拍体温计照片给喻译。

喻译回信说:"我在千里之外,没法帮你,你自己上医院。"

静汝独自在医院挂水,她发短信给喻译:"你会陪我挂水吗?"

喻译答:"当然。"

有了这个口头的安慰,静汝也满足了。接下来的几天里,静汝切盼喻译来问她病况,但喻译没有。

喻译的心思好像转了向。静汝不是一个会作的女人,她就不再提自己生病的事。

静汝退烧了,她想起喻译。

每天早晨一觉醒来，静汝一把抓过手机，没有喻译的微信。她还仔细研究了发给喻译微信的日期和钟点，还有前面喻译回复的时间。喻译的微信仿佛绵延了一股暖流，膨胀的内力充盈了静汝的周身。

而自己最后发的微信，距今已经三天，还是没有回复。

喻译会不会出事了？

午饭后，静汝发现和喻译的聊天界面还是没有小红数字，没有信。失望之余，她再次打开之前的聊天，把自己发给喻译的信又看了一遍，这已经是第无数次复看以前的内容了。喻译的上句话是这样写的："这闺女脑子乱了。"然后发来三个"哈哈哈"。

静汝喜欢北方男人的豪爽。

她发出一条新信息："我在心的最幽微处，默默地建了一所房子，让一个人住下。我只静静地释放春天的青绿及在青绿中蹒跚的青涩给他，使他快乐。"

喻译很快回信了，他说，他想来上海。他和静汝，就像高铁的机车组，大齿轮卡小齿轮，和谐。

静汝脑子里闪过一个英文单词，synergy。她调皮地逗喻译："京城大爷啊！这又是什么招呀？本姑娘我没跟上这动车组呢。"说完，发去一个调皮的表情。

静汝咳嗽厉害了，整夜睡不着。咳得实在累不过，她只得搬出家里储备的王牌军西药：0.5毫克片剂的左氧氟沙星、阿斯美两粒吞下去。吃了几天药，依旧挡不住汹涌的咳嗽大潮，忍无可忍之下只好躺下歇息。她想吃中药，去年感冒后也这么咳嗽，老中医开了药，宣肺的，一吃就好，因为咳掉很多痰，肺干净了，病就好了。她保留了方子，很想去中医院抄方、配药，可她太过虚弱，开不动车，去不了。怎么办？现在，她只能吃抗生素和化痰药，伤身体又不治病，可她又有什么办法呢？

喻译听懂了静汝的话，喻译没有说话。喻译感慨：一个有丈夫的女人自有她的特权。假如扣娣要我去抓药,我心里再不愿意,手和脚也要动起来,因为假如我不殷勤,她立马怀疑我外头有人。我已经叮嘱静汝,不要打我手机,说话不便,平时发微信好了。因为女人打来电话,家里会起轩然大波的。

喻译患有严重的混合痔,即将开刀。医院里的费用,花的都是喻译自己的积蓄。扣娣搜刮喻译所有的收入,却不肯拿出一分钱。扣娣为了趁此机会抓更多的钱,发微信到家族群、喻译的小学同学群、工厂群,说喻译要开刀了,等大家送钱来。亲友们知道扣娣的德行,他们钱不交给扣娣,都直接给喻译,塞到喻译的枕头底下。等人家一走,扣娣就到枕头底下去搜,要是搜来几千元一个信封,扣娣就给好脸色,要是信封里装个500块,她就骂骂咧咧地数落送钱人小气。扣娣边把所有的钱塞进自己的皮包,边说:"我要请人家吃饭的。"送钱人几乎都不吃饭。难得一次请人吃饭,扣娣拿喻译买的储值卡付账,那是她之前强迫喻译花两千元、三千元、四千元买的预付卡。喻译开刀前,扣娣每天都从喻译枕头底下收获满满。

喻译腰部麻醉开完刀,下手术台后,医生叮嘱喻译不睡枕头,平卧。扣娣为了抓钱,硬逼着喻译睡枕头。喻译不肯,说要听医生的话。扣娣把喻译的被子掀到地上!春寒料峭,喻译刚开完刀下手术台,冷得缩成一团。同一间病房的病友加陪客几十双眼睛都盯着喻译看,有好几双眼睛在笑,有人干脆拿手机拍他的视频。喻译脸上烫乎乎的,实在挂不住,他怕别人继续看笑话,只得含着泪,听凭扣娣往他的后脑勺插进一只大枕头。喻译睡在一只胖胖的枕头上,顿觉头晕目眩,几乎人事不省。不一会儿,看望他的人络绎不绝,每次往他枕头底下塞钱,喻译的脑袋被惊动,咯噔一下。待探望他的人走后,扣娣就伸手去他的枕头底下捞钱,又咯噔几下,喻译的枕头成了一只下金蛋的母鸡!喻译头晕死了,两眼发黑,昏了过去。他醒来的时候,听扣娣在唠叨:"不睡枕头,那哪成?钱呢?!"一整天下来,喻译恶心呕吐，头晕头痛，呼吸困难，肛门的刀口又钻心地疼痛。第二天，没有一个人来看喻译，扣娣骂得更难听了："见鬼了，人呢？都让鬼叼去了！"既然捞不到钱了，扣娣强令喻译当天出院。医院规定要住满四天的。

扣娣已经很有钱了。十四年来，喻译把她从一名普通护士变成一个女富翁，可她还是那么贪钱！

喻译痛苦地呻吟着，浑身发抖。他写信给静汝，说等康复了，一定去上海看她！

出院后，尽管生活在一个屋檐下，喻译还是写微信给扣娣，再次提出协议离婚的财产分割方案，好离好散。扣娣拉黑了喻译。

男人在离婚前，给足女人一千个机会。接着，喻译为了把不贤的扣娣改造好，想到了官场的规矩，引入竞争机制，这个竞争机制就是静汝。喻译要制造竞争，期望在压力之下，扣娣变得贤惠起来。

"我认识上海的静汝。"喻译故意让扣娣知道静汝的存在。喻译为了树立静汝这个标杆，故意告诉扣娣，静汝是一个海归单身女，有钱，房子多。

喻译做了两手准备。来上海前，喻译特意去北京的社保局，问怎样在上海用北京医保。喻译还对静汝说，他要学说上海话。

喻译把确定到达上海的日期发给静汝，却迟迟收不到回信，他急得要命。喻译等啊等，还以为静汝不想见他了。直到第二天下午，才盼来静汝的回信。喻译读着静汝的微信，拿手机的那只手瑟瑟发抖。静汝说很抱歉，昨天手机坏了，今天下午好不容易去陕西南路苹果专卖店买了一款新手机。刚安装了微信。静汝还说："我昨天想打电话通知你，可是却怎么也记不得你的电话号码，因为号码存在坏手机里。"喻译反复阅读了无数遍静汝的微信，这才松了一口气。

要见喻译了，静汝在挑选衣服。衣服买来几年了，还没有好好看过扣子，因为没有遇到一个能欣赏纽扣的人。今天，托喻译的福，静汝才有兴致仔细打量这件几年前花七千元买来的羊羔皮外套,一看,原来纽扣中间还镶了一颗人造钻石。

涂鸦用的笔杆也是现成的簪。只要梗直,折一朵花就当了簪,春日里采来的樱花枝,五月的玫瑰,夏日的栀子花,秋天的月桂,冬天折下的红梅、蜡梅,都可充簪。右手执簪,顿时做成一个令人销魂的发髻。

静汝有时候想,光顾商场衣架,不空手出门的女人是幸福的,因为她们身边有人审美。

喻译不跟扣娣说话。实在有话要说了,就让扣娣的女儿捎信。喻译上火车前,发微信给扣娣的女儿,让她转告扣娣,他去了苏州。

喻译买了去上海的火车票。

上火车以后,他才发信息给扣娣的女儿,说去了上海。喻译这么做,为证明他不说瞎话。

一年以后,静汝才明白,喻译是一个很会说瞎话的人。

喻译告诉扣娣他去上海找静汝,是故意的。

喻译一早赶火车。上车后,他临时通知静汝。静汝从来没有和喻译通过电话,第一次听到他说话的声音,脆亮的北京话,嗓音像女声,有点滑稽。不过,喻译说的普通话,带京腔,很好听。喻译在火车上,说要给静汝一个大礼包。

静汝在虹桥火车站接着喻译,比自己矮半个头的一个北京小老头,前额上堆起皱纹,粗脖子,睁不开的一双小眼睛,吊两只大眼袋,朝天鼻子,满脸千沟万壑,走路的时候,头往前冲。静汝觉得自己不会爱上他。

喻译虽然身材矮小,却有气场,有官气。

喻译说,他今天一早逃出来的,脸也没刮,就去火车站买票来上海。

静汝在开车，在她的右首，副驾驶座上坐着一个满脸皱纹的小老头。静汝有点可怜他。一路上，喻译口若悬河，静汝集中精神听导航，她要带他去预订的酒店。

　　地处闹市区的五星级宾馆里藏着金，太想利用空间的缘故。大堂垂着低低的天花板，上面镶嵌着许多个筒灯，满天星一般照射下来。

　　静汝送喻译去他的客房，喻译几乎没有行李，静汝也帮不上什么忙。喻译说："坐一会儿吧！"静汝开车累了，就在沙发上坐下。

　　喻译说："我给你看样东西。"喻译站起身，拉开黑色人造革挎包的拉链，挎包很旧。静汝发现，拉链的一头脱了针脚，使得挎包的主人看上去跟一个拾荒老人差不多。

　　喻译拿出几个塑料纸包装的牙膏状的东西，递给静汝："这是扣娣的堂妹从英国回来的时候，送给我的。你懂洋文，替我看看这是啥玩意儿。"

　　静汝一看，天哪！那个东西不是花钱买的，而是哪一家英国乡村酒店供给客人免费使用的剃须膏。

　　"不值钱？"喻译审视着静汝的面孔，怯懦地问。

　　"当然不值钱喽！"静汝礼貌地抑制住自己的笑声。喻译还是从静汝的眼神里看出了笑意，他微微点点头，把剃须膏抓回手心，也没有放回旧挎包，只呆呆地盯着静汝的眼睛看，说："你的一双大眼睛，跟海似的。"

　　"时间不早了，我请你吃晚饭。"静汝爽快地说。中午的时候，静汝突然接到喻译来电话，说他已经在高铁上，为了赶到虹桥火车站接喻译，静汝草草扒了一口午饭，现在有点饿了。

　　静汝和喻译出了客房门，走在铺着华丽波斯地毯的过道里，脚下柔软得宛如松软的草坪。喻译依旧喃喃低语："不值钱的赠品！可扣娣的堂妹跟她嫁的洋人来北京，我请他们吃了两次饭，大饭店的！扣娣的哥哥、弟弟都来的。两次，都是我出的钱。可他们送给我不值钱的东西。"

静汝忍住不笑,她带喻译穿过八车道的横道线,光等绿灯都停下了两次,喻译望着前面的店招,大声念出来:"上海乳房菜!"

静汝笑了:"你再仔细看看:上海私房菜。"

在都市的中心,人行道的一个凹陷处,不显眼地伫立着一栋装饰着圆拱式山墙、抹上白色墙灰的仿古建筑,建筑物的顶端耸立着一个罗马式穹顶,和对马路的哥特式教堂相呼应。静汝推开两扇高大的黑漆木门,带喻译穿过一条亮着民国时代弄堂街灯的甬道,靠着古雅砖墙,摆放着老式缝纫机、大喇叭电唱机、带黄铜琵琶锁的古董家具。甬道的尽头,是明亮宽敞的就餐区,一节淘汰的绿车皮,一个老式的黑乎乎的烧煤的蒸汽火车头、一节有着木制车厢的老爷火车,围拢成三面墙,中间是一块原先充作绿化带的菜地。静汝和喻译坐在餐厅的廊下,透过落地窗望出去,恍如置身50至100年前的火车站,而餐厅更老,这里是一所百年修道院,曾经是天主教修女的宿舍。在静汝和喻译的脚下,光溜溜的地砖还是老的,地砖的缝隙里还残留着当年修女们的针头线脑。

静汝柔和的目光爱抚着喻译,笑着对喻译说:"瞧!我们都变年轻了。你呢,还是坐你的火车来上海,所不同的是,我与你一同坐着一趟时间列车。"

喻译应了一声:"是。"他落座后,掀掉夹克衫,往身后的椅背上一翻,外套里朝外地搭在椅背上,很像学生食堂里年轻人的派头。静汝看见他穿一件质地很差,似乎在垃圾箱里捡得到的线衫。要不是刚才看到他插在夹克衫的左胸贴袋里那管钢笔,还有很滑稽地翻在线衫圆领外面的衬衫领子的两只小三角,静汝还真以为眼前坐着一个乞丐。喻译似乎要保护寒碜线衫,不弄脏线衫的半高领,才翻出衬衫的两个小三角,也许全世界就他才拥有一件翻得出领角的衬衫吗?不过,幸亏了那翻出的两只白白的小三角,不然的话,看见他的人兴许会把他误认为一个潦倒的乞丐了。喻译长着一头稀疏的黑发,乱糟糟的,俨如一团堵在心头的黑色乱麻和剑麻。

火车头和车厢包围了五陇菜畦,泥土很细,精工细作的土壤里,亭亭地站着青菜,生菜碧绿生青,翠色逼人。食客点地里的菜,一盘60元。

在黄金叶子周围莳弄的,是一个头戴草帽、身穿饭店杂役工作服的老年农民。从廊子的大玻璃窗望出去,那人先在远处挑菜,挑过的地方又露出黄土。有人来拍婚纱照,对着火车,这是除了餐饮之外的又一笔进账呢。火车车厢外面,是林立的高楼。恍惚间,仿佛都市跨越时空,被移植了多年前乡村的一块地。

老农抡起一个耙钉铲子除草,青筋暴突的双臂,宛如铁轨纵横交错的网络。当年,也是莳弄庄稼,跟现在一样,远远的有火车开过,他停下手里的活,对着火车出神。老农随着火车的驱动,到了都市,安顿下来后,每天看到的火车是不动的,动不来的。

喻译和静汝把视线从窗外的菜地收回,他俩相视一笑,如同异极磁线那样相吸、相融。

侍者递上菜单后悄悄离去。喻译没有看菜单,他的视线承载着渴求的密码射向静汝那散发着春天嫩绿芳馨的面颊和线条柔和的双唇。

静汝拿起菜单,轻松地说了一个隐喻:"事情还得从羊说起:昨夜我做了一个梦,有人端出一盆红烧羊腿肉,一上来,满座有了两种意见,认为羊热性不吃的,认为无所谓大快朵颐的,无论是谁尝一口都是饕餮的意志。有人问:'羊吃草,忒温顺,怎么羊肉发得嘎厉害?'我打趣道:因为狼喜欢吃羊,羊没有办法,哀求狼不要嗜杀未果,只得把自己的血肉变成热性的食品,来报复狼。我素知自己阴虚不适合吃羊肉,架不住美味,先来一块带皮的腿骨,翻卷的薄皮美味异常,引导我的馋佬虫爬向下一块肉。羊的力量有限,假如没有看不见的小虫子病毒助兴,恐怕羊肉也孤掌难鸣。羊的孱弱,一如水之孱弱,抽刀断水,它不痛不痒无痕。可是,最弱小的生命却有着最为强大的力量,这是在产房里的规律了。羊水,羊和水的结合,这威力,好一个猛字了得,它冲下胎盘,发一声新生命的第一次呼喊!"

喻译听了静汝的高论,没有完全懂,脸上堆起了他习惯于在场面上摆出的微笑。他笑的时候,脸颊上的皮,自眉毛以下到嘴唇上面被揪了起来,活像红烧过的黄鱼皮。喻译宽阔的肩膀有点像两层糊起的纸板箱,也许是常年的伏案劳作抽掉了生命的精华,纸板箱内渐渐空虚了。在静汝的眼睛里,喻译的肩膀似乎不配有一个娇美可人的女子伏在上面,头抵住他的下巴,一任秀发中的几绺溜进他的嘴里玩,再把她那鲜嫩的脸埋入他的颈项,伸出手摆弄摆弄那颗同样衰老中的喉结……直到喻译噎不过气,耷下疲倦的眼皮,瞳孔里射出欲的光泽,用呻吟般的气声数落女子淘气的时候,女子再把手轻轻地往下移,移到他的胸前,隔着衬衫抚摸一会儿,再悄悄地解开他衬衫的小小的扣子,一粒……两粒……然后,用她的纤纤手指贴近他胸前的肌肤,轻轻地抚摸着……指尖忽而轻轻擦着他的皮肤,有时,指尖只撩动着他的汗毛……静汝想象喻译的胸前长了些许汗毛,寸把长,在他脱掉衬衫,露出胸膛的刹那间,会陡然激发起女性的欲望……一切都是梦幻,坐喻译身边的似乎更应该是一个成年的女儿,带着个刚会走路的外孙。

静汝的想象从黄鱼脊背、肚档的皱皮转移到青鱼的尾巴,也是拨水划船,推拉摇晃,把控船行方向的工具:橹。她点了红烧划水,四支柔橹,展开四块可人的裙幅,铺满盆底,散发一股股浓油赤酱的香味。

菊花在透明的玻璃茶壶里经浸泡绽放出朵朵白色牡丹……喻译往静汝杯子里斟上茶,又把自己的茶杯斟满。

静汝感动。

喻译转向旁边,猫下腰来,以手捂嘴,轻咳一声,咳嗽声音相当沉闷，从肺的深处传来，好像来自一个遥远的洞穴。喻译说，去年，在北京的雾霾天，他跑步，为降血糖，结果落下哮喘的病。

"您快喝茶。"静汝往喻译的茶杯里注满菊花茶，双手端着递给他。

"谢……谢……啊咳咳咳……"

"您会不会感染？吃头孢？"

"我头孢过敏。"喻译好容易喘过一口气，"去年，我感冒后哮喘发作，医院的实习医生给我用了头孢，我晕过去了，住进ICU。扣娣为了让医院赔钱，不顾我难受，一定要我住在ICU不走，直到扣娣动用医院关系，赔到4000元钱，放进她自己的兜里。"

静汝摇了摇头："你在ICU住了多久？"

"两星期！"

"呜……"

"我多难受呀！周围都是重病人，机器好几台，24小时嘟嘟嘟地响，我没法睡觉。一会儿就抬出去一个死人……走廊里大哭小叫的。"

"就为了你妻子拿到4000块钱？"

"是。"喻译低下了脑袋。

沉默。

喻译再次抬起头，如豆的小眸子里闪过一道微弱的光泽，正遇上静汝柔和的目光，静汝的嘴角弯出一丝笑意。

"你笑得真好看。"喻译说。

静汝没有答话，她微微掉转头，对着两旁的壁灯和顶灯出神。灯罩都用厚磨砂玻璃制成，遮掩着灯罩里面的强光。

侍者又走了过来。在喻译和侍者交谈菜单的时候，静汝垂首，双手狠命地撕扯桌布。

背景音乐响了起来，是毛阿敏的歌："我想要有个家……谁不会想要家？可是就有人没有它。脸上流着眼泪，只能自己轻轻擦……"

静汝臆想喻译要有一个家。家，不是洋楼豪宅，不是暖阁高厦。家只是一个他能栖居的所在。无论是泥瓦屋胡同、老式石库门房子的一个灶披间、一间三层阁、亭子间、晒台搭建，只要认定它是家，在这个家里，他知道什么东西放在什么地方，要找个把针头线脑、小零小碎的时候，他知道那玩意儿会在床底下第二个抽屉里一只前年吃空的月饼盒子里。伸手过去，拉开抽屉，果然在那儿。为什么会是这样的？因为它已经把自己的起居在这个地方安下了。心，安下了，家，也安下了。一个"安"字，就是一切啊。出差、羁旅、颠沛、远足的时候，虽有一只乃至几只功能齐全的拉杆箱，连笔挺的西装都在某只箱盖里享有吊挂的特权，他还是会恍惚，会手忙脚乱不知道从哪个口袋里找到当夜的安眠药片。到那时候，他真的慨叹自己有家不能回啊！家，也是那么一个人。凭他体不能动，口不能言，一天到晚躺在病榻上两只眼睛吧瞪吧瞪望天花板，你也心甘情愿地忙里忙外，买、汰、烧，自己嘴里还没吃上一口，先得给他喂饭给药，嘘寒问暖，擦身洗脚，端屎倒尿。好几年下来了，哪怕你自己活得就剩一张皮、一把骨头，你也无怨无悔，义无反顾，全心全意，乐此不疲。因为有那个类植物人的存在，你的家就在。

静汝迷失在她自己编织的梦想里。她相信眼前这个男人想的跟她一样，带着喻译惯有的温柔忧郁的气质。

冷菜上了桌。静汝一筷不动。

桌上一个仿古铜质灯座上方套着一个煤油灯罩，里面颤动着一朵蜡烛火苗。"应该是补充被磨砂玻璃灯罩遮住的光吧……"静汝心里在想。

喻译柔声说："吃吧，别让菜凉了。"

静汝持筷子的手陡然一颤，差点抖下筷子，蘸过酱油的肉掉下来，溅红了白色桌布。

喻译絮絮叨叨，讲他婚姻的痛苦。

喻译刚满十六岁，就去通州插队了。个子小，被分配到伙房，他没在地里干苦活。第二年，他被抽调去北京的钢铁厂。在厂里，他看上女徒弟，比他大一岁，喻译追她到手，生下一个女儿。喻译承包印刷社的时候，妻子做财务，小白脸司机人高马大，一表人才，经常给妻子系鞋带，一来一去，就好上了，喻译净身出户。喻译和前妻离婚后，小白脸骗走前妻一大笔钱，销声匿迹。

喻译的公司改成前妻的名，把国有资产占为己有，前妻买了价值60万的大奔。有人看见，告诉喻译的。

现在，喻译的女儿已经结婚，女婿是来自河北农村的一个帅哥。喻译已做了姥爷，有一个外孙。女婿结婚前，住在地下二层，停车场隔壁，是单位的职工宿舍。喻译和前妻都是老北京人，有一种与生俱来的优越感，瞧不起农村人，不让他高攀女儿。"这是我唯一的骨血。"喻译说。可是既然女儿相中一个农民的儿子，他们也没办法，只得为女儿在三环内买了婚房。

"上海人没有这种优越感。"静汝说，"在上海，英雄不问出处。"

喻译不肯见前妻。现在，前妻知道扣娣虐待喻译，托女儿捎话来，说，把喻译接过去，有保姆，让他享福。可喻译不愿意见到前妻。女儿请一桌人吃饭，叫来她的亲妈，有撮合之意。喻译虎着脸，对女儿说："以后，别叫你妈来，我不见她。"喻译跟扣娣闹离婚，不让闺女知道，一旦知道，闺女的亲妈就插足进来了。

喻译对西方的了解是女儿因她妈钱多，支付她去加拿大留学的费用。喻译去温哥华待了三星期，最喜欢去海滩看裸泳。

"我带你去裸浴场。"喻译停下筷子，抬起头，郑重其事地对静汝说。

"我不去。"静汝笑着说。

喻译身体弱，经常去看病。就在医院的验血窗口，扣娣看上了他的钱。喻译长得比扣娣矮，身子骨像一张飘动的纸。论找男人，扣娣打死也不会要喻译。扣娣的前夫是北京一所高校的教师，足球队中锋，运动员的肱二头肌和打绑腿的小腿肚，是医院里姑娘们最爱看的。他因受伤做手术住院一周，扣娣就把他勾上手了。

扣娣很要钱，因为出身太穷。

扣娣小时候，家住胡同，邻里吵架打架是家常便饭。一年冬天，为拿到单位补助，扣娣的爹爹假装上吊，他一边伸长脖子挂进绳套，一边叫穿破衣服的小孩们满胡同跑，大喊："爹爹上吊了！"不久，单位补助来了，扣娣的爹爹打了酒，买一只大猪头。

钱是那样的好东西！从此，扣娣养成了对金钱的崇拜。

扣娣是一名护士，原名扣弟，扣弟的名字是婶娘取的。婶娘是苏北人，苏北人在女孩名字里带个"扣"字，把弟弟的命扣住，弟弟就养得大。扣娣上护士学校的时候，嫌"弟"字不好听，自己又是一个男人婆，就改了名字，给"弟"字加了一个"女"字旁，变成"娣"。

跟前夫结婚后，扣娣要搜刮干净前夫钱包，男人不肯。接下来的日子里，他发现诸多不对劲，扣娣凶狠，控制欲强，性冷淡，就闹离婚了。扣娣找到黑老大。扣娣帮过黑老大，替黑老大找医生看过病。黑老大派底下人，手臂刺青龙，粗脖颈挂大金链，冲到前夫的课堂上，扇了前夫俩大耳刮子。一星期后，扣娣的前夫倒在讲台下，死因是"突发心脏病"。

前夫之死，扣娣是满意的。因为假如她的丈夫活着，他必定跟扣娣离婚，再娶他人。这是扣娣不愿意看到的。扣娣得不到的东西，必须亲手毁掉。

喻译说："其实，她的前夫没有心脏病，是扣娣用眼药水害死前夫，把眼药水滴在前夫的茶杯里。"

静汝："你怎么知道？"

喻译："有一回，她不小心说漏了嘴，只说了一半。我上网查了查，普通眼药水里有一种烈性的收缩血管的药，人喝了那种药，血管变窄，血液循环不到心脏了。"

静汝："那你得小心。"

喻译："没事。她前夫不给她钱，她才起了杀心。我连工资卡都给了她，她不会做掉我。把我做掉了，鸡飞蛋打呀！"

喻译喝了一口菊花茶，接着说："扣娣的前夫家里，只有一个老母亲，老太太不懂要做尸检。人命案子就跟杀只鸡似的悄无声息。此后，婆婆和扣娣打财产官司，法院判定：因为要养女儿，房子归扣娣，另付六万块给婆婆。扣娣不肯。我劝她给，扣娣推说没钱。最后，还是我拿出钱，给了扣娣前夫的母亲。"

"啧啧……"静汝笑道，"这么说，扣娣的前夫尸骨未寒，她就勾搭上你了？"

喻译："对，她男人死了没过几天。那个时候，她坐在抽血窗口里面，见我走过，老抛媚眼。"

静汝笑着问："是抽血，还是吸干你身上的血？"

扣娣主动跟喻译上床。睡了几次后，喻译不舒服。可是，喻译觉得扣娣有趣儿。扣娣的淫邪、下流、爱讲黄段子，很称喻译的意。

那个时候，前妻又回过头找喻译复婚。扣娣也向喻译逼婚："我已经是你的人了，你不跟我结婚，我就点燃煤气罐，跟你一同完！"

一个秋雨天的下午，前妻把喻译与扣娣捉奸在床，前妻骂扣娣第三者！破鞋！两人扭打起来。邪门的是，是扣娣把前妻拖到派出所！派出所所长听了事情原委，把喻译拉到一边，悄悄地说："你的两个老婆都很厉害！我替你支个招儿，摆脱她俩！"

扣娣偷听到这话，动用了她的法宝。

扣娣的娘在公安局局长家里做保姆。局长的娘便秘，扣娣的娘经常用手指头抠局长他娘的大便，从肛门里抠，局长很欣赏这个住家保姆。扣娣一个电话打给局长，局长一个电话打给派出所所长。喻译至今还记得清清楚楚：当时，所长上楼听电话，从楼上下来的时候，所

323

长满头大汗,哆哆嗦嗦,结结巴巴地问:"谁是扣娣?"扣娣昂起头,得意且得胜地说她是。派出所所长说:"姓扣的留下,其余人走!"

当晚,派出所发给喻译一纸传唤书:穆毅被控涉嫌强奸扣娣,现已立案调查。

喻译慑于双重压力:扣娣威胁,扬言点燃煤气罐寻死。公安局偏袒扣娣,以流氓罪抓喻译进去。喻译害怕进牢房,干苦活没工资,必须用工作业绩换取津贴和减刑。他插队没吃过苦,现在当了囚犯,可没那么幸运了。左思右想,喻译屈服了。

喻译火速和扣娣领了证。

说到这里,喻译抬起右手,用手背抹去一滴眼角的泪水。

"你吃菜呀!红烧划水都凉了。"静汝心疼地用公筷拨一块划水到喻译的碗里。喻译很会吃,边吐鱼刺,边继续他的故事:"逼婚,是扣娣的第一步,让我害怕,扣娣自己拿好处,使我陷入恐惧之中。一开始,我不肯拿出全部的钱,扣娣就在夜里掀掉我的被子!后来,我就给她钱了,还给她我的工资卡。见到钱,到了夜里,扣娣说,看你表现还行,今晚就做。不过,也要看我给钱多少,给钱少了,不做。做的次数也很少,每周没有一次。她躺在下面,像死人,还一个劲地催我快点快点,现在,我都早泄了。"喻译突然发现自己说漏了嘴,他连忙打住,偷觑了静汝一眼。

静汝含笑用公筷把一块略小的划水搛入自己的碟子。

"从性伴侣的角度看,我和扣娣完完全全是一个错误。我不适合扣娣。扣娣因为不舒服,痛苦,才催促我早早完事。我应该找一个适合我,喜欢与我在一起的女人,而扣娣应该找一个适合她的男人。我真希望扣娣明天跟一个男人跑了,我就解脱了。可扣娣不肯离开我,因为我是世界上唯一一个给她那么多钱的男人。她拿走我全部的收入,还搜光我衣袋里的钱,每个月只给我300元,我不够用,上班打车不了,我问同事借钱,人家奇怪了,说,你是一个做生意的,每个月为单位创造那么多利润,怎么穷成这样?我又不好说出实情,最后,不得已,我把珍藏多年的心爱的集邮藏品卖掉了,廉价卖的,才换了几个车钱。要是那些邮票现在还在,都已经天价了。"

在静汝的想象里,喻译恋恋不舍地卖掉集邮册,拿到少得可怜的几张钞票,喻译数了又数,仔仔细细地揣入外套的内袋里。随后,他去了单位,把那几张钞票仔细地摊平,锁进写字台的抽屉,他不敢把钱带回家,免得又被扣娣搜刮去。

喻译闹离婚的时候,单位分一套小房子给他独居。逼婚后,扣娣卖掉喻译的这套婚前房子,买了一套房,写她女儿的名字。喻译说:"还有另外三套房,都写她女儿的名字,都是我的钱。"

没有底线啊!

扣娣坚信,婚姻就是拿住男人,拿住男人的钱!别的事情,管它两面三刀,面和心不和!只要占有他,带他出去,在亲戚朋友面前晒晒自己的丈夫是一个官儿,一个退休的正处级干部,自己光鲜有面子,就行啦!

财政又拨款,喻译重新做生意,承包公家项目开印刷所。扣娣一看,抓钱的机会来了。喻译让扣娣管公司的钱,扣娣贪污公款,不付物业费,拿钱去买房,写她女儿的名字。物业把喻译告到扫黄打黑办。扫黄打黑办来查的时候,还叫来电视台,摄影记者长枪短炮地把喻译的公司大院围个水泄不通。

喻译的弟弟生气了,抡起一张板凳,朝扣娣砸去。扣娣躲得快,板凳的四条腿砸飞了三条。

扣娣不认账,还责怪喻译不护她。

喻译起诉法院,要离婚。

扣娣两手叉腰,当着众人的面,冲喻译大吼大嚷:"离婚?我就知道你要跟我离婚!我要拿住你!"

她威逼喻译撤诉,不撤诉,不准喻译上班。

喻译只得上法院撤诉。

喻译气死，一星期拉不出大便。喻译的女儿拿来一包麻仁丸给喻译。扣娣见了，照着喻译女儿的面孔，劈头盖脸扔过去，把喻译的女儿赶出门，大声嚷嚷说这药是喻译的前妻设局害喻译的！吃黑肠子的！她是护士，医院里做的，哪里不懂？喻译的女儿哭着走了。

扣娣对喻译的亲生闺女很凶，她要阻断喻译和婆家的一切联系，扣娣要独占喻译。

扣娣深知喻译和女儿及外孙的亲密关系，而扣娣自己还带来一只拖油瓶，扣娣对婚姻没有安全感，唯一让她觉得安全的是抓住金钱。

扣娣带来的女儿，是喻译养大的。女儿已经长到二十三岁，喻译养了她十四年。扣娣要女儿叫喻译爸爸，喻译不接受，说别那么叫。扣娣的女儿还是叫他叔叔。连扣娣的女儿也说："叔叔真会忍，忍了十四年！"这么多年来，扣娣的女儿知道她母亲和喻译之间所有疙疙瘩瘩的事情，她从不参与，不说一句话。

扣娣的女儿大学毕业，进了银行，找了一个山东农村来的帅哥。扣娣不同意，硬要他们散，结果两个人不再回家，不理睬扣娣了。

喻译和扣娣分房睡，已经十年。扣娣排斥喻译，厌恶喻译，她不肯让喻译靠近。

扣娣老是提防喻译闹离婚。

为了让扣娣放心，喻译把邮箱密码给了扣娣。喻译自己不看邮箱。有信来了，扣娣告诉他。扣娣严密监视喻译的通信内容。

扣娣每天偷看喻译手机，从里面寻找女人。

"我从来不看你的手机，你凭什么看我的手机？"喻译一把从扣娣手里抢过自己的手机。扣娣夺过手机，狠狠摔在地上，把喻译华为手机的粉红色底板摔出一朵星形裂纹。

接下来的日子里，扣娣照样看喻译的手机。每晚，喻译睡觉后，手机在充电，扣娣就偷看。

喻译贡献了全部，却一无所有。喻译心理不平衡起来。喻译有意识地寻找女人。

喻译喝了一口已经冰凉的菊花茶，对静汝说："你不是北京当地的，比较隐蔽。"

静汝微微蹙起眉头，低下双眸。

扣娣每发火一次，喻译就闷好几天。一看到他闷葫芦一个，扣娣又蹿上一股无名火，吵得比前一次更凶。喻译那个德行惹她生气，除了摔东西，朝喻译发出狂风骤雨，她还拼命买衣服，裙子几百条。冰箱里的食品吃不了，整包整包扔掉。

喻译不和扣娣说话。

扣娣跟单位出去旅游，23天，喻译不打给她一个电话。扣娣受够了喻译的冷暴力，她恨喻译，可她又要控制喻译，占有喻译，就像她占有人民币那样。扣娣不放过任何一个从喻译口袋里捞钱的机会。扣娣拿赠品回家，香菇、木耳啥的，硬说比人参金贵，叫喻译拿一万元来买。

喻译喝咖啡。咖啡机坏了，修理费600元，扣娣要喻译拿出来。

扣娣也想得到喻译的温情。有一次对喻译说，看到某家店有卖28元一个的小点心，她舍不得花钱，要喻译买来给她吃。喻译去买了，她吃了。

她拿了很多钱，还是坐公交，不肯花钱。

喻译曾经每月拿出1000元请保姆做家务。扣娣收钱入袋，叫喻译干活。后来，喻译不再拿钱出来。

所有四套房子的房租，扣娣都捏在手里。

拿住男人，得拿住男人的钱。动迁款500万扣娣拿在手里。喻译猜想现在连带利息足足有600万了。喻译对扣娣说，扣娣抓在手里的500万就算了，假如以后一起出去旅游，他要扣娣出一半的钱，扣娣不肯。

"假如她愿意出一半的钱,你就同她去了?"静汝笑着问。

喻译语塞。

诗歌群的群主大咖曾经告诉喻译,逼婚的女人不能娶!

喻译说,自打扣娣威胁点燃煤气罐逼婚以来,离婚的念头始终盘踞在他的心头,十四年了。

喻译说,在心里,已经无数次盘算与扣娣离婚。虽然住在一个屋檐下,喻译还是写微信通知扣娣。喻译写道:"我身体不好了。十四年来,我当牛做马,却造就了一个女富翁,还打光棍。假如我起诉到法院,这是第二次起诉,法院一定会判决离婚,分割财产……"喻译还说他和扣娣不是一路人,要好离好散,哪几套房子归扣娣,哪几套归喻译。扣娣见信,拉黑喻译。

"我是一个人,一个人!我不是一粒灰尘,我有我的尊严呀!"喻译说着,抽抽噎噎地哭起来。

静汝伸手过去,握住喻译放在盘子边的一只手。喻译的手很小,像女人的手。喻译用两只手抓住静汝的右手,左手垫着静汝的手心,右手轻轻抚摸着静汝的手背,就这么,爱抚了很久。最后,他低下头,吻了静汝的手背。

不约而同地,喻译和静汝同时抬起眼睛。四目相对,一双眼睛里的含意射入对面那双眼睛,反射出来,是同一个意思。喻译的坦诚,令静汝感动。

餐厅打烊了。

两对眼睛的主人同时站起身,两个身体走近了,两双眼睛的视线缩短了,眼睛主人的两双手互相接触,握紧,又无奈地松开……喻译抢先付了账,不让静汝付。

眼睛的主人同时、同步,穿过甬道,推开两扇厚重的百年修道院的黑漆木门……喻译举头仰望,满天星光映衬着高楼。低首观之,身上衣服也布满光点,分不清楚是灯光还是星光。今晚,自己是闪亮在通衢上的一颗新星。

喻译含笑望了一眼静汝半垂的眼睑。在静汝微微抬起眼眸的瞬间，她望见喻译的小眼睛中同时翻滚着水和火。奔泻的飞瀑卷起一团团火球，滚着一股热浪扑向自己的脸颊，终于和靠近嘴唇的皮肤相遇。

静汝说她要回家了。喻译挽留她，叫她上楼陪他一会儿。说，过会儿，他就一个人了。孤单了。静汝点了点头。

带着喻译的吻印，静汝的脑子里懵懂一片……"我被爱着……他爱我！"她内心一个欲望在呼唤。"迟到的爱……我生命的主宰，我渴望的依傍和支柱哇……他终于来啦……"在一阵兴奋的晕眩中，她的视觉幻化起来……静汝没有谈过恋爱，她像一个怀春少女，把对方想象成自己理想中的男人。

较之伟岸的身躯、发达的肌肉，温良敦厚更能俘获中年女子那一颗百孔千疮的心。想到喻译对前妻的好，净身出户，面对么无底线恶劣的扣娣，喻译依然仁至义尽，静汝的心被融化了。

喻译的身材是北方人的匀称。虽然吃得少人消瘦，腿部很美，脚弓很凹，腿脚好。

喻译肩膀宽阔壮实，胸前很光洁，没有静汝想象中的胸毛。

喻译说，他很久没有做了。他恳求静汝。

静汝出于慈悲，也是普度众生的一种，她接受了喻译。

"你别紧张。"在静汝的面前，喻译已经准备就绪。那个静汝曾经想象中的丛林鬼怪，茁壮而精神，红润而美艳，干干净净的，看上去年轻，静汝看了喜欢。

喻译依恋静汝的身体，犹如婴孩之依恋母亲。静汝的身体在颤抖，她从未生育，喻译却给了她哺乳的快感。静汝柔软、香腻，喻译变回一个婴儿。喻译咻咻地呼吸着，喃喃地絮叨："爱的最高境界是给予母亲一样的爱。宝贝儿你给我……给我……"

喻译融化了,他蒸发到静汝体内,品尝静汝的果实,鲜美,陶醉。

"肌肤饥渴……"喻译说。喻译有一个怪癖,开灯做爱。他喜欢拧亮电灯,任由视觉刺激他那按捺不住的兴奋。喻译轻轻地吻着静汝的耳朵根子,发出只有静汝听得见的温柔的嘘声。

静汝羞惭。不过,既然自己不懂,就从了喻译。

喻译很温柔。

静汝穿一件横条子的蕾丝吊带衫,隆起的乳房的轮廓清晰可辨,一根吊带滑落在浑圆的肩膀下面。

"脱……"喻译柔声耳语,"这讨厌的东西……"

静汝笑了。

喻译轻轻地探入,问:"疼不疼?"

"不。"

"我看到了大海,还有头上的蓝天……我在划船……你使我的世界充满魔幻……"

在亮晃晃的灯光下,喻译肩头的肌肤闪烁着汗珠的光泽,他在舞蹈,轻轻摇摆出节奏和韵律。融为一体的愉悦感令静汝眼花缭乱,她的身体爆发出生命的战栗的呼喊:"别……出来!"

喻译进出火焰,照亮了静汝,把静汝推向被撕裂的至乐。

静汝抬起眼帘,透过她那长长的睫毛,看了喻译一眼。喻译用他宽阔的上半身遮盖住静汝,两眼充溢柔情,与静汝对视着,彼此都满意地笑了。

因缘际遇,尽显天意……喻译用气息,将静汝一口口吸进……

"人欲正当处,即天理也!"

喻译启发了静汝的性。

一个很晚终结童贞,近半个世纪以来禁欲的女子,特别好奇自己的性表现,也乐意享受,以弥补虚掷生命时光的缺憾。静汝试图拾回信心。

喻译问静汝,是不是看到身材高大、肌肉发达的男人就喜欢?静汝想了想,她想起布莱恩,她回答喻译说:"不是,我更看重内在的东西。"

静汝不与有妇之夫发生关系。她和布莱恩交往那么多年,从未染指。现在是一个正在离婚中的喻译。喻译早就跟扣娣闹离婚了,并不是因静汝离的婚。假如静汝算一个女友的话,世界上没有任何一个男人会为了女友离婚的。然而,喻译的确在正式离婚前遇见了静汝,是喻译在寻寻觅觅的途中发现了静汝,而静汝也在寻找,他俩就这么珠联璧合地在一起了。

静汝说:"你说过,你是点燃我的一把火。"

喻译惊愕地扬了扬倒挂眉:"我说过这话?"

静汝一颗充满浪漫情怀的心由鲜红色褪到粉红色:"是……呀!"

静汝想到布莱恩。布莱恩给予她的温情与关怀在别处再也无法遇见。

躯体的游戏。喻译在静汝身上获得欲望的满足,而静汝却把她和喻译之间发生的事情误认为是爱情。

静汝呼吸着喻译的呼吸,梦了一夜,也好睡了一夜。

扣娣在六点钟准时打来电话:"你在哪儿?!"

"上海,明天去苏州。"

"你住哪儿?"

"锦江……之星……"喻译记不住酒店名称,脱口而出锦江之星。他住的不是锦江之星。

"你怎么吞吞吐吐?!"

这阵势,一丈之内才是夫。一丈之外就说不清楚了。

静汝在卫生间,屏息静气,听着。

喻译终于挂了电话，对静汝说："我通常早上六点钟起床，所以她在六点钟打来电话。"

"别住了，上我家去。"静汝在海边有酒店式公寓，没有出租，她开车带喻译过去。一路上，喻译依旧絮絮叨叨："扣娣就一个普通护士，靠了我，十四年来，身家几千万。"

"我与扣娣不是一路人。"

"我就是啥都没有，还有每个月一万多块钱退休金呢！当然，扣娣现在拿着我的工资卡，在我与她离婚之前，我的退休金是不归我支配的。"

静汝把住方向盘，在一个八车道的十字路口转过一个大弯，笑着说："我养得起你。"

"她那样对我，遭报应了。她的亲闺女不理睬她，不再回家了。女婿也不回来，不认她了。"

"等扣娣一出去旅游，譬如说，去英国了，我就来上海找你。"

外环外，静汝的车行至下一个十字路口，正遇红灯，两对唇很自然地又咬合在一处……突然，一声喇叭从后面车蹿上来，惊醒了这对沉湎在热吻中的男女，静汝一看，前面绿灯闪亮，自己和前面车已经空开一大段，她这才笑笑，踩动油门，让车子缓缓向前移动……到了静汝海边的家。

喻译比静汝矮半个头，像一个吃奶的孩子往静汝的怀里钻。睡在蚕丝被子底下，喻译身材短，脚丫蹭着静汝的小腿肚。

一颗钻石小耳钉擦亮了喻译的眼睛，喻译亲吻着静汝的耳垂，对静汝耳语道："我要把它补上，我现在就来……"

和喻译在一起，静汝突然悟出一个人生真理：原来男女欢爱和身高体重没有丝毫关系。喻译给予静汝诗意的享受，完全颠覆了浪漫小说和电影里约定俗成的所谓男子比女子高出半个头的模式。

静汝强忍喜悦的哭喊，轻声开玩笑地说："喻老师，你别写诗了，你谱曲蛮好。"

喻译听了,哈哈大笑。

一滴汗珠淌下喻译的额头,落到静汝的嘴里,带着大海的咸涩气味。

静汝周身每一个毛孔里掀起野性的风暴。

静汝公寓的浴室地面倒返水。喻译淋浴完,自觉地用刮水器把水划到下水口地漏的位置。

"开发商装修的,没办法。"静汝笑着说。

喻译说:"我不爱做家务。可是,和相爱的人在一起,做家务很快乐。"

静汝的身体里面疼痛,为养伤,她没有陪喻译去苏州。她的不适,没有告诉喻译。

第二天一早,静汝开车送喻译到虹桥火车站。

喻译没有拿出承诺的大礼包,静汝也不往心里去。静汝还是一味爱喻译。

半小时后,喻译到了苏州,他入住了静汝为他预订的酒店,客房的窗户面向一片湖水。

喻译孤单的时候,又倒向扣娣。扣娣已经拉黑他,他联系不上扣娣,于是,他借故要扣娣给他的手机充值100元,发信息给扣娣的女儿。随后,又转给扣娣的女儿100元。

奇怪!这事情还要叫人去做。喻译再不懂如何充值,跑进街上任何一家营业厅不就结啦!

喻译不叫静汝为他充值。

喻译独自游玩了虎丘、拙政园,拍了照发给静汝。第二天,喻译过了镇江,去了扬州。喻译说一个人孤单,他要静汝过去。这个时候,已经是下午两点半。

养了两天,静汝不痛了。她想念喻译。

静汝做出决定去扬州,出门时,已经是下午三点钟。扬州距离上海280公里,静汝不敢开车去。她义无反顾地打点行装直奔高铁站,买了去镇江的火车票,傍晚七点钟出发,夜里九点钟到镇江,这是她第一次坐高铁。在虹桥火车站,看到熙熙攘攘的人群,在售票处和站台间来回奔波的她自己,她很感慨,喻译不远一千公里从北京来上海看她,可见他的诚意。她把这个感慨用微信告诉喻译:"出门不易,你不远千里来上海看我,我很感动。"

到镇江站,静汝打的,拍下出租车的牌照,发微信给喻译,假如有事,让喻译根据牌照报警。一路上,司机和静汝聊天,静汝怀着戒心,告诉司机,她的丈夫在扬州的酒店里等她。丈夫是北京人,一个对老百姓很好的官儿,来扬州出差,和扬州市政府洽谈文化项目的。镇江司机人很好,也是养家糊口的忠厚人。司机说:对老百姓好,那好呀!开上那座著名的扬州桥,还像导游一样向静汝介绍这桥的来历。静汝暗暗笑自己庸俗,可是,怎么办呢?图眼前平安,撒个谎。而她平日里不在乎喻译那个处长不处长的。

赶往扬州,静汝觉得自己就像美国电影《鸽子号》里面的女主角,跳上男朋友的小船,一起去航海。你撩起一滴北海春天的蓝水,田野里嫩黄的绿苗在蹿升,一簇簇奇诡之花,与孤独的心脏焊合,伴你飞驰到扬州的二十四桥,做着有声有色的梦。

到了酒店门口,已经十点多钟。喻译在酒店大门口等静汝,心里在想:"静汝这家伙还真成!"

等待静汝的时候,喻译和总台谈判,28元一份的早餐,他付一份钱,换两张早餐券,明天一早,他和静汝都能吃。做那笔交易的时候,静汝正好进扬州城。

进了房间，两人接吻，喻译踮起脚。

我袒露的心，迎接你的目光……世界停止，唯有你我的呼吸……不知是鱼儿燃起篝火，还是豆萁烧炙烤鱼，煮豆燃豆萁，豆在釜中泣……

喻译已经吃过晚饭。别的饭店都打烊了，喻译带静汝去酒店楼下的肯德基。静汝饿了，在火车上只吃了一小包饼干。此刻，她吃得很香。喻译坐在对面，看她吃。

喻译对静汝说："不确定你要来，我已经约好无名诗人，明天晚上一起吃饭。无名诗人来扬州开笔会，请我明天去吃农家饭。"静汝为了保护喻译，免得人家看见她和喻译在一起，说她最好避嫌不去。喻译说："你一起去吧，吃土菜机会难得。"

静汝点点头。

饭后，静汝和喻译手拉手，沿着鼓楼散了一会儿步，静汝说："我记得很清楚这里的景致。烟花三月下扬州。五年前，我一个人来过这里，记得这条街的一切。那时候，我一个人，好孤单。今晚有你，真好！"

那一晚，喻译发现静汝的乳罩只是一层棉布，他发出啧啧的赞叹。静汝羞涩地说："古今名牌，30元一个，最大号俄版，C罩杯，棉布的，够用了。一年四季都戴这种。"

喻译要泡澡。静汝给浴缸铺上一次性的泡澡袋，注满热水。

喻译说："热水碰上塑料不好。前几年，我和扣娣出去，我拿洗发液洗洗浴缸就泡。"

听了喻译这话，静汝心里不爽，喻译拿她和扣娣做比较。静汝想得开，过一会儿就忘了。上海人瞎讲究，卫生习惯与北方人不同。可上海人的做法有其合理性。静汝想。

喻译出浴后，静汝拿吹风机替他吹干头发，在喻译走出浴室前，静汝吻他一下。这是上海女人的情调。今晚，喻译待吹干头发，只顾走了,静汝喊他回来,吻了他。

喻译躺在床上,边看手机,边等静汝。

静汝抽出一张湿巾,递给喻译,这是一种默契,令喻译欣喜若狂,他咯咯地傻笑着,连忙伸出一双小手,去就静汝递来的那张白色的散发出酒精和香精气味的湿巾,让静汝擦了又擦。这个时候,性爱的狂喜掩盖了对上海人瞎讲究的抱怨,喻译成了一个听话的孩子。按说湿巾应消毒喻译的手机才是,静汝从来不碰喻译手机,擦干净喻译的两只手也是一样的。

……

"疼吗?"

"不疼。"

喻译和静汝正在兴头上,床头柜上喻译的手机响了。

"肯定是扣娣。"喻译说。

静汝非常难受。

喻译继续着,说:"不理她,我待会儿就说在洗澡间。"电话响了十几下,因为无人接听断了。马上,扣娣再次打过来,又无人接听。断。扣娣再打。

静汝和喻译的情绪全无,喻译伸手接听:"我刚才在洗澡。"

喻译和静汝的好事就这样被搅了局。

静汝问喻译:"假如扣娣现在冲进来,你会不会保护我?"

"会。"

"你会怎样?"

"我会终止协议离婚,马上起诉离婚。"喻译坐起身,找回他的裤衩,穿上。

静汝怕他着凉,给他拉上被子。喻译边翻手机,边叫静汝凑过去看:"别的男人会骗你,说他在离婚,其实没有。我是真的。你看,这是我发给她的微信,要求协议离婚,好聚好散。她拉黑了我。"

静汝羞涩地一笑,她不想涉足别人的隐私。喻译却一字一顿地念起来:"我十四年来当牛做马,打光棍,落得一身病,却成就了一个女富豪……"

"扣娣的一张脸,真怕人!我最不想看到她笑,她一笑就要杀人!我从手机里找一张她的照片,给你看……"喻译把手机翻呀翻,可是,他翻遍手机,却没有一张扣娣的照片。"我手机里没有她的照片。没有,一张都没有!"喻译放下手机。在微信收藏夹里,静汝倒是看到她自己的照片,就是在浴室里自拍的那张。扣娣每天偷看喻译手机,静汝为了保护喻译,避免喻译惹麻烦,默默地删除了那张照片。

第二天早餐后,喻译为了体验做一次恩爱夫妻的感觉,对静汝说:"出去玩,只要一瓶水。"

瘦西湖明净的皱波,好像把喻译和静汝一阵阵往后推……钓鱼之乐不在得鱼,而在玩味竹竿的情态。钓鱼竿一直挂到冬天,落下了,直到明春,春被猫儿叫醒,鱼儿又自己上了钩。终年不起竿。

在五亭桥的白塔下,静汝就在身边,喻译打开那瓶水,他自己喝掉一口,递给静汝水瓶子,看静汝喝不喝。静汝会意,喝了一口,喻译见静汝肯从同一个瓶子里喝水,放了心,很满意,笑了。

这时,喻译的手机响了。

扣娣厉声问:"跟谁在一块儿?!"

"我一个人。"喻译回答。

静汝听了,不是个滋味儿。

喻译和静汝走出瘦西湖公园,到了街上,一户人家在自家门口的煤球炉上氽麻油馓子,香气扑鼻。静汝扫码支付三块钱,就在街头行人休息的板凳上,静汝和喻译背靠背坐着,同吃一把刚出炉的麻油馓子,很舒坦,挺自在。

喻译说:"你要和无名诗人他们去保加利亚诗歌节了,你先来北京，宾馆我订。"

静汝脱口而出："那我妈怎么办？"诗歌节连头带尾历时九天，加上之前之后逗留在北京的时间，要有近两星期的时间，让妈妈一个人留在家里，静汝于心不忍。

喻译咯噔一下，怔住了，没有说话。

静汝感觉到脊背上一颤一凉。

静汝没有和男人相处的经验，不懂男人是不喜欢女人照顾自己的母亲的。喻译曾经说过："你和你母亲相依为命，亲自照顾母亲很好。我做不到，我请保姆。"当时，静汝点点头，她是一个老实人，以为这话是赞许，没有听出喻译的弦外之音。静汝甚至心里在想："当然啦！我对你一片忠心。我除了和母亲在一起，不会想到别的。"静汝不懂官场中人口是心非。喻译说这话为试探，他发现静汝没有反应，还是把照顾母亲放在第一位，就暗暗地把静汝的母亲视作他和静汝关系的障碍。有家累的女人，男人不要的。喻译的不快，静汝浑然不知。

静汝对下一步计划有着模糊的印象。她不知道是不是一定去北京，和无名诗人、著名诗人同机？假如去的话，也好，因为和喻译在扬州分别的惆怅感就减轻了，相思不饥渴，因为一个多月后，她将在北京与喻译重逢。静汝喜欢北京。静汝当然喜欢去北京和喻译相会。可她考虑母亲独身一人在家可怜，她不忍心。

傍晚，喻译和静汝打车去了无名诗人笔会的聚餐地点。无名诗人见了静汝，一脸淫邪，一再问："你们的宾馆在哪里？"

静汝不肯说。

喻译支支吾吾。

无名诗人又说："你们回去后先洗澡，再……"

静汝听不下去，断然回答："我不是喻老师的女朋友。"

笔会有很多人。无名诗人让主办方安排一张小桌子。喻译满脸堆笑。静汝看到，喻译很会在场面上做人。这是他在北京官场修炼成的功夫。

静汝吃河鲫鱼鲠了刺，喻译没事。静汝揀了河鲫鱼肚档给喻译吃。看来，北京人会吃。尤其是官场上的人。

无名诗人对静汝说："你帮我大忙了！我会永远感激你！是上帝指引我找到你。你真是我的恩人！"

回到宾馆，静汝对喻译说无名诗人可憎，喻译说："算了，看我的面子。"

两天后，喻译和静汝各奔南北。静汝回到上海的家。

无名诗人收到诗歌节的请柬和节目单，他要静汝把节目单完整地翻译出来。

静汝说："节目单很多地方都与你无关，我向你口述节目单概要吧。我只要告诉你你的节目时间就行。"

无名诗人获得来自外国的邀请信，觉得自己被捧上了天，不得了啦！一听静汝说不必要逐字逐句翻译十多页的节目单，大光其火，在电话那头大喊大叫："我有人翻译的！"说完，挂断电话。为了气静汝，再次拨打过来："我有人翻译的！"再次摔电话！

静汝回了一条微信："无名老师，我不去诗歌节了。"

几个月来，静汝出于好心无偿帮助无名诗人，还因此发高烧去医院挂了一星期抗生素。无名诗人非但不感谢她还对她无礼！

无名诗人再来电话，静汝不接。

无名诗人觉得此刻丢弃静汝，还不到时候。他找喻译，要喻译代为求情。喻译叫静汝看他的面子。

无名诗人反复向静汝哀求，又是赔罪又是忏悔："看在上帝分上，原谅我吧！"

静汝原谅了无名诗人。

无名诗人继续榨取静汝的无偿劳动。

喻译发来一个微信帖，讲的是一个北京男导演爱上一个上海女演员，女演员很漂亮，两人结了婚。后来因为不能经常相聚，只得离婚。静汝一笑置之，这个算什么？小时候，爸爸所在的京剧院去北京拍电影，两年不回家呢！

几天后，无名诗人和著名诗人将从北京出发。无名诗人一开始说与静汝同机，但是他警告静汝：他和著名诗人讨论诗歌的时候，静汝不得插嘴。静汝心里叹了口气，但她没有计较。为省钱，无名诗人和著名诗人乘坐俄罗斯航空的班机。静汝从上海出发，搭乘卡塔尔航空，票价贵，到达索非亚的时间正好与俄航吻合。既然静汝从上海出发，不去北京，喻译向旅行社报名去俄罗斯旅游。喻译心里不爽。喻译穿一件红色绒布外套去了俄罗斯，从优衣库买的，虽然红大褂穿在老头身上有些滑稽，可这也是他在表达感情生活获得进展的喜悦心情。静汝每天对喻译嘘寒问暖，询问喻译的出发时间、航空公司，还特意查询了俄罗斯气温，圣彼得堡白夜地带的日夜温差，叮嘱喻译吃好穿得合适。

妈妈反对静汝出国。眼看自己阻挡的力量不够大，妈妈唤来姐姐出面阻止。姐姐打电话给静汝，同样不奏效。后来，见静汝签证、机票、行囊一一办齐，阻无可阻了，妈妈也没办法了。渐渐的，妈妈记住了静汝乘坐的飞机机型，波音777，空客320……

在家待久了，静汝也想出去散散心。每当离家，她非常想念母亲。离开母亲，她受良心的压迫，怀有深深的负罪感。她在潜意识里充满了对母亲的愧疚，尽可能在外面少待，少一天也好，回家多陪母亲一天。她尽力把日子往里缩，没有延展出去，行期越近，她越焦虑。静汝掰手指头算，一共出去八天，还好，她很开心。好像骗自己高兴似的，但是，她算的这个八天，恰恰除去了出发当夜那一天，也就是10日的夜里。母亲希望她不要去外面的世界，可她想去，把静汝锁闭在家里，妈妈开心了，静汝不开心。这形成了紧张的源头。静汝脑子里那根弦，时刻绷紧着，紧张的心情模糊了她零点的概念，紧张和责任妨碍了她的正常思维。母亲有强迫症，每天关灯要半小时。她不适应保姆，也不要别的子女照顾。静汝单身，理所当然和父母住在一起，已经几十年。现在，虽然静汝有了男朋友喻译，要改变这样的局面也是难上加难。

既然静汝的出行已成定局，妈妈要求她每天打两次电话回家。静汝算了一下时差，让妈妈每天下午一点，晚上十点钟等她电话。

"今夜，我要一个人了。"妈妈怅然地说。

"我八天后就回来。"静汝安慰母亲。

静汝的航班6月11日零点起飞。静汝总以为，零点就是过完了11日的23点后，直到24点才开始的那一刻。至于为了赶11日零点的飞机，她必须在10日夜里去机场，这个，她不晓得。静汝已经五年没有出国，厨房、超市、社区卫生院……是静汝生活的中心。

中午，静汝温习她翻译成英文的无名诗人的讲话稿，她想，无名诗人和著名诗人会跟她一样，在今天晚上去机场。

静汝发一条微信给无名诗人："我今晚离开上海，你们今晚离开北京。"无名诗人回信说，他们俩在莫斯科转机。怎么回事？静汝糊涂了，急忙拨通无名诗人的电话，电话铃声响了一阵，换来忙音，无名诗人掐断电话了！为什么？想了一会儿，静汝明白了，在莫斯科机场接一个国内电话，国际漫游费几块钱，无名诗人舍不得。

她很有挫败感。

静汝不想再打电话，发微信去，问无名诗人究竟在哪里？北京？还是莫斯科？

"莫斯科呀。"无名诗人很快回复了微信,因为机场 Wi-Fi 免费。

怎么回事呀?

没有回音。

不对,她想,他们肯定 10 日出发的,因为 10 日的机票便宜。早出发一天,不告诉我?我的签证从 11 日开始,北京的签证从 10 日开始,难怪。

搞不懂!

她走她的。洗个澡,因为她要在飞机上待二十个小时,没有冲澡的机会。静汝换上新买的第一次穿的一件漂亮的白色棒针绞花棉麻体恤,新长裤,新袜子,八成新的美国 Skechers 鞋。

七点半了,出门前,妈妈叫静汝净手,拜了菩萨。

夜色溶溶,就着小区门口保安室里透出的灯光,静汝再一次发微信给无名诗人:"我现在奔机场,明天见。"

"明天是 12 号。"无名诗人回信。

啊?!!!

她突然明白过来,愣在那里。

她的飞机昨夜开走了!

她,本应该昨夜去赶飞机。

我那么细心的人,竟然在这么大的事情上犯错啦!

孤绝。

静汝愣在那儿,橘黄色大包放在地上。一个出租车司机走上前来,要求她挪开大包,因为他的车出不来了。她听不明白,出租车司机花了好大劲才让她明白。

静汝急得团团转。

改签,不能,只能新买。旅行社不能办,快去机场柜台。她打完一个又一个无果而绝望的电话,又给无名诗人写微信,把情况一一说明了。

没有无名诗人的回信。

静汝苦笑了一下,心想:我抱着对艺术的信仰,为你们辛辛苦苦干了几个月的义工,吃的是自己的饭,还贴钱打国际长途。你们就把我当一块用过的抹布那样丢掉了!

无名诗人没有再来信。

八小时前,假如无名诗人中午肯接电话,舍得花几块钱的国际漫游费,那么,就在今天中午,静汝有机会把事情说清楚,明白了自己的错误,她就有余地及时联系旅行社买一张新的去程票,价位适中的。可是,现在,她又有什么办法呢?

静汝六神无主地随出租车前往浦东国际机场,机场好远,一路上,不是路,就是高架桥,又是路,和桥……无尽的灯光……浦东国际机场,怎么这么远?怎么永远开不到?

一只看不见的手扼住静汝的智商。静汝长期待在家里,不懂得零点的意思,错过航班,晚了24小时。她很伤心。

就在刚才,走出家门的时候,静汝凭着手中的电子机票,底气十足,做美梦似的幻想进入浦东国际机场,美美地换了登机牌,托运行李后,买足免税店的香奈儿,照着那个精心设计的购物清单:眼霜2、日霜1、夜霜1……买买买!现在,就因为把零点误作24点,一切化作了泡影。归零。

为什么在一个又一个更正错误的机会面前,她都没有去纠正错误?

一次,她打旅行社的热线电话,问:"11日零点中国时间出发,那不是12日到达索非亚了?"对方回答:"还是11日,当地时间。"哦。静汝不作追问,要飞行十七个小时,怎么还是目的国的11日?她的算术头脑去了哪里呀?也许,在晚一天离开家的潜意识和算术之间,对母亲的感情让潜意识占了上风。

还有,出发前三天预订出租车,强生出租车公司的接线员问她航班的出发时间，静汝拒绝说出是 11 日零点。静汝和母亲生活在一起，习惯上不告诉外人她的行踪，怕人家知道老母亲一个人在家，招来坏人。她只说自己有把握。假如静汝告诉了，也许出租车公司的接线员也会提醒她预定一辆 10 日夜里去机场的出租车，因而避免错误。

一只看不见的手控制着静汝，一定要把她拉到无可挽回错误的那一刻。

命运，逃不掉的。

机票不能退，签证费几百元也打水漂，总数算下来，静汝损失 5000 多元！认命吧！

上天的记忆里储存了母亲的祈求，把母亲的愿望兑现成现实。

无名诗人拉黑了静汝。

人为什么没有良心？静汝面朝苍天呼唤。她记起二十多年前，藜叶对她说的话："你别对人家好，不值得。你对人家好，人家不会对你好，人家不理你，这还算是恩典呢。"

静汝告诉喻译，她为无名诗人翻译了一大本诗集和文章，还有十多页的作者年表，不收一分钱。她为了无名诗人的翻译累生病，发高烧，胳膊被抽坏血乌青一大块落下网球肘的骨科病，还花掉 2000 元，吃饭，看病，停车费。为联系主办方，她还花了国际长途费。无名诗人太没有良心。喻译正在俄罗斯旅游，他没有安慰静汝，也不说无名诗人的不是，只淡淡地说了一句："无名诗人事业心强。"

"这是哪跟哪啊？"静汝看到喻译没有公理正义，只为跟无名诗人拉场面上的关系。

"我理解的，"喻译继续发微信，"他北漂，他本人就是这么被踩被抽打至今的。多年媳妇熬成婆，现在一旦抓到机会，就把那股怨气撒到你身上了。我跟你说，为他翻译得收钱，你看你那么大方，有啥意思?"

"你以为我那么辛苦,是为赚钱吗?"

喻译不答话。

静汝又写过去:"你怎么介绍这样的人给我?"

喻译:"无名诗人还算好的嘞……"

人怎么这样?这样渣?静汝说不出一句话。她正要下线,却看到喻译发来下一条微信:"你误了航班去不了保加利亚诗歌节,我也替你难过,我也懊悔没有提醒你零点是什么。"喻译没有说出来的话是:他之所以没有提醒,因为心里不开心,因为静汝没有去北京和他会合。再有就是喻译尽想着怎么把扣娣改造成一个好女人,没有放心思在静汝身上。

爱是牵挂。喻译对静汝只是风流韵事,喻译无心关心静汝的日程,无意告诉静汝零点是啥意思。

不过,静汝爱着喻译,静汝没有怪罪喻译的冷漠,在静汝的眼睛里,喻译是一个无瑕的人。

静汝百思不解:难道说,在北京,把人家用过之后像丢一块抹布一样丢掉,是一件稀松平常的事情?

"我要拿住你!"扣娣拿起喻译的手机,删除喻译要求离婚的微信,重新加了他。

喻译结束俄罗斯之旅,回家后,扣娣吵闹,说喻译肯定跟一个女人去俄罗斯了。喻译说肯定没有,你可以问旅行团。

扣娣为了阻止喻译独自出门,偷走喻译的身份证。当喻译心急火燎寻找的时候,扣娣假装跟他一起找,花了一个多小时,趁机翻看喻译的银行存折。

喻译挂失,重新申领了身份证。

一物降一物,扣娣总觉得拿捏喻译在手。喻译虽软弱,他和静汝的微信随看随发随删,还是做得到的。

静汝准备了针线,待再次见到喻译的时候,缩短给他买的真丝睡衣裤,深蓝色缎面印花的飞龙,徐家汇大商厦里买来的,原价一千六,打折后一千元。喻译肩膀宽,身材矮,这180尺寸的真丝睡衣裤,缩短长度就适合喻译穿了。她还像期待出嫁一样,在夏天的时候,趁着超市打折甩卖,花一千多块钱买了六套四件套,花一星期时间洗净晒干,准备把花色鲜艳的带去未来北京的家,多余的就留在上海的家,等喻译来了用。她依照自己天真的认知,做了自以为必须的工作。

静汝又一次见到喻译,在滁州火车站。喻译是从北戴河的酒店式公寓里逃出来的。喻译从北戴河到滁州的火车票,是静汝替他在手机里抢票买到的,静汝付了钱。

喻译朝静汝张开双臂。当着好多人的面,静汝不好意思扑进喻译怀抱,喻译比静汝矮很多,也扑不进去。她伸手搂了搂喻译的腰。喻译前列腺肥大,忍尿很久了,好容易到站下车,还帮静汝提行李,静汝赶紧抢过包,催喻译上厕所。

喻译做印刷所的时候,跑遍全国的纸厂,他喜欢地级市,支出又便宜,带上静汝,没负担。住五星级酒店,房费才四百多元。喻译矮小,静汝高大。前者是女人不给打分的男人,后者是男人不大青睐的身材。这两个人在一起,很是相得。

到了一地,静汝从后座下车,看着喻译在副驾驶座结账,虽然也是十几块钱的小费用,静汝很满意,她有了安全感。

喻译贪小钱,要静汝登记一张贵宾卡房费打折,静汝说不必了。为了喻译好,她不想暴露自己的身份。进了房间,喻译和静汝先在贵妃椅上缱绻了一会儿,沐浴,睡下。喻译说:"出来得匆忙,内裤没有带替换。"

"我给你洗洗。"静汝把手伸进被子底下扒喻译的内裤,喻译咯咯地笑个不停。静汝拿了内裤去卫生间洗了,用吹风机吹干后,下餐厅用晚餐时还能穿。从现在起,喻译只能光屁股。

静汝顺带把喻译的袜子也洗了。她发现喻译带出来的袜子两只颜色对不上,花纹也不对。

静汝喜欢照顾喻译。静汝想拥有一份普通女人安逸的生活,宁可变得平庸,守护一个固定的情人或丈夫。

静汝梳妆打扮了二十分钟。她穿一件露出一节臂膀的深蓝色羊绒衫,是今年新潮的性感款式。在露出臂膀的地方都擦过粉底霜,她的皮肤本来就白,这样一擦,露出那部分就显得更加晶莹剔透。敞开的圆领也是适当有度,既漂亮又不失庄重。静汝在脸、脖子和敞开的圆领部分都涂抹了粉底霜。没有上粉。静汝的皮肤天然美白,不用着粉。

喻译开亮电灯,轻轻拨开一个迷幻、绮丽、陶醉的世界……

喻译的膝盖随着海浪的节奏移动着……阳光照在沙滩上,海水泛起耀眼的银白色,喻译头顶着蔚蓝的天空,空中满满地飘浮着各色风筝……

静汝看到喻译额头上冒出的汗珠。

静汝浑身痉挛,她无法抑制的呻吟如一股暖流传遍喻译的全身。

"高潮来了?"

"嗯……"

"什么样的感觉?"

"想哭……"

静汝问喻译爱是什么。

喻译:"是叉叉。"

静汝:"不对。爱是尊重,是至善,是把他人放在比自己更重要的位置,是牺牲,是不求回报的付出,是看到对方好自己也觉得好,是傻。"

"嗯，扣娣从来不尊重我。"

"是呀！她对你那么坏。"

"扣娣有忧郁症。"喻译回答静汝，语气有驳斥的意思。静汝不再说话。

"我在官场学到的办法，我抛出一个意见，察看对方的反应。"喻译对静汝说，他要看是不是扣娣会变得贤惠。

静汝在试探："喻老师，和你在一起，思考问题的方法，我越来越像你了。"

喻译："跟谁像谁。你脾气好。扣娣动不动就发火，摔东西。控制不住的。"

静汝问："我叫你什么？"

喻译笑着说："叫喻老师。"

静汝不响，她原本想，喻译会让她叫一个肉麻的昵称，可是现在，喻译不拿她平等对待，似乎她是低一等的。

最理想的状态是用心，让理性升华到美，美感波及身体的每一根交感神经，唤醒每一根微血管，当两个人的声带不再微微振动，触摸并因此颤动的必是由灵魂激发的身体。上天不会让一个人什么都得到。上天在人的欲望面前，设置了永恒的鸿沟。静汝曾经的高学历、高收入，积攒了一份薄产。但是，她也就是别人眼里的一样物件，可用来榨取的物件……或是，更简单点，一个拥有女性身体的生物。

喻译带给静汝他在俄罗斯买的东正教十字架挂件，应静汝的要求买的，上有镀金的耶稣圣体，铅做的，很精巧。静汝拿出来看，她想起布莱恩。这个想法转瞬即逝，因为喻译就是现在的布莱恩。

"哦，对了，皇村怎样？什么印象？"静汝问，"圣彼得堡的夏宫外面的花园，普希金写著名的《皇村回忆》所在地。"

"没去。"

"去过的。我都看到你的照片了。"

"哦。"

静汝轻轻背诵普希金的著名诗篇:"幽暗的夜的帷幕,悬挂在轻睡的苍穹……"这引发她无限美好遐想的诗句。

"这些呀!有专门研究历史的人去做,咱们不管。"喻译说着,拿起房卡,"咱们去吃饭。"

喻译说,带出来的钱不多,带了美元、卢布。静汝说,外币别换,留着,用我的钱吧。

喻译餐前吃降糖药,静汝奔走为他倒来一杯白开水。

静汝请喻译吃了晚饭,吃的是长江里的野生鱼。

第二天用过早餐,喻译和静汝去琅琊山玩。

在森林公园,静汝坐在电瓶车上,喻译去买票,静汝掉转头朝他望,他奔跑过来,说:"不让我的宝贝儿久等。"

在湖边,静汝念一首即兴诗:"记得有一片水,/你我并肩面对,/波纹奏起风的音阶起舞,/锦缎裙裾起伏一片又一片,/一个小黑点,/俯冲水面,啄食涟漪,/亲吻它的明天……"喻译听罢,摸摸静汝的屁股。

喻译躺在亭子里,静汝背诵欧阳修的《醉翁亭记》:环滁皆山也……喻译说:"和同样爱好的人在一起真好。扣娣老看不起我写作拿稿费。写作,不为钱,为的是安置一颗心。"

天在蒸发。

天上的云,地面的树,躲在遮阳伞下的人,从人们头上冒出的汽。

太阳如钢炉里的火一样炙热。

待静汝和喻译爬到半山腰,天有点阴,雾幛环绕着山脊,远远望去,通向山顶的道路如一条嵌入云层的银带子在山峦上逶迤起伏,把一座座葱翠的山峦连成一片。分不清山峦和云层,似乎沿着那条山路，就走到天上去了。

喻译背脊出汗，静汝拿纸巾给他垫上吸汗。

静汝出50元钱，让人用电瓶车把喻译和她自己送下琅琊山，下坡时，静汝伸出手，护着喻译。

回到房间，在床上。

喻译说："和你商量一下，我母亲说看病，要我回去。"

说这话时，喻译背对静汝。

静汝尊重喻译，也体谅喻译，她从背后隔着被子抱住喻译，同意了。

静汝用手机替喻译抢了一张回北京的火车票，免得喻译到时候去火车站窗口临时买，等候时间多。静汝付了钱。

"唉！老太太不上医院的。"喻译说。喻译的母亲没有退休金，喻译在兄弟姐妹中钱最多，他负担。他说，他的母亲当年生下他后没有出去工作，所以才没有劳保。喻译因此有负罪感。

车轮滚滚，如天体运转……我也给自己插翅，变成一只南飞的雁……你许诺我地老天荒，我目送你远去，斜阳里摇曳你暗淡的身影。

等火车的时候，喻译黯然地说："回去后，要大闹了。"

静汝："离婚后，你比现在富有。"

喻译："可是两次离婚……"

静汝笑了："钱是身外之物。况且，我有积累。"

静汝担心喻译，建议他让姐姐、两个弟弟帮忙。喻译说不用，离婚丢脸，是人生的失败，况且假如让闺女知道他和扣娣闹离婚，闺女的妈，他的前妻一定会加进来抢夺喻译。

静汝上了开往上海的列车。

喻译发来微信："谢谢一路有你的体温相伴。我们下次去东北。"

坐在从滁州开往北京的高铁上，喻译用手机起草起诉状：十四年前，扣娣威胁点燃煤气罐，逼婚。婚姻基础不好。婚后扣娣对起诉人经常实施家庭暴力，去年起诉人住院手术，扣娣不予照顾，婚姻名存实亡。现起诉，要求离婚，分割财产。

　　喻译想到多年前，他曾经随文化代表团去台湾访问，拜谒妈祖庙，求签，问妈祖，他要不要离婚？妈祖答道："离！"

第四章

　　喻译去了北戴河海边的酒店式小公寓，想静下心，把离婚起诉状写完。

　　扣娣看喻译手机，把喻译变成一个玻璃人，侵犯喻译的隐私权。扣娣搜光喻译每一分钱，剥夺喻译的财产权。喻译被剥光了。喻译成了一个由程序操纵的，有着自然人类生理器官，由自然母亲孕育成胎降生，却被掏空了头脑的机器人。

　　扣娣剥夺喻译，从里到外剥个精光。

　　写到这里，喻译朝充当写字台的一长溜宾馆式聚酯橱柜埋下头。他再次抬起头，窗外的街道和市场上的大字店招变得模糊不清，他流泪了。

　　买房的时候，为图便宜，喻译没有买窗子对着大海和沙滩的户型。喻译的公寓有一扇窗，对着车道和街道。不过，喻译早上去市场买回西红柿、土豆、猪肉，进房门后，脱下鞋子，还是倒出一堆沙子，喻译暗暗叫苦："鱼没吃到，鱼腥味沾了一身。"

　　咚咚咚……嘚嘚嘚……有人用手指骨节小心地敲着门。

　　"谁呀？"喻译光着脚，走去开了门，门外站着满脸堆笑的物业经理，神经兮兮地问："管道好不好？你们家好久没住人。"边说话，边用眼睛打量着屋内，像是在搜寻什么人。

　　喻译冷淡地回答了一声"没事"，砰地关上房门。喻译识破眼前的小把戏，这分明是扣娣打电话派物业来刺探自己有没有跟女人住在这里。

诉状差不多了。

喻译打算明天周六回北京。

中午刚过，扣娣来电话，冷笑道北京热，她买了火车票，今天下午坐火车去北戴河。喻译心里阵阵叫苦。

喻译心想，自己要是执意明天回北京，扣娣来了，扑个空，一定会大闹！眼下，他的起诉状还没有递进法院，与其打草惊蛇，不如先忍耐一下，稳住扣娣。

傍晚时分，扣娣到了。扣娣轻慢的眼风令喻译发怵。看见喻译一脸窘样，扣娣在嘴边挂上一丝冷冷的笑意，就像对待外人那样戴上面具。多数时候，她觉得这样累，面对喻译，戴上假面具，她要憋死！扣娣上了小阳台，深深地吸进一口气。

喻译心烦意乱，也没做饭。扣娣说上饭馆吧！她要喻译请她吃饭。喻译没有说话，他让扣娣先出门，关上房门前，喻译心虚地朝着鞋柜最下层一个旮旯里一双沾满沙尘和厚厚一层灰的大头旧皮鞋瞟一眼，左脚的鞋头里塞着他精心写成的离婚起诉状。

下楼，刚出电梯，迎面碰上刚刚下班，准备回家的物业经理。他看到扣娣，惊讶地直了眼睛，被愚弄的不满情绪直冲脑门，心想："物业办公室才三个人，照料全楼几百家业主、租户都忙不过来，你早上还叫我监视你老公，下午自个儿从北京跑过来，你这不是折腾人吗？你咋不早上就颠过来呢？"不过，他知道扣娣绝对是一个难伺候的主，职业习惯促使他立马堆起一脸疲倦的笑容："扣姐儿，来了？"

扣娣挽起喻译的胳膊，把黄灰参半的脑袋朝喻译那边一偏，装出和喻译亲热的样子，笑着对物业经理说："老公疼我，舍不得我一个人在北京受暑气，每天打三个电话催我来北戴河。"

扣娣嘴巴不停地说说说，都是喻译的意思，她才坐了两个多小时火车从北京赶过来。她一来，喻译可高兴了！

喻译不作声，心里叫苦："你在这里，我有压力，你懂不懂？"

353

物业经理皱皱眉头，微微一笑，算是回答了扣娣。

喻译和扣娣一前一后进了饭馆，那顿晚饭吃得闹心。

喻译不肯跟扣娣说话。

扣娣从餐桌对面伸过一根留着长指甲的手指头戳喻译的太阳穴，嚷嚷："你到底说不说话呀你？"手指头的动力把喻译的大脑袋推过去又弹回来，喻译放下筷子，摸摸被戳痛的太阳穴，还是不说话。周围的食客发出压抑的嗤嗤的笑声。喻译只喝了半盅骨头汤，一碗米饭，连忙离座起身付了账。虽说不常来，房子在这边，日子久了难免被人认出来。他丢不起这个脸。

回到小公寓，扣娣还不消停。她看到地板上一堆书积满灰尘，就拿来鸡毛掸子一阵狂掸，喻译有哮喘、咳嗽、喷嚏不止。

扣娣笑了。

她把鸡毛掸子往地上一扔，再次扬起灰尘，一扭身子，扬长而去，嘭地关上房门。喻译对这种恶作剧早已习以为常，他还是不说话，也不去拿吸尘器，就跑到小阳台上遥望西沉的落日。过了一会儿，喻译打起了瞌睡，在他疏离的梦中，他的婚姻结束了。

阳台就像一扇凸窗。喻译趴在小阳台栏杆上，个儿小，阳台面积还是去掉一大半。喻译脑子里反复出现离婚起诉状上的句子："名存实亡的婚姻……我住院开刀期间，扣娣只知道抓钱，不履行妻子的责任照顾我……"不过，在他的内心深处，他真的希望扣娣变好。只要扣娣变得像一个妻子，他既往不咎。

扣娣回房，把电视机音量拧得很高，她追宫斗剧，过了午夜，还开着电视。

喻译让扣娣睡大床，他睡沙发。

不知过了多久，喻译双手捂着耳朵，睡不着很难熬，喻译就在心里咒骂扣娣干吗不死？干吗不在外面找一个男人，跟男人跑了？喻译吃下三片安定，还不管用。他尽量放宽心，想象自己在蹲监狱，再过两天,最多两天,就回北京,他可以躲进自己的卧室……朦胧间,他心里还在嘀咕:"我看不起你,厌恶你,你偏要黏我!你这么不要脸,没自尊!"忽然,一阵窸窣声响在喻译的脑袋瓜前,他抬眼一看,是扣娣黑黑憧憧的人影,把喻译吓一跳,他一个猛子从沙发上坐起,正看见扣娣拿起他放在茶几上充电的手机在翻看,手机的强光自下往上照见扣娣一张板紧的面孔,黄头发黑眉毛!一个十足的女鬼!

喻译一把抢过手机,嚷嚷起来:"你凭什么看我的手机?我从来不看你的手机!"

啪嗒一下,喻译用力过猛,手机的充电插头掉落在地。

扣娣带着一脸坏笑,走开去了,把电视机音量调得更高。喻译再也躺不下去了。喻译想到静汝,静汝是喻译生命的暴风雨中的避风港,而扣娣,则是平静港湾起了暴风雨。喻译和扣娣的婚姻,那架机器,折旧了十四年,其残值正在一步步归零。

扣娣时时怀疑喻译要跟她离婚。扣娣把婚姻当作占有和发财的手段。离婚后,扣娣每个月抓不到价值几万块的房租,所以她死活不肯离婚。扣娣死不离婚,因为更怕医生护士们笑话。在医院里,她为人凶狠,得罪很多同事。在扣娣看来,婚姻是一种标志,就像衣服的颜色。婚姻可以没有内容,但绝对需要一个外表。扣娣的毕生事业是拖住一个男人,一个天天设法从她身边逃走的男人。扣娣扬扬得意的乐趣,是跟亲戚、女伴们、医院的老护士们攀比,显摆她的官太太身份,还有钱。离婚意味着分割财产,失去她所占有的一个人,沦为众人的笑柄。

扣娣偏爱染黄头发,还在头顶心弄出一撮红头发,像鸡冠。当灰白的头发顽强地钻出头顶心,像根一样托起染黄的头发,让黄发在灰白发上面翘起的时候,头顶宛如插上一只毽子,灰的是鸡绒,黄的是鸡毛。又像是顶着一根根暮秋时节的枯草,"草枯黄兮坪待割",除去变黄的枯草,草根那里仍然是绿色有生命的。虽然扣娣把眉毛也涂得蜡黄，卸妆后的眉毛还是露出稀疏的灰白色，看上去很像一个白化病患者的模样。

熬到周一，喻译和扣娣一同回北京。

正式起诉离婚前，喻译转移了自己的小金库。

喻译去法院旁边的律师事务所，请了律师，支付一万元律师费。

喻译的母亲、女儿、姐姐、弟弟们都讨厌扣娣。可是，离婚的事情，喻译没有告诉家里人，连好朋友都不知道。现在，喻译的前妻也在抢夺喻译，她的工具是女儿和外孙。每年喻译过生日，女儿、女婿都预订了酒店，带上外孙，和喻译一起过。喻译说过不想再见到女儿的母亲，女儿不敢把亲妈带过来。

静汝心里纳闷，倘若真的离婚了，难道喻译还要与扣娣假扮夫妻不成？

事实上，喻译在下一盘棋。

喻译对扣娣的温情不改。

喻译从一开始容忍扣娣逼婚，除了来自警方的压力，还出于对扣娣的怜惜。婚后扣娣种种无底线的恶心伤害，虽然令喻译很难过，但他一如既往地对扣娣好。可是，无论他怎样好，扣娣都加以嘲讽践踏，久而久之，喻译由爱生恨。不过，喻译从心底里希望把扣娣改造好，成全他的一片痴心。

终于，法院通知扣娣，喻译起诉离婚了。

扣娣扑到喻译身上，把喻译的脸抓得青一道紫一道，又冲进喻译的房间，见啥砸啥，砸得红了眼，拿起喻译的茶杯、尿壶，一阵乱摔乱扔，还扯出喻译的汗背心、裤衩，操起剪刀，顷刻间，碎尸万段。她还嫌闹得不够，索性四仰八叉地躺倒在喻译的书桌上，踢翻电脑、打印机，脱下内裤，就地屙屎撒尿。

吓坏了的喻译扑通一声朝扣娣跪下，浑身如筛糠似的哆嗦。

"你撤诉不撤诉？！"

喻译的书房兼卧室弥漫着扣娣大小便的臭味，一连几天散不出去。

喻译想撤诉，不过，他估计扣娣需要更多的时间被改造好。所以拖延着，没有撤诉。他需要观察。

法院通知调解了。

双方去法院，喻译的律师和喻译态度坚决，不接受调解，等开庭。

喻译用微信发给静汝看离婚起诉书，法院调解情况，律师说等开庭。

藜叶在家族微信群里得知扣娣的丈夫要离婚的消息，她决定私聊扣娣。藜叶准备了一通安慰扣娣的话。信息发出后，扣娣马上回了信，出乎藜叶意料，扣娣的口吻是兴高采烈的。扣娣觉得喻译在外面找女朋友，是给自己长脸。扣娣知道，藜叶的丈夫是一个身材高大、面貌英俊的德国人，而她扣娣的丈夫形容猥琐，像个武大郎，三分像人七分像鬼，拿不出手。平日里，藜叶嘴里不说，心里嘲笑扣娣的丈夫喻译又矮又难看，扣娣也抬不起头来。要不是为了钱，扣娣怎么也不会找喻译，还死皮赖脸地威胁点燃煤气罐嫁给他。可是，现在，喻译有外遇了，她扣娣的丑丈夫有魅力俘获一个上海女人的心了！对喻译逼婚十四年后，扣娣头一次在藜叶面前抬起了头。

"堂姐就爱人民币。"藜叶笑着写道。藜叶看穿了扣娣的心思，扣娣和喻译只是金钱的关系，毫无夫妻情分。

藜叶父亲的哥哥是扣娣的父亲。

听到静汝的名字，藜叶一惊，急忙掩口，随即微微一笑，胸有成竹地给扣娣写道："这个好办。"藜叶没有说静汝和她有多熟悉，只是说，她藜叶留过学，懂得女知识分子的心态，根本不会耍无赖。你只要这么这么……定能挽回喻译。

藜叶太了解静汝了。静汝什么也不懂，欧洲四年回来，还是一个老处女。

一边是二十多年的好友，另一边是家族亲戚，藜叶毫不犹豫地选择了亲戚。有她做军师，扣娣肯定能战胜静汝。

扣娣写："我去他单位闹！闹臭他！看他怎么做人！"

藜叶马上写："千万别！那样你会很快失去他。你只有在家里跟他一个人吵闹，让他可怜你，慢慢地回心转意。"

静汝没有结过婚，不懂得男人的致命伤是不能独处。这一点，身经百战的藜叶了然于心。藜叶对自己说，当务之急，是教会扣娣无论如何也要拖住喻译，不让喻译住出去。

跟扣娣下了线，藜叶马上连线静汝。

静汝回藜叶的微信："我有男朋友了。"

藜叶："有男朋友啦?"

"对，是一名诗人。"

藜叶发过去三个红心。

静汝："我的心复活了。二十多年没有碰电子琴。为了男友，我重新上电子琴课。弹奏6/8拍时，手指累了，中间停顿了，因为想他。音乐不示人，只存在在两个人的隐秘世界里。我弹奏曲子。无论我弹什么，他都说好听。我弹奏《日瓦戈医生》主题曲，很美的旋律，6/8拍，是一湖水波随微风起舞，快速旋转，凌波微步，赛过轻盈的华尔兹，你记得?"

"对，我记得。二十年前，在你家阁楼上，听你弹过。"

藜叶暗自笑话静汝的淡定。要是换了她藜叶，她早就冲上去死活缠住喻译，不让他从自己的手里溜走。怎么能容得扣娣让一个业已死亡的婚姻死灰复燃?虽如此想，藜叶铁着心做扣娣的军师，把喻译从静汝手里抢回来。而静汝，非但没有去北京缠住喻译，还在上海的家里练起了什么电子琴！如此浪漫，哪里有助于赢得男人?

黎叶摸清楚静汝的底，心里有谱了。

从此，黎叶对静汝格外亲昵起来，时不时地问静汝在没在上海，有没有旅游的计划。

静汝说："男朋友要聚的。"

晚上，黎叶从烤箱里端出一盘热气腾腾的、顶着一头黑胡椒和迷迭香绿末子的烤鸡，摆上德国丈夫面前的餐桌，蛮有成就感地把自己的谋略告诉那个身高一米八五，头顶微秃，留着络腮胡子，曾经于三十年前翻越柏林墙，投奔外部世界的东德愤青。德国丈夫耸耸肩，眼睛看着冒着热气的烤鸡，咧嘴一笑，两只手摆弄着一副刀叉，心不在焉地说："你的堂姐夫很可怜。"

黎叶把一张布满皱纹的长脸笑得像一朵花。

讨好了丈夫，她在伦敦的寓所里，平举着双臂，转了一圈，散开的裙子的下摆像一把打开的伞，露出裙底两条麻秆似的腿。

德国丈夫喜欢黎叶长长细细的腿。白种女人没有这样的腿，白种女人腿粗，还长毛。

"唉……"德国人叹息一声。他比黎叶年轻七岁，是一名大学教师。他在心里，对黎叶的计谋不屑一顾，但是，中国人之间的事情，他不掺和。嫁给德国人的黎叶，崇拜西方人，也经常在闺蜜们面前炫耀丈夫的人种和身量。可是，黎叶没有因为婚姻改变她的行为方式和对世界的认知，黎叶的骨子里是很中国的。黎叶知道，黄种女人受歧视，嫁一张白种男人的面孔多少提升一下自己的地位。要做到这一点，黄种女人须用钱财去买。西方男人就是玩玩之后散掉的，除非你送钱送房又送人给他，如此嫁了他，再在国人同胞面前显摆，唯独不提倒贴二字。年轻的中国女人靠家族的财富，年长的中国女人靠自己奋斗积攒一笔钱。黎叶暗想，我下辈子做一个白种男人，不做白种女人。我投胎做了白种男人，专找中国女人来养我。黎叶知道德国丈夫没钱，不过是代代课，当个临时工，不过，她藜叶也没有送房送钱给丈夫，彼此打个平手，她也不吃亏。

藜叶给扣娣写微信："你一定能战胜静汝！你好歹跟喻译做了十四年夫妻。只要喻译不离开家，不搬出去住，一切都好办。你从现在起，一步也别离开家，看住他！做好吃的给他！看得他严严实实！他不撤诉，你决不收兵！你哭！你上吊！"

"是呀！"第二天一早，扣娣看到微信，回答了藜叶。喻译是扣娣的奶牛，不离婚好处多，耗死喻译，继续挤奶。喻译活着，扣娣每个月到手几万块钱租金，喻译每月一万多元的退休金也全都归扣娣所有。喻译早死了，扣娣独吞财产。

扣娣关闭了煤气阀，先在自己房里吃饱了饼干，七点钟的时候，看到喻译坐在餐桌边，桌上啥都没有，喻译愣在那里。扣娣不耐烦地坐在客厅里，远远地瞪着喻译，架起二郎腿，上下抖动着脚。突然，扣娣狂乱起来，勃然大怒，蛮横地大喊大叫，她一个箭步冲到喻译面前，拍桌子，摔板凳，逼迫喻译撤诉，呼天抢地，蹬地板，拍大腿，撕扯头发，咆哮着做出骇人状。

喻译被一种难以忍受的恐惧吓呆了，浑身发抖。

扣娣偷眼看喻译，露出微微一笑。紧接着，她立刻仰面躺在地上，撒泼打滚，挤出一溜唾沫到嘴角，嘴里尖酸刻薄地大叫她自己"不行了，要送医院"，接着，一动不动。十分钟后，扣娣听到楼下救护车呜呜的声音，接着，喻译打开房门，两个人推进一辆担架车，皮鞋的足音杂沓，还有，喻译趿着拖鞋走过来的声音，扣娣赖在地上不起身，不愿意坐进救护车，嫌脏。眼看抬担架的人抓住了她的衣袖，扣娣从地上一跃而起，冲向阳台，大声嚷嚷着要跳楼，要割腕，要喻译撤诉！

到了下午，英国的早晨时光，扣娣告诉藜叶："刚才，我还拿三把锃亮的全新双立人剁肉刀，放在我的卧室里，床上、床下、枕边，都有！吓唬他，他还真信了。（三个大笑的表情）"

黎叶回信：三个竖起的大拇指表情。

黎叶教扣娣："你要躲过风头，为了让他撤诉。先待他好，做好吃的菜给他吃。软化他的心。"

扣娣答应了，心里头潜伏着秋后算账的念头。

静汝相信爱和尊重。静汝不懂斗争哲学，更不懂要跑去北京抢男人。静汝幻想有一天，分离一年多后，和喻译再度聚首，喜泪涟涟。她心情淡定，她买了很多纸尿裤，网购的，准备等喻译来上海的时候，给喻译穿。静汝知道，喻译有坐马桶小便的习惯，以为那样对前列腺好，静汝多次提醒他别这样，应该站着小便。最好别上公厕。现在好了，有了纸尿裤，喻译可以不上公厕了，静汝也放了心。有缘萍聚，喻译从北京到上海这一程该如何防护呢？静汝想了好几天，上网选购了两件同样颜色、式样的防护服，喻译的那件中号，静汝自己的一件大号。静汝想好了，单等喻译离婚完毕，她就快递防护服、纸尿裤给喻译，让喻译穿戴整齐了来上海。

静汝还网购了一架手卷钢琴，预备在将来和喻译会合后，旅行时弹奏给喻译听，弹《日瓦戈医生》主题曲。喻译一定说好听。

静汝每天写微信给喻译，软语絮絮。对着西窗外，高悬夜空的明月，静汝身披清冷的幽光，独自悲吟。

静汝反复吟诵韩缜的《凤箫吟》："锁离愁，连绵无际，来时陌上初熏。绣帏人念远，暗垂珠泪，泣送征轮。长亭长在眼，更重重、远水孤云。但望极楼高，近日目断王孙。销魂，池塘别后，曾行处，绿妒轻裙。恁时携素手，乱花飞絮里，缓步香茵。朱颜空自改，向年年，芳意长新。遍绿野，嬉游醉眼，莫负青春。"

静汝把她自己和喻译想象成活在北宋朝的一对期盼佳期的闺中女和远行郎。静汝不知道，那首词中的游子，那个令闺中女子等待一生的天涯男子,根本不是喻译。

　　静汝第一次谈恋爱,她不懂男人。静汝只知道信任喻译,只把爱情想象成是安宁温馨的。静汝相信爱情的力量,她的人生词典里只有清风明月,她看不到缠绵背后的硝烟。静汝把大好时光浪费在上雅马哈电子琴课,以为这就是在谈恋爱了,她并不知道这其实是毫无用处的努力。静汝只知道张九龄的《望月怀远》,只知道"情人怨遥夜,竟夕起相思"。静汝早起,发微信给喻译,要和喻译一起背诵张九龄的《望月怀远》,静汝说出上两句"海上生明月,天涯共此时",要喻译联第三、第四句"情人怨遥夜,竟夕起相思",喻译说他不会,他把唐诗忘记了。

　　当静汝不得不留在上海照顾母亲,喻译就不肯住出去,而是和扣娣同处一个屋檐下。静汝不知道,对一个男人而言,每天跟谁一个锅子里吃饭,他就是谁的男人。

　　喻译腋下挟了一幅画,送给律师。请律师吃海鲜饭后,上厕所,用纸巾擦了私处,感染了前列腺。他独自上医院。他避开扣娣所在的医院,上了另一家医院。打针,吃药,病痛,交叉感染的风险,疗效的不确定性……这些在正常思维看来极其痛苦的事情,却被貌似轻松的一笑遮掩过去了,喻译的嘴角牵拉出的一丝笑意底下是苍凉和深沉的无奈。如之奈何?……预检,排队,看病,付费,拿药,送药,等打针……这一圈忙乎下来,临到末了找个干净一点,距离咳嗽人远一点的座位坐下,看着吊瓶里的液体一滴滴矮下去,自己躁动的心也休息片刻了。比上不足,比下有余。身在补液室,比正常人不足,比重症患者强多了,这也多了一个笑的理由。既然爱比较,也多了一份探究别人故事的冲动。没准遇上和自己相近疾病的人,也学得几招制胜的秘笈。打开对方话匣子,也有技巧,喻译递上一个标配的微笑,见年轻的推轮椅带年老的,就说:"儿女真好,真孝顺。"这话,对方乐意听,一来二去,打开对方话匣子,喻译的补液时光不再寂寞。

挂水的时候，喻译发微信给静汝，要她学会等待。

拔掉补液针，喻译觉得头晕，他慢慢地走到住院部的花园里，在石凳上坐下。不知过了多久，喻译坐下的石凳渐渐由冰凉转而温热，石头传递的热量融入他委顿的臀部和腰际，伸在石凳前的双腿僵麻得似乎已经脱离躯体，化作两根斜栽在泥土里的木桩。喻译手执颐颊，默默闭上双眼，听任一双麻木的腿伴随他的思绪呆滞，沉睡，窒息，死亡。喻译再次撑起上身，憋足气想站起来，臀部才离石凳，身子摇了摇，尾骨重重地摔到坚硬的石头上，两个脚趾间倏然蹿起一根酸筋，如两条蛇昂首吐出信子，闪电般地蜿蜒直射喻译的心脏。喻译哆嗦起来，凝神皱眉，小心翼翼地伸直双腿，坐等抽筋自然平复。又不知过了多久，喻译再一次要站起来走时，脑子一片空白。他的左前方，目光越过医学院操场，望见搭着脚手架的工地，锤声激越，不知在他心田擂出窟窿还是奏起音乐，而这莫名的声音还是理顺了他的思绪。喻译活转来，站起身，逡巡了一会儿，拐上右边的小径，一步步往医院正门走去。几只悠闲的白鸽在他脚前，脚跟绕上几圈，又飞回它们舒适而美丽的房舍。喻译正留恋那所童话般的小木屋，脑海里又响起那首歌："我想要有个家，一个不需要华丽的地方……"

云朵在他的头顶飘过。

喻译在另一张石凳坐下，双肘支在膝盖上，捧住脸庞。

忽听噗的一声，一只白鸽在他眼前掠过，撒下一团热乎乎、滑腻腻的东西粘在喻译的后颈部，这团来自生命的排泄物让他顿感快慰："这是活的东西，我还活着，活着就好。"喻译小心地反剪双手，摸到身后树干样的一个柱体，慢慢把背靠上去，头依旧晕。喻译微微仰起头，依旧蹙眉闭眼。他的头顶心蹭上树皮，头顶一阵蠕蠕作痒，又动弹不得。喻译把眉头皱得更紧。空气中微微颤动着一味草香……喻译乍一睁眼，猛打一个寒噤：头顶上，无数抓手从空中吊下，巨松展开簇簇松针，宛如千百根松针编成的巨扇，又像一个千手巨人从半空里探出手掌，那手掌凌空下泄，如成队鹰爪只扑自己的头面，"啊呀！"喻译惨叫一声，身子跌落在泥地里，一跤下去，头撞到花坛的水泥地基，顿时泥血交流，喻译大喊一声："不好！要捉我呢！"身子本能地往后一仰，屁股先着地，整个身体直挺挺地躺在水泥地里。喻译的身体四周赫然出现小山一样一棵巨松。此时，他才明白过来，原来自己就这么走入一棵巨松底下多时。古松的躯干占据了整座花坛，树根的底座至少有喻译住宅客厅那么大。刚刚下过的一场小雨淋湿了四周的泥地，树冠笼罩的那个圆圈仍然干燥，宛如超脱尘世的一方净土。又听得一阵沙沙声，喻译猛一抬头，看见巨松旁边，卫兵似的水杉、柏树、菩提树枝叶飒然摆动，如一个个拔剑起舞的武士。一阵风刮来，喻译从手臂到背心浮起一层层鸡皮疙瘩，朦胧中，只觉眼前一座座青山在平移。待他挣扎着再一睁眼，又一次看见百来只绿色的鹰正朝自己虎视眈眈。"不要抓我！我不想死！"求生的本能驱使喻译纵身一跃，冲出重围，夺路往前蹿去，只听扑通一声，脚下被一个窨井盖一绊，喻译再次跌了个嘴啃泥。在他的右前方，林间小道后面，掩映在香樟树林后面一幢红砖瓦房，几乎在最不可能的时候出现了，喻译以为那是妖怪变的，他不敢抬起头看那座房子，却哇地哭出来了，边哭边唱："我想有一个家，谁不会想要家？可是就有人没有它……"

扣娣和喻译之间的关系已经烂了，与其听任关系散架，还不如用静汝做黏合剂，再维持下去。喻译并非对静汝没有感情，而是这份感情没有浓厚到足以抵抗喻译对扣娣残存的最后一丝温情和期待扣娣变好的梦想。喻译在官场里学会一招："等对方出牌，看对方什么动静。"这次他从滁州回北京，就是要看看扣娣做出什么反应。喻译对扣娣的幻想还没有破灭。扣娣已经十年和他没有房事了。可是，扣娣把花花绿绿的裙子、乳罩、内裤扔在他的衣橱里、书柜里，诱惑他，向他宣示自己的存在。

喻译对静汝说，扣娣因为女儿女婿不回家已经疯了一样，他不想再刺激扣娣，暂时不搬出去住。

喻译在下一盘棋。当一个男人爱上一个坏女人并因此受苦，他虽然会诉苦，但是，他不会因为那个女人的坏而离开她，再去亲近一个好女人。只要还有一线希望，他都要留住那个他所爱的坏女人。喻译能够容忍扣娣对他的母亲、女儿不敬，就是因为他对扣娣怀有尚未熄灭的情意。

扣娣牢牢地记住了静汝的名字。

扣娣每天看喻译手机。遇到有喻译的手机电话进来，她抢先一步去接听。喻译为证明他对扣娣的忠诚，始终让扣娣看他的手机。

扣娣翻看喻译的手机，有章法：先一条条看微信，静汝写给喻译的微信，喻译随看随删，尽管如此，一看到喻译若有所思的样子，扣娣就发疯似的冷不防劈手夺过手机，到处寻找静汝的记录，一条条地翻，翻完之后，再检查通讯录里好友数量，多了一个吗？再一个个地盘问喻译奇奇怪怪的网名，谁是谁？再看群里的信，朋友圈的帖，私聊的信，直到找不到一个新的女人。审查完微信，扣娣审查喻译手机的通话记录，查找有没有从上海打来的电话。一发现上海手机打来电话，不管是谁的，就怀疑是静汝，就大吵大闹。

时间一长，喻译习惯成自然，她要看就看吧。

扣娣上了瘾，每天翻看十遍、二十遍喻译的手机。

喻译怕扣娣吵闹，不敢修改密码。

喻译觉得离婚丢脸，尤其这是他的第二次离婚。喻译问过律师，律师说，住在一个屋檐下不影响离婚。喻译怕花钱，没有租房住。虽然家里有四套房子在出租，出租权和租金都捏在扣娣手里，他拿不到。再有，住出去的话，他就是一个孤男，静汝不可能每天在北京陪他。而他在家里，虽然面对的是扣娣，他却不是一个人。男人都是害怕独处的。

喻译对静汝说，这段时间要等法院通知开庭，他不能出来。言下之意他不能来上海。后来，喻译又说："阅兵排练那几天，我想要你来北京。"静汝回信："怎么来呀？那几天交通管制。"

静汝从百度调出北京地图，上网查了一遍宾馆。她看到，乘坐地铁二号线，到前门，有几家合适的酒店。她花了近两个小时，把宾馆列成一张表，一共两页，不过，静汝没有告诉喻译，她正在找宾馆。静汝为喻译着想。虽然喻译不是为了她而离婚，可是，静汝不想给喻译添麻烦。第二天，静汝扔掉了那张草稿纸。不再规划路线了。

静汝用自己的一颗平常心对喻译。但是，喻译不懂静汝。在他看来，静汝只是一个具备女性身体，又委身于他的生物体。喻译不懂得去尊重静汝。喻译和静汝，一方偏重现实和利益，另一方痴迷感情，两相走入了歧路。

到了傍晚，喻译来微信，说在他妈那里。

静汝拨过去电话。

喻译说："扣娣天天撒泼打滚，死缠烂打，要我撤诉，我不肯。扣娣天天在半夜凌晨冲进我的卧室，掀翻我的被子。我把现场拍了照，传给律师，投诉到法庭，作为扣娣家暴的证据。我就要搬出来住了。我的姐姐就要动迁，腾出一间平房，我让房管所装修一下，我住进去，那里没有马桶，有淋浴，有小便的地方。门外有公厕。"

静汝说："千万别上公厕，淘宝一个电马桶挺好。"

喻译说行，静汝从网上下载一张电马桶的照片，发给喻译。

后来，新冠疫情来了。

现在，距离开庭就剩几天了。

喻译要看动迁款连本带息的账，扣娣说："你看那个干什么呀？股票输光了。"

喻译说："几年过去了。光利息，少说总数也超过600万了。"

扣娣走开了。

过了一会儿，扣娣神神叨叨，说谁谁骗了她钱，喻译不肯离婚撤诉，她不想活了……喻译听着这些故意不相连贯的话，心里在掂量他施加给扣娣的压力正起到的效果，喻译幻想着地平线上出现一抹扣娣变好的曙光，可是，喻译还不很确定。喻译一颗红心，两手准备。

扣娣不肯离婚，就跟不能卖掉房子是一样的道理。房子卖了，产权没了。婚一离，丈夫没了，扣娣再也看不到喻译手机了，作为和房子同等意义的丈夫产权也转移给他人了。扣娣不认账！扣娣牢牢拴住喻译这个男人，让自己在外人眼里长脸。扣娣一年多的时间里，半步不离开喻译，看着他，要他撤诉。

喻译去了律师事务所，打听法院的情况。律师告诉喻译，他打官司赢得的钱，律师要拿提成。

傍晚，喻译回到家，踏进卧室，放下那个拉链处脱了线脚的黑包，刚在书桌前坐下，却闻到一股隐隐的臭味，像咸鱼。喻译站起身，左顾右盼，找遍了房间的每一个角落，看不到一丁点鱼的痕迹，除了灰尘、扣娣塞进他衣橱、书橱的内裤乳罩，啥也没有。喻译也累了，晚饭后，洗澡，上床睡觉。

刚钻进被窝，脚碰到毛茸茸、黏糊糊的什么东西，喻译开灯一看，大骇！一只死小猫，已经腐烂，血肉模糊，爬满蛆虫，被塞在他被褥的中央！

喻译吓得脸儿刷白，浑身瑟瑟发抖。他的意志被摧毁了。

当夜，扣娣找藜叶商量。

藜叶写微信："你要服软。"

扣娣："干吗？"

藜叶："暂时的。"

扣娣："嗯。"

第二天，扣娣给早饭加了一道煎饼果子，香喷喷的。

喻译虎着脸,绞着双手,刚坐下,扣娣连忙跪下,披头散发,膝盖着地走到喻译的脚边,抱着喻译的膝盖哭,要喻译撤诉,说她会脱胎换骨。扣娣边哭边偷眼觑喻译,一只手还去拍拍喻译大腿上的灰,指甲伸过去,剥掉一粒粘在喻译裤子上的硬邦邦的饭粒:"我错了,我改!你撤诉,我一定对您好!我从此改过自新,做一个好人!我发誓!我要是撒谎,明天出门,被汽车撞死!"

看到脚下的扣娣在流泪,忏悔,起誓,喻译抑制不住一阵阵内心的狂喜。喻译忘记了十四年来扣娣所有的无底线,原谅了扣娣在他书桌上拉屎撒尿,还有昨夜被窝里那只恶心的死小猫。喻译相信扣娣变成了一个好人。喻译开始嘚瑟,自己对扣娣的改造计划初见成效,喻译幻想看到一个贤惠的扣娣。

喻译出门,前往法院把离婚撤诉。

坐在开往法院的公交车上,喻译的头脑变得理智和清醒了,他想起静汝,心里掠过一丝歉意:"我用对不起静汝的极端手段,牺牲性生活,给扣娣一个机会,可是,我的未来又会怎样呢?"喻译用他的经商头脑,给未来做出三种估算:第一,扣娣不变好,喻译姑息退让,从此喻译如飞鸟折翅,和扣娣一起度过痛苦的余生。第二,扣娣不变好,喻译第三次发起离婚诉讼。第三,扣娣变好。喻译和扣娣度过幸福的余生。

喻译满心期待第三种结果出现。只要扣娣行为不再恶劣,喻译愿意接受这个无性婚姻。喻译甚至幻想扣娣在变贤惠之后,在不影响婚姻的前提下,扣娣允许他喻译在外面交女朋友。那个女朋友,可以是静汝,保留静汝做情人,去东北、去海南。那个女朋友也可以是别人,一个更加年轻漂亮的女性。喻译突然为自己能做出自我牺牲,拥有从未有过的男子汉气概而感动,眼睛湿漉漉的。那样的日子,该有多美哦!

喻译起诉离婚的最终目的是保全扣娣不离婚。他不止一次地对静汝说扣娣有忧郁症，言下之意扣娣可以被原谅。喻译不让女儿、姐姐、弟弟们知道他闹离婚的事情，他要保全扣娣，要对扣娣好，要跟她过下去哪怕丧失自己的生命。喻译不能撤诉啊！喻译这一撤诉，就走上一条不归路。这就好比开弓没有回头箭；农夫救了一条毒蛇，毒蛇咬死农夫。可是，喻译还是要在明知面对一条毒蛇的情况下宁可牺牲自己，也要救活那条毒蛇，只是希望在起诉离婚的压力之下毒蛇自我抑制毒牙里毒液的分泌。喻译知道，他的姐弟们、母亲、女儿早已对扣娣千夫所指，恨其不死，只要他泄露一丁点离婚的信息，大家会一股脑地支持他，站在他的一边，唾沫星子都能把扣娣淹死。喻译并非不懂静汝的好，可是，静汝要在上海照顾她的母亲，这在喻译看来又是他和静汝关系的一大障碍。这么闹了一年离婚，静汝既是喻译渴望爱和新生活的载体，也是喻译保全扣娣游戏的工具，静汝是喻译生活中的一个过客，一个替代，一个备胎。静汝是支点，是喻译为了把扣娣变好用过的一根杠杆。当喻译和扣娣的关系天平重新趋于平衡，静汝又沦为一件赘物。

在喻译改造扣娣以及改造失败以后的日子里，喻译把静汝当作一件牺牲品。喻译只是占静汝的便宜。

喻译和静汝分住在两座城市。静汝去参加保加利亚诗会，没有从北京出发，而是从上海出发，喻译知道静汝离不开她的母亲。静汝淡定，没有前往北京盯住喻译，她失去喻译了。喻译和静汝加起来才十几天，舍扣娣取静汝的前提是静汝每天黏喻译。可是，静汝在上海照顾她的母亲，没有隔三岔五去北京陪喻译，静汝失去战斗优势。既然喻译爱着扣娣，为什么还要主动去搭讪静汝，占有静汝？喻译有两手准备，假如能摆脱扣娣，拿静汝当一个性伴侣。假如摆脱不了扣娣，也拿静汝临时用用，用了丢掉，没有成本。

喻译相信用理智战胜感情。头一次离婚，因为前妻出轨，喻译不愿戴绿帽，虽然他还爱着前妻，他断然净身出户。现在，喻译虽然爱着静汝，但是为了肥水不流外人田，不让律师拿提成，造成两败俱伤。此时，他还顾念着扣娣这一边的经济损失，当然还有他自己的。况且他还妄想着扣娣会变好。于是，他断然斩断和静汝的情丝，为了扣娣。男人追求实利。现在，现实的需要选择了扣娣，静汝必须消失。按照官场法则，没有入选的人理应消失。

喻译对扣娣有爱，对静汝是激情，是肉欲。喻译的肉欲不包含尊重静汝的元素，也不为静汝的未来负责。当一个男人爱一个女人，他会对女人的命运负责。喻译明知无果，为满足自己的肉欲，前往上海，招惹静汝，而静汝渴望被爱，抵御喻译的进攻的确很难做到。

扣娣是妻子，哪怕是一个逼婚的妻子，因为领过证书，她就是妻子。情人和妻子不同。再好的情人所能享受的待遇也比不上最差的妻子能享受的待遇。喻译懂得必须对情人不公，对妻子宽容。喻译顾家。一边是法院拍卖房产，他和扣娣两败俱伤，律师拿提成，喻译舍不得丢失钱财。另一边是牺牲静汝。静汝和他牛郎织女，聚少离多，他的天平朝前面一边倾斜。

喻译想，既能保全财产，不被律师拿走回扣，又能如他所愿把扣娣变成一个好人，从此日子滋润舒坦了。

爱是耐心、执着、不放弃。喻译对扣娣是真爱。

把一切办妥了。

喻译从法院出来，下公交车了，前面的女人长发一甩，正中喻译的脸，把喻译活活地抽上一鞭。

喻译从法院回家，给扣娣看撤诉凭证。扣娣满心欢喜。她又拿住喻译和钱啦！

静汝淘宝来的防护服、纸尿裤，按照喻译的身高买的中号送到家了，她高兴地拍了照，发给喻译，准备等喻译离完婚来上海在火车上穿戴。她会事先快递给喻译。静汝还想象自己泪眼婆娑地在虹桥火车站迎接喻译。静汝想象在虹桥火车站,相隔一年后再次见到喻译,四目相对,喜泪涟涟,不好意思亲吻拥抱,静汝会抽出一张湿巾,亲手给喻译擦脸,擦耳根子,擦头发,再抽一张湿巾,给喻译擦手,接着,她会打开一瓶矿泉水,让喻译漱口。待把喻译领上她的汽车,喻译安坐在副驾驶座上了,透过前挡风玻璃,再看看左右反光镜、后视镜,确认前方和周边没有人看见,她再悄悄地,轻轻地伸出香喷喷的一张经过修饰化妆的脸,和喻译接一个吻,她还想象喻译发出的抑制不住狂喜的哼哼唧唧的笑,还有,喻译朝她伸过来的一只小小的细软而甜丝丝的右手……白色的山丘,被蓝天所笼罩……静汝只晓得爱情是鲜花,是诗意,根本不懂得近在咫尺的苦难将永远改写她的人生。

  静汝把防护服、纸尿裤的照片发出去了。

  没过几分钟,喻译来微信,静汝含笑点击,一看,静汝顿时愣住了。

  静汝大惊!

  静汝咬着下唇,读着喻译的微信,她的心下沉到脚尖,脸上的每一块肌肉都绷得紧紧的。

  这不说得好好的,才没几天,突然180度大转弯,说变卦就变卦?

  喻译截屏给静汝看他和律师的对话,喻译对律师说,他已经六十三岁了,不想折腾了,就傻一次,把离婚撤诉吧。律师说他尊重喻译的选择。

  喻译又写给静汝:"我前列腺炎发作吃药,吃没了性功能,女同志会不舒服的。当然,过段时间,和你'聚聚',也挺好。你说的。"

  静汝心想:"我何曾说过这样的话?"

  静汝从来没有说过要和喻译"聚聚",此刻,她也不愿意做喻译的婚外情人,喻译既然像他所说的成了一个无性男人,还幻想和静汝"聚聚"?还把自己的意志强加到静汝头上?

喻译来上海，求静汝做他的女人，静汝含羞从命。静汝爱上喻译后，喻译又说分手了，把静汝抛下屈辱的悬崖。静汝粉身碎骨！孤苦伶仃！

喻译，我相信了你，而你却是一个骗子！

喻译还说，他对扣娣"我恨不下心"。喻译语文水平差，打出白字，把"狠"写作"恨"。

静汝要求喻译和她通电话，喻译说"不便"。

静汝拨打过去，喻译掐断电话，没有接听。

喻译对静汝说："别发微信了，我要吃药了。"接着，关闭了手机。

喻译六神无主，颓坐在书桌前，又闻到扣娣屙下的屎尿味。"往后的日子怎么过？"喻译心里没底。好在喻译头脑发达，他想出一个绝妙的主意。他站起身，走到客厅，扣娣正在剪指甲，指甲钳把断甲的月牙边四处发散。扣娣的面孔扳得紧紧的，面部表情恢复了往日那种对喻译鄙夷不屑、居高临下的样子。

喻译低着头，咳嗽一声，犹疑不定地说："静汝叫我住出去。我一心为你好，没有听静汝的话。"

"呸！"扣娣冲喻译吐口唾沫，"还要我谢你呢？我得谢我自己心里有谱！四套房子出租掉，拿了钱，叫你没处去躲清静！不住出去，那得怪你自己抠！舍不得花钱去租房！那得怪你自己没出息，舍不得离开这套三环内高层的好房子！"

喻译向扣娣呈上这份投名状，指望扣娣因此给他加分，赏他一个好脸色，岂料扣娣勃然大怒，冷嘲热讽。喻译的心霎时间冰凉。

喻译对扣娣说："别的男人离婚，都住出去。我为什么对你不离不弃？你自己想想。"

啪！扣娣把指甲钳照着喻译面门扔过来，喻译像死靶子一样一动不动，指甲钳还是扔偏了，击中了喻译耳朵旁边一堵墙，砸出一个小坑,落下一串白色的墙灰。

"捡起来!"扣娣命令。

喻译弯腰,从地板上拾起指甲钳,毕恭毕敬地放到扣娣手上。

"墙面坏了,你得刷油漆!"扣娣再次命令。

"是。"喻译唯唯诺诺。

喻译把宝押在扣娣身上,向扣娣告发静汝:"静汝还要我告诉两个弟弟离婚的事情,要他们帮忙,因为他们人高马大,你怕他们,我都没听。"

扣娣的马脸露出微微的笑容,平摊两个手背,欣赏着剪去指甲的十根手指。

喻译看见扣娣给他看好脸色了,为打动扣娣,继续出卖静汝:"静汝有上海的高层、别墅、公寓。可我没动心,我还是要你。"

扣娣笑着听完喻译的投名状,心里有谱了。

喻译沉溺在黑暗里,看到光明睁不开眼,他向黑暗的扣娣出卖光明的静汝。

喻译爱扣娣,一种被伤害的爱。无论扣娣对喻译施加什么伤害,喻译都能心软放过扣娣。静汝真心爱喻译,然而不幸的是,静汝只能被喻译用作改造扣娣的工具,一个参照物。一旦喻译觉得扣娣能被改造成一个贤惠的妻子,静汝就失去利用价值。喻译对静汝残忍地抛弃,无情地背叛,全为了取悦扣娣。他把静汝当作牺牲品,祭献给扣娣。

扣娣拷问喻译:"给过静汝钱没有?!"

喻译说:"没有。静汝还用她自己的钱替我买火车票,从北戴河到滁州,再从滁州回……北京。"说到这里,喻译猛然间发现自己说漏嘴,心怀鬼胎地偷觑了扣娣一眼。出乎喻译意料,扣娣面无任何表情。扣娣偷偷动了录音笔,这是喻译看不到的细微动作。

"你滚吧!"扣娣发落喻译。

扣娣瞧不起喻译的怂样。眼前没了喻译，她觉得清静。她微信给藜叶："喻译今天撤诉了！"加三个哈哈大笑的表情。

藜叶："躲过这一次，还有下一次。喻译起诉离婚的事情，不能再发生了。"

扣娣："他敢？"

藜叶："到此为止了？不行。你要建立新秩序。"

扣娣："什么？"

藜叶："如此这般。"

扣娣："嗯嗯。"

藜叶："法院规定，再次受理离婚起诉，必须在六个月之后。所以，你有六个月时间。六个月时间足够了。"

深夜，刚过凌晨三点，扣娣闯进喻译的卧室，呼啦一下掀翻喻译的被子，逼他写认罪书。

喻译一手遮住炫目的电灯光加扣娣手机射来的超强的手电筒光，睡眼惺忪地问："这是怎么啦？你……你……你，不是说变好了吗？"

"呸！放你娘的狗屁！我哪儿点不好？你说！你说！！你说！！！"扣娣捋起袖子。

楼下嘭的一声摔门，以示抗议。

喻译哆嗦着，嘶哑地抽泣着，双手抱着头，一声不响。喻译不敢说。所有扣娣的无底线，这些年来，所有受的冤屈都卡在喻译的嗓子眼，他却不敢吐一个字。

喻译的心思，扣娣心知肚明。她抖了抖穿粉色花睡裤的一只脚，嘲讽地说："你不是要我变好吗？"说着，扣娣伸出一只擦了护手霜的手，一撸喻译的下巴，喻译浑身一颤，连忙缩紧脖子，就像挨了铡刀。

扣娣用力推了喻译一把。

喻译的心怦怦直跳。

扣娣一手抓着一把锋利的菜刀，伸出另一只留着长指甲的手。

扣娣长长的红指甲在喻译的脖子上，从左到右，划过去，掐出一条缝，和杀头的刀痕无异。扣娣用流氓的口吻说声"宝贝儿"的同时，指甲像刀一样，用力在喻译的脖子上划出一道长长的血印，紧接着，扣娣左右开弓，狠命地扇喻译耳光，啪啦啪啦啪啦……直到打累了，扣娣走到喻译的书桌边。

喻译伸长一张热辣辣的被扣娣扇肿的面孔，紧张地盯着扣娣瞧，生怕她再一次跳上书桌屙屎撒尿。扣娣朝喻译的书桌瞥了一眼，看见一张稿费汇款单，一千元，扣娣拿起汇款单，撕个粉碎，把纸屑照着喻译由惊愕而变蜡黄的老脸扔过去。喻译伸手去接汇款单的碎片，把它们一一收集在手心，心里寻思，等扣娣脾气发作完了，气消了，他再用透明玻璃胶把碎纸片一一拼接，粘起来，送到邮政银行，赔上笑脸，恳请柜员支付给他稿费。

看到喻译一副窘样，扣娣心里好笑，她心生一计，蒙骗喻译："我有亲戚当网警。"

喻译吓得咯噔一下，跌坐在地板上，裤腿里冒出一股热热的液体，从裤管流出，地板湿了一摊。

"吓尿了？你的所有通信都有我的天眼盯着呢！"扣娣哼了一声，这回，她没心思过来抽喻译耳刮子，她看到地上冒着臊气的尿液，恶心死了。

扣娣提高嗓门，厉声说："就在刚才，亲戚告诉我，静汝全招了！"

"啊？！"喻译吓得浑身哆嗦，裤裆里多出一种味道，大便被吓出来了！

"臭死了！臭死了！哎呀！"扣娣厌恶地在鼻尖扇动手掌，疾步跑到通往小阳台的落地窗前，拉开两扇门，北京高空拂晓时分寒冷刺骨的西风扑面而来，浸泡在屎尿中的喻译从屁股眼一直凉到头顶心。

"昨天夜里，上海警方连夜提审静汝，已经获得静汝的认罪书。

你要是认了，不用进监牢。你要是不认，哼哼，立马进劳教所！"

扣娣的这一通谎话，喻译竟然信了。

国家早已废除劳教制度。而此刻，扣娣的鬼话，喻译竟然深信不疑。

扣娣噼里啪啦在喻译的书桌上翻捡一通，找不到一张空白纸，她又拿起一本喻译早年出版的诗集，撕下扉页，拿起一支水笔，在纸张上端写下"自白书"三个字，扣娣看喻译坐在屎尿里，想必没办法让他坐到书桌前写自白书，她想了想，端起书桌边的一把椅子，重重地放在喻译眼前，再把空白"自白书"铺到喻译跟前，递上水笔："我说，你写！"

扣娣嘴里吐出的字字如刀，喻译手中的笔却迟疑着不着纸。

"你写不写？我看你的手机，已经掌握你和静汝发生关系的证据！现在，你在这张自白书上书写，签字，你之前的证据就一笔勾销。假如你不写，不签字，我就嚷嚷到你单位去！"

喻译低下脑袋，哆哆嗦嗦地写下几个字。喻译不懂，法院不认可某几条微信作证据，法院只认可当事人签署的自白书。假如喻译这次离婚不撤诉，扣娣没有喻译和静汝交往的证据，加上扣娣卖掉喻译婚前财产的行为，法院在分割财产时，会倾向受害者喻译。现在，扣娣拿到了喻译的自白书，一来扣娣可以借此要挟喻译不敢离婚，二来，即便喻译再次起诉离婚，扣娣也能凭借自白书分到更多的财产。

"写！"扣娣大喝一声。

喻译战战兢兢地听写扣娣说的每一个字。

扣娣得意地收起喻译签名的自白书。

喻译悔恨交加："唉！要是早知道会这样，我昨天就不去撤诉了。"

扣娣哈哈大笑。

喻译走投无路。现在，他得罪了静汝，没办法找静汝。他怕离婚丢脸,也没办法向朋友、姐姐、弟弟们求援。

"哼!有六个月呢!看我怎么收拾你!"说着这话,扣娣拿起另一本喻译的诗集,照着喻译的面门扔过去,丢下一句话:"好好擦擦你一屁股屎尿!肮脏死了!"

扣娣又撕下一张空白扉页,摊在喻译面前的椅子上:"写!保证书!"

保证书,按照扣娣的意思,喻译一字一顿地写下:"穆毅保证再不提跟扣娣离婚的事,再不与静汝说话。穆毅承诺把名下的财产全部送给扣娣的女儿。"

写完,喻译签字画押。

扣娣收起喻译写的保证书,跟自白书一起,折叠后放进睡衣的兜里,再次掀起狂澜:"你要是胆敢私下里联系静汝,别怪我对你不客气!"

"你……咋样?"

"你要是敢给静汝打一次电话,我就叫黑老大做掉你!"

"我……报警。"

"报警?哈哈哈哈!"扣娣忍不住哈哈大笑起来,她笑得直不起腰,索性一屁股坐到喻译的书桌上,"警察一来,杀手就不是一个伙计了,他会是一个普通的私家车司机,根本不认得你,撞死你,只是一次意外交通事故,他买了第三方责任险,你死掉了,保险公司赔的钱,都给我!都到我的手里攥着。因为,我是你的妻子!我再拿出一部分去犒劳他。哈哈哈哈哈!真是一笔好买卖啊!哈哈哈哈!"

喻译不寒而栗,浑身颤抖,怎么也坐不住,扑通一声,仰面摔倒在地板上。扣娣跳下书桌,冲过去,抓起喻译的衣领,一把把他扔在床上,喊叫着:"一条断了脊梁骨的癞皮狗!哼!老娘累了,等天亮了,再收拾你!"

扣娣一把抓过喻译的手机,没收了。

静汝一夜无眠,她给喻译发微信:11点半,发出一条:"失眠。"时钟正指向11点半。到了午夜后,12点半,再发一条:"失眠。"时钟正指向12点半。接下来,凌晨1点半、2点半、3点半、4点半,直到天明5点半,每一个时间点都发出两个字:"失眠。"

没有喻译的回信。

没有喻译的消息,静汝难受,仿佛心头有几百个小虫子在爬。

喻译瘦小,又矮,可他温柔,静汝很爱他。

怎么突然180度大转弯?怎么说变就变?

静汝给喻译买的印花神龙丝缎睡衣,还静静地放在酸枝木大衣橱里。静汝万万没有想到这却是最愚蠢最没有必要的预备,她其实尽可以用买床上用品的钱买两套上海来回北京的高铁票!

静汝没有跑去北京抢男人。她总认为离婚是喻译自己的事情。

孤独和凄凉不断地追随着静汝。

撤诉后的喻译陷入泥潭。

要是在以前,喻译一早醒来会抓过手机,看到静汝的微信,随看随删,扣娣看不到。可是,从今天凌晨三点钟开认罪会起,扣娣全盘没收了喻译的手机,静汝发来的微信,全部落入扣娣的眼睛里,喻译一无所知。

七点多钟的时候,扣娣拿着喻译的手机,玩了个两面三刀。扣娣先欺骗喻译,说因为他撤诉离婚,静汝拉黑了他,喻译信以为真,难受得要命。同时,扣娣操作喻译的手机,拉黑静汝的微信,把喻译退出诗歌群。

看到喻译拉黑自己,静汝大惊失色,顿时五雷轰顶!太不尊重人,怎么可以?"怎么能这样?你太伤人了!怎么可以拉黑我?"静汝怎么也想不通,人怎么能这样?她不知道,一切都是扣娣在操作。

"怎么会这样？我们是平等的！"她以为喻译脑子糊涂，拉错人了，急忙写短信去，要求再加，问，"你是不是拉黑错人了？重新加我吧！"

喻译的手机没有反应。

静汝不懂，她深爱的喻译，她最亲的人，怎么会拉黑她？任何微信朋友都可以拉黑她，唯独喻译最没有理由拉黑她，她没有任何过错！前几天，喻译还说，他要住到小平房去，等开庭离婚。静汝叫他保重身体，不要过于计较钱财，静汝有钱，只要和心爱的人住在一起，什么都好。

静汝打开诗歌群，再一看，喻译已经退群！

她清晰地记得喻译的手机号码，马上拨打过去，却获得一个语音提示："对方正在通话中。"

喻译拉黑了她的号码！

静汝的天塌下来了！

整个上午、中午，她都不知道发生了什么，除了拨打喻译手机，除了听到无数次语音提示"对方正在通话中"，静汝不知道这世界上她还能做别的什么事情。当喻译把价值中心转移到扣娣，他不顾静汝死活。静汝不能发声，只能默默地承受降临到她身上的一切。

接近傍晚的时候，静汝突然接到一个短信通知，她一看，啊！是从喻译的手机发来的！静汝终于盼来喻译的信息，绝路逢生，极其兴奋，静汝相信喻译不会负心，喻译终于突破重重包围，前来安慰她了！喻译是她静汝的！喻译是爱她静汝的！

静汝一看，竟是一条淫秽短信。

虽然这条短信不像是喻译的口吻，可静汝心里切盼喻译来信，受心愿驱使，静汝更加愿意相信"喻译现在好歹恢复我的手机通信了"。

为谨慎起见，静汝需要认证对方的身份。静汝发过去一条短信："您是喻老师吗？"

"我是。"喻译的手机发来这条短信。

此时，静汝充满幸福的心跳把热血灌注到头顶，已经容不得她再进行思考了，她毫不迟疑地回信："好，喻老师，我爱你！"加一个红心表情。

对方又回复一条淫秽短信。

静汝惊诧喻译怎么变了一个人？也许，喻译在离婚撤诉后脑子出了问题，发了疯，变得不正常了？

静汝觉得蹊跷，但又很珍惜和喻译的通话机会，她再次努力，要对方报出诗歌群群主的名字。

手机对方沉默了几分钟，发来两个字：大咖。

群主的名字正确。

静汝将信将疑地继续看对方发来的短信。

虽然静汝的手机号码已被拉黑，从喻译手机发来短信，静汝还是可以正常接收的。当然，静汝发到喻译手机的短信，会被系统一并收入"垃圾邮件"夹，静汝的短信，须从垃圾箱里去找。

淫秽短信一个接一个地发来。

静汝沉默了。这哪里是喻译能说出来的话？在这么一瞬间，静汝突然明白了一切，她冷冷地回信："我不懂你在说什么。对不起，失陪。"

为了效忠扣娣，喻译把手机交给扣娣，喻译给予扣娣对静汝生杀予夺的权力。

按照藜叶的锦囊妙计，扣娣已经拿到喻译承认和静汝发生关系的自白书，扣娣不满足，还要扩大审讯战果。现在，扣娣以喻译的名义发短信给静汝，试图从静汝嘴里套出她和喻译发生关系的话，扩大证据链，静汝不上当。

虽然扣娣没有从静汝嘴里获得任何承认和喻译有关系的一言半语，但扣娣已经拿到喻译的口供。假如六个月后，喻译再次起诉离婚，扣娣就能凭借这个口供，在法庭上举证并分得更多财产。扣娣从来就厌恶喻译的身体。财产，是扣娣要的全部东西。

今天凌晨三点钟，扣娣欺骗喻译，说静汝已经招供了。为了今后要挟喻译，从现在起，慢慢套出静汝的口供，也是有用的。

接下来，从喻译的手机不断地发来骚扰短信，都是黄段子。一早来，白天来，半夜来，扣娣恣意羞辱静汝，往静汝的伤口撒盐。

静汝想到了报警。

扣娣冒用喻译的名义，用喻译的手机发给静汝下流淫秽短信，她就是一副"我是流氓，能拿我怎么着"的面目。

不过，静汝下不了狠心去报警。一旦静汝报警，喻译名誉扫地。社区、单位都知道喻译是一个臭流氓。

静汝打开手机百度，查到相关条目，百度说："受到短信骚扰，含淫秽、威胁内容的，保留证据，马上报警，根据《治安管理处罚法》第四十二条，警方可以对肇事者处以最高15天行政拘留。"

这些下流淫秽短信都是以喻译的口吻，从喻译的手机发出来的，一旦静汝报警，公安局处理的肇事人只能是喻译，坐牢的也是喻译。怎么办？

静汝陷入孤绝的境地，她走投无路，只得去找群主。群主是一位文学大咖，一名佛教徒。

为保护喻译，静汝对大咖说她和喻译只是普通的文友，没有任何男女关系。她尊重喻译，是喻译和她套近乎聊天，还说他自己在离婚。接着，喻译告诉他的现任妻子扣娣，他认识上海的静汝，目的是制造一个竞争机制，以静汝为标杆，把扣娣改造成一个贤惠的妻子。大咖听完静汝的叙述，沉吟半晌，发微信给静汝："那你就报警。"

静汝说："我不想伤害喻译。一旦报警，社区、单位都知道了。"

大咖明察秋毫，叹息一声："这样的烂人，也值得你钟情？"

大咖深知静汝的学识和为人，他答应帮忙，亲自找到喻译，叫喻译阻止扣娣继续发淫秽下流短信给静汝。不过,大咖不方便向喻译直说扣娣发下流淫秽短信的事,怕喻译的脸上挂不住。大咖要装作自己不知道扣娣的下流,而让喻译阻止扣娣继续发给静汝淫秽短信的话,只能静汝自己去跟喻译说,这样避免喻译尴尬。

静汝:"可是,喻译已经拉黑我的手机号码,我的手机拨打不过去。"

大咖:"不会吧!我估计是喻译的妻子拉黑你的。"

"哦……"静汝这才恍然大悟。

大咖开始行动,他拨打了第一个电话过去,对方没有接听。

大咖告诉静汝:"穆社长不可能不接听我的电话。"

静汝写微信给大咖:"他的手机肯定不在他手里,而在他的老婆手里。等几天再联系吧。"大咖看罢,发给静汝一个掩面流泪的表情,他一边摇头,一边等待。大咖是一个热心肠,第二天下午,试探地发了一条微信给喻译:"穆社长好!可方便?我和您通个话。"可巧手机在喻译手里,喻译回答:"过一星期吧!"大咖心里在骂:"呸!打个电话还要等七天!你还不如劳改犯!"大咖头脑机灵,知道喻译手里有手机,抓住这个机会,立马拨打电话过去,喻译接听,大咖抓紧宝贵的三秒钟说:"静汝说,微信拉黑是误解……"

喻译本能地回答:"我不认识她!"立马挂了电话。

放下电话,大咖气得扑哧扑哧,你还算男人吗?打电话进来你不接,怕扣娣抢过手机去听?怕扣娣以为你在跟静汝说话?我一提到静汝的名字,你吓得丢了魂,还撒谎!静汝是保护你不告你!你放明白点,就凭你老婆用你的手机发过去的流氓淫秽短信,静汝就有证据告你流氓骚扰罪!可是,人家静汝仗义,不说。喻译你自己的婚姻有问题,却去害别人,拖静汝下水。出了问题又无担当。静汝不俗,静汝不要分手费,而你喻译不给分手费,还听凭你老婆侮辱人家静汝,说那样难听的话。一切都是你老婆造成的。大咖叹一口气。大咖也为喻译捏一把汗,喻译你要和静汝沟通,这本来不是什么大事,沟通后就没事了。假如你不沟通,事情就会走向反面。对女人,要哄要稳住。你一下子把球打到墙壁,球反弹到你的眼睛。要打也要把球往空地打,球划过一个抛物线,消耗掉能量,落在远处的草坪上。"喻译对静汝做了非常恶劣的事情,"大咖叹一口气,放下紫砂茶壶,心里在说,"喻译没有能力平衡自己和女人们的关系,没有能力掌控全局,这样的烂男渣男不配交女朋友。甩掉一个人不同于甩掉一只猫狗。猫狗不会说话。若会说话,一定会控诉人类。"喻译不懂得情场不是什么人都能闯的。

把一个女人召之即来,挥之即去,哪那么容易?

想到这里,大咖从心底里升起对喻译的厌恶之情。

扣娣格局小,不会做夫人。假如她发一个中性的短信,不淫秽不骂人,静汝没有理由嚷嚷出去。当然,假如她有如此的胸襟和格局,懂得尊重喻译,不拿喻译当猫狗,不拿喻译当作一件衣服、一双鞋子、一样物件,喻译何至于闹十四年离婚?

好容易熬到第七天上午,喻译去看他的母亲,刚踏上公交车,大咖的电话追了上来:"你给静汝打个电话,你俩好好沟通一下。"喻译答:"静汝的话,不提了。"大咖一愣,手机停在耳朵边一秒钟,心想你什么东西?敢对我摆谱?想说的话到嘴边,又咽了回去。要是实话实说了,喻译在北京城就没法混了。憋了半天,东拉西扯,喻译旁边的公交车噪声又大,大咖只好挂断电话。

大咖发微信给静汝:"我和他说过,你等他电话吧。"

现在,穆社长的称谓已经被一个简单的指示代词"他"所取代。

静汝心里非常感激大咖,可她没有马上回信,她害怕喻译来电话。

好在喻译没有来电话。

等到晚上,静汝松了口气,写微信给大咖:"喻老师没来电话。"

"唉！"大咖动了怒，也不管喻译的手机捏在喻译手里还是扣娣手里，照着喻译的手机一阵拨打过去，心里骂个不绝：喻译连自己的手机都管不住，由得两个女人去正面交锋，喻译还算男人吗？

嘟嘟嘟的呼叫声响到第十下，喻译接听，这个时候，扣娣在洗澡，正巧。

大咖劈头盖脸一句话撂过去："你小子再不给静汝打电话，就等坐牢吧！"

"什……么？"喻译听了，心想，别小题大做了，我没有强奸她，都自愿的，坐什么牢？

"唉！"大咖一拍脑袋，知道自己说漏了嘴，想对喻译说出实情，又怕他面子上挂不住，正在犹豫，喻译说："我打，我打……可是，"他猛然想起，存在他手机里的静汝的手机号码被扣娣删除了，"我……没有她的号码……"

"我找找……"大咖说，他眼珠子一转，对了，我和她微信聊天，我也没有她的号码。唉！啰嗦个啥？忸怩死了。五粮液壮了大咖的胆气，心想你喻译还算是个爷们？你老婆不贤，为了改造她，你创造"竞争机制"，把一个无辜的静汝拖下水。我不管你和静汝究竟有没有一腿，即便是有，而她不肯承认，说明静汝是个女中豪杰，她不讹你！而你呢？你玩了人家，拍拍屁股缩进乌龟壳，还把手机撂在外面，由得你那个下流老婆胡作非为？气死我了！他咽下一口唾沫，让一股酒气萦绕在鼻尖，豁出去似的，不管不顾，把扣娣写黄色淫秽段子骚扰静汝，静汝要报警，被他拦下来，为了不让喻译进拘留所，不让喻译所在的居委会、单位知道喻译收到公安局的治安管理处罚单，统统告诉了喻译。末了撂下一句话："你是个男人，好好沟通，把事情处理好，不留后遗症！"喻译听罢，头皮顿时炸了。大咖加了一句："你找女人又不善后。静汝我知道，清清爽爽的一个人，你占有她，欺骗她，抛弃她，拉黑了还侮辱人家！你现在京城里混不下去，活该！胆子忒大！竟敢做出这样的脏事！是可忍，孰不可忍？"说着，掐断通话。喻译听不清楚大咖接下来讲的什么话，重重地丢下手机，抓起一把椅子，朝扣娣洗澡的卫生间冲过去，可巧扣娣刚洗完澡出来，浑身冒热气，看到扣娣，喻译不敢抢起柞木椅子，一松手，椅子掉地上，砰的一声，楼下示威地关响一扇房间门，回敬了嘭一声。

"你咋啦?!"扣娣对喻译怒目而视。

"没……什么，椅子脏了，拿去……擦……"

"神经病！"扣娣咕哝了一声，走进她自己的房里。

喻译呆在原地。扣娣无法无天，喻译非但没有半点脾气，还怪罪静汝把扣娣用他的手机写性骚扰短信的事情说出去。喻译暗地里怨恨静汝：扣娣的威势是要服从的。任凭扣娣怎样羞辱，静汝都不该把他喻译的事情抖搂出去。

静汝要求终止骚扰，让大咖知道了喻译的糗事。喻译面子上挂不住："你这是找借口闹腾，小题大做！扣娣每天看我的手机，你又不是不知道。扣娣羞辱你，当然用我的手机，难道用她自己的手机不成?"喻译没有羞耻感，不懂得家有一个下流妻子将毁掉他的名誉。哪怕扣娣以他喻译的名义去犯罪，去耍流氓，被静汝报警后，公安机关抓喻译去坐牢，那样的话，扣娣也是没有错的，错的只有静汝。静汝为什么不忍受？为什么要说出来？静汝性情温柔，为人忠厚，喻译以为静汝好欺负。喻译不懂得应给予静汝尊重，因为他不尊重静汝。对静汝不公，而静汝只是在维护自身的权益和尊严，才告诉大咖扣娣写流氓淫秽短信侮辱她的事情。扣娣以为自己得胜，得意，言语无状，用喻译的手机，以喻译的口吻发送淫秽流氓短信骚扰静汝，触犯了法律。上海人知法守法，扣娣的行为给了静汝嚷嚷出去的理由。

喻译给予扣娣优先，剥离静汝，舍弃了正常、高尚的生活。面对暴力，除了抗争，只有害怕和屈服。喻译非但屈服于扣娣的暴力，还对扣娣的施暴产生某种崇拜。更重要的是，只要他不给静汝打电

385

话，扣娣就不会派黑老大开汽车撞死他。为了活命，喻译不打电话给静汝。

喻译拿出家里的存货，一箱十二坛子二锅头酒，发快递给大咖，封他的嘴。快递发出后，喻译随即发微信给大咖，说："送给您一箱上等好酒，请注意查收。"大咖收到微信，挠挠头皮，摇摇头，叹息一声，他实在不想收喻译的礼物，可喻译先斩后奏，大咖不好意思拒收，只得回一个信息给喻译："穆社长太客气了！"作为回礼，大咖提出请喻译吃饭，喻译避之不及，借口疫情，说不出来。为讨好大咖，喻译臆想大咖和他一样喜欢谈论性，就发给大咖一个帖子，说男性的寿命取决于他停止做爱的年龄，一旦他的命根子不好使了，他也来日无多了。性命性命，没性就没有命。为什么有些人活不过七十三岁，或八十四岁？那是因为他们于此前几年丧失了性功能。男人活得苦哇！命根子好使的时候，就不停地惹祸，所有的畅快与痛苦，都跟它扯上边。等到折腾废了的时候，它又跟寿命紧密挂钩，一点商量的余地都没有。因此，男人要坚持让自己的命根子不断磨炼，这就是最有效的养生！

喻译误判了大咖。大咖看了帖子，恨得咬牙切齿。

大咖没有回喻译的信，而是把上面的帖子原封不动地转给静汝。

"你看看这个！"

静汝看了，觉得很难为情。

"简直是侮辱！我要找个机会拉黑喻译。"

静汝向大咖求情，说喻译不像话。不过，她不想伤害喻译，也许是最近喻译精神受了刺激，才发这个帖子的。她恳求大咖看她的面子，原谅喻译："您不理睬他，就是责罚了。"

大咖说："你钟情的人，是一个烂人。"静汝没有向大咖承认自己是喻译的情人，大咖不傻，早就看出来了。静汝发过去一个微笑的表情，说，她不想让喻译难过。被拉黑的滋味不好受。扣娣拉黑她，喻译不保护她，她很难过的。

大咖为了宽慰静汝，转换了话题，长叹一声："他把性命的'性'理解成这样了。唉！"

静汝："是呀！性命的性，应该指灵魂。"

大咖："对呀！"

静汝："还有，73、84分别是孔子、孟子的寿数，怎么成了普通人的寿命标杆了？"

大咖发来三个竖起的大拇指表情。

喻译的风流韵事传开了。

集体创作的剧本，版本很多。

圈子里的人都在说喻译是一个臭流氓，性骚扰一位上海女士。喻译被公安局抓起来，又放了。

无名诗人最起劲！说坏喻译，令无名诗人好不扬眉吐气，总算逮住一个报复北京人，尤其是体制内北京人的机会。无名诗人心里不平，特别看不得体制内的自命为正处级的喻译，胸无点墨，生活优裕，没文化还拿高薪！五套房子！算上喻译头一次婚姻积攒的财富，足足十套房子，凭什么？而无名诗人北漂三十年，干着体制内的活拿少得多的工资，进不了北京体制，报不进北京户口，买不起北京房子！无名诗人不稀罕喻译给他的小恩小惠，喻译那是为了在场面上过得去才讨他的好。他知道，喻译那个好不是真的好。无名诗人依托杂志社，才得到喻译对他的好，无名诗人要是失去杂志社那个平台，他就是喻译眼中的一坨屎。他和喻译的心肠都是冷的，那个好与不好没有任何意义。平时，就怕逮不到诋毁喻译的机会。现在可好了，话柄自动送上门，他到处说喻译的丑事！

"没想到喻译的老婆那么坏！"无名诗人每次演讲，都是这么开头的。

现在，喻译成了北京城的笑柄。大家都知道喻译的妻子是一个破落户、流氓婆。被逼婚娶了流氓婆的喻译变成一个臭流氓。喻译害怕扣娣，也梦想以牺牲静汝为代价，把扣娣变成一个好人。为了打动扣娣，喻译把他的手机当作投名状交给扣娣。结果牝鸡司晨，引发两个女人之间的战斗，其结果是摧毁了喻译的名誉。

大家都看不起喻译。

没有人把一丁点儿流言告诉喻译。相反，前脚绘声绘色地宣讲过喻译的故事之后，每一个人都会百分之百地撇清自己，说根本不知道喻译的事情。

圈里人一致认为，喻译剩下唯一可走的路就是拯救名誉，离婚！然而事实上，喻译不懂名誉的重要性，他不懂影响已经造成，洗也洗不清。况且用于洗濯的那缸水早已浑浊肮脏，越搅越黑。

喻译已经名誉扫地，在北京城留下永久的污点。即便他耍赖说不是他亲力所为，圈子里的人们也会因为扣娣做事无底线、行为不端、无状而耻笑喻译。喻译还蒙在鼓里。喻译去单位报销医保自费部分的钱，财务给他冷眼看，他无趣，但不知所以然。

喻译从小受惯了穷。面对情感和金钱、享受生活和忍受折磨的选择，喻译抛弃情感和享受，选择金钱和忍受。喻译拜物。为了继续住在这套三环内的高层楼房子，不因为离婚被拍卖了房子，他压抑对静汝的欲望，忍受扣娣的霸凌，回到无性并受虐的婚姻，忍受扣娣的折磨，还有对静汝情欲的煎熬。

当扣娣像狂风、猛兽一样向他扑来，他想象静汝是一枝盛开的蜡梅，送给他温暖幽馨的微笑。当扣娣像干旱的魔鬼一样吞噬他喻译一棵幼小的苗，静汝是一股清澈的泉流，救活喻译的一条小命。当扣娣板紧一张冷酷无情的面孔，如漆黑的夜，静汝是闪亮在高空的一颗星星。喻译想念静汝了，说他想念静汝白色的羽绒服，想念静汝蓝色的梳子，想念静汝红色的苹果手机，还有静汝随身携带的记事水笔。

喻译想象扣娣是一棵短命的草，只配死后做肥料。喻译用这样的法子在心理上排解他和扣娣之间的大冲突。喻译挣扎在悬崖的深处。喻译觉得自己不如静汝的一把黄杨木梳子幸福，因为梳子能永远地陪伴静汝。喻译忘不了静汝，是静汝让他感受到真实和善良的爱情。倘若从未遇到过静汝，没有尝过被爱的滋味，倒也罢了。可是现在……喻译人也就一天天憔悴下去。失眠拉长了喻译的黑夜，他仿佛置身沙漠戈壁，整夜睡不着。在梦里，喻译幻想放飞无数只信鸽，给静汝带去一封又一封的长信，内装洁白的情愫，越过水千条，山万重，倾诉衷肠。此刻，他怦怦跳动的心脏，是信鸽归巢时扣动的门窗。喻译精神分裂，把原始性欲压回幻想，意淫和静汝交合。

接着，他盼望扣娣死。扣娣一死，他就去找静汝。但是，扣娣不死。

三年前，喻译不愿意死，想从婚姻里出来。喻译寻找光明，找到静汝后，有了开心的体验。可他现在，为了物质的东西，喻译重新堕入黑暗，接受了扣娣。对喻译千好万好的静汝，在喻译的心里，比不上折磨喻译十四年，害他一身病的扣娣。男人和情人之间有了摩擦，男人没有耐心去解释去倾听。尽管扣娣这个妻子是逼婚的产物，冲着五套房子，喻译只能耐着性子对付扣娣。男人对于婚姻是很势利的。

扣娣的每一个动作，每一句话都让喻译受不了，喻译默默地忍受。

喻译扪心空自怜，万里无云河汉明。泣此夜漫漫，长夜何时旦？

倘若离婚不撤诉，斩断和扣娣的纽带，拥有静汝，享受正常的人生，原是喻译的新生活。现在可好，两边受苦。在这个名存实亡的家庭里做奴隶，在社会上饱受白眼和讥讽。喻译没有任何一点生存的乐趣。

喻译没有原则。当这件事情对他有利，他要这件事情。当那件事情对他有利，他要那件事情。

扣娣对喻译秋后算账，喻译生不如死，他便想起静汝。待扣娣面色稍微缓和，喻译的日子又过得下去了，喻译就不去想静汝了。他知道，静汝要在上海照顾她的母亲，不能常住北京。假如他不顾一切离掉扣娣，很多时候要独处。一想到静汝不来北京，扣娣变得有用起来，他又偏向扣娣。反正，跟谁过都一样。

这么一想，喻译和扣娣之间的关系又趋于某种平衡。

扣娣搜光喻译每一分钱，喻译对扣娣驯服。静汝爱喻译不求回报，让喻译看不起。

多数时候，喻译幻想有朝一日和静汝复合。喻译想好了说辞，他会对静汝说，爱情有苦有甜。喻译想象过六个月他再次起诉离婚，见到静汝，怎么面对？他的心儿怦怦乱跳，盼见静汝，又害怕看见静汝嗔怪他的，冷冷的目光。不过，他相信静汝到了现在的年龄，理性和智慧会教会静汝接受喻译。静汝会掩饰自己的情绪。不过，静汝总有不小心流露自己真实感受的时候，就在那一刻，喻译会看到静汝冷冷的眼神。虽然离开静汝让喻译心痛，不损失金钱才是喻译的"大局"。感情之煎熬必须让位"大局"。喻译真诚地给扣娣一个改过自新的机会。拉黑静汝，喻译明知不对，但是，喻译要自己顾大局。扣娣是大局，把扣娣变好是大局，房子和金钱是大局。

人是按照用途归类的。平等和尊重不在喻译的词典里，喻译只会按照官场法则，依照用途识别人。受这个方法的驱使，静汝的温和只给喻译找到盘剥和压榨的机会。喻译向扣娣呈上投名状，无底线地出卖静汝。喻译期待他的谄媚获得回报。喻译献给扣娣一朵朵根本不属于扣娣的鲜花。喻译本以为精诚所至，金石为开，然而，事与愿违，扣娣对喻译的殷勤不屑一顾，冷嘲热讽。扣娣非但不为所动，还变本加厉地迫害喻译。喻译对扣娣满怀赤诚，他相信人是善良的，他希望善良会在某一个早晨在扣娣身上苏醒，他等待着。任凭扣娣百般折磨他，他忍着气，等待戈多一样等待扣娣哪一天会对他好。但是，扣娣没有回报他任何好，无论喻译怎样对扣娣好都没用。扣娣本质上不是一个善人，没有良心。

喻译只是扣娣的装饰品、摇钱树。现在，喻译悔恨地发现自己对扣娣的期待纯属幻觉，把扣娣变好的理想犹如一个肥皂泡影破灭了。扣娣抢去的财产，用喻译的钱买多套房写她女儿的名字，喻译都算了，自认倒霉了。喻译唯一希望的是扣娣从此变成一个好人。喻译渴望在扣娣身上看到静汝给予他的母爱和善心，他彻底失望了。扣娣缺乏的就是那份爱与善。喻译只得饱含一把酸楚的眼泪。喻译给足扣娣机会，扣娣要什么，喻译给什么，光离婚撤诉就两次。但是，无论喻译给什么，扣娣都不变好，且越来越坏。出现在喻译面前的，是一个控制欲更强，更为张狂、凶狠、无耻，更加傲慢、专横、粗暴、得意忘形的扣娣。喻译彻底失望了。

扣娣迫使喻译接受一种喻译不想要的生活。再次拿住了喻译，扣娣很得意。虽然她很明白，喻译心里不服，不情愿。只要形式上是一个婚姻，名存实亡是无所谓的。喻译和扣娣彼此说着对方听不懂的语言，是意义上和理解上的鸿沟，虽然都是普通话，带京腔的普通话。

喻译对扣娣的专横心怀不满，但他也习惯了扣娣的管束。

扣娣建立了一个喻译手机的审查制度，随时查看。扣娣每天下午允许喻译看半小时手机，她站在旁边监视。喻译出门，不准带手机。她出门，带走喻译手机。喻译若有半点怨言，或一旦扣娣看到可疑的聊天记录，扣娣就掀翻喻译的被子，不准他睡觉。扣娣还冷不防地冲到喻译的面前，扇一顿耳刮子，直到喻译跪地求饶。几个星期后，完全归顺的喻译对扣娣感激涕零，说这么做是为了他好。

在完全归顺前，喻译还嘴硬："你天天看我手机，找到女人了吗？"

"就算你现在没有，没准明天也有。没了钱，你才消停。"

当夜，扣娣一觉睡到凌晨三点钟，起来小便，随后，忍着瞌睡，冲入喻译的卧室，拉亮电灯，一把扯下喻译的被子，挥拳就打，大喝一声："你拿钱来！"

扣娣叫嚷："你现在猫在家里不出门，要钱干什么？你有了钱，可以找女人。每一分钱都交给我收着！"

喻译低头不言语，心理不平衡："你一个普通护士，靠上我才成了女富豪。钱都给你了，我拿什么给外孙？"

"想过日子，拿出点过日子的样儿来！"扣娣威逼，"每一分钱交出来！身份证、护照、医保卡统统交出来！看你还敢去起诉离婚！"扣娣从贩卖人口的微信帖子里获得启发：蛇头扣留偷渡人的护照。这个办法好！

扣娣笑了。扣娣的笑，是征服者的笑，奴役者的笑，是天上下的一场酸雨，滴滴渗入喻译那被苦难浇灌的心田。

喻译哭了。十四年前，喻译被扣娣逼迫拿下的婚书，实在是遮羞纸一张。

第二天的中午饭，扣娣故意放很多盐，让饭菜难以下咽。扣娣把筷子伸进嘴巴，含一会儿，声音很响地咂几下，再拿同一双筷子往菜里面捣。最近，她动不动就掉头发。捏筷子的手指间沾着根头发，一半白、一半黑。在她捣菜的当儿，头发落进菜碗里，她也不把它挑出来，还用筷子捣，顺时针捣，再逆时针捣。一会儿工夫，一碗蒜泥拌黄瓜被捣得稀巴烂，她的唾沫星子沾满了整碗菜。

喻译看在眼里，喉咙口禁不住往嘴里冒酸水。朦胧中，他生出一种志气，发誓不去碰那碗沾满扣娣唾沫星子的蒜泥拌黄瓜。

扣娣洞察秋毫。喻译静一下心，不让扣娣看出任何异样。一切如常，没有丝毫和往常的区别，这样最安全了。

喻译维持着和扣娣表面的和平，他的内心和扣娣疏离。

为了不挨打受骂，喻译攘一块瘦肉到扣娣的碗里，扣娣啪的一声，连碗带筷子摔在桌上，喻译攘来的那块猪肉跳将起来，落到地上。扣娣厉声怒吼:"拿钱来!"

喻译还是不说话。

扣娣端起胡椒菜汤,照喻译的面门泼去,菜汤含盐分有辣味,滴进喻译的眼睛,疼。喻译站起身,往卫生间走去。扣娣冲着他的后背嚷嚷:"我出门买菜有风险!你要给钱,这是新冠病毒的风险金!"

喻译用自来水洗过眼睛,坐下后说:"我都已经每个月给你一万五了。"

扣娣冷笑,一摊手:"小金库呢?!起诉离婚前,你转移的现金存折!统统交出来!别以为我不知道!哼!"

喻译低下头,不说话。

"你用每一分钱,都得向我申请!说明用途!你每离家一步,我都得跟着!我不跟的时候,你每隔一小时,都得用街上的公用电话打个电话给我,汇报你的行踪!你的手机攥在我的手里!"

紧接着,扣娣用她从七大姑八大姨那里学到的做法,惩罚喻译,派家务活给他干,她叫喻译买菜、烧饭、洗衣、拖地……

藜叶教扣娣:"让喻译刷油漆,油漆加速癌变。"

扣娣说:"对,我扔指甲钳砸坏的墙还要他补呢!不过,只要他肯给我钱,我不在乎他活着。可最好把他那家伙废掉,有办法吗?"

藜叶回信:"有的。有一种药粉,你网上买,放进他的茶杯。"

扣娣:"嗯。"

扣娣网购了十几桶廉价劣质的,很臭的墙面漆,不雇人,逼迫喻译刷。

喻译不肯,扣娣大吵。怕街坊四邻笑话,喻译只得从命。扣娣得意了。喻译在心里说,家一天天走向安静,他的心一天天惆怅,埋葬的是梦境和希望。

扣娣对喻译实施强制劳动,把家变成一座家庭劳改营,这是摧毁喻译自尊和意志最有效的办法。

老天爷惩罚一个人最狠的一招是让他和一个过不下去的人过一辈子。

喻译有哮喘，对油漆过敏，咳嗽流眼泪不止。扣娣躲得远远的在冷笑。

扣娣手里拿根棍子，像马戏团里驯狗一样。

喻译向扣娣央告："墙已经刷了三遍了。"

扣娣哼了一声："你想出门让汽车撞死吗？"

喻译不吭声，拿起刷子，咳嗽一声。继续干。

扣娣厉声说："我实话告诉你，就是离了婚，我也有种让人开车撞死你！"说到这里，扣娣愣了一下，不成！离婚以后，她拿不到车主投保的第三方责任险的保险公司赔偿了，不能让喻译离婚！

喻译妄想利用静汝作为标杆把扣娣变成一个好人，他失败了。扣娣不变。改变的只是喻译自己。喻译成了奴隶。

喻译发病，实在做不动，他乏力极了。扣娣双手叉腰朝他大声怒吼："不做不行！"喻译哭了。

扣娣得寸进尺，每天派活给喻译，叫喻译包揽家务伺候她，一不称心就对喻译非打即骂。喻译服软，把活做好了，扣娣难得给个好脸色，把个喻译感动得不行。

扣娣颐指气使，说一不二。

扣娣命令喻译："厨房去！拾掇！"

喻译系上围裙，洗碗、刷锅、擦灶台、清洗油烟机，刚忙活停当，进了卧室，才脱下围裙，扣娣又叫他去拖地。

干净的、光可鉴人的地板还要喻译拖三遍，面积170平方米。喻译快六十四岁了，下午一点半，喻译实在困乏，抱着拖把倒在湿漉漉的地板上睡着了。突然，一盆冷水从空中兜头浇下，喻译像被电棒一击，猛然睁开眼睛。在他仰面躺倒的天上，圆睁着一双扣娣的怒目和一脸狞笑。

喻译叹一口气，从地上打一个滚，坐起身，像狗一样抖掉身上的冷水，冷水里冒出一股难闻的尿骚味，他的嘴巴里咸咸的。他明白了，扣娣浇到他身上的，绝非花钱买来的自来水清水，而是……

喻译不敢多想，他屈起一条腿，跪着，一只手撑着地板，另一只手扶着拖把，吃力地撑起老迈的身体，站起身，摆出拖地的姿势，又干了一个多小时。

拖把粘了泥沙，那是从扣娣高跟鞋的鞋跟里掉下的。扣娣命令喻译用嘴巴去叼走泥沙。喻译不肯，扣娣尖声怪叫，喻译服软，摇摇头，俯下身，埋下脑袋，像狗一样把嘴凑上拖把，像狗吃屎一样去啃泥沙。泥沙进到嘴里，像刀子在割舌头。扣娣命令他吃下去！

喻译这下不管不顾，他掉头跑进卫生间，把嘴里的泥沙吐进水槽，一连漱了好几遍口。

扣娣在客厅里大笑不止。

喻译也笑了。他觉得扣娣的笑是对他劳动表现的奖赏。

"你给不给我全部存折？"

"那是……我妈的生活费……"

喻译侧身睡去……迷蒙中，他张开双臂，眼前是滁州高铁站，前方走来静汝，他用双臂把她箍住，倒身下去，却扑倒在一只木船板上，不知怎么地，静汝坐到了他对面，把一支长长的橹篙攥在手里。他身子有节奏地前倾，后缩，一步步地把舟荡到对岸，每往前一倾，就凑着静汝的嘴唇吻一下，往后，再前倾上来时，自己那嘴又噘起来，预备下一个吻……舟到江心，突然一阵风，小舟就在漩涡里打起旋来……他一下子扔掉长篙，把静汝紧抱在双臂间，把唇贴紧她的双唇，连吻起来……船底漩涡转速慢下来……一圈又一圈，在江面划出一个个"8"字，把他们往对岸送……快到岸了，又近了，又近……可怎么也靠不上岸呢？喻译急了，抱起静汝，就要纵身往岸上跳，就听哇一声，喻译连忙蹲起身，大叫："不得了啦！"

扣娣正好进来查看他的手机,就在喻译耳畔尖啸起来:"死人!地震了还是着火了?"

喻译惊出一身冷汗:"什么?我说梦话了?叫出静汝名字了?她听见了?"正呆着,扣娣尖着嗓门往外冲,一手攥着喻译的手机,一手拎着睡裤冲到厅里。喻译现在的微信里面没有静汝,不怕扣娣偷看手机,心里也踏实了。他生怕静汝的存在令他在静汝和扣娣之间做出比较,动摇他对扣娣示好的决心。

喻译的头仍待在枕头上,可冷汗已经把枕头浸湿一片:"幸好幸好!她什么也没听见!"扣娣缺乏的一切,善良,体贴,老实忠厚,静汝都有。所以,喻译忘不了静汝。

强制劳动之外,对喻译饿饭处理。扣娣说,喻译有糖尿病,劳动是运动,天然降糖药。饭应少吃。扣娣趁喻译不备,在喻译的饭里混进一条蒸死的毛豆虫,虫身弯曲,头上一点红。喻译看到虫子,推开饭碗,呆呆地坐着。等扣娣吃完饭,他收拾厨房。

扣娣强迫喻译洗她的内裤、裙子。喻译一开始不肯,扣娣尖叫着在地上打滚,大声嚷嚷喻译外面搞女人!喻译害怕邻居听到,只得就范。扣娣知道喻译爱面子,最怕邻居听见他们吵闹,她捏住喻译的软肋。只要喻译一不听话,她就尖声怪叫,在地上打滚。这一招准灵,喻译马上听话,叫他干啥就干啥。

世界上有一种爱,叫作被伤害。喻译爱扣娣。可是,无论喻译对扣娣怎么好,扣娣都伤害喻译,扣娣把喻译对她的好理解为尚有空间继续伤害喻译。喻译对扣娣有爱,这是一种深情,是无数次遭到践踏并撕裂的爱。

通过劳动,扣娣成功地改造了喻译,喻译成了铁罩子下的一只绵羊。

扣娣刮起的风暴在喻译的眼里已经成了不可抗力,像地震、洪灾、龙卷风。

扣娣身上的邪恶，令喻译憎恶，又讨喻译喜欢。扣娣装出的巧笑，裹在几百条花花绿绿裙子上的腰身，故意混杂在喻译廉价衣裤中间的胸罩和短裤，又让喻译心软。喻译对扣娣痛恨，寒心，绝望，依恋。

虽然喻译百般痛苦和不愿意，但，喻译属于扣娣的世界。这也是喻译两次起诉离婚都撤诉的原因。

喻译的一生都将对无端的怨愤、唠叨闭耳塞听，面对突如其来的发火唯唯诺诺，听女人恶言恶语……并把这一切都视为合理。喻译把自己的生命想象成一件废品，同时渴望一股来自身外的力量引领他，一位降临人间的神祇伸出一只看不见的手对他加以抚慰。他在这样想象的时候，一言不发。扣娣愈加火气上来，雷霆万钧。天长日久，无望的抗争，令喻译也相信他自己只是一坨屎，不是一个人。喻译认命了，不再努力，如同一个溺水之人，抓不到任何救命稻草，凡是抓在手里的，都被他连根拔起，随便哪一簇草都不能阻止他被洪水冲走，喻译屈服了，他朝扣娣跪下，向扣娣的压迫投降，还因此感到幸福。

喻译变得狭隘，变得心理扭曲，看不得别人快乐，仇视健康的人生！他像狗一样馋涎别人家的妻子，然后颓丧地低下头，像一只偷油不成的劣鼠，退回肮脏的洞穴。他会训导年轻人："建立一个家庭不容易呀……"这"不易"二字，涵盖了他全部的辛酸和无奈。他恨，恨自己是个男人，一头馋食的公猫。他怨，怨那些获得爱情的人们幸福。最后，他会像一头跛足的恶狼，手持一块道德家的纸牌，去追杀、撕咬那些追求爱情和人生意义的人们。

藜叶向扣娣提出收取军师费，扣娣嘴里答应，心里诅咒藜叶。

驿站短信通知静汝有一个快递，圆通公司的。静汝疑惑，自己没有买东西，何来快递？她打电话去，对方说：是一个很小很薄的包。

很小很薄的包？是什么东西？

静汝想呀想，不知那邮件从哪里发来的。她又打电话去，驿站关机，也许手机没电了？

会不会是从北京发来的邮包？

到底哪里来的？她致电圆通快递，问邮件从哪里发来的？哪一座城市？客服人员说，需要运单号才能查。我没有运单号。我报给您收货地址和手机号，行吗？客服人员答，没有运单号，查不到。

在静汝的浪漫想象里，那是喻译发来的信。喻译写诗歌，写了发不出去的千千万万封信，可他，出门在路上，遇到圆通快递，即兴写了书信一封。之前，他珍藏了静汝的地址，写进一张小纸条，藏起来了。不知他藏在哪里的？是不是用针线缝在牛仔裤的腰身上了，以至于没有被扣娣搜刮去？是的是的，那一定是喻译发给她的信，在信中，喻译会这样写："等我……一个爱的心。"

不行！我要去驿站。

据说，那些地方，夜里有偷食的猫咪。猫咪呀，老鼠呀！出于对爱情的好奇，难免伸出爪子，张开利齿，把喻译的书信一口叼了去，工作人员明天一早找寻不到，那可怎么办？

不行！我现在就去！

静汝马上出发，戴上口罩，下楼，穿过花园，到了对马路，进了驿站，报出取货码，她拿到一个轻柔的像碟片大小的正方形邮包，是信！

她翻到邮包的正面，一看，立马泄了气：是从浙江义乌发来的婴儿面膜，一件小礼品。

"喻译，我没有任何过错！你难道就不能对我说哪怕一句话吗？"静汝仰首问天，双泪长流。

静汝陷入情感的炼狱。

更深夜阑，静汝独自冥想。当白天的一切沉淀下去，对喻译的思念油然而生。静汝在寂寞中回忆喻译的爱抚，她想念喻译的抚摸。静汝清醒地想到，之前的温存都是幻觉。喻译背叛。无情的现实击碎了静汝的梦想。扣娣一向厌恶喻译的身体。前妻为了小白脸离婚，也是因为厌恶喻译的身体。只有静汝真心喜欢喻译的身体，这是密码相合。可是，喻译却抛弃了静汝。

上海女人会克制自己，做事有分寸，温柔体贴，总是把自己放在最后。静汝很快平静下来。静汝清醒了，她爱上了自己的想象，自己的标准。她自以为爱上了喻译，其实，她只是爱上了一个她自以为是布莱恩替身的男人。

静汝对喻译是真心付出，喻译却没有作为一个成年人对自己所做选择产生的后果负责的意识，他不懂。喻译既然知道自己不能给予静汝任何东西，却给静汝虚假的承诺，还来上海见静汝，不负责任地使静汝爱上他，信任他。静汝想起布莱恩说的话：五十岁以上的男人，机会越来越少。

"布莱恩是一个爱我而我不爱的男子，喻译是我爱而他不敢爱我的不算男人的男人。"爱尔兰人布莱恩真心爱静汝，而静汝则浑然不觉。人生的错位何其绝妙。

我错了！喻译不是布莱恩！怎么把喻译想象成布莱恩呢？不会再有一个布莱恩了！

静汝释然。喻译爱的是扣娣，喻译和扣娣是一路人。

有一次，静汝拿起手机，编辑了一条短信："他爱你，你对他好一点吧！"就在把这条短信发送到喻译手机的最后一刻，静汝抑制了自己的冲动。静汝知道，这条短信是发给扣娣看的，喻译的手机捏在扣娣手里，只要静汝摁一下发送键，扣娣会在垃圾短信夹里看到这条短信。

爱，如同一个蓄水池。出于对喻译的爱，静汝原谅喻译的无情。虽然是扣娣之手拉黑静汝，喻译却是对此默认的。这是喻译出于自私地利用静汝改造扣娣的荒唐计划，也是喻译出于商人的本性，商人重利轻义，为了不让律师获得财产分割的提成，喻译在生存和死亡之间选择了死亡，上法院把离婚案子撤诉，喻译不忍心让扣娣孤独，却使自己陷入万劫不复的境地。

　　窗外是几幢建于八十年代的带电梯的老大楼，没有阳台的窗口伸出长长的白铁自来水管做的晾衣架子，三根管子由两个90度弯头连接，形成一个方框，方框里边，一根根晒衣裳的竹竿，并排架在框子上面。晾晒的办法是老式的，一根竹竿把一件汗衫从一只袖口穿进另一只袖口，一只裤脚管被固定在竹竿上，另一只随风飘舞……这一竿子上面，是楼上人家的晾晒物，这一竿子下面，暴晒着楼下人家的被服衣物，一竿子内衣内裤被置于公众的视野，旁边的竹竿，展示着几块大而宽的浴巾，也许洗澡用的，也或许，洗车用的。好像这样晒干得快一点似的。依靠太阳光干燥，避免皮肤接触织物的水分。不是吗？

　　那些晾晒的被服，变成一张生日贺卡。静汝把贺卡放进一个信封，写上喻译杂志社的地址，投入小区外面的邮筒。静汝觉得很轻松。不管这张贺卡的命运怎样，寄得到寄不到，是否被扣娣截获，喻译即使拿到了，看还是不看，她都不在乎了。她觉得自己尽了心，良心上过得去，就可以了。

　　扣娣着手建立新秩序。

　　每天早上，扣娣双手叉腰，破口大骂："我这是收容你！你什么东西？！"

　　喻译双手抱着头，一声不响。

　　此后，喻译陷入极度的痛苦之中。

　　藜叶写微信教扣娣："你要让喻译怕你！他越恐惧，就越对你俯首帖耳。当他尊严也不要了，怕得要命了，只有听你的话才能保住小命，他才不敢背叛你。"

扣娣回信："明白。"

喻译干了一天家务活，疲累至极，傍晚时分在他卧室里睡下了。扣娣冲进去，一顿吼叫后，命令喻译闭门思过。她走出喻译的房间，砰一声关上门，从外面加了一把锁，反锁了喻译的房门。晚饭扣娣一个人吃，不许喻译吃。吃剩下的饭菜一股脑儿地丢进垃圾桶。

半夜，饥饿的喻译拉开冰箱门，除了生鱼、生肉、生菜，什么也没有。他只得从垃圾箱里抓剩饭吃。喻译半夜翻捡垃圾桶，抠一把剩饭，吃力地咀嚼、吞咽。抠第二把剩饭的时候，看见一只大蟑螂，从鱼刺肉骨头的丛林里爬出来，喻译恶心，把刚才咽下去的冷饭呕吐出来。第二天早上，扣娣蒸了肉包子，自己吃下五个后，把其余的包子藏了起来，桌上只有三个硬邦邦的窝窝头。喻译进入餐厅，闻到肉包子的香味，眼睛里看不见肉包子，又不敢问。他就着桌上冷硬的窝窝头打发了早餐，狼吞虎咽，两眼包泪，充满感激。扣娣心想，藜叶的法子管用啊！

喻译明白了必须听话，才有饭吃有觉睡。必须驯服，不然就得挨鞭子，没吃没睡，夜里扣娣掀掉被子。

扣娣拿住喻译，就像驯狗。把喻译饿饭三顿，才让喻译吃一块小面包。喻译感激涕零，摇头摆尾，马上在扣娣面前说静汝的坏话，逗扣娣开心。

扣娣的凶狠，在喻译看来是对他的保护，他乐于接受保护。因为强者能保护他这个弱者。

扣娣称心。她拿得准，喻译已经绝对地怕她。

拿不到军师费，藜叶对扣娣说："没有我教你，堂姐夫能这么听话吗？"

扣娣回微信："得了吧！不就是驯狗、驯猫？我打小就会。"

扣娣对喻译说，他以后生病了，除了她扣娣，没有人管他的。她扣娣在医院里人脉熟悉，搞得定。喻译相信了。喻译忘记上次在扣娣医院里开痔疮，扣娣不让他住院，虐待他的事情了。

喻译被改造后，陶醉在扣娣讲的黄段子里。

扣娣说，这几天，医院人手不够，领导知道扣娣具有处理复杂事务的特殊才能，临时回聘她去处理医疗事故：有一个女演员长得漂亮，肚子疼，挂了急诊。值班的是两个刚拿到行医资格证的年轻男医生，他俩为了看到女演员私处的形状，把明明不是阑尾炎的疾病说成是阑尾炎，只是为了在手术前给漂亮女演员剃去阴毛，医学上叫作"备皮"。现在，病人来讨说法。扣娣找到两个男医生所属科室的主任了解情况，主任对扣娣说："这两个坏小子！"

扣娣用对付喻译的手段摆平了女演员。

听了这个故事，喻译好开心，把笑眼眯成一道缝。备皮，这个医学名词令喻译幻想剃去阴毛后漂亮女演员洁白粉嫩私处那剔透的肉色。喻译突然明白，他属于扣娣的世界。喻译因这备皮的故事产生与扣娣的共鸣，他觉得自己和扣娣是一路人，他找到了和扣娣的共同语言。

喻译去单位报销医保自费部分，看到一个小信封，他诧异，打开一看，是静汝祝贺他生日的明信片，是印象派手绘的明信片，一个戴大草帽的非洲女士。喻译感慨。他想了想，把明信片放进包里，带回家，交给扣娣。他对扣娣说：他不会联系静汝，这事就交给扣娣处置了。扣娣抓起喻译手机，发了一通淫秽短信给静汝。

扣娣对喻译的态度就是一个电焊枪和水龙头的两用开关，要么喷火，要么喷水。让喻译无所适从，对她唯命是从。

喻译相信性与寿命辩证法,又摆脱不了扣娣,他去了洗头房。外面已经把他说得很不堪,说公安局逮过他,虽然那不是真的。

喻译从来没有去过洗头房,虽然心里想,但不敢付诸行动。既然现在,传闻都说公安局把他抓起来了,他也无所顾忌了。他去了洗头房,小姐上下打量他,他出了最高价钱,刷支付宝。随后,公安知道了,这回真的声名远扬。扣娣大闹。喻译说离婚吧!扣娣不肯,为了继续抓钱,扣娣不闹了。但每逢喻译外出,扣娣就跟着。

喻译还是忍。直到他被确诊肠癌。

第五章

藜叶说:"喻译不可信。他没准过个几个月,再次起诉离婚,只要哪里不遂心,他就会。怎么办?到时候,还要费好大心思逼他撤诉。只有在一种情况下,他才不能起诉离婚,财产全归你扣娣!"

扣娣:"他反正生癌了。"

藜叶急了:"啊呀!肠癌不死人!有的活了!侬脑子想想清爽。"

扣娣咬一咬下嘴唇,下了决心。

扣娣去了一趟她所在的医院,找到一个刚刚领到行医执照的年轻眼科医生。她谎称自己眼睛充血,配了十支特别的眼药水,拿回家,藏在床底下。十五年前,扣娣往她的第一个丈夫茶杯里滴下四支,男人就轰然倒在讲台上,死因是"心脏病"。

喻译要开刀了。

扣娣要喻译相信只有她才搞得定医院,扣娣说:"不给钱,不给你找医生开掉肠癌!"

喻译只得拿出小金库里最后几张存折中的一张。这些是喻译历年来积攒的稿费和红利,和他母亲的生活费、预备支付保姆工资的钱。喻译的母亲年轻时没有出去工作,现在不享受劳保和医保,没有一分钱收入,生活费全靠喻译。

经常刷油漆,喻译的痔疮发展成直肠癌。患了癌症的喻译想法不同了。他又鼓足了怨恨扣娣的勇气。

喻译解嘲自己,因命运的嘲弄而冷笑。扣娣是不可能被改造了,今后怎么办?明斗斗不过,喻译暗斗,他要立下遗嘱。喻译找到那个委托诉讼离婚的律师。律师说,喻译没有什么遗产,因为都是夫妻共同财产,婚后的,除非喻译再次诉讼离婚分割财产。五套房子,三套是扣娣女儿的房子,另外两套是扣娣自己的名字。这个遗嘱怎么立?律师说:"你当初不撤诉,什么都好办。现在没有办法了。"喻译想了想,叹气一声。

  喻译想到了他自己的死。这个时候,喻译顾不得恐惧,大了一回胆子。因为他快死了,什么也不怕了。出于对静汝的愧疚和情谊,他斗胆向扣娣提出,在他临死前,他要再见静汝一面,他要静汝来一趟北京。喻译的手机24小时在扣娣的监控之下,他想见静汝,必须向扣娣提出申请,他要扣娣联系静汝。喻译沙哑着嗓音向扣娣求和,他说不知道自己再能活几年,想见静汝最后一面。喻译反复说:"我向你保证,我从来没有私下里联系过静汝。"说着这话,喻译一张老脸上千沟万壑的皱纹里填满了眼泪,像山洪暴发。

  扣娣听到这话,一阵冷笑,哼了一声,摊开一只手:"拿钱来!"

  扣娣提出条件:一、喻译拿出二十万给扣娣,扣娣再用喻译的手机写短信给静汝。二、静汝只能出现一次,在喻译的病房,时间不超过半小时,全程由扣娣监视。

  喻译不肯给钱,这事就搁下了。

  扣娣找藜叶商量。

  藜叶不上心,因为没有拿到军师费。

  喻译整天哭丧着脸。

  扣娣知道个中缘由,心生一计:色诱静汝!那样,扣娣就拿到更多的钱。

  对!叫喻译色诱静汝,把静汝名下的三套上海房产过户给喻译,再交给她扣娣掌控,收房租。扣娣盘算着让静汝当喻译的性奴。快活,只让喻译有一次,就一次,此后,还是把静汝赶回上海,再次拉黑静汝!

不过，扣娣骗喻译，说喻译能经常与静汝交欢，这样，作为交换条件，喻译交出全部小金库。扣娣因为自己的聪明算计乐得笑出声来，这个计划，既聪明又可行。

扣娣把色诱的计划告诉喻译，喻译听到扣娣允许他和静汝亲近，乐得心花怒放，连连对扣娣作揖不迭，口中念念有词，一再赞颂扣娣的再生之恩，他朝扣娣跪下了。

扣娣装出一副受害者模样，抹一把眼角。

扣娣为自己的聪明得意，她找藜叶商量，意欲获得藜叶赞赏。藜叶乍一看扣娣的微信，顿觉荒诞不经，爆发出一阵大笑。可她马上收敛笑容，沉吟半晌，心想，别看扣娣没文化，扣娣这主意不赖呀！这不可思议的行动，在别人那里行不通，在静汝身上，准成！静汝什么人，藜叶还不清楚吗？静汝傻，为了爱情，不惜一切。静汝为了喻译，只要不违法，会做任何事情！

想到这里，藜叶发了一个竖起大拇指的表情。

接着，藜叶又发给扣娣："静汝会的，我了解她。"

刚把这条微信发出去，藜叶赶紧撤回。"千万别让扣娣知道我是静汝的故交！扣娣会有想法，在亲戚当中说我坏话，说我卖友求荣求利。扣娣这个人的事情不好管，一不称心就破口大骂。我为她做了九十九件好事，一件不到位，她就会骂我。我又没拿到她什么好处，我这是何苦？扣娣这个人呐，没有一件事情是她干不出的，除非你想不到，没有她干不出的。唉！"

扣娣回信说，过户后，静汝的房产就是扣娣和喻译的婚后财产。受这个念头的驱使，扣娣血脉贲张。家里的财产都是喻译挣来的。扣娣唯一做的事情是管住喻译。这一次，通过色诱静汝，捞进几千万，就当是进入老年的喻译发挥余热吧！扣娣把静汝的三套上海房子拿到手，占领房子，搬家具，换钥匙，出租收租金！想到这里，扣娣欢喜得嘿嘿笑出声来。

"过户税费也要静汝出！"扣娣想得周到，发了这句话给藜叶。

藜叶发来三个竖起的大拇指。

出于真诚，藜叶提出一个技术问题：假如喻译不离婚，静汝不肯把房产过户给喻译。

扣娣："对，咋办呢？"

藜叶："伪造一张离婚证。"

扣娣一拍大腿："中！"

可这事怎么操作？

藜叶："我的德国丈夫是访问学者，他和法学院院长熟悉，此事包在我身上。"

同时，藜叶提出她分一半静汝的财产。

扣娣拉黑了藜叶。

做假证件的人多的是。通过扣娣介绍看病的黑老大就有好几个。哪里用得上藜叶？

联络费的议题进入了程序。

按照扣娣开出的条件，在金钱方面，喻译和扣娣展开谈判：从二十万到十万，最后，成交价五万。喻译会见静汝的地点，从病房改在喻译的卧室。

扣娣要先拿钱，再写信。喻译答应了，当即从微信划款五万给扣娣。

拿到五万元钱，扣娣不急着联系静汝，出于要挟喻译的考虑。

扣娣从来也没有想到要疏导喻译的感情。其实，疏导是比堵塞更厉害的手段。疏导之下，喻译会对扣娣心存感激。在疏导的模式下，假如静汝不甘心做喻译的情妇，要求人格尊严的话，静汝必然会拒绝喻译，这在喻译看来，是挫败，也给了他忘却静汝的一个理由。疏导也是一条拖刀计，随着时间的推移，静汝会遇到新的感情，这也给拆散静汝和喻译一个天然良机。

而堵塞只能加剧喻译对扣娣的憎恨。喻译表面的驯服不代表他心悦诚服。

扣娣有太监心理，她自己性无能，却很想窥伺别人做爱。扣娣计划在喻译的卧室装六个摄像头，钱让喻译出。喻译卧床的正上方装一个，正对喻译的床，天花板正斜角45度装一个。另外四个摄像头装在屋子的四个角，监控屏幕放在扣娣的卧室。如此，扣娣可以24小时无死角地监控喻译的说话和动作。静汝和喻译缱绻交欢，扣娣看得到并保留证据，以此死死地拿住喻译。今后，喻译胆敢再一次起诉离婚，扣娣就拿这录像出庭作证，借此多分财产。假如静汝不愿意把房产转让给喻译，或者静汝反悔，扣娣就威胁把拍下的静汝的不雅视频发送到网上，叫静汝没法做人。静汝离开北京以后，扣娣再一次拉黑静汝。以后，这套监控摄像头就成为扣娣监督喻译的工具，扣娣随时在她自己的卧室听到并看到喻译的一言一行，一举一动。

扣娣拿起喻译的手机，写了一个淫秽短信给静汝。

短信发出去了。喻译巴巴地等静汝回信，一天、两天、三天……一周，没有回音。

等不到静汝回信，扣娣对喻译又有话说："人家不要你。我是不忍心看你打光棍，才帮你的。"

喻译问扣娣要回五万元联络费，扣娣不给。

退休工资卡、小金库里的每一分钱，再也要不回来了。喻译形如槁木，心如死灰。喻译发现上当，被扣娣忽悠，找静汝又不能，还被扣娣敲诈去五万元，没起一朵浪花。

喻译的小金库见底了。现在，喻译又要开刀治疗癌症，扣娣不肯抠出一分喻译的钱，怎么办？接下来，不是喻译的八十多岁的老母亲饿死，就是喻译病死，怎么办？横竖一个死，喻译豁出去了。

喻译不堪折磨，自己就想从高楼纵身跳下，一了百了。可他不敢，又不甘心。

喻译终于明白一件事：他对扣娣再好，扣娣也不对他好。扣娣是善意的绝缘体，无论喻译怎样示好，扣娣都不动心。今天，喻译要来个了断。

喻译已经来日无多，他要扣娣偿还十五年的债务和羞辱。

突然，他想到自己是一个人，他像疯子一样地重复着五个字："我是一个人！我是一个人！我是一个人！"这个宣言给了他勇气。

"我是人，不是屎！我是人，不是屎！哈哈哈哈哈！我是人，不是屎！我是人，不是屎！"

是的，他是人，不是肥皂泡沫，也不是空气，他是一个人。他奇怪自己怎么有这样怪诞的想法？几十年来，他还是头一回想到他自己是一个人。

对死亡的恐惧唤醒喻译对扣娣的怨恨。喻译后悔离婚撤诉。假如不撤诉，离婚后他去找静汝，他就不再饱受扣娣折磨，不会得肠癌。喻译决定杀扣娣。他是一个男人了！他有胆气了！

喻译没想到用工具，只想半夜潜入扣娣卧室，赤手空拳，用双手掐死她。午夜过后，喻译蹑手蹑脚地穿过客厅和饭厅，走到扣娣的卧室门口，房门虚掩着，传出扣娣如雷的鼾声，夹杂着几声梦呓："钱……钱……钱……"喻译推开房门，挨近扣娣的卧床，喻译已经十年没有走近扣娣的床铺了。今天，他不是来温存的，而是来要扣娣的命！房间里，夜灯幽暗，喻译百感交集，照着熟睡的扣娣张开两个虎口，他整个人在哆嗦，他的发抖把扣娣振醒了，扣娣睁开眼睛，看见喻译一张惊恐的脸，哆嗦的嘴唇，张开的虎口卡住了她的脖子，扣娣咳嗽一声，一个翻身，就地打一个滚，从枕头下面抽出切菜刀，照喻译就砍！

扣娣猛砍喻译三刀，一刀正胸，喻译伸手护头，第二刀被扣娣在腕关节砍个正着，动脉血、静脉血飞溅而出，扣娣的卧室刹那间变成了红房子！扣娣不慌不忙，她喝着血雨，呼吸着腥风，挥刀再劈，第三刀稳稳地落在喻译的生殖器。喻译倒下，血流了一地，躺在地上动弹不了。扣娣害怕了，住了手，咣当一声，大砍刀丢在地板上，惊动了楼下邻居来敲门。扣娣不开门，邻居出于好心，马上报警。警察来，送喻译进医院ICU。

几个小时后，喻译因失血过多死亡。

喻译要保住颜面、房子、票子、妻子、情人，结果非但一样也保不住，还丢掉自己一条性命。

扣娣出于正当防卫，免除刑事、民事责任。

扣娣大叫："我被人笑话了！两次克夫！以后，我没有喻译的手机可看了！"

北京三环内那栋高楼的面西小阳台再也传不出驯服畜生的怒吼，那头畜生，男户主喻译永远消失了。

喻译女儿的亲妈跟女儿一起，来闹！

"呸！臭婊子！好端端的爷们，到了你的手里，糟蹋成什么样子！"前妻撞着扣娣，劈头盖脸一顿打，报了十五年前派出所里的夺夫之仇。

扣娣紧跨一步要冲进屋里拿大砍刀，嘴里大叫："你才不是东西呢！你的小白脸呢？早就卷光钞票不要你了吧?！"

前妻拦住扣娣，抽了扣娣一个大嘴巴，拉上女儿，扬长而去。

扣娣叫来黑老大，她帮忙找医生看病认识的，冲进前妻的居所，打瞎前妻一只眼睛。

扣娣拼命把喻译抓在手里。现在，喻译死了。扣娣还是没有能够抓住喻译。把不存在的东西硬妄想成一个存在，是徒劳的。虽然扣娣和喻译生活在一个屋檐下，扣娣之于喻译，却是不存在的一个人。反之亦然。扣娣抓住的是一个虚妄的喻译，连喻译的影子都不是。她抓不到喻译的影子。

缘来要惜，缘尽要放。

天快亮的时候，静汝梦见喻译，她和他在一起，她需要他……此时的静汝已经用自己的照片做了头像，也不再用网名。曾经的网名是一个红色蘑菇，一个音乐高音符号，一个键盘。她用网名，用风景照做头像是为了预防扣娣偷看喻译的微信，发现她静汝的记录就跟喻译吵闹。后来，既然扣娣拿喻译的手机拉黑了她，她就不必再隐藏自己，可以大鸣大放地做自己，在朋友圈释放自己的魅力。她再也不必为了喻译躲躲藏藏。

静汝经过痛苦的感情撕裂过程，从情感的漩涡里挣脱出来，虽然她受扣娣伤害，她不恨喻译，因为性骚扰不是喻译所为，喻译无辜。

做得没错，对象错了。静汝尊重喻译，要是换了布莱恩，静汝会幸福。喻译对扣娣仁至义尽，要是换了一个女人，喻译也会幸福。

静汝对喻译，有时恨，有时爱，有时又恨了起来，可是，到了最后一刻，却还是恨不起来，依旧爱他，心中沉甸甸的，堵着一团沾满油污的回丝，非常难受。

静汝要从以喻译为中心的生活中解脱出来，非常困难和痛苦，就像一条美人鱼撕扯下所有鳞片复归人类那样。

我怎么办？静汝发出声音，喻译不想听，他听不到。静汝感到哽咽，没有泪水，身体里面被一团烂棉絮堵住，犹如章鱼张开巨大的吸盘，扫荡她的五脏六腑。

一阵阵空虚从静汝的体内涌上来，盘旋上升至她的头颅，形成一朵巨大的蘑菇云，爆炸……

早茶后，静汝坐在楼上观景台的大玻璃窗前的扶手椅里，刷微信朋友圈，看到大咖发在朋友圈的讣告，说喻译于昨夜因病治疗无效逝世。静汝静默了很久。

静汝的眼前，出现了一个奔跑的喻译。在滁州森林公园，喻译手里拿两张坐电瓶车的车票，朝静汝坐的游览车跑来……他原来是走路的，静汝探出半个身子，用目光寻找他，呼唤了他一声，他就一路小跑过来了。静汝叫他慢一点。他跑到停车的地方，把车票交给地面工作人员，上了车，坐在静汝的身边。说了一句话："我不想让我的宝贝儿久等。"听了这话，静汝紧紧地握住喻译的小手。

回忆，使静汝沉浸在幸福的漩涡中。

静汝默默地坐了很久。

静汝有生以来总共三次去北京。

前两次是出差。最后一次是独自随团游览坝上，在北京组团。刚到的那天傍晚，静汝孤独地穿梭在鼓楼、胡同间，走累了，饥肠辘辘，她要找点吃的。静汝徘徊在一爿老北京羊蝎子店外，号称京城第一羯的。什么？蝎子？静汝头皮一阵发麻，虽然常受蝎子美味的诱惑，真到入口那一刻，还真有点怕。店门外一辆黄鱼车上的大叔告诉她，蝎子是羊的脊梁骨，很好吃的。静汝放大胆子进店里去了，68块钱一个小份，锅子底下生着火，什么？还是火锅？大热天吃火锅？静汝的头皮快要裂开了。一尝，美味，一顿吃掉她静汝在上海一个星期都吃不完的肉，且是羊肉！上海人哪里敢在夏天吃羊肉？羊肉发的，即便在冬天，充其量来几片白切羊肉而已。可是，静汝很开心很过瘾。羊的脊椎骨连着两根叉开的大骨头，形似一只飞翔的大雁，它多像她乘坐的空客 A330 啊！骨头旁边的活肉，好吃！上海人就是爱吃连着骨头的肉。因为不开车，静汝还放纵一把，用冰镇啤酒压一压微辣的羊蝎子。燕京啤酒，来一瓶小的。没有小的，只有大的，大的行！结果喝不了的那些，被她装进矿泉水瓶子，到了酒店，睡前喝。奇怪，静汝总有换床睡不着的习惯，这次可好，一夜好睡，虽然吃了羊肉，肠胃一点不因为切除了胆囊而异常。真是奇了。

认识喻译后，静汝曾经想，今后游览北京，就不是一个人了。就让扣娣拿走三环内的高层大房子，喻译拿一套老破小，只要有爱，静汝不在乎。可是，喻译天真地以为扣娣会变成一个好人，竟然把离婚诉讼撤诉，到头来，喻译自己还送掉了性命。

静汝撕开一包澳国奶粉，理应走到茶几边，把奶粉注入茶杯，可她竟然走到垃圾箱那里，把奶粉倾入垃圾箱，再回到茶几边，把空袋子往茶杯里倒。直到醒悟过来，她流下两行眼泪。

静汝心想，她和喻译有过一段快乐的时光，就够了，她满足了。

万缘皆空。

曾经的喻译，曾经的爱，铭心刻骨。当幻存在时，幻亦是真。现在，静汝懂得了，凡所有相，皆是虚妄。静汝和喻译，犹如一场梦，做梦的时候，静汝以为那是真的。待到梦醒，眼睛睁开，才知道自己竟然把假象当作真。想念喻译的时候，又把真相变作假。

静汝买了弗吉尼亚·伍尔夫的《到灯塔去》《雅考伯的房间》，中英文，等等，共十二本书，当快递送来时，妈妈大为不满："叫你别买书别买书了，你怎么又买书？一直买下去？"

静汝爆发了："你……是要看着我去寻死吗？"

买书，看书，是静汝唯一的生路啊！

平时，儒学修养给了静汝轻松的外表。静汝保持最大限度的克制，为了平衡，为了把每天的日子过下去，每天履行家务职责，好好照顾母亲。书，是唯一平衡静汝精神的良药。已经好多次，妈妈数落静汝买书，静汝说，书好，书有用。就这么巧妙而委婉地搪塞过去，只是不想捅开心头的伤疤。静汝不想把话说得血淋淋，这么捅开一刀后，不知道要失眠几个夜晚，经过多少天的折磨，才慢慢把心境调整过来。可是，今天静汝要是不把话挑开，妈妈还是不懂！

脆弱的心外面一层薄如蝉翼的包膜，一旦撕开那层包膜，血液就如火山爆发的岩浆喷涌而出。

妈妈不知道，静汝强压在心头的痛苦有多深重，为了不把负面情绪表露出来，为了装出一副和蔼轻松模样，要付出多大的心力，承受多么沉重的心理压力？整天整天陪伴母亲，静汝没有了自己的生活，书本是唯一维系她精神的东西。翻过一张张书页，静汝穿过一条苦难的黑暗隧道，寻找微弱的烛光，给她的一颗冷寂的心加一点温。静汝唯有从书本汲取生活的勇气和力量。离开阅读，静汝何以为生？"若非书本牵制住我的心神，我哪里在家里待得住？"静汝靠着读书继续她的生命。

妈妈说："求你，别说了。"

静汝出门买菜去了。

妈妈一个人在客厅里，号啕大哭。

第二天，静汝和母亲和解了。亲情的力量超越一切。

妈妈被医院掏坏耳朵，无时不耳鸣，没人负责，因为我们是普通人。

静汝开车带妈妈去医院看五官科，妈妈坐的轮椅放在汽车的后备厢。到了医院，静汝看见一个停车位，正在倒车，看停车场的塌鼻子老头已经站在静汝的左挡风玻璃前面了，头颈里挂一只破包，敞开拉链，颇有点公交车卖票员的架势。他伸出手掌阻挠静汝。静汝说车上有坐轮椅的老人，需要一个方便的车位。老头不让停，说那是专用车位。老头要静汝停在一个角落里。静汝目测左转弯距离不够，问老头一声："转得过去吗？"老头不言语，静汝以为他默许了，距离够的，放心地挂前进挡朝左拐弯，嘭的一下，右前轮碰着上街沿，坐在后座的妈妈连说头晕。静汝只得倒挡，后退，塌鼻子老头面无表情，看着静汝的车轮撞上街沿。他无动于衷。

静汝推着轮椅，站在电梯门前，排队头一个。当电梯门一打开，几个人从后面一拥而上，冲进电梯轿厢。静汝让过几个人，跟在他们后面进入轿厢，电梯门关上后，那几个人就七嘴八舌地嫌轮椅妨碍他们站脚地方了，找静汝的碴儿。一个女人还拍打轮椅扶手叫嚷，震动老人！静汝发呆了，怎么竟然有这样的事情？个体邪恶而懦弱，一旦被群体邪恶所裹挟，个体有恃无恐，异常凶狠。欺负老人和女人使他们快乐，因为这样的欺负是安全的，不会招来拳头和唾沫。邪恶而懦弱的个体，被裹挟在同样邪恶的群体里，没有是非，没有真理，有的只是更加大胆而膨胀的邪恶。他们拿准了静汝的心理：静汝照顾老人，无法分心和他们争执，他们就欺负老人，因为轮椅碍他们的事，他们不舒服。他们因为讨厌老人的轮椅车，围攻静汝。

一个高个子，眯起一对小眼睛的男人在煽风点火，以此取乐。

"尹厉！"静汝认出那个人。静汝戴口罩、护目镜，尹厉没有认出她。

静汝不会吵架。在医院里乘电梯的那些人戾气重。他们身上有病，袋里没钱，一点退休金买药吃了没饭吃，心有戾气，总想发泄，只会欺负比他们文雅的人。

回家前，静汝找到一家店堂空空的饭店，带妈妈吃饭。

豪华店堂里的活物除了走动的服务员，还有飞行的苍蝇。苍蝇不拿工资，不占名额，吃了泔脚，昼夜上班，可谓员工之楷模。

对面坐着一个老头，双手捧起面碗喝汤，袖管露出一段手编绒线衫，手艺像是他的老太婆。

不一会儿，来了一个老太婆，吃掉了老头剩下的半碗面，桌上纸袋里的一只大饼。

静汝被感动了，她想起了喻译。在扬州，两个人同吃一个麻油馓子，同吃一个三块钱的大饼。

静汝的手机响了，是尹厉。

奇怪，怎么这个时候尹厉来电话？莫非上午在医院的电梯里，尹厉认出我了？

静汝接听。

尹厉说，邹曳要聚会。邹曳还在，八十多岁了。孜苶几年前死了。

静汝说不去。没说理由。

几天后，尹厉又来电话，臭骂邹曳。

邹曳为完成上头给的指标，证明无病毒了，组织一次同学聚会，邀请了部分老师。尹厉找到静汝。邹曳说："谢谢大家支持配合我。"这个语气暴露了邹曳的目的。大家说你不用那么客气的。邹曳客气因为她需要众人为了她去演戏。聚会的当天，大家都到齐了，邹曳迟迟不见影子。尹厉打电话去，邹曳说她感冒了。几分钟前还想支撑着来，可忽然头晕，来不了了。所以没有提前打招呼。

大家都听得懂，邹曳撒谎。邹曳怕死。她把大家的性命作垫脚石。邹曳叫尹厉把聚会的照片发给她看，实质上她拿了照片去邀功请赏。尹厉说："静汝，还是你有头脑，不去。"尹厉说他得了胃癌，晚期，从确诊到现在，已经三个月，不知还能活多久。静汝说了几句安慰的话，挂了电话。她蓦然想起，上星期，在医院电梯里，没有认出她的尹厉，在报复社会！尹厉得了绝症，到处撒气闹事。

人生是一次穿越黑暗的旅程。

静汝问自己，眼前的这些事情，都怎么了？如果说，这世界上有爱情，静汝信。如果说，静汝我有爱，静汝不信。既然没爱，好多艰难的日子都过去了，我还有什么不能承受的呢？

一夜好睡。听不见黑白猫、黄猫彻夜的叫春声，那种掩人耳目、假意装饰、模仿人类婴儿啼哭的喧哗，也听不见对面房子里装修工的电钻声，真是一夜好睡。

睡醒的时候，约莫早上七点钟的光景。厚重的棕色窗帘透出一片片惨白，静汝心下窃喜，想来这是一个冬日的艳阳天，正好出去逛逛了。

披衣起床，走到落地窗前，一拉开窗帘，哎哟！静汝不认得自家的阳台了。溜光的铝合金栏杆上，堆起厚过三寸的雪，粉干粉干。阳台地砖上面，层层晶莹的冰霜。

寒风的手飞快地转动着梭子，在天空织出一张硕大的雪网，雪片从天空鱼贯而下……如画的雪景，犹如一帧广袤的中国画，突现一处处"留白"，那是风的大手笔，吹落一顶顶戴在树巅的大雪帽……

人家的屋顶被摊上一条条洁白的棉絮。

雪，被撕破的天空的残屑，纷纷而下，无声无息。大雪逼退了黑白猫、黄猫的性欲，这些惯于流窜到樟树树冠当中，那个绿色宫殿里掏鸟蛋的匪猫们，昨夜也胆寒噤声了。

会唱歌的花脖子斑鸠怎么也不看见？晴天里，它们高歌"咕咕红灯"，雨天前，它们又低吟"咕咕咕咕"。

朵朵鹅毛片，纷纷而下，它们是天帝抖开的鹅绒衫。静汝想，雪里面应该是暖的，我的鸟儿们、猫儿想必被焐着的。这样一想，静汝心下稍安起来。

昨天，藜叶来微信，说："想念上海的下雪天……想来，和你做闺蜜都快三十年了。你依然是风中的翠竹！有你做朋友，真好！"

静汝的客厅里有盏落地台灯，灯座上竖着个装饰的假鱼缸，里面注上水，气泵一开，一条水柱从缸底往上冒，几条塑料水母、热带鱼、章鱼也随之舞动起来。乍一看，分不清是真鱼还是假鱼。只有当两条鱼碰撞时发出轻轻的嗒的一声，才辨得出塑料的假鱼。

空气恰似一个两头尖尖、中间鼓突的纺锤，把静汝紧紧地捆缚住，挣脱不开。

一根根有形无形的丝线，被若有若无的黑蜘蛛吐出来，一圈又一圈环绕着她，捆扎起她，仿佛每行一步，她总要探出手来，撩开一把丝，破出一只洞……才迈半步，前面的蛛丝又汹涌而来，挡住下一条去路。虽然两只脚一前一后地移动，静汝的双足仿佛被拴上两块铅。是什么样的步子让她迈不开，静汝说不上来。天气预报说是晴天，可天上那个圆盘，被称作太阳的，居然显出月亮的模样来，让人弄不明白究竟是白天还是黑夜。太阳在午睡，给太阳当床垫的，有数万吨重金属，悬浮在天上，叫阳光穿不透。在静汝看来，空中所有的重金属都压在她一人身上了。

静汝希望喻译来托梦，可没有等着。昨夜，静汝又空等了。半夜醒来后，静汝两眼一黑，仿佛整个世界抛弃了她，她哭了……泪水冲垮了眼睑，汇成一道沟，一条河，流进下半夜的梦。在梦里，静汝走上一条江南农村的碎石乱草小路，脚下的青石板隐隐现出镂刻的荷花图案的一角，这年代久远的优雅，现如今成了鸟粪的贮所，或被压扁了的蛤蟆葬身地。

忽然，静汝的身后传来一阵啪嗒啪嗒的脚步声，这声音让静汝欣慰，莫非这是邮差送来喻译的信？静汝回过头，举目四望，不见人影，却见一只红嘴白羽大鹅，通身的羽毛白得像裹尸布，它张开一双带蹼的大脚，蒲扇似的啪嗒啪嗒扇打着嵌着乱石子的硬泥土路面，呱嗒呱嗒地叫着，伸出长长的头颈，像挺着杆枪，又像举起战炮的炮筒，没命地追逼静汝。静汝逃呀逃，直到被逼到河畔下台阶的地方，大鹅才止住大蹼脚，守候在小路，撅起红红上下两片嘴，歪过小脑袋，用朝天的那只眼睛死死地盯着，狡黠的目光似乎在说："跳呀！跳呀！"

大鹅仗着自己跟牛换来的大胆眼睛，把人缩小成像后，视野里的人跟鹅一般大，仗着鹅类半人高的身子，鸵鸟般的步子，双栖双宿的优越感来欺负静汝这个孤绝的人类独行者。静汝低头一看，脚下是条河，好在下面绿茵茵的，大圆叶片密密匝匝的，挤挤挨挨地连成一片，散出阵阵清香……静汝放大胆子，转过身对着河，顺从着鹅的意志，裸足踏过一块块青石板，拾级而下……放眼望去，离静汝十来步远的地方泛着一片水光，好像在向她招手，邀她过去，不知俯首对着那汪浊水，照得见水里的面影吗？静汝的脚边一片绿，看不到一丁点水的影子，她不晓得脚下绵延着浓绿肥硕的水葫芦，水葫芦下面是河水，以为走完最后一级石阶，就踏上一片绿茵茵的草地了，于是，静汝轻移碎步，一踩下去……扑通一声，仿佛突然跌入地球的球心，静汝下去了。刹那间，凉水漫过她的头顶。静汝不会游泳，咕噜咕噜灌进几口海水一样咸涩的河水，高举双手瞎抓一把水葫芦，漾漾的水面飘着连根拔起的水葫芦，又把她推离河岸，推向河心……正当静汝失了主张、恹恹待毙时，咦！脚下的河水却把她轻轻托起，像渡船似的，缓缓地把静汝送至岸边，推出了水面。待爬上岸，静汝好像一只落水狗，闭起双眼一抖，连连甩着脑袋……水珠抖落了，头发里，身上泛起一层盐花。这时候，静汝渐渐明白过来，这咸湖浮力大，有盐！盐水都是从她眼里纷纷落出的泪……

　　静汝微微睁开双眼，明白过来，刚才发生的一幕都是梦。梦醒后，现实跟莫名的失落感双栖双宿，又让她流连起刚才那个梦魇。趁她还没有完全忘却那个梦，她宁可把自己锁在那个噩梦里。

　　一阵孤独感攫住了静汝。孤独是一条漂亮的玉米蛇，造化在它身上扎起一圈圈金黄色的缎带，如一道道秋天原野的风景，绕蛇一匝，又一匝，等距离地嵌入青色的蛇皮。蛇是从墙上的那帧油画里游出来的。它昂起三角头，从头顶射出两道冷冷的目光，直视着静汝的脸。它用下半截蛇身盘绕她的脖子，自下巴往下缠，一圈、两圈，到了第三圈，蛇身下面，就剩下静汝的两根锁骨了。静汝张大嘴巴，仰面朝天，拼命地哈气咳嗽……冰凉的蛇皮紧贴她的皮肤，仿佛无数把胡琴的共鸣箱在眼前晃动……火辣辣的窒息中，一种奇妙的快感混杂着满眼的金星，朝她阵阵袭来……静汝那尚未消失的意识在咕哝：嗨，死到临头，还玩味什么快意……她拼命地左右晃动脑袋，身子后仰，浑身发抖，四肢痉挛，一层层鸡皮疙瘩摩娑着光溜溜的蛇皮。玉米蛇不再扭动，它微微仰起三角头，一对肉鼓眼仿佛从暗堡里伸出的两个机枪口，两道凛冽的寒光直逼静汝那优雅的锁骨和脖子上面白皙的柔颐……

天下起了暴雨,天上像是拧开了无数只水龙头……又一架飞机驶过头顶,飞机淋湿了,要感冒的……

一封邮件!静汝打开,是布莱恩!

布莱恩写道:"我没有忘记你的生日。可我病了,很久不用电脑。我和朱丽亚在布鲁塞尔社区做义工,朱丽亚去赞美上帝了,我自己也距离死神很近了。我和朱丽亚的婚姻走到一个完美的结局,因死亡而自然终结。我转世到下一辈子,来找你。"静汝看了邮件,哭泣了很久。

就在这一刻,静汝突然明白了什么是爱。爱,是要用一生的生命和错误去体悟的情感。

布莱恩又写了下面一段文字:"You are right, you are like a sister to me. But you must know, I loved you very much as a woman, as a beautiful and lovely woman. I can still remember your lips, your smile, your waist and much more. I also loved you very much as a person and I still do."

翻译成中文,上面一段文字是这样的:"你说得对,你就像我的妹妹。可你必须知道,我很爱你,把你当女人爱的,一个美丽而可爱的女人。我依然记得你的双唇,你的微笑,你的腰肢,还有更多。我也很爱你这个人,我依然爱你这个人。"

静汝一不小心碰到手机一个键,这是今天朋友圈里看到的帖子,歌曲《传奇》:"只是因为在人群中,多看了你一眼,再也没能忘掉你容颜。梦想着偶然能有一天再相见,从此我开始孤单思念。想你时,你在天边;想你时,你在眼前;想你时,你在脑海,想你时,你在心田……宁愿用这一生等你发现,我一直在你身旁,从未走远……"

图书在版编目（CIP）数据

捎往美国的粽子 / 凌耀芳著 . —上海：文汇出版社，2023.6
ISBN 978-7-5496-3965-6

I. ①捎… Ⅱ. ①凌… Ⅲ. ①中篇小说-小说集-中国-当代 ②短篇小说-小说集-中国-当代 Ⅳ. ① I247.7

中国国家版本馆 CIP 数据核字（2023）第 082851 号

捎往美国的粽子

著　　者　凌耀芳
策　　划　朱耀华
责任编辑　徐曙蕾
装帧设计　红　红

出版发行　文汇出版社
　　　　　上海市威海路755号
　　　　　（邮政编码200041）

照排　南京理工出版信息技术有限公司
印刷装订　上海新文印刷厂有限公司
版次　2023年6月第1版
印次　2023年6月第1次印刷
开本　890×1240　1/32
字数　350千
印张　13.5

ISBN 978-7-5496-3965-6
定价　78.00元